全国科学技术名词审定委员会
公 布

语 言 学 名 词
CHINESE TERMS IN LINGUISTICS
2011

语言学名词审定委员会

国家社会科学基金重点项目

商务印书馆
创于1897 The Commercial Press

内 容 简 介

本书是全国科学技术名词审定委员会审定公布的语言学名词,内容包括:理论语言学,文字学,语音学,语法学,语义学,词汇学,辞书学,方言学,修辞学,音韵学,训诂学,计算语言学,社会语言学,民族语言学等13个部分,共收词2 939条。这些名词是科研、教学、生产、经营以及新闻出版等部门应遵照使用的语言学规范名词。

图书在版编目(CIP)数据

语言学名词/语言学名词审定委员会.—北京:商务印书馆,2011(2023.2重印)
ISBN 978-7-100-06871-0

I.语… II.语… III.语言学—名词术语 IV.H0-61

中国版本图书馆 CIP 数据核字(2009)第 217251 号

权利保留,侵权必究。

YŬYÁNXUÉ MÍNGCÍ
语言学名词
语言学名词审定委员会

商 务 印 书 馆 出 版
(北京王府井大街36号 邮政编码100710)
商 务 印 书 馆 发 行
北京虎彩文化传播有限公司印刷
ISBN 978-7-100-06871-0

2011年5月第1版　　开本 787×1092　1/16
2023年2月北京第3次印刷　印张 21¾
定价:148.00元

全国科学技术名词审定委员会
第六届委员会委员名单

特邀顾问：宋 健　许嘉璐　韩启德
主　　任：路甬祥
副 主 任：刘成军　曹健林　孙寿山　武　寅　谢克昌　林蕙青　王　杰
　　　　　刘　青
常　　委（按姓氏笔画为序）：
　　　　　王永炎　寿晓松　李宇明　李济生　沈爱民　张礼和　张先恩
　　　　　张晓林　张焕乔　陆汝钤　陈运泰　金德龙　柳建尧　贺　化
　　　　　韩　毅
委　　员（按姓氏笔画为序）：
　　　　　卜宪群　王　正　王　巍　王　夔　王玉平　王克仁　王虹峥
　　　　　王振中　王铁琨　王德华　卞毓麟　文允镒　方开泰　尹伟伦
　　　　　尹韵公　石力开　叶培建　冯志伟　冯惠玲　母国光　师昌绪
　　　　　朱　星　朱士恩　朱建平　朱道本　仲增墉　刘　民　刘大响
　　　　　刘功臣　刘西拉　刘汝林　刘跃进　刘瑞玉　闫志坚　严加安
　　　　　苏国辉　李　林　李　巍　李传夔　李国玉　李承森　李保国
　　　　　李培林　李德仁　杨　鲁　杨星科　步　平　肖序常　吴　奇
　　　　　吴有生　吴志良　何大澄　何华武　汪文川　沈　恂　沈家煊
　　　　　宋　彤　宋天虎　张　侃　张　耀　张人禾　张玉森　陆延昌
　　　　　阿里木·哈沙尼　阿迪雅　陈　阜　陈有明　陈锁祥　卓新平
　　　　　罗　玲　罗桂环　金伯泉　周凤起　周远翔　周应祺　周明鑑
　　　　　周定国　周荣耀　郑　度　郑述谱　房　宁　封志明　郝时远
　　　　　宫辉力　费　麟　胥燕婴　姚伟彬　姚建新　贾弘禔　高英茂
　　　　　郭重庆　桑　旦　黄长著　黄玉山　董　鸣　董　琨　程恩富
　　　　　谢地坤　　照日格图　鲍　强　窦以松　谭华荣　潘书祥

语言学名词审定委员会委员名单

顾　问：许嘉璐　　江蓝生　　胡明扬　　裘锡圭　　沈家煊
　　　　潘书祥
主　任：董　琨
副主任：李宇明　　侯精一　　蔡文兰　　竺家宁
秘书长：李志江
委　员（按姓氏笔画为序）：
　　　　马重奇　　王　宁　　王　惠　　王铁琨　　王德春
　　　　冯志伟　　刘　青　　苏新春　　李行健　　李志江
　　　　陆俭明　　林茂灿　　周洪波　　赵世开　　唐钰明
　　　　黄长著　　黄建华　　黄德宽　　曹广顺　　曹先擢
　　　　章宜华　　鲁国尧

路甬祥序

　　我国是一个人口众多、历史悠久的文明古国,自古以来就十分重视语言文字的统一,主张"书同文、车同轨",把语言文字的统一作为民族团结、国家统一和强盛的重要基础和象征。我国古代科学技术十分发达,以四大发明为代表的古代文明,曾使我国居于世界之巅,成为世界科技发展史上的光辉篇章。而伴随科学技术产生、传播的科技名词,从古代起就已成为中华文化的重要组成部分,在促进国家科技进步、社会发展和维护国家统一方面发挥着重要作用。

　　我国的科技名词规范统一活动有着十分悠久的历史。古代科学著作记载的大量科技名词术语,标志着我国古代科技之发达及科技名词之活跃与丰富。然而,建立正式的名词审定组织机构则是在清朝末年。1909年,我国成立了科学名词编订馆,专门从事科学名词的审定、规范工作。到了新中国成立之后,由于国家的高度重视,这项工作得以更加系统地、大规模地开展。1950年政务院设立的学术名词统一工作委员会,以及1985年国务院批准成立的全国自然科学名词审定委员会(现更名为全国科学技术名词审定委员会,简称全国科技名词委),都是政府授权代表国家审定和公布规范科技名词的权威性机构和专业队伍。他们肩负着国家和民族赋予的光荣使命,秉承着振兴中华的神圣职责,为科技名词规范统一事业默默耕耘,为我国科学技术的发展作出了基础性的贡献。

　　规范和统一科技名词,不仅在消除社会上的名词混乱现象,保障民族语言的纯洁与健康发展等方面极为重要,而且在保障和促进科技进步,支撑学科发展方面也具有重要意义。一个学科的名词术语的准确定名及推广,对这个学科的建立与发展极为重要。任何一门科学(或学科),都必须有自己的一套系统完善的名词来支撑,否则这门学科就立不起来,就不能成为独立的学科。郭沫若先生曾将科技名词的规范与统一称为"乃是一个独立自主国家在学术工作上所必须具备的条件,也是实现学术中国化的最起码的条件",精辟地指出了这项基础性、支撑性工作的本质。

　　在长期的社会实践中,人们认识到科技名词的规范和统一工作对于一个国家的科技发展和文化传承非常重要,是实现科技现代化的一项支撑性的系统工程。没有这样一个系统的规范化的支撑条件,不仅现代科技的协调发展将遇到极大困难,而且在科技日益渗透人们生活各方面、各环节的今天,还将给教育、传播、交流、经贸等多方面带来困难和损害。

全国科技名词委自成立以来,已走过近20年的历程,前两任主任钱三强院士和卢嘉锡院士为我国的科技名词统一事业倾注了大量的心血和精力,在他们的正确领导和广大专家的共同努力下,取得了卓著的成就。2002年,我接任此工作,时逢国家科技、经济飞速发展之际,因而倍感责任的重大;及至今日,全国科技名词委已组建了60个学科名词审定分委员会,公布了50多个学科的63种科技名词,在自然科学、工程技术与社会科学方面均取得了协调发展,科技名词蔚成体系。而且,海峡两岸科技名词对照统一工作也取得了可喜的成绩。对此,我实感欣慰。这些成就无不凝聚着专家学者们的心血与汗水,无不闪烁着专家学者们的集体智慧。历史将会永远铭刻着广大专家学者孜孜以求、精益求精的艰辛劳作和为祖国科技发展作出的奠基性贡献。宋健院士曾在1990年全国科技名词委的大会上说过:"历史将表明,这个委员会的工作将对中华民族的进步起到奠基性的推动作用。"这个预见性的评价是毫不为过的。

科技名词的规范和统一工作不仅仅是科技发展的基础,也是现代社会信息交流、教育和科学普及的基础,因此,它是一项具有广泛社会意义的建设工作。当今,我国的科学技术已取得突飞猛进的发展,许多学科领域已接近或达到国际前沿水平。与此同时,自然科学、工程技术与社会科学之间交叉融合的趋势越来越显著,科学技术迅速普及到了社会各个层面,科学技术同社会进步、经济发展已紧密地融为一体,并带动着各项事业的发展。所以,不仅科学技术发展本身产生的许多新概念、新名词需要规范和统一,而且由于科学技术的社会化,社会各领域也需要科技名词有一个更好的规范。另一方面,随着香港、澳门的回归,海峡两岸科技、文化、经贸交流不断扩大,祖国实现完全统一更加迫近,两岸科技名词对照统一任务也十分迫切。因而,我们的名词工作不仅对科技发展具有重要的价值和意义,而且在经济发展、社会进步、政治稳定、民族团结、国家统一和繁荣等方面都具有不可替代的特殊价值和意义。

最近,中央提出树立和落实科学发展观,这对科技名词工作提出了更高的要求。我们要按照科学发展观的要求,求真务实,开拓创新。科学发展观的本质与核心是以人为本,我们要建设一支优秀的名词工作队伍,既要保持和发扬老一辈科技名词工作者的优良传统,坚持真理、实事求是、甘于寂寞、淡泊名利,又要根据新形势的要求,面向未来、协调发展、与时俱进、锐意创新。此外,我们要充分利用网络等现代科技手段,使规范科技名词得到更好的传播和应用,为迅速提高全民文化素质作出更大贡献。科学发展观的基本要求是坚持以人为本,全面、协调、可持续发展,因此,科技名词工作既要紧密围绕当前国民经济建设形势,着重开展好科技领域的学科名词审定工作,同时又要在强调经济社会以及人与自然协调发展的思想指导下,开展好社会科学、文化教育和资源、生态、环境领域的科学名词审定工作,促进各个学科领域的相互融合和共同繁荣。科学发展观非常注重可持续发展的理念,因此,我们在不断丰富和发展已建立的科技名词体系的同时,还要进一步研究具有中国特色的术语学理论,以创建中国的术语学派。研究和建立中国特色的术语学理论,也是一种知识创新,是实现科技名词工作可持续发展的必由之路,我们应当为此付出更大的努力。

当前国际社会已处于以知识经济为走向的全球经济时代,科学技术发展的步伐将会越来越快。我国已加入世贸组织,我国的经济也正在迅速融入世界经济主流,因而国内外科技、文化、经贸的交流将越来越广泛和深入。可以预言,21世纪中国的经济和中国的语言文字都将对国际社会产生空前的影响。因此,在今后10到20年之间,科技名词工作就变得更具现实意义,也更加迫切。"路漫漫其修远兮,吾将上下而求索",我们应当在今后的工作中,进一步解放思想,务实创新,不断前进。不仅要及时地总结这些年来取得的工作经验,更要从本质上认识这项工作的内在规律,不断地开创科技名词统一工作新局面,作出我们这代人应当作出的历史性贡献。

2004年深秋

卢嘉锡序

科技名词伴随科学技术而生,犹如人之诞生其名也随之产生一样。科技名词反映着科学研究的成果,带有时代的信息,铭刻着文化观念,是人类科学知识在语言中的结晶。作为科技交流和知识传播的载体,科技名词在科技发展和社会进步中起着重要作用。

在长期的社会实践中,人们认识到科技名词的统一和规范化是一个国家和民族发展科学技术的重要的基础性工作,是实现科技现代化的一项支撑性的系统工程。没有这样一个系统的规范化的支撑条件,科学技术的协调发展将遇到极大的困难。试想,假如在天文学领域没有关于各类天体的统一命名,那么,人们在浩瀚的宇宙当中,看到的只能是无序的混乱,很难找到科学的规律。如是,天文学就很难发展。其他学科也是这样。

古往今来,名词工作一直受到人们的重视。严济慈先生60多年前说过,"凡百工作,首重定名;每举其名,即知其事"。这句话反映了我国学术界长期以来对名词统一工作的认识和做法。古代的孔子曾说"名不正则言不顺",指出了名实相副的必要性。荀子也曾说"名有固善,径易而不拂,谓之善名",意为名有完善之名,平易好懂而不被人误解之名,可以说是好名。他的"正名篇"即是专门论述名词术语命名问题的。近代的严复则有"一名之立,旬月踯躅"之说。可见在这些有学问的人眼里,"定名"不是一件随便的事情。任何一门科学都包含很多事实、思想和专业名词,科学思想是由科学事实和专业名词构成的。如果表达科学思想的专业名词不正确,那么科学事实也就难以令人相信了。

科技名词的统一和规范化标志着一个国家科技发展的水平。我国历来重视名词的统一与规范工作。从清朝末年的科学名词编订馆,到1932年成立的国立编译馆,以及新中国成立之初的学术名词统一工作委员会,直至1985年成立的全国自然科学名词审定委员会(现已改名为全国科学技术名词审定委员会,简称全国名词委),其使命和职责都是相同的,都是审定和公布规范名词的权威性机构。现在,参与全国名词委领导工作的单位有中国科学院、科学技术部、教育部、中国科学技术协会、国家自然科学基金委员会、新闻出版署、国家质量技术监督局、国家广播电影电视总局、国家知识产权局和国家语言文字工作委员会，这些部委各自选派了有关领导干部担任全国名词委的领导，有力地推动科技名词的统一和推广应用工作。

全国名词委成立以后，我国的科技名词统一工作进入了一个新的阶段。在第一任主任委员钱三强同志的组织带领下，经过广大专家的艰苦努力，名词规范和统一工作取得了显著的成绩。1992年三强同志不幸谢世。我接任后，继续推动和开展这项工作。在国家和有关部门的支持及广大专家学者的努力下，全国名词委15年来按学科共组建了50多个学科的名词审定分委员会，有1 800多位专家、学者参加名词审定工作，还有更多的专家、学者参加书面审查和座谈讨论等，形成的科技名词工作队伍规模之大、水平层次之高前所未有。15年间共审定公布了包括理、工、农、医及交叉学科等各学科领域的名词共计50多种。而且，对名词加注定义的工作经试点后业已逐渐展开。另外，遵照术语学理论，根据汉语汉字特点，结合科技名词审定工作实践，全国名词委制定并逐步完善了一套名词审定工作的原则与方法。可以说，在20世纪的最后15年中，我国基本上建立起了比较完整的科技名词体系，为我国科技名词的规范和统一奠定了良好的基础，对我国科研、教学和学术交流起到了很好的作用。

在科技名词审定工作中，全国名词委密切结合科技发展和国民经济建设的需要，及时调整工作方针和任务，拓展新的学科领域开展名词审定工作，以更好地为社会服务、为国民经济建设服务。近些年来，又对科技新词的定名和海峡两岸科技名词对照统一工作给予了特别的重视。科技新词的审定和发布试用工作已取得了初步成效，显示了名词统一工作的活力，跟上了科技发展的步伐，起到了引导社会的作用。两岸科技名词对照统一工作是一项有利于祖国统一大业的基础性工作。全国名词委作为我国专门从事科技名词统一的机构，始终把此项工作视为自己责无旁贷的历史性任务。通过这些年的积极努力，我们已经取得了可喜的成绩。做好这项工作，必将对弘扬民族文化，促进两岸科教、文化、经贸的交流与发展作出历史性的贡献。

科技名词浩如烟海，门类繁多，规范和统一科技名词是一项相当繁重而复杂的长期工作。在科技名词审定工作中既要注意同国际上的名词命名原则与方法相衔接，又要依据和发挥博大精深的汉语文化，按照科技的概念和内涵，创造和规范出符合科技规律和汉语文字结构特点的科技名词。因而,这又是一项艰苦细致的工作。广大专家学者字斟句酌,精益求精,以高度的社会责任感和敬业精神投身于这项事业。可以说,全国名词委公布的名词是广大专家学者心血的结晶。这里,我代表全国名词委,向所有参与这项工作的专家学者们致以崇高的敬意和衷心的感谢!

审定和统一科技名词是为了推广应用。要使全国名词委众多专家多年的劳动成果——规范名词,成为社会各界及每位公民自觉遵守的规范,需要全社会的理解和支持。国务院和4个有关部委[国家科委(今科学技术部)、中国科学院、国家教委(今教育部)和新闻出版署]已分别于1987年和1990年行文全国,要求全国各科研、教学、生产、经营以及新闻出版等单位遵照使用全国名词委审定公布的名词。希望社会各界自觉认真地执行,共同做好这项对于科技发展、社会进步和国家统一极为重要的基础工作,为振兴中华而努力。

值此全国名词委成立15周年、科技名词书改装之际,写了以上这些话。是为序。

卢嘉锡

2000年夏

钱三强序

科技名词术语是科学概念的语言符号。人类在推动科学技术向前发展的历史长河中,同时产生和发展了各种科技名词术语,作为思想和认识交流的工具,进而推动科学技术的发展。

我国是一个历史悠久的文明古国,在科技史上谱写过光辉篇章。中国科技名词术语,以汉语为主导,经过了几千年的演化和发展,在语言形式和结构上体现了我国语言文字的特点和规律,简明扼要,蓄意深切。我国古代的科学著作,如已被译为英、德、法、俄、日等文字的《本草纲目》《天工开物》等,包含大量科技名词术语。从元、明以后,开始翻译西方科技著作,创译了大批科技名词术语,为传播科学知识,发展我国的科学技术起到了积极作用。

统一科技名词术语是一个国家发展科学技术所必须具备的基础条件之一。世界经济发达国家都十分关心和重视科技名词术语的统一。我国早在1909年就成立了科学名词编订馆,后又于1919年中国科学社成立了科学名词审定委员会,1928年大学院成立了译名统一委员会。1932年成立了国立编译馆,在当时教育部主持下先后拟订和审查了各学科的名词草案。

新中国成立后,国家决定在政务院文化教育委员会下,设立学术名词统一工作委员会,郭沫若任主任委员。委员会分设自然科学、社会科学、医药卫生、艺术科学和时事名词五大组,聘任了各专业著名科学家、专家,审定和出版了一批科学名词,为新中国成立后的科学技术的交流和发展起到了重要作用。后来,由于历史的原因,这一重要工作陷于停顿。

当今,世界科学技术迅速发展,新学科、新概念、新理论、新方法不断涌现,相应地出现了大批新的科技名词术语。统一科技名词术语,对科学知识的传播,新学科的开拓,新理论的建立,国内外科技交流,学科和行业之间的沟通,科技成果的推广、应用和生产技术的发展,科技图书文献的编纂、出版和检索,科技情报的传递等方面,都是不可缺少的。特别是计算机技术的推广使用,对统一科技名词术语提出了更紧迫的要求。

为适应这种新形势的需要,经国务院批准,1985年4月正式成立了全国自然科学名词审定委员会。委员会的任务是确定工作方针,拟定科技名词术语审定工作计划、实施方案和步骤,组织审定自然科学各学科名词术语,并予以公布。根据国务院授权,委员会审定公布的名词术语,科研、教学、生产、经营以及新闻出版等各部门,均应遵照使用。

全国自然科学名词审定委员会由中国科学院、国家科学技术委员会、国家教育委员会、中国科学技术协会、国家技术监督局、国家新闻出版署、国家自然科学基金委员会分别委派了正、副主任担任领导工作。在中国科协各专业学会密切配合下,逐步建立各专业审定分委员会,并已建立起一支由各学科著名专家、学者组成的近千人的审定队伍,负责审定本学科的名词术语。我国的名词审定工作进入了一个新的阶段。

这次名词术语审定工作是对科学概念进行汉语订名,同时附以相应的英文名称,既有我国语言特色,又方便国内外科技交流。通过实践,初步摸索了具有我国特色的科技名词术语审定的原则与方法,以及名词术语的学科分类、相关概念等问题,并开始探讨当代术语学的理论和方法,以期逐步建立起符合我国语言规律的自然科学名词术语体系。

统一我国的科技名词术语,是一项繁重的任务,它既是一项专业性很强的学术性工作,又涉及亿万人使用习惯的问题。审定工作中我们要认真处理好科学性、系统性和通俗性之间的关系;主科与副科间的关系;学科间交叉名词术语的协调一致;专家集中审定与广泛听取意见等问题。

汉语是世界五分之一人口使用的语言,也是联合国的工作语言之一。除我国外,世界上还有一些国家和地区使用汉语,或使用与汉语关系密切的语言。做好我国的科技名词术语统一工作,为今后对外科技交流创造了更好的条件,使我炎黄子孙,在世界科技进步中发挥更大的作用,作出重要的贡献。

统一我国科技名词术语需要较长的时间和过程,随着科学技术的不断发展,科技名词术语的审定工作,需要不断地发展、补充和完善。我们将本着实事求是的原则,严谨的科学态度做好审定工作,成熟一批公布一批,提供各界使用。我们特别希望得到科技界、教育界、经济界、文化界、新闻出版界等各方面同志的关心、支持和帮助,共同为早日实现我国科技名词术语的统一和规范化而努力。

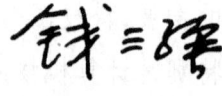

1992 年 2 月

前　言

在中国,语言学是一门既古老又年轻的科学。从具有数千年历史的传统学科(如文字学、训诂学、音韵学)到发展不足百年的新兴学科(如社会语言学、计算语言学),术语繁多,含义复杂,理解歧异,历来缺乏足够全面的整理,至今尚无公认的规范。因此,开展语言学名词审定工作,对于中国语言学的进一步发展,以及更好地与国际语言学接轨,其重要性是不言而喻的。这一点也早已成为语言学界的共识。

本次语言学名词审定工作始于2001年,自始至终得到了全国科学技术名词审定委员会、中国社会科学院领导的指导和支持,并被批准为国家社科基金的重点项目(批准号:01AYY001)。

审定工作按分支学科分别进行,分支学科大致参考《中国大百科全书·语言文字卷》的分类,但"世界诸语言""心理语言学"等阙如,而增加了"辞书学""计算语言学"等,实际完成了13个分支。

每个分支学科均聘请资深的专家学者为主要负责人,他们是:

理论语言学	赵世开、王　惠
文　字　学	黄德宽
语　音　学	林茂灿
语　法　学	陆俭明、周建设
语义学、词汇学	苏新春
辞　书　学	章宜华
方　言　学	侯精一
修　辞　学	王德春
音　韵　学	鲁国尧、刘广和
训　诂　学	王　宁
计算语言学	冯志伟、傅爱平
社会语言学	祝畹瑾
民族语言学	戴庆厦

本次审定的总条目控制在3 000条左右,每个分支学科大约300条。用大致数量作为宏观调控的办法,便于各个分支学科遴选出基本的重要术语。

术语的每一条均列出中文名称、英文名称和简明的定义。

语言学术语,作为人文科学的学科概念,较之自然科学、技术科学,具有一定的特殊性,主要表现为:或者同一中文名称可能属于不同的学科分支,或者同一英文词对应不同的中文名称。例如"词"(word)既是词汇学的单位,又是语法学的单位;它的下位概念 morpheme,既作为语义学、词汇学"词素"的英文名称,也作为语法学"语素"的英文名称。

对于音韵学、训诂学等传统学科,本次审定工作尤其带有清理的性质。例如"等"作为音韵学中的概念,从来没有较为明确的、统一的界定。

某些在国内较为年轻的学科,本次审定工作则带有进一步构建学科框架的性质,例如社会语言学。

关于各分支初稿汇总时所见某些交叉、重复条目问题的处理,大致方式如下:

1. 根据学科性质,保留在关系相对更为密切的学科,例如"四呼"归音韵学,而不入语音学。

2. 根据释义行文,又分三种情况:

(1)彼此互不涵盖者,均予以保留。例如"本义",训诂学和语义学、词汇学均收;"推导",语音学、计算语言学均收,但界定区别甚大;"喉音"的解释,音韵学是传统说法,语音学是现代说法。

(2)保留释义涵盖面较大者。例如"词",语法学和语义学、词汇学均收,保留在语义学、词汇学;"词库",理论语言学、辞书学和语义学、词汇学均收,保留在语义学、词汇学。

(3)有的都不收,取同义而名称不同者。例如"双言现象",方言学与理论语言学原均收,但我们均不取,而选择社会语言学所收的"双语现象"。

针对术语审定工作的复杂性和诸多不同意见,我们注意做到以下几点:

1. 非学界共识而仅仅属于某一学派观点的内容,一般不予写入;

2. 有的内容可能见仁见智,但不应有明显的知识性硬伤;

3. 收入的一般是各个分支基本的、必用的学科术语。

但是,即便我们反复地作了努力,还是可能难以完全令人满意。公布本次语言学名词审定的成果,应该说在很大程度上带有征求意见的性质。我们认为,学科术语审定是一个没有终点的工作,任何阶段的成果都只是一个过程。希望将来在学界反馈意见的基础上,结合新的语言学研究成果,出版更加成熟的、水平更高的修订本。

此次语言学名词审定工作的整个过程中,语言学界诸多专家学者投入了辛勤的劳动,除了上述审定委员会成员及各分支的负责人以外,主要还有下列各位(名单系由各分支提供,按音序排列,所在国家、地区及单位名称均略):

白兆麟、鲍怀翘、曹广顺、曹建芬、陈松岑、陈伟、陈燕、程丽丽、程丽霞、迟铎、杜纯梓、杜翔、方梅、封一函、冯胜利、冯蒸、高一虹、耿振生、郭芹纳、郭锐、何九盈、华学诚、黄良喜、黄笑山、黄行、黎新第、李爱军、李茂康、李晓东、李芸、李运富、刘丹青、刘华、刘辉修、刘祥柏、刘晓南、陆丙甫、吕士楠、马庆株、麦耘、孟蓬生、宁继福、潘碧丝、潘文国、潘悟云、沙宗元、沈阳、施向东、苏宝荣、孙宏开、王大昌、王洪磊、王嘉龄、王理嘉、王茂林、王仁强、谢俊英、邢福义、熊子瑜、颜红菊、杨端志、杨亦鸣、杨振兰、易敏、于屏方、余霭芹、余国庆、尉迟治平、张标、张伯江、张普、张渭毅、张燕春、张云秋、张志毅、赵诚、赵克勤、赵世举、郑述谱、郑文菁、郑张尚芳、周庆生、邹立志等。

各分支初稿汇总后，我们专门成立了由各相关单位人员组成的统稿小组，主要成员有董琨、李志江、温昌斌、王琪、杜翔、李芸、蔡长虹、周健等。

在此，谨向支持和参加语言学名词审定的全体专家学者和工作人员表示由衷的感谢！

语言学名词审定委员会

2010年10月15日

编 排 说 明

一、本书公布的是语言学名词,共 2 939 条。

二、本书分为 13 个部分:理论语言学,文字学,语音学,语法学,语义学、词汇学,辞书学,方言学,修辞学,音韵学,训诂学,计算语言学,社会语言学,民族语言学。

三、正文按汉文名所属学科的相关知识系统、概念体系排列。定义一般只给出其基本内涵,注释则扼要说明其特点。汉文名后列出与之相对应的英文名。

四、一个汉文名有几个不同概念时,其定义或注释用①、②……分开。

五、一个汉文名对应几个英文同义词时,英文词之间用";"分开。

六、英文词的首字母,大写、小写均可时,一律小写;英文词除必须用复数的,一律用单数。

七、对于常用、熟悉的外国人名,在不引起混淆的情况下,一般采用惯用的名或姓来表示。

八、异名用楷体表示。"简称""全称""又称""俗称"可以继续使用,"曾称"为被淘汰的旧名。

九、正文后所附的英汉索引按英文字母顺序排列;汉英索引按汉语拼音音序排列。所示号码为该名词在正文中的序码。索引中带"*"的为规范名的异名。

目　录

路甬祥序
卢嘉锡序
钱三强序
前言
编排说明

正文
- 01. 理论语言学 ··· 1
  - 01.01　学科 ·· 1
  - 01.02　学派 ·· 5
  - 01.03　理论与方法 ·· 6
  - 01.04　核心术语 ·· 11
  - 01.05　交叉学科术语 ·· 18
- 02. 文字学 ·· 19
  - 02.01　总论 ··· 19
  - 02.02　汉字的起源和发展演变 ·· 22
  - 02.03　汉字的结构 ··· 23
  - 02.04　汉字的形体 ··· 26
  - 02.05　汉字系统内部关系 ·· 29
  - 02.06　汉字政策、应用研究等 ·· 30
- 03. 语音学 ·· 33
  - 03.01　一般语音学 ··· 33
  - 03.02　汉语语音学 ··· 37
  - 03.03　发音语音学 ··· 38
  - 03.04　声学语音学 ··· 44
  - 03.05　听觉语音学 ··· 47
  - 03.06　音系学 ··· 48
- 04. 语法学 ·· 52
  - 04.01　总论 ··· 52
  - 04.02　词法 ··· 55
  - 04.03　句法篇章 ·· 59
- 05. 语义学、词汇学 ··· 73

- 05.01 语义学与语义理论 ······ 73
- 05.02 语义、词义分析法 ······ 75
- 05.03 词汇学 ······ 76
- 05.04 词与词汇 ······ 77
- 05.05 词义 ······ 82
- 05.06 构词法、构词单位、造词法 ······ 86
- 05.07 熟语 ······ 90

06. 辞书学 ······ 92
- 06.01 总论 ······ 92
- 06.02 辞书编纂 ······ 93
- 06.03 辞书类型 ······ 101
- 06.04 辞书释义 ······ 110
- 06.05 辞书现代化 ······ 113

07. 方言学 ······ 115
- 07.01 方言学通论 ······ 115
- 07.02 方言调查 ······ 116
- 07.03 方言分区 ······ 117
- 07.04 方言分析 ······ 120

08. 修辞学 ······ 123
- 08.01 修辞学 ······ 123
- 08.02 修辞 ······ 126
- 08.03 修辞手段 ······ 128
- 08.04 修辞方法 ······ 129
- 08.05 语境、语体与风格 ······ 144

09. 音韵学 ······ 146
- 09.01 总论 ······ 146
- 09.02 音类分析和等韵学 ······ 147
- 09.03 用韵分析和今音学 ······ 153
- 09.04 语音通转和古音学 ······ 155
- 09.05 音类演变和对音 ······ 157

10. 训诂学 ······ 159
- 10.01 总论 ······ 159
- 10.02 训诂体式 ······ 160
- 10.03 训释 ······ 160
- 10.04 训诂所见字、词、句音义关系 ······ 162
- 10.05 训诂方法与禁忌 ······ 163

11. 计算语言学 ······ 164

11.01	总论	164
11.02	字处理	165
11.03	词处理	166
11.04	句处理	168
11.05	语篇处理	169
11.06	形式化方法	169
11.07	算法	173
11.08	理论和模型	176
11.09	应用系统	179
11.10	机器翻译	182
11.11	语言资源	183

12. 社会语言学 … 185

12.01	总论	185
12.02	语言变异	186
12.03	言语交际	190
12.04	语言接触与双语	192
12.05	语言规划与语言教育	195

13. 民族语言学 … 197

13.01	总论	197
13.02	汉藏语系	198
13.03	阿尔泰语系	211
13.04	南亚语系	215
13.05	南岛语系	217
13.06	印欧语系	219
13.07	朝鲜语	219
13.08	文字	220

附录

英汉索引	225
汉英索引	270

01. 理论语言学

01.01 学 科

01.001 语言学 linguistics
研究人类语言的学科。包括语言的本质、发展和起源以及语言的结构、功能、类型等等。传统的语言学以研究古代文献和书面语为主，现代语言学以当代语言和口语为主。从不同的角度，可以划分不同的门类或分支，如理论语言学和应用语言学，历时语言学和共时语言学等。

01.002 理论语言学 theoretical linguistics
语言学的一个分支。探讨人类语言的本质，考察人类语言的共同规律和普遍特征，从具体的语言现象中总结、归纳出普遍规律，为语言学的各个分支学科建立共同的理论框架。

01.003 应用语言学 applied linguistics
语言学的一个分支。研究语言在各个领域中的实际应用，注重解决现实当中的问题，一般不接触语言的历史形态。应用语言学还有狭义和广义之分，前者主要指语言教学、辞书编纂等，后者还包括计算语言学、机器翻译等领域。

01.004 普通语言学 general linguistics
又称"一般语言学"。语言学的一个分支。狭义的普通语言学强调语言研究中理论和方法的普遍适用性，偏重于语言的描写、理论构建和比较研究；广义的普通语言学除一般的理论问题外，还包括语音、语法和词汇等。

01.005 历史语言学 historical linguistics
语言学的一个分支。起始于18世纪晚期，由文献学发展而来。最初采用比照法和内部测拟，主要进行语言谱系的梳理和史前语言的构拟。后来研究范围逐渐扩大，包括以下四个方面：(1)对特定语言的变化进行描述和解释。(2)对言语共同体(speech communities)的历史进行描述。(3)重构语言群的史前史，并确定它们之间的亲缘关系，按亲疏远近分别归派到相应的语系、语族和语支中。(4)阐述有关语言变化的成因及方式的普遍原理。

01.006 比较语言学 comparative linguistics
历史语言学的一个分支。主要通过比较不同的语言来证明语言间的历史相关性，即不同的语言可能从某种共同的始源语演化出来。

01.007 历时语言学 diachronic linguistics; historical linguistics
语言学的一个分支。描写与研究一种或多种语言在一定时间跨度内所经历的种种变化。在现代语言学出现之前，大部分语言学者都从事这种语言的历史性演化的研究。共时语言学与历时语言学的分立，标志着语言学从印欧语系的比较声韵学进入结构语言学。

01.008 共时语言学 synchronic linguistics
又称"静态语言学"。语言学的一个分支。描写与研究一种或多种语言在其发展历史的某一时期的状况。主要学派有描写语言学派、转换生成学派、层次语言学派等，为美国"结构主义流派"和"行为主义"的产生提供了理论基础。共时语言学与历时语言学的分立，标志着语言学从印欧语系的比较声韵学进入结构语言学。

01.009　描写语言学　descriptive linguistics
又称"描写性语言学"。语言学的一个分支。对某一特定时间的某一特定语言或方言的各种形式或用法作出全面的、客观的、精确的说明。强调客观性是为了与规定性语言学(prescriptive linguistics)相对比：描写语言学提倡如实描写语言用法，不是规定语言应如何使用。

01.010　符号学　semiotics
研究符号系统的科学。广义的符号学包括语言符号学、非语言符号学。狭义的符号学主要包括三个不同的研究层次：语法层、语义层与语用层。语法层关注符号的组合(不管它的具体含义)，语义层关注符号的特定意义，语用层关注符号的起源、应用及产生的效果。

01.011　语符学　glossematics
语言学的一个分支。20世纪30年代中期由哥本哈根语言学会的路易斯·叶姆斯列夫(Louis Hjelmslev)和乌达尔(Hans Jørgen Uldall)创立。认为语言可以分解为具有意义功能的最基本的语言单位，即语符(glosseme)。语符学主要研究这些语符以及它们的组合规则。

01.012　语言哲学　linguistic philosophy；philosophy of language
哲学的一个分支。从哲学角度研究语言的本质、结构、意义、功能、用法、认知、语言与实在、语言与社会、语言与意识、语言与真理等问题。

01.013　哲理语言学　philosophical linguistics
又称"哲学语言学"。语言学的一个分支。一方面研究语言对理解和阐明哲学概念的作用，一方面研究语言学理论、方法以及观察结果的哲学地位。主要包括语言本体论和语言研究方法论。

01.014　语文学　philology
通常指研究语言的使用及其历史文化背景知识的学科。关注文化、文学等经典作品中的文字、读音、语法、修辞，以及对作品的阐释。在比较语言学和历史语言学范围内，语文学指19世纪的语言比较研究，即通过比较不同的语言来揭示其共性。

01.015　比较语文学　comparative philology
传统语文学的一个分支。主要研究不同语言之间的关系，辨识语言之间的亲缘关系。最初是比较古梵语与欧洲语言之间的关系，首先发现了语音对应关系。

01.016　句法学　syntax
语言学的一个研究领域。研究词和短语组成句子所遵循的规则，主要有纯形式和功能两种方法，前者研究规则的心理基础，后者侧重规则所具有的功能。

01.017　语素学　morphemics
又称"词素学"。语言学的一个分支。将语素的概念应用于语言分析，研究语素的类型以及语素之间的组合规则。

01.018　形态学　morphology
又称"词法学"。语言学的一个分支。主要研究单词的内部结构和构词规则，主要分为屈折形态学和派生形态学等。

01.019　屈折形态学　inflectional morphology
形态学的一个分支。主要研究词语如何通过形态变化表示语法意义。例如由 work 加上表示过去时的词缀 ed 形成 worked。

01.020　派生形态学　derivational morphology
又称"派生词法学"。形态学的一个分支。主要研究一个词语(词根)如何通过增加表达词汇意义的词缀的方法形成另外一个词语。在这个过程中词根的词性会发生改变。

例如 work 加上后缀 er 变成 worker。

01.021　语用学　pragmatics
语言学的一个分支。主要指从语言使用者的角度来研究语言。例如词句的字面意义如何在具体语境中表达说话者的隐含意义，在语言交际中预设的使用会对其他人产生怎样的效果等。

01.022　词汇语用学　lexical pragmatics
语用学的一个分支。主要研究词汇（尤其是实词）在实际使用过程中所发生的意义变化，以及在理解这些意义变化时所涉及的推理过程。对词汇在具体语境中所表达的意义进行推理的过程称为语用充实，包括两种情况：语用收缩（即词汇的常规意义在实际语境中所指范围的缩小）和语用扩充（即词汇的常规意义在实际语境中被淡化或引申所指范围的扩大，或产生新的引申义）。

01.023　带连字符语言学　hyphenated linguistics
西方有些学者用"语言学"和"带连字符语言学"来区分语言学的核心区域和外延区域。前者包括音韵学、形态学、句法学、语义学等，后者包括社会语言学、心理语言学、计算语言学、认知语言学、神经语言学等。

01.024　计量语言学　quantitative linguistics
语言学的一个分支。用统计技术研究语言单位的频率和分布。可分为纯理论性的和应用性的两类，前者旨在对语言单位使用方式的统计规律提出一般性原则，后者研究如何使用统计方法来阐释语言学问题（如功能负荷、风格区别、作者鉴定等）。

01.025　数理语言学　mathematical linguistics
语言学的一个分支。应用数学模型和数学程序来研究语言。主要研究方向是统计语言学、代数语言学和机器翻译。

01.026　统计语言学　statistical linguistics
语言学的一个分支。应用统计方法来描写语言使用现象，主要对某语言特征或现象的分布、出现频率等进行研究。

01.027　计算语用学　computational pragmatics
语用学研究的一种新方法。主要运用计算机处理来研究话段（utterance）和语境（context）之间的关系。核心课题仍然是研究推理过程，主要集中在四个方面：指称（reference）的理解、言语行为的理解和生成、话语结构和连贯关系以及溯因推理（abduction）。

01.028　结构类型学　structural typology
语言学的一个分支。比较研究两种或多种语言的结构类型并划分出语言类型。开始于 19 世纪，当时根据单词结构这唯一的参数，将语言划分为孤立语、黏着语及屈折语三种主要类型。

01.029　语言类型学　language typology；linguistic typology
语言学的一个分支。研究各种类型语言的特征，呈现不同语言在结构上的异同，而不管语言的历史发展如何，目的是建立适用于各种语言的分类法。

01.030　人类文化诗学　ethnopoetics
又称"人种诗学""民族诗学"。研究任何民族的民间诗学传统的学科。多用来专指研究非西方原住民所使用的各种口头艺术（包括诗歌、民间传说等）的学问。在语言学范围内，主要指研究这些艺术形式所使用的语言单位与结构。

01.031　人类学语言学　anthropological linguistics
又称"语言人类学"。语言学的一个分支。①用人类学和语言学的理论方法，研究语言在人际交往中的功能。②研究与族群和文化模式有关的语言现象。

01.032　人类文化语言学　ethnolinguistics

又称"人种语言学"。人类学语言学的一个分支。对于操某种语言的人，研究他们语言和文化行为间的相互关系，从文化角度来研究这个民族的语言系统，并从语言系统本身来解释其文化内涵。

01.033　人类文化语义学　ethnosemantics

又称"人种语义学""民俗语义学"。人类学语言学的一个分支。采用人类学和认知科学的方法，研究不同文化族群中意义的结构关系以及文化制约语义变化的规则。认为一个族群的意义结构是通过其成员在具体语境下的语言运用展现出来的。

01.034　言语人种学　ethnography of speaking

又称"言语民族学""言谈民族学""言语人类文化学"。语言学的一个分支。主要是识别有哪些语言外因素构成信息传递的社会基础，重点在描写语言的交互作用。

01.035　空间关系学　proxemics

语言学的一个分支。美国人类学家爱德华·霍尔（Edward Hall）在 1963 年创立。研究人与人之间所需的空间以及这种空间环境或文化的关系，认为人与人之间的社会心理距离与人体间的距离紧密相关，而且不同文化背景下，人们应该保持的人体间距离是不同的。

01.036　认知语言学　cognitive linguistics

语言学的一个分支。20 世纪 70 年代末兴起，认为人类的语言能力和感觉、记忆、推理等其他能力都是认知能力的一部分。它继承了功能主义语言学的传统，对一些重要的语言学问题提出新的解释。例如，在范畴化问题上提出了原型理论，认为在多义词的诸多意义中，原型词义是中心，其他义项向外辐射形成网络系统；又如，把隐喻视为人类认识世界的一种思维方式，认为语法结构与格式塔心理学的某些原则具有相似性等。

01.037　生物语言学　biolinguistics; biological linguistics

语言学的一个分支。认为语言具有生物性，强调语言学是心理学乃至生物学的一个分支。主要从人类种族和个人的角度研究五个基本问题：语言知识的组成、习得、使用、相关的大脑机制以及发展进化的生物条件。

01.038　体态语言学　kinesics

又称"势态语言学""肢体语言学""身势语言学"。语言学的一个分支。研究人们交际时身体各部分动作的模式所表示的含义，其中包括目光、触觉、气味、方位、姿态、手势、面部表情等。这一术语由美国心理学家伯德维斯泰尔（Ray Birdwhistell）在 1952 年首先提出。

01.039　心理语言学　psycholinguistics

语言学的一个分支。主要研究对于语言理解、语言使用和语言学习等过程有影响的心理或神经生物学因素，也关注与语言有关的认知过程。研究方法主要是对人的语言活动进行观察，从而形成假设。

01.040　神经语言学　neurolinguistics; neurological linguistics

语言学的一个分支。研究大脑产生、接收、分析和储存语言的神经机制，以及这一机制与语言的关系。重要研究资料常来自临床情况（如失语、口吃）或日常的语言"错误"（如言语支吾和口误），可用来说明言语机制失灵的原因。

01.041　神经认知语言学　neurocognitive linguistics

语言学的一个学派。20 世纪 60 年代在美国兴起。研究语言结构的神经基础，认为人的语言知识与技能都储存在人的大脑，都基于人的大脑结构和神经生物过程。

01.042　语言病理学　speech-language pathology
又称"言语病理学"。语言学的一个分支。主要研究预防、分析、治疗各种妨碍正常交往的语言疾病的方法和手段。

01.043　语言发生学　glossogenetics
又称"语词发生学"。语言学的一个分支。研究语言的起源和发展。涉及语言学、生物学和心理学等诸多学科。

01.044　元语言学　metalinguistics
语言学的一个分支。①主要研究语言系统与社会中其他文化因素之间的总体关系。②又称"纯理语言学"。研究元语言的学科。元语言指一种被用来谈论、观察和分析另一种语言的符号语言。可以是一种自然语言,如学习外语时起解释作用的本族语;也可以是一套语言符号,如用于给语言研究的概念下定义的语言学术语。

01.02　学　派

01.045　新弗斯学派　Neo-Firthian
语言学的一个学派。起源于英国语言学家弗斯(John Rupert Firth)创立的语言学理论。其一系列语言学观点成为伦敦学派(London School)的理论基础。后来他的学生韩礼德(Halliday)等人发展了他的理论,形成了新弗斯学派。

01.046　新语法学派　Neogrammarians
语言学的一个学派。19世纪起源于德国莱比锡大学。提出著名的新语法假设来解释语言发音变化的规律,认为同一语音在同一条件下总是发生同样的变化,语音的历时变化会同时影响到周围其他所有词的发音,而且毫无例外。维尔纳定律(Verner's law)是该假设中一个有名的例子。

01.047　结构语言学派　structural linguistics; structuralist linguistics
又称"结构主义语言学"。语言学的一个重要流派。20世纪30年代在欧洲兴起,基本理论源于索绪尔(Ferdinand de Saussure)的《普通语言学教程》,认为语言是一个符号系统,反对对语言现象进行孤立的分析,主张系统的研究,区分语言和言语,区分共时和历时。结构语言学派内部又分为三大学派:布拉格学派、哥本哈根学派和美国结构语言学派(又称"美国描写语言学")。

01.048　布拉格学派　Prague School
结构语言学的一个学派。布拉格语言学会成立于1926年,发起人是维伦·马泰休斯(Vilém Mathesius)。强调语言应分析为一批功能上相关联的单位构成的一个系统——这是索绪尔影响的体现之一。这个学派对于文学批评、语言学和符号学都作出过重要贡献。

01.049　生成语言学派　generative linguistics
又称"转换生成学派"。语言学的一个学派。使用生成语法理论研究语言,采用一套有限的规则,产生出一种语言中所有合乎语法的句子。这个概念最初由乔姆斯基(Chomsky)提出,后来被其他学者广泛采用。

01.050　解释语义学派　interpretive semantics
语言学的一个学派。对语义学在转换生成语法中的地位问题有两种相对立的观点,一种是解释语义学派,一种是生成语义学派。乔姆斯基倾向于解释语义学派的观点,认为句法与语义是相互独立的两个系统,句法规则负责生成合乎语法的句子,然后再由单独的语义规则进行解释,从而形成句子的意义。

01.051 生成语义学派 generative semantics
语言学的一个学派。对语义学在转换生成语法中的地位问题有两种相对立的观点，一种是解释语义学派，一种是生成语义学派。生成语义学派从乔姆斯基的转换生成语法分化出来，20世纪60年代初由美国语言学家乔治·莱考夫（George Lakoff）、约翰·罗斯（John R. Ross）和保罗·波斯塔尔（Paul Postal）等创立。认为句子的语义解释是由深层结构直接生成的，然后经过一系列转换生成句子。

01.052 词汇学派 lexicalism
语言学的一个学派。来源于语言学家迈克尔·刘易斯（Michael Lewis）1993年提出的词汇法（lexical approach）。这是一种新的语言习得理念，强调词汇及短语块（chunks）在语言习得中的作用，反对将语法作为语言习得的焦点。提出"语言是由语法化的词汇组成，而不是由词汇化的语法构成"。

01.03 理论与方法

01.053 笛卡尔语言学 Cartesian linguistics
受笛卡尔（René Descartes）的哲学思想影响的语言学理论。基本观点是世界上所有语言都以人类共有的思想结构为基础，语言能力是人类所特有的推理能力的一部分。

01.054 语言决定论 linguistic determinism
关于语言与思维关系的一种观点。由德国文化人类学家洪堡特（Wilhelm von Humboldt）提出。认为语言决定人们认识和理解外部世界的方式。20世纪发展成为萨丕尔—沃尔夫假说。

01.055 萨丕尔—沃尔夫假说 Sapir-Whorf hypothesis
关于语言与思维关系的一种假说。由美国人类语言学家萨丕尔（Edward Sapir）和沃尔夫（Benjamin Whorf）提出。认为一种语言的语法范畴和说这种语言的人理解世界及其思考方式之间存在系统的对应性，通过研究语言结构，可以研究人的思维。

01.056 天赋说 innateness hypothesis
解释儿童语法能力为何能快速发展的一种假说。认为儿童生来就具有人类语言基本结构的知识，这种知识包括了所有语言共有的基本句法原则。

01.057 规定主义 prescriptivism
一种理论观点。认为语法可以规定什么是规范的语言用法，什么是不规范的语言用法。也指任何试图对如何正确使用语言制定规则的做法。

01.058 现实主义 realism
语言学的一种观点。主张不要为了维护一种假定、一种原则、一种方法而抛掉某些极其重要的语言事实。即当运用某些结构主义方法不能说明事实的时候，可以不受某一种方法的拘束。

01.059 心智主义 mentalism
又称"心灵主义""心理主义"。语言学的一种观点。认为人的内部的心智活动与外显的行为表现是相互独立的，并且前者可以解释后者。

01.060 形式主义 formalism
与"功能主义"相对。语言学的一种分析方法。从形式角度来分析语言，特别是生成分析追求的目标。指支配一种分析法的规则、原则、条件等能以精确和严格的方式界定。

01.061 功能主义 functionalism
与"形式主义"相对。语言学的一种分析方法。从功能角度来分析语言。注重语言的社会方面,采用归纳的方法,重视语境、语用和功能的因素,侧重语言结构变异的描写和解释。主要流派有西蒙·狄克(Simon Dik)语法模型、韩礼德(Halliday)系统功能语法以及托马斯·齐翁(Thomas Givón)功能语言学理论等。

01.062　传统语法　traditional grammar
现代语言学诞生以前的西方分析语言结构的各种理论与方法。主要分析某一种语言(如希腊语或拉丁语)的表层语法形式,而不太关注意义,目的是使语言学习者了解语言的语法形式,提高写作技能。

01.063　层次语言学　stratificational linguistics
一种语言学理论。由美国语言学家西德尼·兰姆(Sydney Lamb)创立。认为英语和许多语言包含六个层次:语音层分超音位和音位,语法层分语素和词位,语义层分义位和超义位。

01.064　法位学　tagmemics
又称"序位学""语位学""语位学派"。一种语言学理论。由美国语言学家肯尼思·派克(Kenneth L. Pike)创立。认为语音、词汇和语法系统中各有几个层次。例如语法中有语素、词、短语、分句、句子、段落各层,每个层次中都有语法基本单位——法位(tagmeme,借自布龙菲尔德Bloomfield)。语法基本单位之外,有非基本单位:法位之下的法子(tagma)及法位变体(allotagma),法位之上由若干法位组合的法位段或法位组合(syntagmeme),如句子是词或短语的法位段。

01.065　弧对语法　arc pair grammar
又称"双弧语法"。一种语法理论。由关系语法派生。通过使用语言结构对语言单位之间的关系进行描述。

01.066　形式语言学　formal linguistics
与"非形式语言学"相对。一种语言学理论。根据表述方式不同,语言理论可以分为形式语言学和非形式语言学。前者借助形式逻辑或数学语言来表述语言学理论,后者则通过自然语言来表述。

01.067　非形式语言学　informal linguistics
又称"非形式化语言理论"。与"形式语言学"相对。一种语言理论。根据表述方式不同,语言理论可以分为形式语言学和非形式语言学。前者借助形式逻辑或数学语言来表述语言学理论,后者则通过自然语言来表述。

01.068　结构主义　structuralism
①注重用结构和系统明确描写语言特征的语言分析方法。有许多种,一般的索绪尔式的结构主义思想已融入语言学的每一个学派。②指布龙菲尔德式的方法,即强调话段(乔姆斯基后来称为表层结构)有形特征的切分和分类程序,不着重考虑语言抽象的底层结构(即乔姆斯基的深层结构)或其意义。

01.069　直接成分分析法　immediate constituent analysis
一种语法分析方法。布龙菲尔德结构主义语言学使用这种方法。根据说话人的直觉和一些形式上的标准,一个句子可以分解为一系列的句子成分,例如主语+谓语,名词短语+动词短语,这些成分还可以再分解为更小的成分,直到最后无法继续分解为止。

01.070　分布分析法　distributional analysis
一种语言分析方法。主要研究低一级的语言单位在更高一级的语言单位里面的位置。例如音位在音节里的位置,词在句子里的位置等。

01.071　田野调查　field study
又称"田野工作(field work)""实地调查"。一种获得语言材料的方法。通过调查受访人(通常到受访人所生活的环境中去)获取语言数据。

01.072　普遍语法　universal grammar
一种语言学理论。认为所有语言都具有相同的基本语法原则，它们相互作用，可以产生任何一种语言中所有合乎语法的句子。据此，可以解释儿童是如何获得语言的，但并不意味着所有语言都包含相同的具体语法规则。

01.073　转换生成语法　transformational-generative grammar；TG
又称"生成语言学"。一种语言学理论。创始人是美国语言学家乔姆斯基（Chomsky），他在1957年出版的《句法结构》是转换生成语法诞生的标志。认为语言是人类特有的一种先天机制。语言理论不仅应该研究语言行为，而且应该解释语言能力。转换生成语法理论提出语法是生成的，每一个句子都有两个层次——深层结构和表层结构。深层结构显示基本的句法关系，决定句子的意义；表层结构则表示交际中的句子形式，决定句子的语音。句子的深层结构通过转换规则变为表层结构。

01.074　标准理论　standard theory
转换生成语法的一个发展阶段。1957年出版的《句法结构》和1965年的《句法理论要略》两书被乔姆斯基称为"标准理论"。他认为，语言是人类特有的一种先天机制，语法主要包括基础和转换两个部分：基础部分生成深层结构，深层结构通过转换得到表层结构。语义部分属于深层结构，它为深层结构作出语义解释。语音部分属于表层结构，并为表层结构作出语音解释。

01.075　扩展标准理论　extended standard theory；EST
又称"扩充标准理论"。转换生成语法的一个发展阶段。在标准理论的基础上加入语义转换规则，对句子表层结构进行加工，从而生成句子的语义解释。

01.076　X杠理论　X bar theory；X-bar theory；X' theory
又称"X阶理论"。转换生成语法中的一个重要理论。旨在概括所有短语结构的共同特点，认为所有短语的性质都是由短语中心成分（head）决定的，X代表一个短语的性质，可以是名词短语、动词短语、形容词短语或介词短语等。从扩展标准理论（EST）开始，转换生成学派就用X杠标准语法代替原有的短语结构语法来作为语言中短语结构的抽象表示，任何一个结构的中心成分（head）X是0杠范畴，比它高一个层次的是1杠范畴，高两个层次的是2杠范畴。

01.077　语迹理论　trace theory
转换生成语法的一个子理论。在从深层结构向表层结构转换的过程中，某些语言成分从一个位置移动到另外一个位置，移位后该成分会在原来的位置留下一个没有语音表现形式的语迹（用t表示），这个语迹受那个移走的成分的"约束"，仍然会对周围其他的语言成分产生一些句法效应。

01.078　θ理论　theta-theory；thematic theory；θ-theory
又称"题元理论""论旨理论"。转换生成语法，特别是管辖与约束理论的一个重要理论。主要是关于论旨角色的指派问题，规定每个论元必须指派而且只能指派一个论旨角色。

01.079　最简方案　minimalist program
转换生成语法的一个发展阶段。强调语言学理论应该尽可能简洁和概括，所有的派生过程和用来解释语言现象的规则应该尽可能少。语法只是一个包含词汇项的运算系统，通过成分的移动和合并生成句子。

01.080　词汇映射理论　lexical mapping theory; LMT
词汇功能语法的一部分。最早由美国语言学家约翰·布雷斯南（John Bresnan）和卡尼瓦（Jonni M. Kanerva）于1989年提出。认为动词的论元结构是连接词汇语义和句法结构的纽带。由于论元结构是由论旨角色（thematic role）组成的，词汇映射理论的作用就是把动词的论旨角色映射到句法结构的语法关系（grammatical function）上。

01.081　词汇主义假说　lexicalist hypothesis
①修整的扩展标准理论（revised extended standard theory）中的一个假说。认为词汇的派生规则区别于句法的转换规则。不允许语法有词类改变规则，例如不允许动词或形容词转换成名词。②美国语言学家赫德森（R. Hudson）1991年提出的语言学八个新趋势之首是词汇主义，指从语法结构事实的解释转移到词汇事实的解释（其余的趋势是：整体主义、跨结构主义、多样结构主义、关系主义、单一层次主义、认知主义、实现主义）。

01.082　语义主义　semanticism
美国语言学家切夫（Chafe L. Wallace）称他自己主张的语法。认为"语言是将意义变为声音的手段"，主张把句法结构和语义结构结合起来分析句子，并以考察动词的语义特征为重点。他把转换生成语法称为句法主义。

01.083　括号表示法　bracketing
又称"加括法""加括号法""括号标注"。一种表示语言单位内部层级结构关系的方法。例如，用加括号的方法表示句子结构：[[the cat] [[sat] [on the mat]]]。

01.084　蒙太格语法　Montague grammar
又称"蒙塔古语法""蒙太古语法""孟德鸠语法"。一种用研究人工语言的形式手段研究自然语言的理论。由美国逻辑学家理查德·蒙太格（Richard Montague）提出。主要借助内涵逻辑与集合论等形式工具，认为自然语言与形式语言之间没有本质区别。其语法系统包含一个句法部分和一个语义部分，前者负责定义句法范畴，后者负责使用真值谓词逻辑对生成的句子进行语义解释，两者严格一一对应。

01.085　蒙太格语义学　Montague semantics
又称"蒙塔古语义学""蒙太古语义学""孟德鸠语义学"。一种形式语义学理论。认为自然语言和人工语言之间没有本质区别，两者都可以作精确的数学描述，用数理逻辑方法研究自然语言。涉及对象主要是作为广义量词的名词短语的句法与语义分析、约束变元回指的处理、辖域歧义和内涵性。

01.086　对比语言学　contrastive linguistics
语言学的一个分支。主要通过对比分析（contrastive analysis），即共时对比两种或两种以上语言结构上的不同，解决语言教学或翻译中的实际问题。

01.087　跨语言研究　cross-linguistic research
又称"对比研究"。由对比语言学发展而来的研究。主要基于两种或更多语言的大规模语料库，研究对象从传统的音位、词汇、句法扩展到语用学、修辞结构甚至特殊场景中的语言使用。

01.088　语言年代学　glottochronology
语言谱系关系研究的一种词汇统计方法。主要研究语言的变化速度。其基本假设是"一种语言的基本词汇是以恒定速度变化的"，通过对比，研究语言中发生变化了的词汇数量，预测有亲缘关系的语言从同一语言中分离出来的时间长短。

01.089　单一母语说　monogenesis
与"多母语说"相对。历史语言学的一种假

说。认为所有人类语言都从同一个原始语言演化而来。

01.090　多母语说　polygenesis
与"单一母语说"相对。历史语言学的一种假说。认为人类语言从不同的原始语言演化而来。

01.091　波浪理论　wave theory
又称"波形理论""波浪说"。历史语言学和社会语言学的一种理论。描述语言变化的一种动态模型,即言语变异从一特定语言地域向四周扩散,对邻接地区的语言影响最大,对较远地区的语言影响逐渐减小,类似于水面波形从中心向四周扩散。

01.092　配价理论　valence theory
一种语言学理论。配价指动词可以携带论元的能力,能够携带几个论元以及携带什么样的论元都由动词固有的配价能力决定。根据动词的配价能力可以将动词分为零价动词、一价动词、二价动词、三价动词等。

01.093　原型理论　prototype theory
认知科学的一种理论模型。认为人类对事物进行分类(范畴化)的过程并不存在非此即彼的明确界限,某一范畴中的核心成员会比其他成员更具典型性。例如在"家具"这个范畴里,"桌子"比"空调"更具"家具"的特征。

01.094　原型语义学　prototype semantics
词义研究的一种方法。将词语的意义分为原型意义和非原型意义,前者为中心,后者形成向外辐射的网络系统。将原型特征区分为认知模型(直观的)和命题模型(非直观的)。研究内容还包括如何区分原型意义和非原型意义,以及这些词义之间互相联系的认知学基础。

01.095　呈现语法　emergent grammar
又称"浮现语法"。由美国语言学家霍珀(Paul J. Hopper)1987年首先提出。认为语法结构不是人们先天就有的一些抽象的规则,而是来源于实际交际(尤其是口语交际),是那些反复使用的格式或搭配逐渐固定下来而形成的,而且在不断的使用中继续变化。呈现语法中一个重要概念是频率,使用频率越高的语法格式或搭配就越容易固定成为语法。

01.096　功能句子观　functional sentence perspective
一种语法分析方法。由马泰休斯(V. Mathesius)首先提出。根据句子所履行的交际功能来分析句子结构。这种方法将句子所传达的信息分为已知信息和未知信息,一般都是已知信息先于未知信息,而且这种已知信息和未知信息的排列顺序会对句子的词序、语调等特征产生影响。

01.097　话语表现理论　discourse representation theory
又称"话语表述理论""话语表征理论""篇章表述理论""语篇表述理论"。一种语言学理论。将模态语义学理论应用于语篇理解而形成。认为一段语篇中的句子意义,即这个句子对于同一语篇中前面信息的增加量。这种理论成功地解释了跨句子的回指现象以及名词和代词的指称问题。

01.098　施为句假说　performative hypothesis
又称"言行句假说""表述句式假说"。解释隐性施为句的一种假说。由美国生成语义学家罗斯(John Robert Ross)等人提出。认为在深层句法结构里,无论句子的表层结构是隐性施为句还是显性施为句,每个句子中的最高层次的分句都是一个显性施为句。

01.04 核心术语

01.099 语言 langue
索绪尔首次明确提出语言研究要注意区分语言(langue)和言语(parole)。语言指说话者共同使用的语言系统或结构；言语指语言体系在实际运用中的体现。语言是社会集团为了使个人有可能行使语言机能而采取的必不可少的规约，为社会成员所共同遵守；言语则是人们所说的话的总和，是一种个人的实际话语。后来的语言学家多认为语言系统包括语音、语法、词汇、语义等子系统。索绪尔认为，现代语言学研究应着重在语言，而非言语。

01.100 言语 parole
见"语言"。

01.101 副语言 paralanguage
又称"超语言""伴随语言现象"。在交际过程中伴随语言使用的非语言方式。包括身势语、面目语、音响语、距离语、标志语等，用来传达意义，交流情感。研究副语言的学科称为副语言学(paralinguistics)。

01.102 共时 synchrony
与"历时"相对。索绪尔引入语言学研究的两大时间维度之一。研究语言在特定时间的情况，不考虑它的演化发展。

01.103 历时 diachrony
与"共时"相对。索绪尔引入语言学研究的两大时间维度之一。研究语言在较长历史时期所经历的变化。

01.104 任意性 arbitrariness
索绪尔提出的"任意性原则"。符号的能指和所指的结合是任意的，语言形式与其所指的事物之间没有必然联系。

01.105 能产性 productivity
①语言使用者能够使用并且理解无穷多的句子的创造性能力。是人类语言区别于其他动物交际系统的一个显著特征。②某一成分或模式造词、造句或构形多少(有时指多)的性能。与之相区别的有"非能产性""半能产性"。

01.106 系统 system
由语言单位组成的语言组织网络(如元音系统、词汇系统)。每个语言单位的意义都要由它与其他语言单位的相同或对比关系来决定。语言作为一个整体就是一个系统，通常也是一个由分系统组成的层级系统。

01.107 形式 form
①一种语言的音位或语法结构。与这些结构具有的意义相对立。②语素在不同的语言环境中表现出的不同形式。例如 sings 和 sang 分别是同一个语素 sing 的不同表现形式。③在索绪尔创立的结构主义语言学中，指语言的音位、语法和语义结构。

01.108 意义 meaning
又称"语义"。语言学所要研究的重要现象。一般指语言形式想要传达的信息或说话者的意图。在不同的理论中，内涵有所不同。

01.109 语言单位 linguistic unit
指语言的组成成分。波兰语言学家克鲁斯基(M. Kruszewski)认为，语言单位包括话语、句子、词、形态成分、声音和生理性发声运动。系统功能语法把语言单位分为语素、词、短语、小句、复句五个单位，并设有一个"级"(rank)的范畴，将各语法单位通过级阶大小排列，复句为最大的语法单位，其他语法单位视其在上一级语法单位中的作用来确定。

01.110 语言模型 linguistic model
自然语言的数学模型。主要描述自然语言的统计和结构方面的内在规律。计算机主要依据语言模型对自然语言进行理解。

01.111 语言直觉 linguistic intuition

又称"语感"。指人们对于自己使用的语言的判断能力，特别是判断一个句子是否能够接受以及句子之间是否具有关联性。既指对语言的直觉，也指如何对语言作分析的直觉。

01.112 经济原则 economy principle

又称"简练原则""省力原则"。①语言学研究中的一个准则。指在其他情况相同时，语言学理论或分析要尽可能简单，尽可能少用专业术语。②法国语言学家马丁内（A. Martinet）1962年提出语言演变的原则。即语言演变的动力来自于交际的需要和人的自然惰性之间的冲突。前者促使人类创造新的、复杂的语言单位；后者则要求在言语过程中尽量减少力量的损耗，力求用少量的语言单位传达尽可能多的意义。

01.113 口语 speech

语言凭口、耳进行交际的口头形式。对口语有两种不同的理解，一种是语音学的观点：口语是语言传输的媒介，即语言的口头媒介或语音实体（与"书写媒介"相对）。另一种是语言学的观点：口语是一种外化的语言行为，可以分析它的音系、语法和语义各个方面的特征。

01.114 书面语 written language

用文字记载下来供人阅读的语言，在口语的基础上形成，使"听、说"的语言符号系统变成"看"的语言符号系统，在文字产生之后才出现，词汇丰富，表达更为准确。并不是所有的语言都有书面语。

01.115 中介语 interlanguage

又称"语际语言"。在第二语言习得过程中，既不同于母语又有别于所学的第二语言的语言系统。反映了语言学习者学习语言的过渡阶段。

01.116 手势语 sign language; gesture language

又称"手语"。使用手势或其他肢体语言来传递信息的交际符号系统。有时这种语言用于特定群体，如交通警察、司机、聋哑人等；有时也用于特定的语言环境中，如用于高山阻隔而语音不能及时实现的人与人之间的沟通。

01.117 声调语言 tonal language; tone language

与"无声调语言"相对。指用声调来区分词汇或语法意义的语言。例如汉语和西非的约鲁巴语。

01.118 无声调语言 non-tonal language

与"声调语言"相对。指不用声调来区分词汇或语法意义的语言。例如英语。

01.119 构型语言 configurational language

又称"结构型语言"。与"非构型语言"相对。指词序和组构成分的层级结构比较固定的语言。例如英语和希伯来语。

01.120 非构型语言 non-configurational language

又称"非结构型语言""非固定结构语言""无固定结构的语言"。与"构型语言"相对。指词序相对自由、句子成分缺乏等级结构的语言。例如日语。

01.121 语言获得机制 language acquisition device; LAD

又称"语言习得机制"。乔姆斯基提出人先天有一种"语言习得机制"，这种机制存在于人脑中，使得人们能够学习语言。这种机制在语言习得关键期以后就会消失。

01.122 外化语言 externalized language; E-language

又称"外在化语言""E语言"。与"内化语言"相对。乔姆斯基最早使用的一个概念。

指语言运用能力是外部的,即通过人与外界的接触决定的。与说话者的年龄、性别、文化、教育背景、社会地位、说话时的心情、所处的环境等外部因素相关。

01.123　内化语言　internalized language；I-language

又称"内在化语言""I 语言"。与"外化语言"相对。乔姆斯基最早使用的一个概念。指人的语言知识是人的心智活动的一部分,是儿童早期习得的。

01.124　语法层级　grammatical hierarchies

又称"语法等级""语法等级体系"。语法系统中的等级。包括语法关系(主语、宾语等)等级、生命度等级、定性等级、修饰语与中心名词的黏着度等级和韵律等级。

01.125　语法缺失症　agrammatism

又称"语法错乱""语法缺失"。失语症的一种类型。患者说出的话就像电报一样,没有功能词和屈折形态的变化,语法多样性也明显减少。

01.126　标记性　markedness

又称"标记"。布拉格学派提出的一个概念。指在一对互相对立的特征或形式中,一个是无区别特征的、基本的、自然的,另外一个是有区别特征的、不经常使用的。例如语音上的清音、语法上的单数、词汇语义上的泛称(狮子/lion)是无标记的,而语音上的浊音、语法上的复数、词汇语义上的特称(母狮子/lioness)则是有标记的。

01.127　成分分析　constituent analysis

又称"直接(组成)成分分析法""层次分析法""IC 分析法""成分分析法"。布龙菲尔德结构主义语言学使用的一种语法分析方法。例如"我的书包丢了",可以先划分出这样的层次,"我的书包"和"丢了","我的书包"又可以分成"我的"和"书包"。其中任何一个分解层次上得到的成分都可以叫做直接成分。汉语语法学的"成分分析"又常指"句子成分分析法、中心词分析法或中心成分分析法"。

01.128　观察充分性　observational adequacy

乔姆斯基提出的一套衡量语法理论的标准。语法理论应该满足三个层次的充分性:第一个层次是观察充分性,即一个语法理论应该能够生成一种语言中所有合乎语法的句子,并且能够预测哪些句子是合乎语法的;第二个层次是描写充分性,指语法不仅能够描写语法现象,还能够描写人类的直觉和语言知识;第三个层次是解释充分性,指应该建立一套原则,从而可以在不同的语法理论中选择更合适的语法理论加以解释。

01.129　描写充分性　descriptive adequacy

见"观察充分性"。

01.130　解释充分性　explanatory adequacy

见"观察充分性"。

01.131　自主句法　autonomous syntax

转换生成语法的一个基本假设。认为语法的句法部分独立于语义部分而存在(即"自主"的),决定句子合语法性的因素仅仅取决于是否符合句法原则,与句子意义无关。

01.132　合语法性　grammaticality

句子(或句子的组成部分)符合这种语言的句法规则。转换生成语法学家区别了符合语法性与可接受性这两个概念,认为前者应该加以研究,后者不值得作为研究对象。

01.133　语言能力　competence；language competence；linguistic competence

与"语言运用"相对。在语言学理论,特别是转换生成语法中,指说话人的语言知识。即已经掌握语言的规则系统,使得说话者可以生成无限多的合乎语法的句子,并且能够识别语法错误。语言能力是一种理想化的语言概念。

01.134 语言运用 performance; linguistic performance

又称"语言行为""语言表现"。与"语言能力"相对。在语言学理论,特别是转换生成语法中,指本族语者说出的具体语言。

01.135 形式化 formalization

转换生成语法使用的一种方法。即理论或规则都用形式逻辑或者数学语言清晰明确地阐释出来。

01.136 有限状态语言 finite-state language

又称"单向线性语法""正则语法""3 类语法"。一种语法模型。由乔姆斯基 1957 年提出。按照从左到右的线性顺序,选择语言成分并生成句子,先选择的成分会制约后面所选的成分。这类语法生成有限状态语言。

01.137 上下文无关语言 context-free language

又称"语境自由语言""语境无关语言"。形式语言的一种。是可以用上下文无关文法定义的形式语言。在编程语言中有很多应用,大多数可用上下文无关文法生成。

01.138 上下文相关语言 context sensitive language

又称"语境制约语言""语境相关语言"。形式语言的一种。是可以被上下文有关文法定义的形式语言。它是在理论和实践中都使用最少的语言。

01.139 阻断效应 blocking effect

又称"阻塞效应"。①在经典的转换生成语法中,指某一个转换规则因为不满足某些限制条件而无法使用。②在形态学中,指表达同一意义的两个词语形式里,其中一个已经存在,另一个就没有存在的必要。例如英语中表示"铁路"的词已有 railway,trainway 就没有必要存在了。

01.140 D 结构 D-structure

管辖与约束理论指出,当深层结构中的句子结构以及论旨角色都有明确的表征形式时,这样的深层结构就称为 D 结构。D 结构从范畴部分以及词库衍生而来,通过移位成为 S 结构。

01.141 S 结构 S-structure

在管辖与约束理论中,S 结构是句法部分输出的结果,包含了一些空范畴。S 结构通过移位从 D 结构中转化而来,并且是下一步语音形式和逻辑形式作用的对象。

01.142 语迹 trace

又称"虚迹""踪迹"。在 20 世纪 70 年代中期的转换生成语法中指一种形式手段。标记一个组构成分在派生过程中通过转换移至另一位置前占据的位置。组构成分所移出的那个位置称为语迹(在表征中用 t 表示),它受那个组构成分的"约束"。移走的组构成分和它留下的空节点有同标关系。参见"语迹理论"。

01.143 零形式 zero form

一种理论上假设的抽象语言单位。在实际语言使用中没有任何有形的实现形式,使用的符号是 ∅。转换生成语法经常使用这一概念。

01.144 管辖 government

又称"支配"。①一种句法关联性。其中一个词语要求另外一个词语取得某种特定的形态。例如在英语中,介词后面的人称代词必须是宾格形式。②管辖与约束理论中的一种特定句法关系。短语的中心词可以为短语的名词性短语补足语指派格位。

01.145 语障 barrier

又称"语阻""障碍"。管辖与约束理论指一些范畴,其界限能限制某些现象的出现。在树形图里,一个语障就是一个节点,一个节点可以阻止管辖关系的实现,两个节点可以阻止移位的实现,因为临近原则要求移位不能同时跨越两个语障。

01.146　照应语　anaphor

又称"照应词""照应成分""前指词""回指对象"。管辖与约束理论指一类名词短语只能和句子中的其他成分(即先行语)同指,自己没有独立的指称对象。

01.147　回指　anaphora

又称"回指代""前指""复指""照应""照应词""照应语""照应关系"。语法描写中用来指一个语言单位从先前某个已表达的单位或意义(先行语)得出自身释义的过程或结果。

01.148　题元角色　theta role

又称"θ角色""西塔角色"。管辖与约束理论指一个名词短语在句子中所担当的语义角色。例如施事、受事、工具等。

01.149　轻动词　light verb

转换生成语法中指一些词义较虚,但在句子中却发挥着主要句法功能的动词。比如,"She takes a look in the mirror every morning."其中的"takes"充当谓语,体现着全句的"时"和"人称—数",但意义却很虚,主要的动作信息由后面的成分"look"承载。轻动词后的成分也可以前移至其位置并取而代之。例如,可把上句改写为:"She looks in the mirror every morning."

01.150　格标记系统　case marking system

具有格变化的语言中对及物动词的施事(A)、及物动词的受事(P)、不及物动词的主语(S)的标记方式。美国语言类型学家科姆里(Comrie)指出,有些语言对A和S给予相同的格(主格),而对P则给予另一个格(宾格),这样的格标记系统称为"主格—宾格系统"(nominative-accusative system),简称"宾格系统"。英语、德语、法语等都属于这个系统。但有些语言中,P和S具有相同的格(绝对格,absolutive case),A属于另一个格(作格,ergative case),这样的格标记系统称为"作格—绝对格系统"(ergative-absolutive system),简称"作格系统"。藏语、巴斯克语(西班牙的一种少数民族语言)、高加索北部的少数民族语言以及美洲和澳大利亚某些土著语言都属于这个系统。

01.151　作格现象　ergativity

人类语言虽然可以分为两套不同的格标记系统:"主格—宾格系统"(nominative-accusative system)与"作格—绝对格系统"(ergative-absolutive system),但二者并不是绝对对立的。属于其中一个系统的语言在某些情况下可以具有另一系统的某些特征,这种情况就称为"作格现象"。比如,汉语虽属于"主格—宾格系统",但受事主语句却体现了作格现象。"大门已经关了",这句话的主语"大门"是及物动词"关"的受事。

01.152　法位　tagmeme

又称"语位"。一种基本语法单位。由构式框架中的一个"功能槽"(functional slot)和可填入这个槽的一类可替换与填充的语言元素组成,法位就是这种功能和形式的结合体。它表示句法空位和填充的词类相结合的单位,即功能及其构成的统一体。例如,"The horse is eating its hay(马正在吃草)"有三个法位:主语法位,包含主语空位和填入的名词短语the horse;谓语法位,包含空位和填入的动词短语is eating;宾语法位,包含宾语空位和填入的名词短语its hay。参见"法位学"。

01.153　形式意义　formal meaning

①伦敦学派奠基人弗斯提出,语言既有"情境意义"(situational meaning),又有"形式意

义"(formal meaning)。②美国哲学家和逻辑学家莫里斯(Charles William Morris)把符号与符号的关系称为形式意义,把符号与所指实体的关系称为存在意义,把符号与使用者的关系称为实用意义,一个符号的意义就等于这三个方面意义的总和。他将这种观念运用于语言研究,认为语言意义也有相应的三个方面,即言内意义、指称意义和语用意义。

01.154　层次网络模型　hierarchical network model

认知心理学中的第一个语义记忆模型。20世纪60年代末由美国人工智能专家奎利恩(M. R. Quillian)、科林斯(A. M. Collins)提出。层次网络模型源于计算机程序记忆组织的一个概念,后用来说明人类语言的语义结构,即概念按逻辑的上下级关系而组成网络。

01.155　格系统　case system

在格语法体系中,指动词与名词间的不同语义角色关系。包括施事、工具、经历、客体、方位、时间、结果、来源等等。20世纪60年代末由美国语言学家菲尔墨(C. J. Fillmore)提出。

01.156　语义三角　semiotic triangle

在语言学和语义学中,指一个三角形的三个顶点分别代表概念、语言符号和外界物体。1923年由奥格登(C. K. Ogden)和理查兹(I. A. Richards)仿照弗雷格、皮尔斯的三角形绘制。语义三角理论表述了语言、概念和事物之间的关系。语音和词义之间是表达与被表达的关系;词义和客观事物之间是反映与被反映的关系。语音通过词义才能成为客观事物的符号。

01.157　预设　presupposition

①在语义学和语用学中,指某种情况成立所必须满足的条件,也指说话人在说某句话时所持有的假设。这时与所作出的判断相对。②指两个陈述之间的某种逻辑关系。这时与蕴涵相对。

01.158　蕴涵　entailment

在语义学中,指两个命题之间的一种语义关系:若第一个命题为真,那么第二个命题肯定为真,而且不可能同时肯定第一个命题又否定第二个命题。例如"我看到一只猫"和"我看见了一个动物"两个命题之间就是一种蕴涵关系,后面命题就是前面命题的蕴涵信息。

01.159　话语　discourse

又称"语篇""篇章""言谈"。指一段大于句子的连续语言(特别是口语)。通常是构成一个在话题上相当完整的单位的一连串语句,表现为一个人连续性的发言,或几个人之间的会话。

01.160　话语分析　discourse analysis

又称"篇章分析""语篇分析"。对句以上的言语段落所作的语言分析。其目的在于研究句以上的话语系列(sequence of utterances)或超句结构(supra-sentential structure),说明各类话语系列在功能和语言形式上的特点以及各语句的相互关系,并对具有相似语境的话语系列探求带有普遍性的规律。

01.161　话语表现结构　discourse representation structure

又称"话语表述结构""篇章表述结构""语篇表述结构"。指从句子的句法结构衍生出来的语义表达式。其中包含跨句语言单位的特征,例如各个名词性成分的回指。

01.162　型　type

在数理语言学中,语言单位的类别称为"型",而这些类别的实例或个别单位则称为"例"(token)。型—例比率(type-token ratio)是在一个语篇样品中不同词(型)的全部数目与实际出现的词(例)的全部数目的比率。

01.163　例　token

又称"个例""实例""标形""标记""数"。数理语言学术语。"型"在言语交际中的具体表现。比如,"He who laughs last laughs longest."这句话中的两个"laugh"是同一个"型"的两个"例"。

01.164　合成度　index of synthesis
当代美国语言类型学家科姆里(Comrie)认为传统的词形类型建立在单一的类型标度上是不够的。他提出了两个标度,即"合成度"与"融合度"。前者指每个词所含的词素量,它的两个极端是孤立型与聚合型;后者指词里各个词素的可切分度的高低,它的两个极端是黏着型与融合型。这两个连续标度可以给出一个连续的词形类型。

01.165　融合度　index of fusion
见"合成度"。

01.166　有理据词　motivated word
在语义层次上,英国语言学家乌尔曼(S. Ullmann)1953年提出,参照语言词汇的某些特点区分"有理据词"和"无理据词"。有些学者所用的术语是"显性词"(transparent word)和"隐性词"(opaque word):凡词义可以从词的构成部分的意义看出来的词称为显性词,即有理据词;凡词义不能这样看出来的词称为隐性词,即无理据词。

01.167　无理据词　unmotivated word
见"有理据词"。

01.168　语言共性　language universal; linguistic universal
又称"语言共相""语言普遍现象""语言普世性"。所有语言都具有的特征。转换生成语法的目标就是证明语言共性的存在并进行准确的描述。

01.169　分布共性　distributional universal
20世纪60年代,美国描写语言学派代表人物格林堡(Joseph H. Greenberg)在对大量语言材料进行描述的基础上,探索语言共性。

他提出区分绝对共性(absolute universal)和共同倾向(universal tendency),后者称为分布共性。

01.170　绝对共性　absolute universal
又称"无限制共性"。所有的语言都会具有的特征。例如任何语言都有名词。参见"分布共性"。

01.171　蕴涵共性　implicational universal
与"非蕴涵共性"相对。指各种语言现象之间隐藏的相关性,即根据某一语言现象的存在可以推测另一语言现象的存在。例如,如果一种语言没有固定词序,那它就要加用屈折形式或词缀形式来表达句法关系。其基本表达方式是:(1)如果一种语言有X现象,必有Y现象,反之不一定成立;(2)优势语序(dominant order)总是可以出现,与其相反的劣势语序(recessive order)只有在与其相和谐的语序也出现的情况下才出现。

01.172　非蕴涵共性　non-implicational universal
与"蕴涵共性"相对。指某一语言现象的存在与另一语言现象的存在没有相关性。

01.173　形式共性　formal universal
又称"形式共相"。与"实质共性"相对。指对语言规则的种种限制(constraints)。

01.174　实质共性　substantive universal
又称"实体共相"。与"形式共性"相对。指语言共有的或可能具有的具体成分、结构或规则。在转换生成语法中,指为分析语言数据而建立的各种基本成分。例如NP(名词性短语)、VP(动词性短语),以及语义分析中使用的语义特征,如[+ 人类][+ 高]等。

01.175　孤立语　isolating language
又称"分析语"。比较语言学根据语言的结构特征所建立的一种语言类型。主要特点是词形没有变化,句法关系主要靠词序表示。例如汉语、越南语。

01.176 屈折语 inflecting language；inflectional language；inflected language

比较语言学根据语言的结构特征建立的一种语言类型。主要特点是使用屈折形态表示句法关系，而且屈折词缀与词根融合在一起，词语通常包含不止一个词素。例如俄语、阿拉伯语。

01.177 黏着语 agglutinative language；agglutinating language

比较语言学用结构标准确立的一种语言类型。主要特点是词内有专门表示语法意义的附加成分，但与词根的结合不紧密。例如日语、朝鲜语。

01.178 综合语 synthetic language

比较语言学根据词语的形态标准确立的一种语言类型。通过在词根上附加词素来表示句子成分之间的句法关系。综合语一般又分为黏着语和屈折语，有时也包含多式综合语(polysynthetic language)。

01.179 主—宾—动语序语言 SOV language

又称"主宾动型语言"。按照及物动词、名词性主语和宾语在一般陈述句中的位置顺序划分的一种语言类型。主—宾—动语序语言中，三者顺序依次是主语、宾语和动词。

01.180 主—动—宾语序语言 SVO language

又称"主动宾型语言"。按照及物动词、名词性主语和宾语在一般陈述句中的位置顺序划分的一种语言类型。主—动—宾语序语言中，三者顺序依次是主语、动词和宾语。

01.181 动—主—宾语序语言 VSO language

又称"动主宾型语言"。按照及物动词、名词性主语和宾语在一般陈述句中的位置顺序划分的一种语言类型。动—主—宾语序语言中，三者顺序依次是动词、主语和宾语。

01.05　交叉学科术语

01.182 行为主义 behaviourism

心理学的一个理论流派。1913年由美国的华生(J. B. Watson)提出。认为心理学一向都是以意识为对象，概念是主观的、模糊的，作为主要方法的内省法也是主观的、不科学的；主张科学的心理学的对象只能是可以被观察和直接测量的生物体的反应行为，所有的行为都被解释为先天的反应和习得的条件反应的复合。该理论对美国描写主义语言学的影响最为明显。

01.183 实证主义 positivism；pragmatism

一种哲学观点。强调感觉经验，排斥形而上学。实证主义作为经验主义的一种表现形式，19世纪三四十年代产生在法国和英国，创始人是法国哲学家孔德(Auguste Comte)。他认为唯有确实有根据的知识才是科学的，科学即实证知识，研究人的心理和行为以及社会现象都应采取实证的科学方法。

01.184 经验主义 empiricism

又称"可验性"。与"理性主义"相对。一种哲学方法。认为人类的想法来源于经验，所以除了数学以外的知识可能主要来源于经验。

01.185 理性主义 rationalism

与"经验主义"相对。一种哲学方法。认为人的推理可以作为知识来源的理论基础。一般认为随着笛卡尔的理论而产生，17—18世纪期间主要在欧洲大陆传播。

01.186 概念主义 conceptualism

一种哲学观点。认为普遍性只以概念的形式存在于人的心智之中。乔姆斯基把语言看做人脑中的心理客体，这种语言观归属于心智主义(mentalism)。

01.187 天赋论 nativism

哲学和心理学的一种观点。认为人的认知能力的发展来源于人类与生俱来的概念。天赋论以乔姆斯基为代表,反对经验论把人类的心智看做是一块"白板"、一切知识都是后天经验获得的看法,也反对行为主义心理学"刺激—反应"的模式。认为人的智能结构和认知能力是人类大脑生物学结构所固有的,这种潜在的结构和能力一旦受到外部诱因的驱动就被激活,产生出观念和知识。

01.188 连通论 connectionism

又称"连通主义""连接主义""连接机制"。一种将基于数字计算而不是符号操作、模拟认知功能的计算框架应用于语言学的理论。最常用的方法是使用神经网络模型。

01.189 建构论 constructivism

又称"构建说"。一种解释人类是如何获得新知识的学说。皮亚杰(Jean Piaget)最早对此作出系统阐述,认为知识是人们将经验内化在自己头脑中的结果,学习本身是一种社会实践过程,人在实践中获取知识。

01.190 编码 encoding

一般指为表达某种意义提供语言形式或其他形式。在符号学中,指通过使用某些规则将信息编写成文本的过程。格里森(J. B. Gleason)和洛克伍德(Lockwood)把从概念到语音的语言生成过程称作编码(encoding),把从语音到概念的过程称作解码(decoding)。

01.191 解码 decoding

见"编码"。

01.192 文本 text

①任何以一段语言材料,根据其结构或者主题形成一个整体,可以是书面的,也可以是口头的。②在话语分析里面,专指一段书面语言材料,话语则专指一段口语材料。

01.193 生成 generate

又称"衍生"。原为数学术语,乔姆斯基在《句法结构》中将其引入语言学研究。指一种语法能够界定一种语言中所有合乎语法的句子的能力。转换生成语法就是一套规则,可以衍生出一种语言中的无限多个句子。

02. 文 字 学

02.01 总 论

02.001 文字学 graphology;grammatology

以文字为研究对象的学科。中国习惯上将研究汉字的学问称作文字学。

02.002 普通文字学 general graphology

通过研究世界上各种文字的起源、性质、特点、发展、演变以及与文字应用有关的各种问题,揭示人类文字构成和应用一般规律的学科。

02.003 古文字学 palaeographology;palaeography

研究古文字的学科。以考古发现或传世的古代各种铭刻和书写资料为主要研究对象,考释字形,明确音义,阐释其负载的历史文化内涵等。例如埃及圣书字和古汉字的研究等。

02.004 汉字学 Chinese graphology;study of Chinese script

又称"汉语文字学"。汉语言文字学的一个

门类。研究汉字的形成、发展、特点和性质，分析汉字的构成及其形、音、义关系，研究有关汉字改革与应用的各种问题。中国习惯上也称"中国文字学""文字学"。

02.005　中国古文字学　study of ancient Chinese script
以秦汉之前的古汉字和各种古汉字资料为研究对象，以古汉字的起源、性质、结构、演变以及考释方法等为研究内容，并考释各种古汉字资料的学科。中国习惯上简称"古文字学"。

02.006　甲骨学　study of bone inscriptions
以19世纪末以来陆续发现的殷墟甲骨文和西周甲骨文为主要研究对象，以甲骨文字的考释、甲骨文资料的整理和研究为主要内容的学科。

02.007　甲骨文字学　graphology of bone inscriptions
用文字学的方法对甲骨文的性质、结构、特点、发展、演变等方面进行研究的断代文字学学科。

02.008　金石学　epigraphy
中国古代以收集和研究青铜器、碑石等遗物及其铭刻文字为主要内容的学问。兴起于宋代，鼎盛于清代，是中国现代考古学的前身。

02.009　传统汉字学　classical Chinese graphology
中国历史上对汉字的起源、发展、演变、结构类型及形、音、义关系等方面进行研究而形成的学问。以《说文解字》及六书理论为核心，形体研究与音义研究紧密结合。习惯上也称"传统文字学"。

02.010　汉字字源学　graphic etymology of Chinese script
研究汉字个体的形体来源及汉字字族谱系形成、发展、演变规律的学问。

02.011　汉字文化学　study of Chinese script culture
揭示汉字个体及其系统所承载的文化要素和意义，探讨汉字与中国文化关系的学问。

02.012　现代汉字学　study of contemporary Chinese character
以现代汉字为研究对象的学问。以20世纪以来的现代汉语用字为对象，研究其性质、特点以及字形、字音、字量和字序等，揭示现代汉字的构成和应用规律，研究制定现代汉字应用的规范、标准以及相关的语文政策等方面的问题。

02.013　比较文字学　comparative graphology; comparative grammatology
对不同文字体系的各个方面进行比较研究，从而认识文字发展一般及特殊规律的学问。

02.014　文字　script;writing
人类用来记录和传播语言的书写符号系统。

02.015　文字画　graphic picture
文字萌芽时期描画或刻写在器物、岩壁等载体上，用于记事或传递信息的单个或一组图形。与原始文字有某些接近之处，但还不能用于准确地记录语言。

02.016　刻画符号　scratch-mark symbol
成熟文字体系出现之前或其早期阶段，刻画在陶质、石质等器物或山崖石壁上的表示一定意义的几何形符号或象形符号。是研究文字起源的重要资料。

02.017　象形文字　pictographic script
文字类型之一。字形具有象形特点的文字体系，即通过描摹事物的形象以体现所记录的词语的读音和意义而形成的书写符号系统。一种语言成熟的书写符号系统不可能由单一的象形文字构成。

02.018 表音文字 phonetic script
文字类型之一。用字母或字符表示语音来记录语言的书写符号系统。

02.019 音素文字 phonemic script
又称"音位文字"。表音文字的一种。用字母(如英语、法语等使用拉丁字母,俄语等使用斯拉夫字母)表示音素从而记录语言的书写符号系统。

02.020 音节文字 syllabic script
表音文字的一种。用一个字母(如日语使用的假名、阿拉伯语使用的字母)表示一个音节来记录语言的书写符号系统。

02.021 表意文字 semantic script; ideography
文字类型之一。字符本身或其结构单位与所记录的词的意义有一定联系而与所记录词的读音没有直接联系的书写符号系统。

02.022 语素文字 morphemic script
又称"词素文字"。用一个字符表示一个语素来记录语言的书写符号系统。

02.023 意音文字 semanto-phonetic script
又称"意符音符文字"。综合运用表意和表音符号(还包括一些记号)来记录语言的书写符号系统。

02.024 自源文字 self-initiated script
起源过程没有受到其他文字系统影响,独立发生、发展并逐步完善而形成的书写符号系统。

02.025 他源文字 other-initiated script
受其他文字系统影响而发生、发展所形成的书写符号系统。

02.026 古文字 ancient script; ancient writing
世界各民族在历史上创制的各种古代书写符号系统。包括古汉字、埃及圣书字、苏美尔楔形文字、美洲玛雅文字等。中国习惯上特指古汉字。

02.027 汉字 Hanzi; Chinese character; Chinese script; sinogram
中国汉民族创制的记录汉语的书写符号系统。汉字至少在公元前14世纪前后已经成为成熟的文字体系并沿用至今,是世界上唯一既保持相对稳定又不断发展的古老的文字体系。中国习惯上称作"字"或"文字"。

02.028 字形 graphic form
文字的外形。即一种文字单个字符在空间上展示出来的形状。特指汉字的外形。

02.029 字音 pronunciation of a script
单个文字的读音。特指汉字的读音,一般包括声、韵、调等要素,不同历史时期的汉字,其读音也有所变化。

02.030 字义 semantic meaning of a script
单个文字所记录的语言的意义。特指汉字所记载的汉语的词义或语素义。一个汉字有一个以上的意义时,一般将与字形构成关系密切的较为原始的意义称为本义,将与本义有联系且相对后起的意义称为引申义,将通过假借而获得的意义称为假借义。

02.031 古汉字 ancient Chinese script
中国古代的汉字书写符号系统,包括原始古汉字、甲骨文、金文、战国文字、秦系文字及秦至汉代早期处于隶变过程中的古隶书等。中国习惯上也称"古文字"。

02.032 近代汉字 modern Chinese character
秦汉以后至20世纪初叶使用的以隶书和楷书为主体的汉字书写符号系统。

02.033 现代汉字 contemporary Chinese character
20世纪以来用于记录现代汉语的汉字书写符号系统。

02.034 文字改革 script reform; writing reform
文字体系或制度方面有计划的改革，包括整体性的和局部性的变革。主要内容包括文字制度的改革、文字符号的更换或创制、文字形体的简化和整理等。中国特指"汉字改革"。

02.02　汉字的起源和发展演变

02.035 陶符 pottery symbol
在汉字体系形成的早期阶段，刻画在陶质、石质等器物上的几何形或象实物之形的符号。中国仰韶、良渚、大汶口、龙山等新石器文化遗址所出遗物上多有发现，是研究汉字起源的重要资料。

02.036 简化 simplification
汉字形体演变的一种现象。汉字在音义不变的情况下，通过省去某些构形要素等方式，使字形由繁复趋向简省。

02.037 简体 simplified form
汉字经过简化所形成的相对简省的字形。

02.038 借笔 stroke loan
古汉字中为了方便书写和简化字形而借用邻近笔画的构形与书写的现象。例如，金文中"旁"写作"〇"，"凡""方"借笔；战国文字中"忌"写作"〇"，"己""心"借笔。

02.039 草书楷化 regularization of cursive form into standard script
一种汉字简化方法。将汉字草书字形用楷书的笔法加以规范改写，使字形得以简省。

02.040 同音代替 homophonic substitution
一种汉字简化方法。用字形相对简便的汉字取代音同或音近而字形相对繁复的汉字。

02.041 合文 compound graph
古汉字中将两个或两个以上的字合写在一起或借用一个合体字隐含另一个字，形式上仿佛是一个字，实际却表示两个或两个以上汉字的构形和书写的现象。例如，甲骨文将"小且（祖）乙"写作"〇"；金文将"五月"写作"〇"；战国文字将"公子"写作"〇"，将"子孙"写作"〇"。

02.042 繁化 complexity
汉字形体演变的一种现象。在既有字形之上增加新的构形要素（意符、音符、记号等），而该字所记录的音义并未因此产生任何变化。

02.043 繁体 complex form
一般指汉字被简化前的字形，也指汉字被繁化后所形成的字形。

02.044 累增字 cumulative graph
在既有字形上增加偏旁而字音、字义均未改变的后起繁化汉字。传统汉字学所用术语，由清代学者王筠在《说文释例》中提出。

02.045 声化 phoneticization
汉字发展过程中，一些字的结构功能由非表音转为表音的形体演变现象。例如，甲骨文"饮"字，像人俯首吐舌捧尊就饮之形，写作"〇"，后因"饮"（酓+欠）字与"今"字音近，与"今"形近的舌形演变为表音部件"今"。

02.046 讹变 corruption
使用汉字过程中，由于误解而将字形的某些部分误写成形近但意义有别的其他构形要素，或将某些构形要素有意改造成形近的音符或意符，以致因讹成是造成字形变化的形体演变现象。例如，金文"则"本从鼎从刀，写作"〇"，战国文字中鼎旁讹变为贝形，作"〇"形。

02.047 义近形旁通用 interchange for near-meaning components
古汉字中某些意义相近或相关的形旁在字形结构中可以相互通用替换的现象。例如，古汉字中人与女、首与页、口与言、鸟与隹等作为意符使用时,常可通用替换。

02.048 分化 differentiation
将原来由一个字所承担的多项职能,改由两个或两个以上的字来分别承担的汉字演变现象。汉字分化的类型主要有异体字分工、加注或改换偏旁造分化字、造与源字只有笔画上细微差别的分化字、造与源字在字形上没有联系的分化字。

02.049 分化字 differentiated graph
汉字发展过程中,由一个字记录的音义过多而通过分化方式派生出来的新字。

02.050 同源字 cognate graph;paronymy graph
具有同一形体来源和字形分化关系的一组字。

02.051 源字 matrigraph
汉字发展过程中,相对于分化出的新字而言的原字。

02.052 字原 basic character
又称"字根"。构成汉字体系的基本字,也指一组具有亲缘关系的分化字所赖以派生的源头字。主要包括独体象形字和少数会意字。

02.053 类化 nalogization;assimilation
汉字在发展演变过程中,形体的某一部分与其自身另一部分或与其他汉字的某一部分产生类同形变的演变现象。

02.03 汉字的结构

02.054 汉字结构 structure of Chinese character
汉字字形的结体构造。即汉字的线条、笔画、部件、偏旁等构形要素,依据一定的理据和规律在空间排列展开的组合与构造。

02.055 独体字 single-element character
形体构造具有独立性、一般不能拆分为两个或两个以上音义完整的字符或部件的汉字。古代的独体字一般为象形字和指事字。汉字形体发生较大变化(如隶变和简化)前后,独体字的所指和范围有所不同:有的原为合体字后来变成了独体字,例如"书""为"等;有的原为独体字后来变成了合体字,例如"须""鹿"等。

02.056 合体字 composite character; compound-element character
主要指由两个或两个以上具有完整音义的字符组合而成的汉字,也包括由于隶变字形变化、失去原有音义而成为记号的字符相互组合或与其他字符组合而成的汉字,例如"奉""奏""春""塞""寒"等。古代的合体字一般为会意字和形声字。汉字形体发生较大变化(如隶变和简化)前后,合体字的所指和范围有所不同:有的原为独体字后来变成了合体字,例如"龟""它"等;有的原为合体字后来变成了独体字,例如"史""及"等。

02.057 笔画 stroke
构成汉字字形的各种点和线。是汉字构形和书写的最小单位。

02.058 笔形 stroke form
字形结构中各个笔画的具体形状。汉字笔形主要有横、竖、撇、点、折等。

02.059 笔顺 stroke order
书写汉字时适应生理特点和结构类型的要求而约定俗成的笔画书写顺序。

02.060　部件　component part
现代汉字中由笔画或笔画组合构成的、能够独立运用且形式上相对独立的结构单位。它可以大于或等于笔画，如"且"中的"日""一"，"亿"中的"亻""乙"；也可以小于或等于整字，如"江"中的"氵""工"，"记"中的"讠""己"。

02.061　偏旁　graphic component; side component
构成合体字的直接构字单位。多数能独立表示完整音义，相同的偏旁因排列组合的不同可以构成不同的字形。例如，"沐"的偏旁"氵""木"，"花"的偏旁"艹""化"，"园"的偏旁"囗""元"。

02.062　部首　radical
汉语辞书中，为含有相同形体部分的汉字依据规则分别归类而设立的字群标目。例如，《新华字典》中给汉字归类、分别统率一组字的"丿""夂""氵""山""日"等。

02.063　字符　graphic symbol
依据构形功能而划分出来的、文字本身所使用的符号。包括意符、音符和记号。也指文字个体。

02.064　意符　semantic symbol
与文字所记录的词在意义上有联系的字符。

02.065　义符　pictographic symbol
依靠自身的字义来起表意作用的字符。例如，"歪"字所使用的字符"不"和"正"。

02.066　音符　phonetic symbol
与文字所记录的词在读音上有联系的字符。

02.067　记号　sign
与文字所记录的词在读音及意义上都没有联系的字符。

02.068　结构类型　structure category
在共时层面上进行静态分析而归纳总结出来的汉字结构类别。

02.069　六书　Six Scripts; six categories of character construction
传统汉字学关于汉字构造和分类的基本理论，即象形、指事、会意、形声、转注和假借。

02.070　象形　pictographic method
六书之一。用简洁线条描摹物体形状来构成汉字的汉字构形方法。

02.071　象形字　pictograph
用象形的方法造出的汉字。例如，甲骨文"⿰(目)"象人眼睛之形，"⿰(齿)"象牙齿之形，"⿰(水)"象水流之形。

02.072　指事　deictic method; indicative method
六书之一。用抽象性符号组合字形或在象形字上增加抽象性符号来标指字义的汉字构形方法。古代又称"象事""处事"。

02.073　指事字　deictograph; indicative character
用指事的方法造出的汉字。例如，金文"本"字写作"朩"，在"木"下部加点标注，以示根本之所在。

02.074　指事符号　deictic symbol
指事字中用以标指字义的抽象性点画符号。

02.075　会意　syssemantographic method; associative method
六书之一。依靠两个或两个以上字符的形体组合关系或意义组合关系来表现新字意义的汉字构形方法。

02.076　会意字　syssemantograph; associative character
用会意方式造出的汉字。例如，甲骨文"饗"写作"⿰"，会二人对坐共宴之意；金文"莫"写作"⿰"，会日影落入草丛之意。这些是依靠字符形体组合关系表现新字意义的会意字。"尖"，会上小下大之意；"歪"，会不正之意。

这些是依靠字符意义组合关系表现新字意义的会意字。

02.077　亦声　semanto-phonetic inclusion
某些会意字中意符兼有标音作用的结构现象。

02.078　形声　picto-phonetic method
六书之一。用表示意义或起标示作用的形旁和表示读音的声旁来组合成字的汉字构形方法。

02.079　形声字　picto-phonetic character
用形声方式造出的汉字。例如"枫""巅""圈""返"等。

02.080　省形　signific symbol abbreviation
形声字构形中形旁的笔画有所省略的结构现象。

02.081　省声　phonetic symbol abbreviation
形声字构形中声旁的笔画有所省略的结构现象。

02.082　形旁　semantic component; signific component
又称"形符""义符"。形声字中对字的意义范围或类属起标示或区分作用的偏旁。

02.083　声旁　phonetic component
又称"声符""音符"。形声字中表示字的读音的偏旁。由于字音的发展演变及其他原因，许多形声字中的声旁已经不能表音或者不能准确表音。

02.084　右文说　theory of the right-side graphic element; youwen theory
历史上关于形声字声旁可兼表字义的一种汉字理论学说。此学说由宋代学者提出，后世学者不断发展，逐渐成为一种传统语言学理论。

02.085　会意兼形声字　syssemantographic and picto-phonetic character
兼有会意和形声两种结构特点的汉字。例如"娶"，"娶"字之"取"既为声旁，又兼有"取得"义；又如"泗"，"泗"字之"四"既为声旁，又兼有数量"四"之义。

02.086　转注　notative method
六书之一。《说文解字》的定义是："建类一首，同意相受，考老是也。"历史上学者对转注的理解不同，产生了数十种不同的说法，主要有形义转注说、互训转注说和同族转注说三种。

02.087　转注字　notative character
被认为运用六书转注方法构成的汉字。学者对转注的理解不同，所说的转注字也不同。

02.088　假借　borrowing method
六书之一。借用读音相同或相近的字来记录语言中有音有义而无字的词或代替既有的音同音近而形义皆不同的另外一个字的汉字使用方法。

02.089　形借　borrowing of graphic form
只借用字形而不取其原来音义的汉字使用方法。形借的借字与被借字互为同形字。

02.090　假借字　loangraph; borrowed character
由于音同或音近而被借用来记录语言中"本无其字"的词或代替本字的汉字。例如"其""之""奚"（借表"本无其字"的古汉语虚词）和"求""何"（分别代替表示本义的"裘""荷"）等。

02.091　通假　phonological borrowing
又称"假借""通借""同音通假"。古代文献中借用一个音同或音近（双声或叠韵）的汉字来代替本字或另一个通常使用的字的用字现象。

02.092　通假字　borrowed graph
又称"借字"。古代文献中由于字音相同或相近，而常被借用来代替本字或通常使用的那个字的汉字。例如,古代文献中常用"罢"代替"疲",用"蜚"代替"飞","罢"和"蜚"分别为"疲"和"飞"的通假字。

02.093　本字　orthograph
与假借字或通假字相对的、表示本义的字或通常使用的那个字。

02.094　后起本字　younger orthograph
为"本无其字"而借用他字记录的词后造出来的专用字。

02.095　表意字　semantogram
字形本身与所记录的词的意义有联系、与词的语音没有联系的汉字。包括象形字、指事字和会意字。

02.096　变体字　form-altered graph
通过改变某一个字的字形来表意的汉字。改变字形的方法包括增减笔画、改变方向或形态。例如"片""孑""叵"等。

02.097　表音字　phonogram
使用音符构成的汉字,也指各种纯表音的汉字。例如形声字、假借字等。

02.098　变体表音字　form-altered phonogram
通过稍微改变某字的字形而造出的、读音与原来的字音近似的汉字。例如"乒""乓""刁"等。

02.099　合音字　phonetic fusion graph
读音由构成该字的两个字符反切拼读而成的汉字。例如"甭""羟""羰"等。

02.100　记号字　sign graph
只使用记号字符的汉字。例如,古汉字中"五""六""七""八"等表数的字以及隶变或简化后意符、音符失去作用的"我""年""乐"等这一类汉字。

02.101　半记号字　semi-sign graph
由记号与音符或意符组成的汉字。例如现代汉字中的"急""泉""耻"等。

02.102　六书说　theory of Six Scripts
传统汉字学最重要的一种汉字分类学说。主张将汉字划分为象形、指事、会意、形声、假借和转注六类。

02.103　三书说　theory of Three Scripts
现代以来在六书说基础上发展形成的汉字分类学说。有的主张将汉字划分为象形、象意和形声三类,有的主张划分为表意、形声和假借三类。

02.104　四体二用说　theory of four-principle and two-use for Six Scripts
传统汉字学的一种汉字分类学说。主张六书中的象形、指事、会意、形声四者为汉字的构形类别,转注、假借二者为汉字的使用方法。

02.105　六书三耦说　theory of three pairs for Six Scripts
传统汉字学的一种汉字分类学说。主张按照虚实对应关系将六书划分为象形与指事、会意与形声、假借与转注三类。

02.04　汉字的形体

02.106　形体　script figure
泛指汉字的外形和体态。一般包括汉字的字形和字体。

02.107　字体　script style
根据不同时期、不同书写工具和介质所体现的字形结构特点和总体风格,总结划分出来的汉字形体类别,主要包括甲骨文、金文、小篆、隶书、楷书等。也指根据字形特点和风格划分出来的,用于印刷、电子显示或手写的汉字形体类别,主要包括宋体、仿宋体、楷体、黑体等。

02.108 甲骨文 oracle bone inscription; carapace and bone script
汉字字体之一。主要指商周时代刻写在龟甲兽骨上的占卜记事文字,也指非占卜用的骨器上其他性质的文字。

02.109 金文 bronze inscription
又称"青铜器铭文""钟鼎文""吉金文字""彝器款识"。汉字字体之一。铸刻在古代青铜器上的汉字。

02.110 族名金文 bronze clan inscription
又称"氏族文字""族徽符号"。商周金文中表示族氏名号的徽志性文字。

02.111 鸟虫书 bird and insect script
春秋战国时期流行于南方楚越地区,字形中夹以鸟虫图案作修饰或字形线条呈鸟虫状婉曲变形的美术化字体。

02.112 战国文字 Warring States script
战国时期及部分春秋晚期古汉字的统称。

02.113 秦系文字 Qin system script
春秋战国时期流行于西部秦国地区的文字以及秦代通行的小篆。其字体端庄规整,与两周文字一脉相承。

02.114 六国文字 Six States script
战国时期流行于齐、楚、燕、三晋等东方六国地区的汉字。其字形大多草率简省,地域特征明显。

02.115 简帛文字 bambooslip and silk script
战国秦汉时期书写在竹简和绢帛上的汉字。

02.116 陶文 pottery inscription
先秦时期刻写、模印在陶器上的汉字。

02.117 玺印文字 seal inscription
战国秦汉时期篆刻在玺印上的汉字。包括古玺文字、秦印文字和汉印文字。

02.118 石刻文字 stone inscription
古代刻写在玉器、碑石以及岩崖上的汉字。

02.119 墓志文字 grave-tablet inscription
古代刻写在埋藏于死者墓里的石板或方砖上,记载死者家世和生平梗概的汉字。

02.120 碑别字 vulgar form of stele inscription
古代碑刻中所出现的讹误字和俗体字。

02.121 封泥文字 sealing-clay inscription
古代用玺印模印在密封书简的黏土上的汉字。

02.122 货币文字 coin inscription
主要指先秦时期铸于金属货币上的汉字。也泛指各个历史时期货币上的汉字。

02.123 瓦当文字 eaves tile inscription
秦汉时期瓦当上模印的汉字。

02.124 古文 guwen script
历史上对战国时期东方六国地区所使用汉字的习惯性称谓。例如,孔子壁中藏书、《说文解字》《三体石经》《汗简》等收录或使用的"古文"。

02.125 籀文 zhouwen script
历史上对传说由周宣王太史籀编纂的《史籀篇》里所使用汉字的习惯性称谓。其书已佚,《说文解字》尚保留220余字,字体风格大抵与西周晚期或春秋早期的金文相当。

02.126 奇字 odd script
历史上对战国时期流行于东方六国地区的某些形体奇特汉字的习惯性称谓。

02.127 传抄古文 transcribed ancient script
传写抄录在古代字书及其他文献中的战国文字。

02.128 隶定古文 clerically transcribed ancient script
传写抄录于古代字书及其他文献中用楷书

或隶书笔法转写的战国文字。

02.129　三体石经　Tri-script Stone Classics
又称"正始石经""三字石经"。曹魏正始年间由官方用古文、小篆、隶书三种字体对照刻写在石碑上的《尚书》《春秋》等儒家经书。

02.130　小篆　small seal script
汉字字体之一。在春秋战国时期秦文字的基础上逐渐演进而来，秦统一后经过整理规范，其线条婉曲规整、粗细一致，笔画疏密匀称。

02.131　隶书　clerical script
又称"佐书"。汉字字体之一。在秦系文字的基础上用方折的笔画改变篆书圆转的线条，字形方正平直、笔画形态有波磔变化。形成于战国晚期，通行于两汉。

02.132　古隶　ancient clerical script
又称"秦隶"。带有较多古汉字笔意的秦代隶书和汉代早期隶书字体。

02.133　汉隶　Han clerical script
又称"八分"。汉代中期以后逐渐成熟定型，脱离了古汉字结体特点，是比较规整成熟的隶书字体。

02.134　隶变　clerical change
汉字在由篆书向隶书演变过程中所出现的形体和结构方面的变化。

02.135　隶定　clerical transcription
用通行的隶书或楷书笔法重新写定古汉字字形。

02.136　新隶体　neo-clerical script
东汉中晚期在成熟隶书的基础上，因草写影响而逐渐形成，具有后来楷书某些特点的隶书字体。

02.137　草书　cursive script
汉字字体之一。在隶书基础上因快速草率书写导致笔画连写、省略而产生的一种适于日用的简便手写字体。约形成于西汉宣帝、元帝时代。

02.138　章草　zhangcao script
保留了较多隶书笔势和笔意，一字之中笔画相连而上下字不连的草书字体。

02.139　今草　modern cursive script
形成于汉末，由章草去其波磔之势，一字笔画之间和上下字之间多顾盼、连缀的草书字体。

02.140　狂草　deranged cursive script
兴起于唐代，在今草基础上进一步减损笔画，奇诡难识的草书字体。用笔连绵环绕，书写风格狂放不羁，字形略具大意。

02.141　行书　semi-cursive script; running script
汉字字体之一。东汉晚期在具有草书笔意的新隶体的基础上发展形成的手写字体。通常也指因楷书的快速书写而导致某些笔画相连，但结构和笔画基本不失楷书规范，字形较易辨认的字体。

02.142　楷书　standard script
汉字字体之一。形成于汉魏之际，在新隶体的基础上改变汉隶波挑笔势，吸收早期行书横画的某些用笔方法，增加捺笔和硬钩等笔画，字形方正规整，书写风格端庄大方。

02.143　魏碑体　Wei stele style
汉字字体之一。结体和笔法较为古拙，保留了新隶体某些特点的楷书字体，多见于北魏时期的碑刻和墓志。

02.144　秦书八体　eight script-styles in Qin
秦始皇时所定的八种字体。包括大篆、小篆、刻符、虫书、摹印、署书、殳书和隶书。

02.145　汉初六体　six script-styles in early Han
西汉初年所定的不同用途的六种字体。包括古文、奇字、篆书、隶书、缪印和虫书。

02.146　行款　script arrangement；script format
成篇文字的书写顺序和排列形式。包括文字书写的左行、右行、下行和行列形式的自上而下、自左而右、自右而左等。

02.147　印刷体　printed form
与"手写体"相对。字形方正匀称，笔画整齐清晰，适用于印刷和电子显示的字体。汉字印刷体主要有宋体、仿宋体、楷体、黑体等。

02.148　新字形　new printed form
以《印刷通用汉字字形表》(1965 年)和《现代汉语通用字表》(1988 年)为字形标准的新式印刷体字形。

02.149　旧字形　old printed form
《印刷通用汉字字形表》1965 年发布后，人们对此前中国大陆使用的和港澳台地区现仍在使用的印刷体字形的称谓。

02.150　手写体　handwritten form
与"印刷体"相对。字形笔画通常不够整齐划一，适用于手头书写的字体。如汉字的行书、草书等。

02.151　饰笔　decorative mark
古汉字中为了美观或其他原因而在字形上增加的装饰性点画或符号。

02.152　合文符号　compound graph mark
古汉字中加注在合文旁边的点画标记。

02.153　重文符号　repeating mark
古汉字文献资料或其他文献资料中标于文字下侧，表示该字在篇章中需重复使用的标示性符号。一般加注在文字右下方，写作"="。

02.154　区别符号　distinctive mark
古汉字中为区别字形和分化新字而附加在某些字上，形体简单且一般没有实际含义的区别性符号。古汉字中常用的区别符号有"一""、""丨""口"等。

02.05　汉字系统内部关系

02.155　同形字　homograph
分别为记录不同的词所造而字形偶然相同的一组汉字，也指由于形借、字形演变等原因所形成的字形相同而音义不同的一组汉字。

02.156　形似字　near homograph
分别记录不同的词，而字形只有细微差别的一组汉字。

02.157　单音字　monophonic character
只有一个读音的汉字。

02.158　多音字　polyphonic character
具有两个或两个以上读音的汉字。

02.159　多音多义字　heteronymic character
具有两个或两个以上读音，并分别记录不同词义的汉字。

02.160　异读字　heterophonic character
具有不同读音，但只记录同一个词的汉字。

02.161　同音字　homophonous character
读音完全相同而形义不同的汉字。

02.162　单义字　monosemic character
只有一个义项的汉字。

02.163　多义字　polysemic character
具有两个或两个以上义项的汉字。

02.164　同义字　synonymic character
记录相同或相近词义的一组汉字。

02.165　同义换读　synonymic interchange
又称"异音同用"。由于一个词与另一个词

的意义相同或相近而借用另一个词所用的字形并相应变换读音的用字现象。如"圩"换读为"围",量词"石"换读为"担"。

02.166　正体字　standard form;proper character

又称"正字""正体"。与"异体字""俗体字"相对。指为社会普遍遵循、符合一定时期通行规范的汉字。在不同的时代,正体字的标准和范围可能作一定程度的调整与改变。例如,"头""灯"等字在过去被认为是俗体字,而现已被确立为正体字。

02.167　俗体字　vulgarism;vulgar form

又称"俗字""俗体"。与"正体字"相对。指流行于民间而未取得正体地位的俗写汉字。不同时代对俗体字的看法可能不一致。例如,在汉代"蚊"是"䗈"的俗体字,"躬"是"躳"的俗体字,而现在"蚊""躬"是正体字。

02.168　错别字　wrong and inappropriate character

错字和别字的合称。错字指误写正字字形而形成的音义均不同的汉字或不成字的非字形体;别字指误写正字字形而形成的同音不同义的汉字,也指由于汉字修养的不足,书写时用来代替正字的同音字。

02.169　古今字　ancient and modern graphs

通行时代有先后之别,所表示的词义范围或有差异,用来记录同一个词的音同或音近而字形各异的一组字。一组古今字中先出的字为古字,后起的字为今字。例如,"暴—曝""竟—境""见—现""说—悦""振—赈"等,每组前者为古字,后者为今字。

02.170　初文　protoform

与"后起字"相对。在历时汉字系统中,对于记录相同词义的一组字来说,出现在最先的且大多可追溯到古汉字阶段的初始汉字。

02.171　后起字　younger graph;later graph

与"初文"相对。在历时汉字系统中,对于记录相同词义的一组字来说,出现相对较晚的后起汉字。

02.172　传承字　transmissive character

从汉字发展的上一历史阶段流传下来沿用到下一历史阶段的汉字。特指现代汉字中由古代流传沿用到现代的汉字,如"人""日""火"等。

02.173　新增字　neo-emerging character

相对于汉字发展的上一历史阶段,新产生出来的汉字。

02.174　异体字　allograph;variant character

与"正体字"相对。音义和使用功能相同而字形不同的汉字。例如,"峰—峯""凳—櫈""朵—朶""棋—碁"等。在特定的规范中,指与规定的正体字音义相同而字形不同的汉字。例如,在现行的汉字规范中"峯"是"峰"的异体字,"櫈"是"凳"的异体字。

02.175　避讳字　taboo character

历史上为了避尊者名讳,将某字的笔画故意省缺一部分所形成的特殊异体字。例如,唐代为了避太宗李世民讳,将"世"写成"丗",将"民"写成"㞧"。

02.06　汉字政策、应用研究等

02.176　汉字改革　Chinese character reform

为方便汉字的社会应用,以简化和整理汉字字形、减少汉字数量,甚至对汉字进行体制变革为内容的理论研究与实践活动。

02.177　拉丁化新文字　Latinizational New Writing System

又称"北方话拉丁化新文字",简称"北拉"。20世纪30年代由瞿秋白、吴玉章等在苏联远东地区创制的、用拉丁字母拼写汉语的一种拼音文字方案。

02.178　注音字母　Mandarin Phonetic Alphabet

中国第一套法定汉语拼音字母,1913年读音统一会制定,1918年北洋政府教育部公布,以汉字笔画很少的古字形体为基础,音节拼写采用三拼制,主要用以标注汉字读音。

02.179　国语罗马字　National Romanization; GR Alphabetic System

用拉丁字母拼写汉语的一种拼音文字方案,20世纪20年代由钱玄同、赵元任、刘复等倡导研制。

02.180　汉语拼音方案　Scheme for the Chinese Phonetic Alphabet

中华人民共和国成立后制定的采用拉丁字母符号体制、用来为汉字注音和拼写普通话语音的拼音方案。此方案还可以用于为我国少数民族创制和改革文字,帮助外国人学习汉语,用来音译外语人名地名和科学术语,编制索引代号以及汉字输入计算机的编码等。一些国际组织也已采用此方案作为拼写中国人名地名及专门术语的国际标准。

02.181　现代汉字规范化　standardization of contemporary Chinese character

促进和实现现代汉字字形、字音等各种属性规范化与标准化的工作。即通过为现代汉字制定规范和标准,以实现现代汉字的定形、定音、定量和定序,也就是字形有一定的规范,字音有确定的标准,字种有一定的数量,字的排列有固定的顺序。

02.182　正字法　orthography

确定汉字字形标准及书写规范的依据和方法。

02.183　汉字整理　Chinese character systematization

现代汉字规范化的重要组成部分,包括整理汉字的字际关系、确定标准字形、制定人名地名用字标准、统一计量单位用字、限制随意造新字等。

02.184　规范汉字　normative character

经过科学整理并由国家正式公布,有明确的使用范围和使用标准的汉字。

02.185　汉字简化方案　Scheme for Simplifying Chinese Characters

1956年1月由中华人民共和国国务院正式公布的关于汉字简化的方案。该方案共分三个表:第一表为可正式应用的230个简化字;第二表为经过修正再正式推行的285个简化字;第三表为经过修正再正式推行的54个可类推的简化偏旁。

02.186　简化字　simplified Chinese character

与"繁体字"相对。中华人民共和国成立后,在已经流行的简体字形基础上,经过主管部门组织专家系统整理和改进,再由国家正式公布的字形相对简化的汉字。

02.187　简化字总表　General Table of Simplified Characters

1964年5月由中国文字改革委员会根据国务院批示精神和有关规定而编定、收录全部法定简化字和简化偏旁的总字表,是目前关于简化字的国家标准。《简化字总表》分为三个字表。第一表是352个不作简化偏旁用的简化字,第二表是132个可作简化偏旁用的简化字和14个简化偏旁,第三表是应用第二表所列简化字和简化偏旁类推简化得出来的1 754个简化字,三个字表总计实际收字2 238个。1986年重新发布《简化字总表》时调整了个别字,总字数为 2 235 个。

02.188　繁体字　traditional Chinese character

与"简化字"相对。在中华人民共和国成立后的汉字简化工作中,被正式公布的简化字所代替的字形较为繁复的汉字。也泛指港澳台地区现行的未简化的汉字。

02.189　简体字　convenient character

又称"简字""手头字"。宋元以后流行于民间未经系统整理和改进的字形简便的汉字。

02.190　类推简化　analogical simplification

根据《简化字总表》第二表所列简化字和简化偏旁,采用类推的方法对汉字进行的字形简化。

02.191　汉字应用　Chinese character application

汉字的人际界面和人机界面的交际交流。人际界面指人与人之间通过汉字进行的交际;人机界面指人与计算机之间通过汉字进行的交际,即人们利用计算机进行中文信息处理。

02.192　常用字　everyday character

使用频率高、分布广、构字和构词能力强的汉字。1988 年公布的《现代汉语常用字表》收常用字 2 500 个、次常用字 1 000 个,覆盖现代汉语用字达 99.48%。

02.193　通用字　current character

与"罕用字"相对。在社会一般交际领域普遍通行使用的汉字。1988 年公布的《现代汉语通用字表》收现代汉语通用字 7 000 个,其中包括《现代汉语常用字表》的 3 500 字。

02.194　专用字　specialized character

具有特定意义、供特定领域或群体使用的汉字。

02.195　罕用字　rarely used character

与"通用字"相对。在社会一般交际领域使用频度较低的汉字。

02.196　废弃字　obsolete character;dead character

又称"死字"。历史上曾出现或使用过,在后来的流通领域内被废弃不用的汉字。

02.197　社会用字　character popular among people

指社会交际领域流通使用的汉字,包括出版印刷用字、教育用字、影视屏幕用字、计算机用字和公共场所用字等。

02.198　字量　script quantity

一种文字的数量,或某一特定范围使用到的文字的数量。特指汉字的数量。字量应区分历史上累积的总字量、某一历史时期实际使用的字量和特定范围使用的字量等不同情况。

02.199　字形数　number of character forms

根据汉字字形而不考虑其繁简、正异等字际关系进行统计所得出的汉字数量。

02.200　字种　character type

汉字统计单位。一个汉字纵使有多个繁简体、异体字,也只作为一个来计算。

02.201　字频　frequency of character

某个汉字在一定语料中使用(出现)的次数与样本总字数(又叫样本容量)之比。用公式表示为:$f = n/N \times 100\%$。其中,f 表示字频,n 表示使用次数,N 表示样本总字数。

02.202　高频趋简律　simplication tendency of high frequency character

使用频率高的汉字平均笔画数较少、字形通常趋于简便的规律。

02.203　字序　script order;character order

汉字在辞书和各种索引中的排列顺序。汉字的字序主要有音序排列和形序排列。

02.204　汉字检字法　Chinese character referencing method

使用辞书和各种索引时查找某个汉字所在

页码的排检方法。主要有音序法、部首法、笔画笔形法和四角号码法。

02.205　字样学　study of character model
初唐以后为确定楷书的规范、矫正南北朝的别字讹体而形成的以确立正字法、制定汉字规范、整理和规范字形为主要内容的学问。

02.206　偏旁分析法　component analysis
考释古汉字的一种方法。将未识的古汉字分解为偏旁部件,然后通过已识字的偏旁部件来辨析、确定未识字的偏旁部件,最后将这些偏旁部件重新连缀起来,参照其他条件加以考察,以辨识古汉字。

02.207　辞例推勘法　contextual inference
考释古汉字的一种方法。在偏旁分析和历史比较的基础上,将有关文字还原到一定的语言环境中,依靠上下文对文献辞例进行推勘核校,以辨识古汉字。

03. 语 音 学

03.01　一般语音学

03.001　语音学　phonetics
研究人类语音产生、传递和感知的科学。语音学一般分为发音语音学、声学语音学和听觉语音学。

03.002　实验语音学　experimental phonetics
利用仪器设备、通过实验的方法和手段进行研究的语音学。

03.003　语音　speech sound
人类发音器官发出的、负载语义信息的声音。

03.004　辅音　consonant
发音时,气流在声门以上的声道某处受到阻塞或阻碍的音。辅音一般不充当音节核。例如普通话音节"办[pan]"中的[p]和[n]都是辅音。

03.005　辅音丛　consonant cluster
又称"复辅音"。同一音节内连续出现的两个或多个辅音所组成的序列。例如英语单词"phonetics [fəuˈnetiks]"(语音学)中的[ks]。

03.006　清辅音　voiceless consonant; unvoiced consonant
辅音的一个音系类别,一般指发音时声带不振动的辅音。例如普通话中除了[m][n][l][ɻ][ŋ]以外的辅音都是清辅音。

03.007　浊辅音　voiced consonant
辅音的一个音系类别,与"清辅音"相对。例如,上海话音节"白[baʔ]"中的[b]、"地[di]"中的[d]都是浊辅音,而"百[paʔ]"中的[p]、"底[ti]"中的[t]就是相对的清辅音。有语音实验研究表明,与清(voiceless)浊(voiced)对立相关的语音基础除了声带是否振动之外,还有送气与不送气、发声时的声门调节方式(如气嗓音与正常嗓音)以及后接元音起始音高的高与低的区别等等。

03.008　元音　vowel
发音时,气流在声门以上的气流通道内可以自由流通的音。可以充当音节核。一般分为单元音和复合元音。例如普通话音节"阿[a]""哎[ai]""标[piɑu]"中的[a][ai][iɑu]等都是元音。

03.009 正则元音 cardinal vowels

又称"定位元音""标准元音""基本元音""标杆元音"。正则元音是语音学家在描写某种语言或方言的元音系统时用来确定各元音在发音时的舌位高低和前后等的参照物。一级正则元音有八个,从一到八编号分别为:[i][e][ɛ][a][ɑ][ɔ][o][u];二级正则元音也有八个,分别为:[y][ø][œ][Œ][ɒ][ʌ][ɤ][ɯ]。

03.010 元音图 vowel chart

用来标示发元音时的舌位高低、前后、唇形圆展等信息的示意图。通常采用四边形来表示,其纵向表示舌位高低,横向表示舌位前后。在成对出现的两个元音中,左边的为不圆唇元音,右边的为圆唇元音。

03.011 长元音 long vowel

在某些可以通过元音的长短对立来区分词义的语言里,音长较长的元音被称为长元音,音长较短的元音被称为短元音。长短元音的对立往往还存在音质上的差异。

03.012 短元音 short vowel

见"长元音"。

03.013 单元音 monophthong

又称"纯元音"。与"复合元音"相对。发音过程中,舌位、唇形和开口度等基本保持不变,音质无明显变化的元音。例如普通话单韵母中的[a][o][ɤ][i][u][y][ɿ][ʅ][ɚ]等。

03.014 复合元音 compound vowel

又称"复元音"。与"单元音"相对。同一音节内音质发生变化的元音。发复合元音过程中,舌位会发生变化,快速而平滑地从一个目标位置移动到下一目标位置。根据目标舌位的数量可分为二合元音和三合元音。

03.015 二合元音 diphthong

含有两个目标舌位的复合元音。例如普通话韵母中的[ai][ei][ɑu]等。

03.016 三合元音 triphthong

含有三个目标舌位的复合元音。例如普通话韵母中的[iɑu][uai][uei]等。

03.017 阻音 obstruent

发音过程中,气流在声门以上的气流通道内受到阻塞或明显阻碍而产生湍流的音素。包括塞音、塞擦音、擦音和边擦音等。

03.018 响音 sonorant

发音过程中,气流在声门以上的气流通道内不产生湍流的音素。包括阻音以外的其他音素,如鼻音、闪音、颤音、近音、边近音和元音等。

03.019 音节 syllable

能够自然发出和觉察到的最小语音单位。一个音节由一个或几个音素按照一定的规则组织起来,其中有且仅有一个音节核,此外还可有音节首和音节尾等成分。

03.020 开音节 open syllable

以元音结尾的音节。例如英语单词"buy[baɪ]"(买)中的[baɪ]。

03.021 闭音节 closed syllable

以辅音结尾的音节。例如英语单词"bike[baɪk]"(自行车)中的[baɪk]。

03.022 音节结构 syllable structure

音节成分按照一定的内部层次排列起来的方式。西方语言学曾以辅音和元音的线性序列来表示,现在一般分析为音节首和韵基。汉语的音节结构通常分析为声母和韵母。

03.023 音节首 onset;initial

音节中处于元音成分之前的辅音。例如英语单词"bed[bed]"(床)中的[b]。

03.024 韵基 rime;rhyme;final

音节中除去音节首之外的语音成分。例如

英语单词"bed[bed]"（床）中的[ed]。韵基还可以进一步分析为音节核和音节尾。

03.025　音节核　nucleus
音节的主要组成成分。通常是一个元音，既可以是单元音，也可以是复合元音。例如英语单词"bed[bed]"（床）中的[e]，"bike[baɪk]"（自行车）中的[aɪ]。自成音节的辅音也可充当音节核。

03.026　音节尾　coda
韵基中音节核之后的辅音。例如英语单词"bed[bed]"（床）中的[d]，"bike[baɪk]"（自行车）中的[k]。

03.027　声调　tone
字词层面具有区分字词意义功能的音高对比模式。

03.028　调类　tonal category
声调的类别。例如，普通话分阴平、阳平、上声和去声四个调类。

03.029　调值　tonal value
用来描写声调的高低、升降、曲直、长短等音高特性以区分调类的数值或数值序列，它在一定程度上反映着声调的实际读法。虽然调值主要由音高决定，但它只反映相对音高，而不是绝对音高。现在常采用五度标调法来描写声调的调值。普通话阴平字的标准调值为[55]，阳平字的标准调值为[35]，上声字的标准调值为[214]，去声字的标准调值为[51]。

03.030　语调　intonation
语句和篇章层面的音高运动模式，具有区分语气、情态、焦点、边界等言语交际功能。

03.031　调群　tone group
一种语调分析法中对语调单位或语调结构的界定。一个调群由一个或多个音调按照一定的规则组织起来，其中有且仅有一个调核，此外还可以有调冠、调头和调尾等成分。

03.032　调冠　prehead
调群中处于调头之前的音调。

03.033　调头　head
调群中第一个重读音节（包括该重读音节）至调核（不包括调核）之间的音调。

03.034　调核　nucleus
调群中突显程度最高的音调。其突显通常由明显的音高变化引起。

03.035　调尾　tail
调群中从调核（不包括调核）到调群末尾的音调。

03.036　重读　stressed
与"轻读"相对。为突显词或句子里的某个或某些语音成分而特别用力的发音方式。重读在客观上会抬高音阶、扩大音域、延长音长或增加音强，还会使音色对比更加饱满。

03.037　重音　stress
音节的相对突显程度。可分为词重音和句重音。

03.038　词重音　word stress
具有区别词汇意义的重音。根据突显程度的不同，还可分主重音、次重音等。

03.039　主重音　primary stress
在一个多音节词中，突显程度最高的重音。如英语单词"application[ˌæpliˈkeiʃən]"（申请）的主重音落在音节[kei]上。

03.040　次重音　secondary stress
在一个多音节词中，突显程度比主重音低而比非重读音节高的重音。如英语单词"application[ˌæpliˈkeiʃən]"（申请）的次重音落在音节[æ]上。

03.041　句重音　sentence stress
在一个语句中，突显程度最高的重音。可分

为语法重音、对比重音和强调重音。

03.042　语法重音　grammatical stress
句重音的一种类型。由句法结构和语义特点决定的重音。包括语法重音和语义重音。

03.043　对比重音　contrastive stress
又称"逻辑重音"。句重音的一种类型。作用于某些句子成分之上,使这些成分同话语里的其他成分或上下文中的其他成分形成对比。

03.044　强调重音　emphatic stress
句重音的一种类型。作用于某个句子成分之上,以引起听话人对这个成分特别注意。

03.045　轻读　unstressed
又称"弱读"。与"重读"相对。对词或句子里的非关键语音成分较少用力的发音方式。轻读在客观上会减缩音高、音长、音强以及音色的对比程度。

03.046　节奏　rhythm
在言语中指突显要素有规则地间隔出现所产生的听觉模式。这些突显要素可能是重音、音节或莫拉等,主要通过这些要素规律性的音高、时长变化或停顿分布得以实现。

03.047　停顿　pause
言语过程中出现的短暂中断。可分为填声停顿和无声停顿。

03.048　填声停顿　filled pause
停顿的一种类型。指在言语过程中因为犹豫、思考或保持话轮等需要而出现的"嗯""啊"或"这个""那个"之类的话语或非言语声。

03.049　无声停顿　silent pause
停顿的一种类型。指在言语过程中出现的静寂间断。应与塞音或塞擦音在除阻前的无声段区别开来。

03.050　标音　transcription
又称"记音"。使用音标等符号系统来标记语音。可分为音位标音和语音标音。

03.051　音位标音　phonemic transcription
又称"宽式标音"。与"语音标音"相对。主要根据语音的音系学功能来标记语音的音位类别。

03.052　语音标音　phonetic transcription
又称"严式标音"。与"音位标音"相对。主要根据语音的物理和听觉特性来标记语音。

03.053　国际音标　International Phonetic Alphabet;IPA
国际通行的一种标记语音的符号体系。由国际语音教师协会(后改名为国际语音学协会)于1888年制定发表。现在采用的是2005年修订后的版本,包括辅音、元音、附加符、超音段、声调和词重调等音标符号。

03.054　附加符　diacritic
附加在一个音标上以描写其音值的附加特性的符号。例如鼻化的[a]标记为[ã]、清化的[a]标记为[ḁ]。

03.055　语流音变　contextual variation
受前后语音环境、轻重、语速等因素的影响而发生的语音变化现象。常见的语流音变现象有增音、减音、同化、异化等。

03.056　增音　epenthesis;insertion
一种语流音变现象。在语流中增添一些语音串里原来没有的音素。例如北京话中,"是啊""唱啊""好啊"有时读为[ʂɻ̍ a][tʂʰ aŋ na][xɑu wa],各自增加了[ɻ][ŋ][w]。

03.057　减音　deletion
又称"删音""脱落"。一种语流音变现象。指语音串里原来存在的某个音段在语流中被减省或丢失。例如英语单词"cupboard

["kʌpbəd"]（碗橱）读为[ˈkʌbəd]，丢失了[p]。

03.058 元音融合 synaloepha
一种语流音变现象。当两个元音分别出现在前一词的末尾和后一词的起始位置时，其中一个元音被省略，把跨越词界的两个音节合并为一个音节。

03.059 同化 assimilation
一种语流音变现象。语流中两个原本不相同或不相近的音在发音时相互影响，导致这两个音变得相同或相似。例如普通话的"羡慕"[ɕiɛn mu]连读时变为[ɕiɛm mu]，前字韵尾[n]被后字声母[m]同化为[m]。

03.060 异化 dissimilation
一种语流音变现象。语流中两个原本相同或相似的音在发音时相互影响，导致这两个音变得不相同或不相似。例如普通话的两个上声调连续时，第一个上声被异化为阳平。

03.061 清化 devoicing
一种语流音变现象。浊辅音或元音的浊音色彩消失而变读为清辅音或清元音。例如英语单词"of[əv]"（……的，表示所属），在处于清辅音前时常读为[əf]，[v]清化为[f]。

03.062 浊化 voicing
一种语流音变现象。清辅音在语流中变读为浊辅音。例如北京话"你的[ni tɤ]"常变读为[ni dɤ]，清辅音[t]在轻声音节中浊化为[d]。

03.063 央化 centralization
一种语流音变现象。狭义指前元音和后元音（广义指外围元音）在发音时舌位向中央位置靠拢。例如普通话"棉花"[miɛn xua]变读为[miɛn xuə]。

03.064 鼻化 nasalization
一种语流音变现象。发音时，由于软腭下垂，气流由鼻腔和口腔同时流出，引起口腔和鼻腔两种共鸣，而使原来的口腔音带有鼻音色彩的现象。例如广西龙胜县北区的瑶语，"云"读为[mãŋ]，其元音[a]受[ŋ]的影响而带有鼻音色彩。

03.065 连读变调 tone sandhi
一种语流音变现象。在连续语流中，由于受相邻声调的影响而发生的声调变化。例如北京话的上声字在单念时或停顿之前调值为[214]，而在其他音节之前调值变为[21]或[35]。

03.066 送气 aspirated
与"不送气"相对。塞音或塞擦音在除阻之后有一股不带声的气流呼出。

03.067 不送气 unaspirated
与"送气"相对。塞音或塞擦音在除阻之后没有一股不带声的气流呼出，而是紧接着就发出元音。

03.02 汉语语音学

03.068 声母 initial
汉语音节结构的起首成分。由辅音构成。可分为清声母、浊声母和零声母。普通话有22个声母：b[p],d[t],g[k],p[pʻ],t[tʻ],k[kʻ],z[ts],zh[tʂ],j[tɕ],c[tsʻ],ch[tʂʻ],q[tɕʻ],f[f],s[s],sh[ʂ],x[ɕ],h[x]。

03.069 清声母 voiceless initial
由清辅音构成的声母。普通话有17个清声

03.070 浊声母 voiced initial
由浊辅音构成的声母。普通话有四个浊声

母:m[m],n[n],l[l],r[ɻ]。

03.071 零声母 zero initial
当韵母自成音节时,声母位置上没有音位性的辅音成分。零声母在语音上有时实现为喉塞音或弱擦音。例如普通话音节"阿(ā)""亚(yà)""哇(wā)"等都是零声母音节。

03.072 韵母 final
汉语音节结构中声母之后的所有音段成分。可以分为单韵母和复合韵母。

03.073 单韵母 simple final
由单元音构成的韵母。普通话有九个单韵母:a[a],o[o],e[ɤ],i[i],u[u],ü[y],i[ɿ](当韵母"i"处于声母"z、c、s"之后时),i[ʅ](当韵母"i"处于声母"zh、ch、sh"之后时),er[ɚ]。

03.074 复合韵母 compound final
由复合元音或由元音带鼻音韵尾构成的韵母。普通话共有 29 个复合韵母,包括 13 个复合元音韵母和 16 个鼻韵母。

03.075 复合元音韵母 diphthongal final
由复合元音构成的韵母。普通话有 13 个复合元音韵母:ai[ai],ei[ei],ao[au],ou[ou],ia[ia],ie[iɛ],ua[ua],uo[uo],üe[yɛ],iao[iau],iou[iou],uai[uai],uei[uei]。

03.076 鼻韵母 nasal final
含有鼻音韵尾的韵母。普通话有 16 个鼻韵母:an[an],ang[aŋ],en[ən],eng[əŋ],ian[iɛn],iang[iaŋ],in[in],ing[iŋ],uan[uan],uang[uaŋ],uen[uən],ueng[uəŋ],üan[yɛn],ün[yn],ong[uŋ],iong[yuŋ]。

03.077 儿化 rhotacized;er diminutive
一种语音变化现象。卷舌词尾"儿"同其前面音节相结合而形成儿化韵。例如普通话的"花(儿)[xua(ɚ)]",通常读作[xuaʳ]。

03.078 儿化韵 rhotacized final;er diminutive final
发生儿化音变的韵母。

03.079 单字调 citation tone
又称"本调"。汉字(音节)单念时的声调。

03.080 轻声 neutral tone
汉语中有些汉字或音节自身没有声调或失去了原有的声调,音高随前后音节的声调而变化的现象。轻声音节通常会读得短而弱。

03.081 五度标调法 5-letter tone system;a system of tone-letters
由赵元任先生提出的用五个音高等级来度量和标记声调的方法。五个音高等级用"1、2、3、4、5"来标示,分别表示"低、半低、中、半高、高"。

03.03 发音语音学

03.082 发音语音学 articulatory phonetics
语音学的一个分支。研究人类发音器官是如何产生语音的。

03.083 言语产生 speech production
语音产出的全部活动。包括大脑和神经系统的作用以及发音器官的活动。发音器官的活动,主要分为四个方面:动力(气流)、声源、共振和辐射。

03.084 调音 articulation
改变声腔的形状和大小,以及唇形的圆展等,对声源激励进行调制以形成不同的音色。

03.085 成阻 approach;closing
辅音(特别指塞音和塞擦音)发音过程的起始阶段。在此阶段,主动发音器官向被动发音器官靠拢以形成对气流的阻塞或阻碍。

03.086 持阻 hold; closure
辅音(特别指塞音和塞擦音)发音过程的中间阶段。在此阶段,主动发音器官和被动发音器官的阻塞或阻碍状态保持不变。

03.087 除阻 release
辅音(特别指塞音和塞擦音)发音过程的最后阶段。在此阶段,主动发音器官离开被动发音器官以解除对气流的阻塞和阻碍。

03.088 收紧 constriction
又称"收缩"。发音时,主动发音器官向被动发音器官贴紧或靠拢,使声门以上的气流通道内出现完全或不完全闭合,从而对气流产生阻塞或阻碍作用。

03.089 收紧点 constriction point
又称"收缩点"。发音时声门以上的气流通道内变窄或闭合处的位置。

03.090 收紧度 degree of stricture
又称"收缩度"。发音时气流在收紧点处所受到的阻碍程度。

03.091 主要发音(动作) primary articulation
在一个音素的发音过程中,如果涉及两个不同位置的收紧点,其中收紧度较大的称为"主要发音(动作)",另一个称为"次要发音(动作)"。

03.092 次要发音(动作) secondary articulation
见"主要发音(动作)"。

03.093 发音叠接 articulatory overlap
在发音过程中,前一个音的发音动作尚未结束,后一个音的发音姿势就已经形成。

03.094 协同发音 coarticulation
不同发音器官之间运动相互影响的方式,以及某个发音器官的发音受到前后发音器官影响的方式。也指从一个音姿到另一个音姿的过程。有顺向和逆向协同发音之分。狭义指两个连续音系单元之间的同时或叠接发音运动。

03.095 气流机制 air stream mechanism
发音时使声道内空气产生运动的动力形式。主要有三种类型:肺的,形成肺部气流动力;喉头的,形成喉部气流动力;软腭的,形成口腔气流动力。

03.096 发音器官 vocal organs
人体中与发音过程有关的生理器官。包括肺、气管、喉、咽、口、鼻、声带、硬腭、软腭、舌、齿、唇等。

03.097 主动发音器官 active articulator
发辅音时,构成阻塞或阻碍的两个发音器官中,可活动的那个发音器官。

03.098 被动发音器官 passive articulator
发辅音时,构成阻塞或阻碍的两个发音器官中,相对静止的那个发音器官。

03.099 声道 vocal tract
发音过程中的整个气流通道。包括气管和声门以上的口腔、鼻腔和咽腔。

03.100 共鸣腔 resonant cavity
又称"声腔"。语音学中主要指口腔、鼻腔和咽腔。这些共鸣腔以其不同的形状和大小起到调音作用,从而产生不同的语音。

03.101 唇 lip
口腔入口处上下两片可以活动的肌肉性器官组织。

03.102 圆唇 rounded
发音时,嘴唇呈圆拢状。

03.103 不圆唇 unrounded
发音时,双唇保持自然状态,或展开呈扁平状。

03.104 舌 tongue
位于口腔底部,可以灵活运动的、有弹性的肌肉性器官组织。从前至后分为舌尖、舌叶、舌面和舌根。舌是重要的发音器官。

03.105　舌尖　tongue tip; apex
舌体的前顶端。

03.106　舌叶　tongue blade; lamina
当舌处于休息状态时，与上齿龈和齿龈隆骨相对的部分舌体。

03.107　舌面　dorsum
当舌处于休息状态时，与硬腭和软腭相对的部分舌体。

03.108　舌根　tongue root; radical
当舌处于休息状态时，与咽腔壁相对的部分舌体。

03.109　腭　palate
俗称"上腭"。语音学上指从齿龈后部到小舌之前的整个区域。可分为硬腭和软腭。

03.110　硬腭　hard palate
腭的前部，由骨和肌肉构成。

03.111　软腭　soft palate; velum
腭的后部，由结缔组织和肌肉构成。

03.112　小舌　uvula
悬垂于软腭后端的小而薄的肌肉组织。呈近似圆锥状。

03.113　声带　vocal folds; vocal cords
伸展于喉头前部的甲状软骨与后部的两块勺状软骨之间的两片带状肌肉组织，两者相对的边缘为游离于声门中的纤维质薄膜。其横断面呈三角形。声带振动是浊音的声源。

03.114　声门　glottis
两片声带当中的开口。声带静止不发音时，从上往下、自前往后看，声门应该是呈倒V字形。可分为音声门（韧带声门，靠前）和气声门（软骨声门，靠后）。

03.115　喉　larynx
连接气管和咽腔的软骨结构。声带位于其中，呼吸和说话时，通过软骨结构及相连的肌肉伸缩，使声带能像阀门一样节制和调整气流。

03.116　发音部位　place of articulation
发辅音时，主动发音器官和被动发音器官的成阻部位。

03.117　双唇音　bilabial
根据发音部位的不同而划分出来的一类辅音。发音时，下唇和上唇一起构成阻碍。例如[p][m]。

03.118　唇齿音　labio-dental
根据发音部位的不同而划分出来的一类辅音。发音时，下唇与上齿一起构成阻碍。例如[f][v]。

03.119　舌尖—齿音　apico-dental
又称"齿间音"。根据发音部位的不同而划分出来的一类辅音。发音时，舌尖与上齿尖接触构成阻碍，也可以前伸到上下齿之间和上下齿尖同时接触一起构成阻碍。例如[θ][ð]。

03.120　舌尖—齿龈音　apico-alveolar
又称"舌尖前音"。根据发音部位的不同而划分出来的一类辅音。发音时，舌尖与上齿龈一起构成阻碍。例如[t][d][n][l][s][z]。

03.121　舌尖—龈后音　apico-postalveolar
又称"舌尖后音""翘舌音""卷舌音"。根据发音部位的不同而划分出来的一类辅音。发音时，舌尖和齿龈后部靠近硬腭的部位一起构成阻碍。例如[ṭ][ḍ][ṇ][ṣ][ẓ]。

03.122　舌叶—齿龈音　lamino-alveolar
又称"舌叶音"。根据发音部位的不同而划分出来的一类辅音。发音时，舌叶和上齿龈隆骨一起构成阻碍。例如[ʃ][ʒ]。

03.123 舌面—腭前音 dorso-prepalatal
又称"舌面前音"。根据发音部位的不同而划分出来的一类辅音。发音时,舌面前部和硬腭前部一起构成阻碍。例如[ȶ][ȡ][ȵ][ɕ]。

03.124 舌面—腭后音 dorso-postpalatal
又称"舌面中音"。根据发音部位的不同而划分出来的一类辅音。发音时,舌面中部和硬腭后部一起构成阻碍。例如[c][ɟ][ɲ][ç]。

03.125 舌面—软腭音 dorso-velar
又称"舌面后音""舌根音"。根据发音部位的不同而划分出来的一类辅音。发音时,舌面中后部和软腭一起构成阻碍。例如[k][g][ŋ][x]。

03.126 小舌音 uvular
根据发音部位的不同而划分出来的一类辅音。发音时,舌面后部与小舌一起构成阻碍。例如[q][G][N][R][χ][ʁ]。

03.127 咽音 pharyngeal
根据发音部位的不同而划分出来的一类辅音。发音时,舌根与咽腔壁一起构成阻碍。例如[ħ][ʕ]。

03.128 喉音 laryngeal;glottal
又称"声门音"。根据发音部位的不同而划分出来的一类辅音。是一种发音部位在喉部、以声门收紧为主构成阻碍而发出的音。例如[ʔ][h][ɦ]。

03.129 发音方式 manner of articulation
发辅音时,发音器官的活动方式。根据发音方式不同,辅音可分为塞音、鼻音、颤音、拍音、擦音、边擦音、近音、边近音等类型。

03.130 爆发音 plosive
又称"塞音""闭塞音""破裂音"。根据发音方式不同而划分出来的一类辅音。发音时,先是相关部位完全阻塞,导致其后形成高压气流,然后突然打开声道,让高压气流爆发释放而成音。在与"塞擦音"等对举时,通常用"塞音"。例如[p][t][k]。

03.131 鼻音 nasal
根据发音方式不同而划分出来的一类辅音。发音时,口腔某处完全闭塞,使气流无法通过,同时软腭下垂,使气流只从鼻腔流出。例如[m][n][ŋ]。

03.132 颤音 trill
又称"滚音"。根据发音方式不同而划分出来的一类辅音。发音时,一个具有弹性的发音器官(如双唇、舌尖和小舌等)在伯努利效应和肌肉弹性的作用下,反复快速地碰击另一个具有弹性或硬性的发音器官。

03.133 拍音 tap;flap
又称"闪音""弹音"。根据发音方式不同而划分出来的一类辅音。发音时,一个活动的发音器官离开它的静止位置,去碰击另一个静止的发音器官,然后迅速回到原位。

03.134 擦音 fricative
又称"摩擦音"。根据发音方式不同而划分出来的一类辅音。发音时,发音部位不完全闭合,气流从狭缝中摩擦而出。

03.135 边音 lateral
根据发音方式不同而划分出来的一类辅音。发音时,舌头上顶,在口腔中线造成阻塞,但舌头一侧或两侧开放,让气流从舌边通过。边音可分为边擦音和边近音。

03.136 边擦音 lateral fricative
根据发音方式不同而划分出来的一类辅音。发音时,舌尖或舌叶上顶,在口腔中线造成阻塞,气流从舌头一侧或两侧摩擦而出。

03.137 近音 approximant
曾称"通音""无擦通音""半元音"。根据发音方式不同而划分出来的一类辅音。发音时,主动调音器官和被动调音器官接近,但其接近程度还不足以产生可闻摩擦。近音虽然属于辅音,但其语音性质类似元音。

03.138 边近音 lateral approximant

根据发音方式不同而划分出来的一类辅音。发音时,舌尖或舌叶上顶,在口腔中线造成阻塞,弱气流从舌头一侧或两侧流出,且不足以产生可闻摩擦。

03.139 塞擦音 affricate

根据发音方式不同而划分出来的一种先塞后擦的辅音。成阻时与爆发音类似,但除阻方式特殊,在局部打开声道释放部分高压气流的同时,又形成类似擦音的阻碍状态,使气流从狭缝中摩擦而出,因而形成先塞后擦的音色。

03.140 嗓音 voice

广义指任何一种包含声带振动的发声类型。狭义指常态嗓音。

03.141 发声 phonation

在气流的作用下,喉部产生语音声源的行为。

03.142 发声类型 phonation type

在言语产生过程中,为调音器官提供声源的声门活动类型。包括常态嗓音、气嗓音、嘎裂声、假声、耳语声等。

03.143 常态嗓音 modal voice

一种发声类型。发声时,声门作为一个单一的整体起作用,声带有规律地振动,并且每个周期都完全闭合,没有任何摩擦噪声。

03.144 气嗓音 breathy voice

一种发声类型。发声时,喉部肌肉张力很小,声带振动,但不完全闭合,气流量较大,从而产生一种"呼吸音"或"叹气音"的嗓音音色。

03.145 嘎裂声 creaky voice

又称"紧喉嗓音"。俗称"吱嘎声"。一种发声类型。发声时,声带从后部到中前部都不振动,只有前部一小段振动,频率极低(男声约20—50赫),且不规则。

03.146 假声 falsetto

又称"假嗓音"。一种发声类型。发声时,声带拉紧,边缘变薄,声门微微打开,基频比正常嗓音高很多。

03.147 耳语声 whisper

一种发声类型。发声时,声门前部(韧带)完全靠拢,后部(勺状软骨)有一个三角形裂隙,气流通过开放区发出摩擦噪声。耳语声和气嗓音不同,耳语时喉紧张,声门部分关闭,气流体积速度比较大。

03.148 舌面元音 dorsal vowel

发音时,舌面的某个部位隆起而发出的元音。舌面元音是较为常见的元音。

03.149 舌尖元音 apical vowel

与舌面元音不同的、较为特殊的元音。发音时,舌尖上升,靠近上齿背或硬腭前部,使口腔气流通路变窄,但又不发生摩擦。根据发音时舌尖位置的前后可将其分为舌尖前元音和舌尖后元音两种,并可进一步根据唇形分为圆唇和不圆唇的舌尖元音。

03.150 舌尖前元音 apical dental vowel

舌尖元音的一种类型。发音时舌尖靠近上齿背。例如普通话"资、雌、思"的韵母[ɿ]。

03.151 舌尖后元音 apical post-alveolar vowel

舌尖元音的一种类型。发音时舌尖靠近硬腭前部。例如普通话"知、痴、师"的韵母[ʅ]。

03.152 舌位 tongue position

发元音时舌体隆起的最高点在口腔中所处

的实际位置。从垂直方向上可以分为高、半高、半低和低,从水平方向上可以分为前、央、后。

03.153 开口度 opening degree
发元音时口腔的开合程度。一般分为开、半开、半闭和闭四种类型。开口度与舌位的高低成反比:开口度越小,舌位越高;开口度越大,舌位越低。

03.154 开元音 open vowel
又称"低元音"。口腔开口度为"开"状态下发出的元音。

03.155 半开元音 half-open vowel
又称"半低元音"。口腔开口度为"半开"状态下发出的元音。

03.156 半闭元音 half-closed vowel
又称"半高元音"。口腔开口度为"半闭"状态下发出的元音。

03.157 闭元音 closed vowel
又称"高元音"。口腔开口度为"闭"状态下发出的元音。

03.158 前元音 front vowel
当舌体隆起的最高点处于口腔水平方向的"前"位置时发出的元音。

03.159 央元音 central vowel; neutral vowel; schwa
①当舌体隆起的最高点处于口腔水平方向的"央"位置时发出的元音。②又称"中性元音""混元音"。指当舌体隆起的最高点处于口腔水平方向的不前不后、垂直方向的不高不低位置时发出的元音[ə]。

03.160 后元音 back vowel
当舌体隆起的最高点处于口腔水平方向的"后"位置时发出的元音。

03.161 圆唇元音 rounded vowel
与"不圆唇元音"相对。双唇呈圆拢状态时发出的元音。

03.162 不圆唇元音 unrounded vowel
与"圆唇元音"相对。双唇展开呈扁平状或保持自然状态时发出的元音。

03.163 口内压力 intra-oral pressure
发音时,口内(包括口腔和咽腔)形成的气流压力。

03.164 喉下压力 subglottal pressure
又称"声门下压力"。发音时,肺部气流在声门下形成的压力。

03.165 伯努利效应 Bernoulli effect
一种物理现象。当气流通过物体时,作用于固定物侧面的气流压力下降,气流越快压力越低。伯努利效应在发声中起着重要作用,主要是致使声带更容易振动:肺气流迫使左右声带分离,随即气压下降又使左右声带靠拢,这一过程迅速重复形成了嗓音。在发颤音时它同样起着重要作用。

03.166 X 射线照相术 X-radiography
一种利用 X 射线照相以取得发音过程中声道横断面图像的技术。

03.167 电子气流测量术 electrokymography
一种利用仪器来连续测量、记录和显示发音过程中通过口或鼻的气流速度及其体积速度的测量技术。

03.168 腭位测量术 palatography
一种用来测量发音时舌与口腔上腭接触区域的技术。

03.169 肌电测量术 electromyography; EMG
一种用电极检测肌肉活动的技术。

03.170 声门测量术 glottography
一种用来测量和记录说话时声门状态的技术。

例如电子声门测量术和光电声门测量术。

03.04 声学语音学

03.171 声学语音学 acoustic phonetics
语音学的一个分支。主要研究语音的物理性质。

03.172 言语波 speech wave
又称"语音波"。说话时引起的空气质点振动,并以压缩和稀疏交替变化的方式向四周传播。可分为周期性和非周期性两种。

03.173 声门波 glottal wave
声门开闭运动过程中,气流通过声门时的波动形式。图形上通常表现为尖峰和平坦交替出现,平坦表示声门处于闭合状态,而尖峰表示声门处于开启状态。

03.174 波形 waveform
声学语音学中,把说话引起的空气质点的振动位移绘制成随时间变化的图形,用来表示言语波的形状。

03.175 周期波 periodic wave
周期性振动所产生的声波。元音和浊辅音都是(准)周期波。在周期波的波形中,同样模式的波形等间隔地出现。

03.176 非周期波 aperiodic wave
非周期性振动所产生的声波。擦音是典型的非周期波。在非周期波的波形中,看不到同样模式的波形等间隔地出现。

03.177 乐音 musical sound
与"噪声"相对。由(准)周期波引起的声音,其频谱表现为离散谱。

03.178 噪声 noise
与"乐音"相对。由非周期波引起的声音,其频谱表现为连续谱。

03.179 白噪声 white noise
声学语音学中,指气流通过声道阻碍处产生的频谱连续且均匀的噪声。听起来像是毫无特征的嘘嘘声。

03.180 声源 source
声学语音学中,指为语音产生提供能量的源泉。语音的声源可分为两种:元音声源是喉头的声带振动;清辅音声源是发音部位的气流扰动。

03.181 辐射 radiation
声学语音学中,指声源发出的、经声道调制后的言语声由嘴唇开口处或鼻孔向四周空气传播的过程。

03.182 波长 wavelength
周期波在一个周期之内传播的距离。通常用符号 λ 表示。

03.183 周期 period
周期波中,同样模式的波形重复出现一次所需的时间。通常用符号 t 来表示。其单位是秒或毫秒。

03.184 振幅 amplitude
振动过程中,振动物体离开平衡位置的最大距离。在函数 $A(t) = A \times sin(\omega t + \theta)$ 描述的正弦波中,A 是振幅。

03.185 频率 frequency
同样模式的波形在单位时间(每秒)内重复出现的次数。其单位是赫兹(Hz)。

03.186 赫兹 Hertz;Hz
频率的计量单位。为纪念德国物理学家海因里希·赫兹(Heinrich Hertz)而命名,符号为 Hz,汉语往往简写成"赫"。

03.187 音强 intensity
语音的强弱。主要取决于发音时声门下压力的大小,也跟声腔共鸣特性有关。

03.188 共振 resonance
又称"共鸣"。一种物理现象。每个物体或系统在自由振动情况下都存在某个或某些频率比其他频率更容易产生振动的自然频率,在受迫振动时,当外部驱动频率接近于一个物体或系统的自然频率时,该物体或系统就会以最大的振幅来回振动。

03.189 共振峰 formant
声道共振使得语音能量在某个或某些频带中得到加强,形成语音能量聚集的一种声学表现。元音的前三个共振峰,即第一共振峰(F_1)、第二共振峰(F_2)和第三共振峰(F_3),是感知上区分不同元音的声学基础。

03.190 反共振 antiresonance
声学语音学中,指某些声腔(例如鼻腔等)的滤波作用,它吸收和减弱语音中某些频率成分的能量。

03.191 反共振峰 antiformant
某些声腔具有反共振作用,使得系统能量被吸收、减弱的频率范围。在语图上表现为一片白色区域。

03.192 阻尼 damping
声学语音学中,指由于声腔软组织等对声能的吸收作用,使声腔共振的振幅逐渐减弱的特性或现象。

03.193 正弦波 sine wave
一种周期波。其波形可以用函数 $A(t) = A \times sin(\omega t + \theta)$ 来描述。

03.194 纯音 pure tone
又称"单音"。与"复合音"相对。具有正弦波形的声音。例如音叉产生的声音。

03.195 复合波 complex wave
由多个正弦波复合而成的波。可分为周期波和非周期波。

03.196 复合音 complex sound
与"纯音"相对。具有复合波形的声音。所有的语音都是复合音。

03.197 傅立叶分析 Fourier analysis
一种把复合波分解为若干具有一定频率和振幅的正弦波的数学分析方法。以法国数学家傅立叶(Fourier)命名。

03.198 声谱分析 sound spectral analysis
分析声音频谱特性的过程。其结果通常以声谱图来显示。

03.199 分音 partial
通过傅立叶分析的方法,从一个周期性复合音里分解出来若干具有一定频率和振幅的纯音,这些分解出来的纯音被称为复合音的"分音"。

03.200 基音 fundamental
俗称"主音"。与"泛音"相对。周期性复合音(例如元音)中频率最低的振动所形成的声音。

03.201 基频 fundamental frequency
基音的频率。通常用符号 F_0 表示。

03.202 谐波 harmonic
在周期性复合音中,任何为基频整数倍的频率成分。

03.203 泛音 overtone
又称"陪音"。与"基音"相对。周期性复合音(例如元音)中除了基音以外的其他分音,其频率是基频的整数倍。与基音相比,泛音的振幅相对较低。

03.204 记纹器 kymograph
早期用来记录和分析语音波形的一种仪器。

可用于分析语音长短、强弱、音调高低,以及辅音清浊等。

03.205　声谱仪　sound spectrograph
又称"语图仪"(sonagraph)。一种用于观察和分析声音的频谱特性的仪器。

03.206　声滤波器　acoustic filter
允许声波的某些频率成分通过,阻止其他频率成分通过的仪器。可分为带通滤波器、低通滤波器和高通滤波器等。

03.207　声谱　sound spectrum
反映声音频谱特性的图形。常见的是幅度谱,其横轴标示频率,纵轴标示振幅,展示复合音的各分音频率及其振幅。幅度谱可分为离散谱和连续谱。

03.208　谱包络　spectral envelope
又称"频谱包络"。在声谱(幅度谱)中把各频率分量的振幅顶点顺势连接起来,以表示频谱大体趋势的曲线。

03.209　离散谱　discrete spectrum
又称"线状谱"(line spectrum)。声谱的一种。周期性复合波的声谱表现。在声谱上呈现为分立式线条状谱线,只有频率为基频整数倍的位置上才可能有振幅值,其余位置均为空值。

03.210　连续谱　continuous spectrum
声谱的一种。非周期性复合波的声谱表现。在声谱上呈现为密密麻麻、分析不开的谱线。

03.211　语图　sound spectrogram; sonagram
通常指反映声音的频谱能量随时间变化的三维图形。其中,横轴标示时间,纵轴标示频率,并用颜色的深浅来标示强弱。可分为宽带语图和窄带语图。

03.212　宽带语图　wide-band spectrogram
用宽带滤波器(带宽通常为300赫)和相应的高速采样分析所得的三维语图。常用于音色分析。

03.213　窄带语图　narrow-band spectrogram
用窄带滤波器(带宽通常为45赫)和相应的低速采样做成的三维语图。常用于音高分析。

03.214　嗓音横杠　voice bar
又称"浊音杠"。是浊辅音的标志。发浊辅音时,常会在低频区(200赫附近)形成一条能量聚集区,而在高频区没有能量表现。

03.215　音轨　locus
元音与辅音相邻出现(CV或VC)时,元音起始(CV)或末尾(VC)的一小段与辅音邻接的元音共振峰可能会发生弯曲,指向所邻接辅音的某个频率位置,这个被指向的频率称为"音轨"。

03.216　嗓音起始时间　voice onset time; VOT
又称"浊音起始时间"。从塞音或塞擦音的除阻起始点到声带振动起始点之间所经历的时间。其值可正可负。

03.217　共振峰模式　formant pattern
元音前几个共振峰频率的相对位置和关系。

03.218　过渡音征　transition cue
元音与辅音相接(CV或VC)时,由于受辅音的发音部位影响,使元音起始(CV)或末尾(VC)的一小段与辅音邻接的共振峰表现出的某些反映辅音发音部位的征兆。

03.219　乱纹　fill
在宽带语图上表现出来的一片杂乱的状似雨潲的纹样。乱纹是擦音和送气在语图上的典型特征。

03.220　冲直条　spike
爆发音的一种声学表现。在宽带语图上表现为一条较窄的竖条。

03.221 送气 aspiration;aspirate
辅音的一种发音方法。一般指塞音和塞擦音在除阻之后有股较强气流呼出。在宽带语图上表现为乱纹。

03.222 声学元音图 vowel chart
一种用于标明元音声学空间内的元音位置的图形。通常根据元音的第一共振峰和第二共振峰的频率值来定位。

03.05 听觉语音学

03.223 听觉语音学 auditory phonetics
语音学的一个分支。主要研究人耳、神经系统以及大脑对语音的处理和解释。

03.224 言语知觉 speech perception
又称"言语感知"。听音人从言语声中提取对应的语言学要素的过程。

03.225 耳 ear
人类的听觉器官。分为外耳、中耳和内耳三部分。

03.226 倍频程 octave
一种计量音高间距的单位。在音乐中称倍频程为"八度音"。如果两个频率之比（高频除以低频）等于2，则二者的音高音距为1个倍频程。1个倍频程等于12个半音。

03.227 半音 semitone
一种计量音高间距的单位。如果两个频率之比（高频除以低频）等于2的12次方根（约等于1.0595），则二者的音高间距为1个半音。

03.228 美 mel
知觉音高的计量单位。以美为单位的音高与以赫为单位的频率之间有以下关系：1 000赫的音高定为1 000美，低于500赫时二者近似线性关系，高于500赫时二者成对数关系。

03.229 分贝 decibel;dB
计量声强、电压或功率等相对大小的单位。符号为dB。

03.230 响度 loudness
又称"音响"。与声强相对应的知觉量。声强是客观的物理量，响度是主观的心理量。响度不仅跟声强有关，还跟频率有关。

03.231 突显 prominence
一个音节或语音成分在其语境中比其他音节或语音成分听起来更为突出显著。音高、音长、响度和音色等都是影响一个语音单位相对突显程度的因素。

03.232 音高范围 pitch range
又称"音域"。说话时的音高变化范围，以赫或半音为单位。

03.233 语速 speaking rate
一段话的整体发音速度。通常用每秒多少个音节来表示。

03.234 音长 duration
发某个音段或语音成分所用的时间。由声波持续的时间长短确定，以秒或毫秒为单位。

03.235 音高 pitch
声学语音学中，指语音频率的知觉相关物。频率越高，则音高也越高，但它们的关系是非线性的。语音的音高主要取决于声带的振动频率，即基频。

03.236 音色 timbre
又称"音质"。是声音频谱的知觉特性。

03.06 音系学

03.237 音位学 phonemics
早期结构主义语言学的音系学理论,注重研究语言的音位系统,分析语言的音位种类、数目、性质及相互之间的关系。

03.238 音系学 phonology
语言学的一个分支。它与语音学不同。研究对象是语言的语音系统,考察在某种语言或所有语言中有区别性的语音形式之间的关系及其组织变化规则等。

03.239 生成音系学 generative phonology;GP
一种音系学理论。是生成语法的组成部分,研究语音系统的知识,并以形式化的方法给予表达。生成音系学发展至今,经历了三个重要的发展时期:经典生成音系学时期、非线性音系学时期和优选论时期。

03.240 经典生成音系学 classical generative phonology
一种生成音系学理论。指乔姆斯基(Chomsky)和莫里斯·哈勒(Morris Halle)于1968年在《英语语音模式》(*The Sound Pattern of English*)一书中提出的生成音系学理论。在经典理论的框架下,底层的音系表达式被看做是由单一线性音段序列构成的,每个音段分析为一组无次序的区别特征。

03.241 非线性音系学 non-linear phonology
一种生成音系学理论。继经典生成音系学之后发展而成,代表了生成音系学的第二个发展时期。自主音段音系学、节律音系学以及韵律音系学等都是重要的非线性音系学理论。在非线性音系学理论的框架下,底层的音系表达式被看做由多个相互平行又相互联系的线性音层构成。

03.242 自主音段音系学 autosegmental phonology
一种非线性音系学理论。最初由约翰·戈德史密斯(John Goldsmith)于1976年为处理声调现象而提出。在这种理论框架下,音系表达式被分析为两个或更多的音层,每个音层上按线性顺序排列着被称为自主音段的成分,不同音层上的自主音段通过连接线发生关联。

03.243 节律音系学 metrical phonology
一种非线性音系学理论。最初由马克·立波曼(Mark Liberman)和艾伦·普林斯(Alan Prince)于1977年为处理重音现象而提出。主要用来分析和处理韵律单元的轻重组织结构,包括节律树和节律栅两种主要的标示方法。

03.244 韵律音系学 prosodic phonology
一种生成音系学理论。20世纪80年代出现,主要倡导人是伊丽莎白·瑟尔科珂(Elisabeth Selkirk)。该理论认为,一段话语不仅有句法结构,而且还有由韵律成分组成的韵律结构,研究对象为各种语言的韵律结构及其在音系分析中的作用。

03.245 优选论 optimality theory
一种生成音系学理论。由艾伦·普林斯(Alan Prince)、保罗·斯摩伦斯基(Paul Smolensky)和约翰·麦卡锡(John McCarthy)于20世纪90年代初提出。优选论代表了生成音系学的第三个发展时期。该理论认为不同语言间的差异是由于制约条件的层级排列的不同造成的。制约条件是普遍的,但其层级排列因语言而异。层级排列的制约条件对候选项进行并行评估,最大限度满足等级排列最高的制约条件和最小范围违反等级排列最低的候选项是"最优的"。因此,制约条件取代了此前有序的音系规则与推导所占有的中心位置。目前,该理论也用于句法学、形态学研究。

03.246 音系 phonology
某种语言的全部语音成分及其组织规则和相互关系的总和。生成音系学把语音的知识及其形式化的表达称为"音系"。

03.247 音系变化 phonological change
语言音系结构的变化。例如音位在数量或分布上的变化,音位关系的变化,音系规则在数量、性质或顺序上的变化。

03.248 元音和谐 vowel harmony
在某些语言的特定音系单元(通常为音系词)内,只允许那些具有一个或多个相同语音特征的元音同时出现的语音现象。例如土耳其语中,一个词必须完全由前元音或完全由后元音组成,而且一个非圆唇元音不能接一个圆唇元音,相邻音节中的元音在圆唇性上必须一致。

03.249 辅音和谐 consonant harmony
在某些语言的特定音系单元(通常为音系词)内,只允许那些具有一个或多个相同语音特征的辅音音位同时出现的语音现象。例如巴斯克语中,有四个咝音音位:舌尖音[s]和[ts],舌面音[z]和[tz],其中两个是擦音,两个是塞擦音,但在同一个词里出现的咝音,或者都是舌尖音,或者都是舌面音。

03.250 中和 neutralization
两个或多个语音成分的音系对立在某个特定环境中消失,而在其他语音环境下依然保留的现象。

03.251 音位 phoneme
特定语言的语音系统中最小的对立单位。常被定义为"能够区分意义的最小语音单位"。最重要的特性是它与该语音系统中其他音位相对立。对立、互补、语音相似和系统性是结构主义音位学归纳音位的主要原则。

03.252 音位系统 phoneme system
某种语言或方言中的全部音位及其分布、相互关系和实现规则的总体。

03.253 最小对立体 minimal pair
两个仅靠一个音系成分的对立来区别意义的语音片段。

03.254 语音相似性 phonetic similarity
音位学中归纳音位的一项重要原则。要求属于同一个音位的各个音位变体在语音上是相似的,至少本族语者听起来比较相近,否则两个音素即使呈互补分布也不能归于一个音位。

03.255 互补分布 complementary distribution
音位学中归纳音位的一项重要原则。在某种语言或方言里,如果两个或多个音素从不在同一语音环境里出现,则称它们之间的关系为"互补分布"。

03.256 对立 opposition; contrast
音位学中归纳音位的一项重要原则。在某种语言或方言里,如果两个或多个音素能够出现在同一语音环境并起到区别意义的作用,则称它们之间的关系为"对立"。

03.257 音素 phoneme
音位在具体语音环境里的语音实现。一个音位可能实现为一个或多个音素。可分为元音和辅音两大类。

03.258 音位变体 allophone
一个音位在各类语音环境中表现出来的两个或多个语音上不同的音素。可分为自由变体和条件变体。

03.259 自由变体 free variant
如果两个音素属于同一个音位且它们可以

在相同的语音环境中互相替换,则称这两个音素为同一个音位的"自由变体"。

03.260　条件变体　conditioned variant
如果两个音素属于同一个音位且它们出现的语音环境呈互补分布,则称这两个音素为同一个音位的"条件变体"。

03.261　区别特征　distinctive feature
用来描写和分析语音系统差异的最小音系单位。区别特征可视作音位定义的组成部分,把音位视为一组区别特征的集合;也可视作一个取代音位概念的概念。后一观点将区别特征视为音系分析的最小单位,并用区别特征取代音位来进行音系分析。

03.262　音层　tier
自主音段音系学中,指由特定类型的成分组成的多个线性序列中的任何一个。音层之间通过连接线发生关联,并构成特定的音系表达式。

03.263　音层图　tier chart
自主音段音系学中,指一套音层和把这些音层联系起来的连接线。

03.264　骨架音层　skeletal tier
又称"主干音层"。自主音段音系学中的中心音层。其主要功能是为所有其他音层上的自主音段提供定位。

03.265　自主音段　autosegment
自主音段音系学中,指各种平行音层上彼此独立而又相互联系的音系成分。在自主音段音系学里,声调被视为有独立地位的音段,独立于辅音音段和元音音段。

03.266　连接　association；linking
自主音段音系学中,指由连接线所关联的各成分之间的关系。只有通过连接,不同音层上的成分才能一起构成特定的音系表达式。

03.267　连接线　association line
自主音段音系学中,指把一个音层上的成分和另一个音层上的成分连接起来的线段。

03.268　语音表达式　phonetic representation
对语言片段进行语音描写的表达式。

03.269　音位表达式　phonemic representation
对语言片段进行音位描写的表达式。

03.270　音系表达式　phonological representation
对语言片段的音系结构、音系成分及相互之间的关系进行描写的表达式。

03.271　底层表达式　underlying representation
又称"底层结构(underlying structure)""底层形式(underlying form)""深层结构(deep structure)"。指生成音系学中,处于音系推导过程开始端的音系表达式。

03.272　表层表达式　surface representation
又称"表层结构(surface structure)""表层形式(surface form)"。指生成音系学中,处于音系推导过程结束端的音系表达式。表层表达式应该含有进行语音实现的所有信息。

03.273　推导　derivation
生成音系学中,施用一系列音系规则将一个相对比较抽象的音系表达式转换成一个相对比较具体、更加接近语音实际的音系表达式的过程。

03.274　音系规则　phonological rule
生成音系学的音系推导过程中,对底层表达式中的各种成分及其相互之间的关系进行修改、删除或者添加,最终得到表层表达式的各种规则。

03.275　语音实现　phonetic implementation
基于音系表达式提供的信息,通过各种规则将其转变成一系列生理发音动作的过程。

03.276 语音实现规则 phonetic implementation rule
在语音实现过程中起作用的各种规则。

03.277 音段 segment
①语音学中,指一个离散的语音单位。②音系学中,指音系组织的心理单位。

03.278 韵律 prosody
发生在大于一个音段上的语音现象。例如音调、重音、节奏等超音段特征。近年来,也用于研究语言形态和音系之间的相互作用,以莫拉、音节、音步和韵律词为主要考察对象;还用于研究句法成分和音系成分之间的相互作用,以音系词、音系短语、语调短语及话段为主要考察对象。

03.279 超音段 suprasegmental
又称"跨音段""非音段"。指那些作用范围大于音段的语音成分。例如重音和声调等。超音段成分基本上等同于韵律成分。

03.280 韵律特征 prosodic feature
在某种特征系统中为了处理那些涉及比音段大的单位之间的对立所需要的任何区别特征。主要指音高、音长和音强等方面的语音特征。

03.281 韵律域 prosodic domain
任何比音段大的音系结构单位。它是特定的音系规则或制约条件等的作用范围。例如莫拉、音节、音步、音系词、音系短语、语调短语等。

03.282 韵律层级 prosodic hierarchy
一种研究音系组织的方法。这种方法认为,涉及比音段大的结构的音系现象能按线性排列组成适用于不同韵律域的类型,而且使每一个较小的域恰好包括在下一个更大的域里。一般认为这些域从小到大依次为莫拉、音节、音步、音系词、附着语素组、音系短语、语调短语和韵律语句。

03.283 莫拉 mora
莫拉是介于音段和音节之间体现音段时长的音系单位。一般音节首辅音没有莫拉与之连接,长元音和复合元音连接两个莫拉,短元音连接一个莫拉,音节尾辅音是否连接莫拉视具体语言而定。一个音节的莫拉总数一般不超过两个。具有一个莫拉的音节称为轻音节,具有两个莫拉的音节称为重音节。

03.284 音步 foot
音系学中的基本节奏单位。一个音步一般含有两个音节,其中一个音节承载主要重音。音步分为"左中心"(最左边的音节重读)和"右中心"(最右边的音节重读)两类。只含一个音节的音步称为退化音步,超过三音节的音步称为超音步。

03.285 音系词 phonological word
一种音系单位。指某种语言里进行某些音系过程的韵律域。在无标记的情况下,音系词与构词法的词在范围上是相同的,有时可能比构词法的词大一些,有时小一些。韵律音系学中,类似的概念被称为"韵律词"(prosodic word)。

03.286 音系短语 phonological phrase
在韵律层级的某些分析中,指音系结构中的一个假想层次,它比音系词大,比语调短语小。韵律音系学中,类似的概念被称为"韵律短语"(prosodic phrase)。

03.287 语调短语 intonational phrase
语调结构的音系单位,指负载一个调群的言语片段。

03.288 韵律语句 prosodic utterance
在韵律层级的某些分析中,指任何具有音系学意义的最大辖域。

03.289 节律树 metrical tree
节律音系学的一种图形标示法。用来标示

语音单元的轻重组织结构,因其形状如同倒立的树杈而得名,它用 s 和 w 分别标示出二分权结构下的相对较强和相对较弱的韵律单元,其中全部由 s 节点所统辖的韵律单元最重。

03.290　节律栅　metrical grid
节律音系学的一种图形标示法。用来标示语音成分的轻重组织结构,每个韵律单元的主重音用星号(*)标示出来,其中获得星号(*)次数最多的韵律单元最重。

03.291　音高重调　pitch accent
出现在一些语言中的词重调类型。在这些语言中,词内每个音节(或莫拉)必须展现为所允许的音高序列当中的一个。例如,日语只要标出音高降落的位置,其余的则完全可以通过规则预测出来。在某些语调分析法中,将语调曲拱分析为一个或多个音高重调,每个音高重调与词内一个突显音节或语音成分相连接。

03.292　边界调　boundary tone
在某些语调分析法中,指出现在语调短语的边界成分上具有区分陈述、疑问或待续、结束等功能的音调。描写时用符号%来标示。

04．语　法　学

04.01　总　论

04.001　语法学　grammar
语言学的一个分支。研究语言的组词造句的规则,即研究语言的小的音义结合体构成大的音义结合体的规则,一般包括词法学(形态学)和句法学。受研究者的观点、方法和研究角度的影响,同一种语言的语法可能会有不同的语法学。

04.002　共时语法　synchronic grammar
记录、描写一种语言在时间历程中某一时点上的状态的语法。

04.003　历时语法　diachronic grammar
记录、描写一种语言在历史的时间推移过程中的演变状态或特征的语法。

04.004　比较语法　comparative grammar
又称"比较语文学"。语言学的一个分支。盛行于 19 世纪。注重语言的历时研究,运用历史比较法对不同的语言(或方言等)或一种语言不同历史状态的特点作比较说明。例如,调查一些语种或语族,假定它们有共同的原始母语,并探讨各语种、语族形成的变化过程。

04.005　结构主义语法　structuralist grammar
又称"结构语法"。狭义上指由布龙菲尔德和海里斯为代表的描写语言学派的语法理论。他们把语言看成一个结构系统,注意话语的形式特征,并以分布为标准对其进行分析和描写,认为语言结构分析的基本手续是切分、等同、归类、组合。后来将语法研究中强调语言结构的切分和分类程序、重视语法学体系的系统性和严密性的方法和成果通称为结构主义语法。

04.006　层次语法　stratificational grammar
语言学理论的一种。由美国语言学家西德尼·兰姆创立。认为语言模型是几个相关联的层次组成的一个结构系统,并且认为所有的语言都至少有四个层次,其突出的理论特征是试图认识人脑中的语言系统。

04.007　短语结构语法　phrase-structure grammar;PSG

又称"词组结构语法"。一种语法模式。乔姆斯基在其《句法结构》(1957年)中提出。主要说明一种生成机制。包含的短语规则(PS规则)不仅能生成句子成分的语符列,还能为语符列提供组成成分分析。它最初的形式阐述是采用一组重写规则,例如,S→NP + VP,VP→V + NP,NP→DET + N。

04.008　转换语法　transformational grammar;TG

一种语法模式。乔姆斯基在其《句法结构》(1957年)中提出。认为许多不同类型的语言结构是由一个或几个结构通过一定的转换规则转换而来的,因此,在短语结构语法的短语规则之外再补充句子转换规则就可以经济地生成各种句子。该语法提出后,有好几种转换语法的模型先后出现,标准模型以乔姆斯基的《句法理论要略》(1965年)为代表。

04.009　生成语法　generative grammar

一种语法理论。由乔姆斯基提出。认为语法是形式规则集合,形式规则把一个有限的句子集合投射到可能构成整个语言的全部无限的句子集合。就术语外延看,有限状态语法、短语结构语法和转换语法可看做最初的三类生成语法。近年这一术语还用来指乔姆斯基理论以外的一些理论,如弧对语法、词汇函项语法、广义短语结构语法。

04.010　管辖与约束理论　government-binding theory

又称"GB理论"。一种语法模式。乔姆斯基根据其《修正的扩展标准理论》在《管辖与约束理论集》中的阐述提出。这一理论假设句子有三个结构层面:D结构;S结构;逻辑结构。逻辑结构派生自S结构,S结构派生自D结构,都是通过移位α实现的。

04.011　管辖理论　government theory

管辖与约束理论的子理论之一。管辖就是成分之间的支配关系。它要说明短语中的各个成分是否在同一管辖区域之内,以及管辖区域之内的主管成分和受管成分各是什么。

04.012　约束理论　binding theory

管辖与约束理论的子理论之一。约束就是语义解释的照应关系。它要说明管辖区域内的成分在什么情况下是自由的,什么情况下是受约束的。乔姆斯基提出了三条约束原则:A. 照应词在管辖区域内受约束;B. 代名词在管辖区域内是自由的;C. 指称词在管辖区域内是自由的。

04.013　功能语法　functional grammar

一种语法理论。兴起于20世纪70年代。该理论持语用学观点,认为语言是社会互动的结果,因此,必须对支配这种互动的规则和支配作为这种互动工具的语言表达的规则进行说明。以韩礼德为代表的功能语言学认为,语言分为表达方面和内容方面,这两个方面又各存在实体与形式,前者的实体与形式分别是语音和音位,后者的实体与形式分别是语义和语法。语言的语义层面、词汇语法层面、音系文字层面的意义各不相同,同一层面中,存在由大到小的单位,如在语法层面有句、小句、短语等不同的级阶,在音系层面,有句调、调群、音步、音节、音位等。语言有概念功能、人际功能、篇章功能三大元功能,前二者与人类的经验有关,后者与语言内的因素有关。在人类经验之上是语义系统,通过词汇、语法、音系、文字达到有物质形式的声音和图形。语言的各个结构层面,从上层到下层,是个实现的过程,语言是经过三次编码才实现为声音、图形的实体。

04.014　认知语法　cognitive grammar
一种语法理论。兴起于20世纪80年代。与形式语法的理论主张相反，认为语言结构不是自主的形式系统，而是受语言外部的认知经验和认知策略等制约的，是认知能力不可分割的一部分。该语法认为语言的基本功能是象征，语言形式和语言意义的关系基本上是对应的。

04.015　格语法　case grammar
一种语法理论。由查尔斯·菲尔墨于20世纪60年代在生成语法框架内设计而成。该理论注重语义，认为作为一个句子的深层结构，首先可分为情态与命题两大部分。命题部分由动词和跟动词相关的"格"范畴（如施事、受事、工具、处所等）组成，而每个"格"范畴可以分析为格标和名词。"格"是深层结构的概念，与表层形态或句法上的任何句法成分没有必然的对应关系。通过主语化规则，深层结构转化为表层结构，在主语化规则中，优先充任主语的"格"范畴排序是：施事＞工具＞受事。后来乔姆斯基的论元结构理论就是受格语法理论的影响而形成的。

04.016　配价语法　valency grammar
语法学派的一种。源自法国语言学家卢西恩·特斯尼耶尔（Lucien Tesnière）所创立的从属关系语法。该语法提出一种句子模式，其中包含一个核心成分（一般是动词）和若干从属成分（一般是名词性成分，可称为主目、动元、语价、补语、价等），从属成分的数量和类型由动词的配价性质决定。动词的配价权限则是固有的，和动词词汇意义密切相关的。

04.017　形式语法　formal grammar
①与"概念语法"相对。指集中研究语言形式（语言形式的结构和分布）的语法。②指在语言分析中运用逻辑和数学的形式化技巧的语法。

04.018　概念语法　ideational grammar
与"形式语法"相对。认为存在着语言以外的一些范畴，利用这些范畴可以定义语法单位的语法。传统语法就带有概念的性质，例如，把名词定义为"人、事物或处所的名称"，就是典型的概念定义。

04.019　语法化　grammaticalization
语言的历时变化之一。比较普遍的理解是先前的某个独立的词汇形式演变成意义不实在的某种语法标记的过程与结果。一个语法化过程往往同时涉及新标记和新结构的产生，两者经常是同一变化的两个方面。现在，语法化也包括某种篇章结构演变为稳固的句法结构的过程与结果。

04.020　原型　prototype
指范畴内的典型代表，又指范畴的核心概念的概括性图式的表象。是人们对世界进行范畴化的认知参照点。

04.021　临摹性原则　copy principle
语言结构的安排受人们对现实的感知和概念图式的制约，表现为语言的结构方式临摹现实的事态。

04.022　范畴化　categorization
主客观相互作用对事物进行分类的过程，其结果就是认知范畴。范畴化是人类对世界万物进行分类的一种高级认知活动。

04.023　语义特征　semantic feature
指某个词在意义上所具有的特点，又指对词的意义构成进行切分所得到的元素或组成成分。

04.024　原则和参数　principles and parameters
原则指各种语言所共有的普遍语法规则，参数指在原则范围内用来解释语言差异而设立的各种有限选择。

04.02 词　　法

04.025　词法　morphology; word formation
词的构成规则和变化规则。构成规则表现为词的结构形式,例如"冰箱"是由两个语素构成的复合式合成词;变化规则表现为词的形态样式,例如"糊涂"的变化形态是"糊糊涂涂""糊里糊涂"。

04.026　词法学　morphology
又称"形态学"。传统上与"句法学"相对。语法学的一个分支。主要研究词的结构,可分为两种类型:一是屈折形态学(inflectional morphology),分析词的屈折变化;二是派生形态学(derivational morphology),研究词的构成。

04.027　语素　morpheme
语言中最小的音义结合体。例如"地""民""第""仿佛""了""的""吗"。在分析词的内部结构时,有的语法著作把语素称为词素。

04.028　词　word
语言中最小的独立运用的语法单位。由语素构成。例如"吃""参加""大""干净""咖啡""途径""木头""爸爸"。

04.029　单纯词　simple word
由一个语素构成的词。例如"天""崎岖""巧克力"。

04.030　合成词　compound word
由两个或两个以上的语素构成的词。例如"窗户""姐姐""老师""计算机""冰糖葫芦"。

04.031　复合词　compound word
至少由两个不相同的词根构成的合成词。例如"水果""电线""胆结石""出租车"。

04.032　派生词　derivative
由词根和词缀构成的合成词。例如"第一""老鼠""帽子""巴不得"。

04.033　词根　root
构词语素的一种。意义实在,在合成词内位置不固定的自由语素和黏着语素。例如"天""跑""伟"。

04.034　词缀　affix
构词语素的一种。意义不实在,在合成词内位置固定的黏着语素。依据位置不同可分为三类:附加于语素前的前缀,例如"老鼠"中的"老";附加于语素内部的中缀,例如"巴不得"中的"不";附加于语素后的后缀,例如"木头"中的"头"。

04.035　词类　parts of speech
根据词的语法功能划分的词的类别。例如,名词、动词、形容词、副词等就是不同的词类。

04.036　词性　category
词的词类性质。例如"科学",在"生命科学"中是名词性的,在"这样做很科学"中是形容词性的。

04.037　兼类词　cross-category word
兼有两种或两种以上词类性质的词。即同音、同形、词汇意义上没有明显区别但语法功能不同的词。例如,"报告"兼有名词和动词的特性,是兼类词。

04.038　实词　content word
与"虚词"相对。能够独立充当句子成分,既有词汇意义又有语法意义的词。名词、动词、形容词、数词、量词、代词等属于实词。

04.039　虚词　function word
与"实词"相对。不能够独立充当句子成分,只起语法作用的词。介词、连词、助词、语气词等属于虚词。

04.040 体词 substantive
与"谓词"相对。指主要充当主语、宾语，一般不充当谓语的词。名词、数词、一部分代词等属于体词。

04.041 谓词 predicative
与"体词"相对。指主要充当谓语的词。动词、形容词等属于谓词。

04.042 名词 noun
表示人或事物名称的词。例如"孔子""母亲""桌子""光速"。其语法特征是：主要充当主语和宾语；一般能用数量短语修饰，不能用副词修饰。

04.043 动词 verb
表示动作、行为、心理活动及发展变化等情况的词。例如"耕种""表演""羡慕""出现"。其语法特征是：主要充当谓语；一部分能带宾语；多数能前加副词"不"，后加动态助词"着""了""过"；一般不能前加程度副词。

04.044 形容词 adjective
表示人或事物的性质、状态的词。例如"威武""高""柔软""干净"。其语法特征是：主要充当谓语和定语；不能带宾语；一般能受程度副词修饰。

04.045 区别词 non-predicative adjective
又称"非谓形容词"。表示事物的属性，有区别分类作用的词。例如"雌""大型""慢性""西式"。其语法特征是：不能充当谓语；不能前加"不"或"很"；只能作名词的定语，或跟结构助词"的"形成"的字短语"。

04.046 数词 numeral
表示数目或次序的词。例如"三""千""第五"。其语法特征是：一般不能直接修饰名词，通常跟量词组合成数量短语。

04.047 量词 measure word；classifier
又称"单位词"。表示事物或动作计算单位的词。例如"个""趟""天"。其语法特征是：通常跟数词或指示代词组合成数量短语或指量短语。可分为物量词（名量词）、动量词和时量词。

04.048 代词 pronoun
能够起代替和复指作用的词。例如"你""我""们""什么""谁""怎么样""这""那"。可分为人称代词、疑问代词和指示代词。

04.049 叹词 interjection
表示感叹、呼唤或应答的词。例如"啊""喂""嗯""哎呀"。

04.050 拟声词 onomatopoeic word；onomatopoeia；ideophone
又称"象声词"。模拟声音的词。例如"阿嚏""啪""嗷嗷"。

04.051 副词 adverb
表示程度、范围、时间、频率等，主要作状语的词。例如"更""仅仅""已经""常常"。

04.052 介词 preposition
用在实词性成分前面组成介词短语，标引出行为动作的对象、时间、处所、方式、原因、目的等的词。例如"把""被""对于""关于""自从""顺着""依照"。

04.053 连词 conjunction
用于连接词、短语、分句或句子的词。例如"和""况且""虽然""但是""因此"。

04.054 助词 particle
附加在词或短语上，表示某种语法意义的词。例如"所""的""着""似的"。

04.055 语气词 mood particle
表示陈述、疑问、祈使或感叹等语气的词。

例如"啊""吧""吗"。

04.056 专有名词　proper noun
指称单个特有事物的名词。例如"鲁迅""新疆""北京大学"。

04.057 集合名词　collective noun
指称集体事物的名词。例如"师生""父母""马匹""军火""衣物"。与之搭配的量词，只能是集体量词，不能是个体量词。

04.058 抽象名词　abstract noun
表示抽象概念的名词。例如"思想""友谊""作风"。

04.059 时间名词　temporal noun
表示时间的名词。例如"三点""刚才""明天"。

04.060 处所名词　place noun
又称"处所词"。表示处所的名词。例如"北京""里屋"。

04.061 方位词　locative noun
表示方向、位置关系的名词。例如"前""以上""东边"。主要加在别的词语后边，组成方位短语。

04.062 及物动词　transitive verb
可以带受事宾语的动词。例如"爱""砍伐""讨论""加以"。

04.063 不及物动词　intransitive verb
不能带受事宾语的动词。例如"醒""休息""让步"。

04.064 判断动词　judgment verb; copular verb
又称"判断词"。用在名词性词语前边表示断定的动词。例如"是"。

04.065 能愿动词　modal verb
又称"助动词"。表示行为或状况的可能、必要或意愿的动词。例如"能""愿意""应该"。用在动词、形容词前边。

04.066 趋向动词　directional verb
表示运动或变化趋向的动词。例如"上""起来""下去"。主要用在动词、形容词后边，也可以单独作谓语，带补语。

04.067 自主动词　volitional verb
表示有意志力的动作行为的动词。例如"看""听""尝""敲打"。

04.068 非自主动词　non-volitional verb
表示无意志力的动作行为的动词。例如"看见""听见""跌""丢失"。

04.069 持续性动词　sustained verb
表示持续性动作行为的动词。后面可以加"着"。例如"敲""等""挖""研究"。

04.070 非持续性动词　non-sustained verb
表示瞬间完成的动作行为的动词。后面不能加"着"。例如"死""塌""批准"。

04.071 体宾动词　substantive-object verb
与"谓宾动词"相对。只能带体词性宾语，不能带谓词性宾语的动词。例如"骑""捆""驾驶"。

04.072 谓宾动词　predicate-object verb
与"体宾动词"相对。能带谓词性宾语的动词。例如"主张""打算""同意"。

04.073 性质形容词　property adjective
表示事物属性的形容词。能受否定副词"不"、程度副词"很"的修饰。例如"大""快""聪明"。

04.074 状态形容词　state adjective
又称"状态词"。表示事物状态，有明显描写性的形容词。不能受否定副词"不"及程度副词的修饰。例如"通红""黑乎乎""干干净净"。

04.075 基数词　cardinal
与"序数词"相对。表示各种数目的数词。例如"三""四分之一"。

04.076　序数词　ordinal
与"基数词"相对。表示次序先后的数词。例如"第一""第五"。

04.077　物量词　substance measure word
又称"名量词"。表示人或事物单位的量词。例如"斤""个""群"。

04.078　动量词　action measure word
表示动作行为单位的量词。例如"次""趟""遍"。

04.079　时量词　temporal measure word
表示时间单位的量词。例如"年""天""秒"。

04.080　个体量词　individual classifier
表示个体的人或事物单位的量词。例如"个""本""匹"。

04.081　集体量词　collective measure word
又称"集合量词"。表示集体的人或事物单位的量词。例如"批""双""串"。

04.082　复合量词　compound measure word
表示复合单位的量词。通常由两个量词组合而成。例如"架次""吨千米"。

04.083　人称代词　personal pronoun
用来指代人或事物名称的词。例如"我""您""它们"。

04.084　疑问代词　interrogative pronoun; interrogative word; Wh-word
用来表示疑问的代词。例如"什么""多少""怎样"。

04.085　指示代词　demonstrative pronoun
用来指称人或事物的代词。例如"这""那"。

04.086　反身代词　reflexive pronoun
用来复指前面的名词或代词的代词。例如"自己"。

04.087　程度副词　degree adverb
表示程度的副词。例如"最""很""稍微"。

04.088　范围副词　scope adverb
表示范围的副词。例如"都""一律""仅仅"。

04.089　时间副词　time adverb
表示时间的副词。例如"已""立刻""即将"。

04.090　否定副词　negation adverb
表示否定的副词。例如"不""没""未必"。

04.091　语气副词　adverb of mood
表示语气的副词。例如"偏偏""难道""究竟"。

04.092　结构助词　structural particle
附加在实词性词语上,能改变原实词性词语的词性或语法功能的助词。例如"的""所""得"。

04.093　动态助词　aspectual particle
表示动作或性状变化的体貌的助词。例如"着""了""过"。

04.094　比况助词　metaphor particle
附着在实词性词语后边,表示比喻或相似意义的助词。例如"似的""一样"。

04.095　一价动词　monovalent verb
又称"单价动词"。配价语法术语。如果一个动词只能有一个配价权限(即只能有主语,不能带宾语),这个动词就是一价(或单价)动词。例如汉语的"咳嗽"、英语的 vanish(消失)。

04.096　二价动词　bivalent verb
配价语法术语。如果一个动词有两个配价权限(即有主语,有宾语,但只能有一个宾语),这个动词就是二价动词。例如汉语的"吃"、英语的 scrutinize(细看)。

04.097　三价动词　trivalent verb
配价语法术语。如果一个动词有三个配价

权限(即有主语,有宾语,而且可以有两个宾语),这个动词就是三价动词。例如汉语的"给"、英语的 give。

04.098　有定　definite
与"无定"相对。语法和语义学术语。名词的语法性质之一,指说话人认为听说双方都能识别确认的对象。例如"客人来了"里的"客人"就是有定的。

04.099　无定　indefinite
与"有定"相对。语法和语义学术语。名词的语法性质之一,指说话人认为至少听话人不能识别确认的对象。例如"来客人了"里的"客人"就是无定的。

04.100　任指　arbitrary reference
疑问代词的一种用法。即用疑问代词来遍指任何人或物,而不表示疑问。例如"找谁都可以""说什么都行"中的"谁""什么"。

04.101　虚指　indefinite reference; vague reference
代词的一种用法。即用代词表示不便明说或无法说清的人或事物。例如"又要这样,又要那样,太过分了"和"去一趟也不算什么"中的"这样""那样""什么"。

04.102　名物化　nominalization
对主语、宾语位置上和受定语修饰的动词、形容词的语法性质的一种解释。认为出现在主语、宾语位置上和受定语修饰的动词、形容词已部分或全部失去动词、形容词的语法特点,而具备了名词的若干语法特点,其概念意义事物化了。例如,"他的研究很有成绩"中的"研究","他给我们带来了温暖"中的"温暖"。

04.03　句法篇章

04.103　句法　syntax
短语和句子的结构方式,表现为词在其中的排列方式及其相互关系。

04.104　句法学　syntax; syntactics
又称"句法组配学"。①与"词法学"相对。指研究词语组合成句子的规则的学问。②指研究句子结构所有成分之间的相互关系以及句子序列的组配规则的学问。

04.105　语法单位　grammatical unit
语法研究中所使用的单位。一般分为四种,即语素、词、短语、句子。现在比较普遍的看法是三级六种:三级指构词级、造句级和表达级;六种指构词级的"语素、语素组",造句级的"词、词组(短语)",表达级的"句子、句组"。级内部的单位之间是组成关系,级外部的单位之间是实现(形成)关系。

04.106　语法意义　grammatical meaning
语法单位在组合和聚合中通过一定语法手段(如形态变化、语序、辅助词等)所表现出来的内部关系意义和外部功能意义。

04.107　语法形式　grammatical form
语法意义的表现形式,即表示语法意义的方式或手段。例如形态变化、语序、辅助词、重叠、重音等。

04.108　语法功能　grammatical function
聚合系统中语法范畴的成员在语法组合中分布的总和。即所能充当的角色和所能担负的职责,包括词法功能和句法功能。

04.109　语法范畴　grammatical category
①狭义上指由词的变化形式表示的语法意义类型。例如名词的性、数、格。②广义上指聚合系统中所呈现的不同语法意义的类型。例如名词、动词、形容词等。

04.110 语法规则 grammatical rule

传统上指从语言具体的词和语句结构中抽象概括出来的组词造句规则。在转换生成语法中主要指句子的衍生规则，例如，S→NP + VP，VP→V + NP，NP→DET + N。

04.111 语法系统 grammatical system

①指特定语言客观存在的语法事实和规律所构成的系统。②指语法学者使用某种分析方法、某些分类术语来分析、解释、描写语法事实所构成的系统。

04.112 语法性质 grammatical characteristic

①指各种语法成分在语法分布上所具有的特征。如区别词的语法性质是在名词的前面作定语，起区别、限定的作用。②指语法规则的特征。包括抽象性、稳固性和民族性等。

04.113 深层结构 deep structure

又称"底层结构""基础结构""深远结构""起始结构"。与"表层结构"相对。转换生成语法理论的术语。是一个句子结构组织的底层层面，既表明了各句法成分的功能和语法关系，也包含了句子语义构成的所有重要成分。它规定支配句子如何理解的所有因素。

04.114 表层结构 surface structure

与"深层结构"相对。转换生成语法理论的术语。句子的"表层结构"是句子的句法表征的最后一个阶段，为语法的音系部分提供输入，因此最接近于我们说出和听到的结构。

04.115 向心结构 endocentric construction

又称"向心构式"。与"离心结构"相对。结构主义语法分析术语。指句法组合中至少有一个词语的功能相当于整个组合的功能的那一种句法结构。那个与整个组合功能相当的词语被称为中心语。包括名词性短语（例如"我的老师"）、动词性短语（例如"热烈地讨论"）等。

04.116 离心结构 exocentric construction

又称"离心构式"。与"向心结构"相对。结构主义语法分析术语。指句法组合中没有一个词的功能跟整个组合的功能相当的那一种句法结构。汉语中的"的字短语"（例如"红的""吃的"）就属于离心结构。

04.117 聚合关系 paradigmatic relations

又称"联想关系"。与"组合关系"相对。索绪尔在《普通语言学教程》中提出的术语。具体指语言的某些组合中处在相同位置上的语言单位彼此可以互相替换的关系，有相同替换关系的语言单位可以聚合成类。聚合关系在语音、语法等各个分析层面都存在，句法中的词类就是词在句法层面的聚合关系的产物。

04.118 组合关系 syntagmatic relations

又称"句段关系""结合关系"。与"聚合关系"相对。索绪尔在《普通语言学教程》中提出的术语。具体指语言的结构式（包括所有的分析层面）中构成成分之间在线性序列上的关系。组合关系在语音、语法等各个分析层面都存在，句法中的短语就是词在句法层面的组合关系的产物。

04.119 结构关系 structural relations

①广义上指语言系统内各种成分在形式上的关系。分为组合关系和聚合关系两大类型。②狭义上专指组合关系。

04.120 结构 structure

由若干单位按照一定的组合关系所形成的语言组合体。通常体现为合成词、词组（短语）等。

04.121 短语 phrase

又称"词组"。词和词按照一定的语法关系形成的组合。短语可以从内部构造和整体功能上进行分类。例如"我的朋友",在构造上是偏正短语,在功能上是名词性短语。

04.122　名词性短语　nominal phrase
又称"名词性词组""名词性结构"。短语按功能分类的一种。整体语法功能相当于一个名词,通常以体词性成分为中心语,包括体词性联合短语、体词性偏正短语、同位短语、方位短语、以名量词为中心的数量短语、的字短语、所字短语等。例如"我和老王""我的朋友""首都北京""桌子上""三本""吃的""所知道的"。

04.123　动词性短语　verbal phrase
又称"动词性词组""动词性结构"。短语按功能分类的一种。整体语法功能相当于一个动词,以动词为中心语,包括动词性联合短语、动词性偏正短语、述宾短语、述补短语、连谓短语等。例如"讨论并通过""好好地说""开会""洗干净""站着看电视"。

04.124　形容词性短语　adjectival phrase
又称"形容词性词组""形容词性结构"。短语按功能分类的一种。整体语法功能相当于一个形容词,以形容词为中心语,包括形容词性联合短语、形容词性偏正短语、形容词性述补短语等。例如"寒冷而干燥""很冷""干净得很"。

04.125　联合短语　coordinate construction
又称"联合词组""联合结构"。短语按内部句法结构关系分类的一种。通常由两个或两个以上地位平等的词语组合而成,其间可以加入表示并列或选择的虚词。例如"爸爸妈妈""老王和老李""来或去""又好又快"。

04.126　偏正短语　subordinate phrase
又称"偏正词组""偏正结构"。短语按内部句法结构关系分类的一种。由修饰语和中心语两部分组成。通常修饰语在前,中心语在后,修饰语对中心语作出修饰限制说明。偏正短语又分成两种:定中短语和状中短语。前者是体词性的,例如"我的朋友""三本书";后者是谓词性的,例如"快走""真好"。

04.127　主谓短语　subject-predicate phrase
又称"主谓词组""主谓结构"。短语按内部句法结构关系分类的一种。由主语和谓语两部分组成。通常主语在前,是陈述对象;谓语在后,是对主语的陈述。例如"我看见了"。

04.128　述宾短语　verb-object phrase
又称"述宾词组""动宾结构"。短语按内部句法结构关系分类的一种。由述语和宾语两部分组成。通常述语在前,表示动作或行为;宾语在后,表示动作涉及的对象。例如"热爱祖国""讨论问题"。

04.129　述补短语　verb or adjective complement phrase
又称"述补词组""述补结构""中补短语"。短语按内部句法结构关系分类的一种。由述语和补语两部分组成。通常述语在前,表示动作或状态;补语在后,对述语作出补充说明。例如"洗得干净""好极了""急哭了""走出去"。

04.130　方位短语　locative phrase
又称"方位词组""方位结构"。短语按结构组成成分特征分类的一种。由名词加方位词构成,也可以由动词、形容词加方位词构成,是体词性短语。例如"桌子上""房子东边""(往)死里"。

04.131　数量短语　numeral-classifier phrase
又称"数量词组""数量结构"。短语按结构组成成分特征分类的一种。由数词和量词组成,兼有体词和谓词两种语法性质。例如"一本""三次"。

04.132　介词短语　prepositional phrase

又称"介词词组""介词结构"。短语按结构组成成分特征分类的一种。由介词附着在实词(主要是体词性成分)之前组成。例如"用锤子(锤)""被他(打碎了)""把门(推开)""对工作(尽心尽力)"。

04.133　的字短语　De-phrase

又称"的字词组""的字结构"。短语按结构组成成分特征分类的一种。由词或短语加助词"的"组成,是体词性短语,用来指称人或事物。例如"我的""好的""开车的""我们知道的"。

04.134　所字短语　Suo-phrase

又称"所字词组""所字结构"。短语按结构组成成分特征分类的一种。由"所"加及物动词组成,是体词性短语,指称动作所支配或关涉的对象。在现代汉语中一般要加"的"。例如"所剩(不多)""所说的""所认识的"。

04.135　同位短语　appositional phrase

又称"同位词组""同位结构""复指词组""复指短语"。短语按内部句法结构关系分类的一种。是体词性短语,由前后两个或两个以上的词或短语组成,它们指称的对象相同,在更大的语法单位里的功能相同。例如"首都北京""老王他这个人"。

04.136　连谓短语　serial verb phrase

又称"连谓词组""连谓结构"。短语按内部句法结构关系分类的一种。由两个或多个谓词性成分连用组成,当中没有语音停顿。谓词性成分之间在语义上的关系有多种,常见的有表示动作的先后、方式、原因、目的、结果等。例如"下了班再去""有事不能来""去车站接客人""看着心烦"。

04.137　连动式　serial verb construction

又称"连动词组""连动结构"。连谓短语的一种。其组成部分都是动词性成分。例如"站着吃""上街卖报"。

04.138　兼语式　pivotal construction

又称"兼语词组""兼语结构""递系结构""递系式"。短语按内部句法结构关系分类的一种。由一个述宾短语和一个主谓短语套叠一起而成,述宾短语中的宾语兼作主谓短语中的主语。例如"请客人吃饭""派老王接你"。

04.139　句子　sentence

词和短语的实现形式。具有一定的语调,前后有较大停顿,表示一个相对完整意义的语言片段。句子是最大的语法单位,最小的表达单位。

04.140　单句　simple sentence

与"复句"相对。指一个由词或短语,加上语调构成的语言表达单位。例如,"谁?""好好学习!""书是人类进步的阶梯。"

04.141　复句　compound;complex sentence

又称"复合句"。与"单句"相对。指由两个或两个以上在意义上有一定逻辑联系、结构上互不包含的分句所组成的句子。例如,"如果明天下雨,我就不去了。"

04.142　分句　clause

复句的组成成分。表现为类似单句的结构形式,没有独立的语调。例如,"他是超脱的,但并不是没有责任感的。"该复句含有两个分句。

04.143　小句　clause

①指处于被包含状态的主谓短语。例如,"皮儿青的水果"里的"皮儿青"。②指复句里的分句。例如,"如果不下雨,我们去颐和园玩儿"里的"不下雨"和"我们去颐和园玩儿"。

04.144　联合复句　coordinate complex sentence

复句的一种。由几个意义上没有明显主次

关系的分句组成的复句。例如，"爷爷爱听京戏，妈妈爱听越剧。"

04.145　偏正复句　subordinate complex sentence

又称"主从复句"。复句的一种。由几个意义上具有明显主次关系的分句组成的复句。主要意思所在的分句为正句(主句)，修饰、限制正句的为偏句(从句)。例如，"只有春天到了，才能见到这种花。"其中"春天到了"是从句，"能见到这种花"是主句。

04.146　多重复句　multiple complex sentence

复句的一种。包含三个或三个以上分句的复句。例如，"发展个体经济不是权宜之计，而是我国一项长期的方针，也是改革的一个重大步骤。"

04.147　紧缩句　compressive complex sentence

又称"紧缩复句"。复句的一种。分句与分句紧缩在一起，中间没有语音停顿的句子。例如，"钟不敲不响。"

04.148　句群　sentence group

由几个在逻辑上有密切联系、共同表达一个中心意思的各自独立的句子组成的语言使用单位。例如，"公园里寂静无声，一片荒凉。但是特别寂静的却是他白天破窗而入的校舍。校舍里非常寂静，似乎他每走一步不仅校舍里可以听见，甚至全城都能听见。"

04.149　句法成分　syntactic constituent

句法结构的组成成分。通常有主语、谓语、宾语、定语、状语、补语等。

04.150　句型　sentence pattern

句子的结构类型。句子从结构上可以分为单句和复句两大类型。其中单句又可分为主谓句和非主谓句，复句又可分为联合复句和偏正复句。

04.151　句式　construction

按照句子的局部特点划分的句子类型，即某些具有特定语义的固定格式。例如把字句、被字句等。

04.152　句类　sentence mode type

①指句子的语气类型。句子从表达的语气上可分为陈述句、感叹句、疑问句和祈使句四种。②泛指句子的各种分类。

04.153　句法歧义　syntactic ambiguity

由句法结构因素导致的歧义。包括由于层次构造不同导致的歧义，例如，"支持我的同学"既可以理解为述宾短语，也可以理解为偏正短语；由于语法关系不同导致的歧义，例如，"经济困难"既可以理解为主谓短语，也可以理解为偏正短语；由于语义关系不同导致的歧义，例如，"反对的是少数人"中的"少数人"，既可以是"反对"的施事，也可以是"反对"的受事。

04.154　语序　word order

又称"词序"。指词或短语在句法结构中的排列次序。不同的语序可以构成不同类型的句法结构。例如，"我看"是主谓短语，"看我"是述宾短语。

04.155　陈述句　declarative sentence

句类的一种。用来叙述或说明情况、带有陈述语调的句子。句尾可以用语气词"啊""呢""了""的"等，句末标点符号一般用句号。

04.156　疑问句　interrogative sentence

句类的一种。用来表示疑问、带有疑问语调的句子。句中可以用表示疑问的语气词、副词，句末标点符号一般用问号。根据结构形式特点和语义重点，可分为是非问句、反复问句、特指问句和选择问句。例如，"你去吗？""你去不去？""你去哪里？""你去北京还是天津？"

04.157　是非问句　yes-no question
疑问句的一种。一般用陈述句的结构,但句尾可以加上语气词"啊""吧""吗"(不用"呢"),全句带疑问语调。发问者希望对方做出肯定或否定的回答。例如,"你去吗?""你也去?"

04.158　反复问句　A-not-A question
又称"正反问句"。疑问句的一种。把谓语的肯定形式和否定形式并列一起作为选择的项目提出疑问,句尾可用语气词"啊""呢"(不用"吗"),全句带疑问语调。例如,"你去不去?""你看没看这部电影呢?"

04.159　特指问句　specific question
疑问句的一种。用疑问代词或由疑问代词加其他词组成的短语对具体的人、物、时间、场所、方式、原因、工具等提出疑问,句尾可用语气词"呢""啊"(不用"吗"),全句带疑问语调。发问者希望对方做出具体的回答。例如,"谁去?""什么地方最冷?"

04.160　选择问句　alternative question
疑问句的一种。发问者提出两个或几个具体项目请对方选择,项目之间往往用"还是"连接,句尾可用语气词"呢""啊"(不用"吗"),全句带疑问语调。例如,"咱们今天去还是明天去?""你寒假去广州还是深圳?"

04.161　感叹句　exclamatory sentence
句类的一种。用来表示强烈感情、带有感叹语气的句子。句中常用"真""多么""简直""太"等有强调作用的词语,句尾可以加语气词"啊",句末标点用感叹号。例如,"真好啊!"

04.162　祈使句　imperative sentence
句类的一种。要求、命令、禁止或建议、请求对方做某事或不做某事的句子。全句用降调,句末标点用句号或感叹号。祈使句的主语一般是第二人称,不过常常省略。表示命令、禁止的祈使句语气较为急促简短,句末标点常用感叹号,例如,"快走!"表示建议、请求的祈使句语气则较为舒缓,句末标点用句号,例如,"你尝一尝。"

04.163　主谓句　subject-predicate sentence
单句的一种。由主谓短语直接实现的句子。例如,"他来了。"根据谓语的功能特色或结构特色,可分为名词谓语句、动词谓语句、形容词谓语句和主谓谓语句。

04.164　名词谓语句　nominal-predicate sentence
主谓句的一种。句中谓语由名词或名词性短语充当。例如,"今天星期五。""这孩子高高的鼻梁。"

04.165　动词谓语句　verb-predicate sentence
主谓句的一种。句中谓语由动词或动词性短语充当。例如,"你去。""他昨天去北京了。"

04.166　形容词谓语句　adjective-predicate sentence
主谓句的一种。句中谓语由形容词或形容词性短语充当。例如,"今天冷。""她房间干净得很。"

04.167　主谓谓语句　clausal-predicate sentence
主谓句的一种。句中谓语由主谓短语充当。例如,"他胳膊有点痛。"统率全句的主语称"大主语",例如"他";充当谓语的主谓短语中的主语称"小主语",例如"胳膊"。

04.168　非主谓句　non-subject-predicate sentence
单句的一种。由单词或主谓短语以外的短语实现的句子。例如,"蛇!""不许动!"

04.169　独词句　one-word sentence
非主谓句的一种。由一个词加上一种语调

构成。例如,"好。""谁?""小心!"

04.170　判断句　equational sentence
动词谓语句的一种。这种句式的谓语动词为表示断定的"是"等动词。例如,"他是学生。"

04.171　存现句　existential sentence
动词谓语句的一种。这种句式表示在某处存在、出现或消失了某个人或物。处所词位于句首作主语,句子的宾语表示存现的主体。句中谓语动词后边通常带"着"或"了"。例如,"台上坐着主席团。""家里来了客人。"

04.172　把字句　Ba-construction
动词谓语句的一种。这种句式至少有一个状语是由"把"字组成的介词短语,通常由"把"字引出谓语动词的受事成分,放在动词之前,全句表示对受事成分的处置,例如,"他把桌子擦干净了。""把"也可以引出施事成分,这种把字句含有致使意义,例如,"这盆衣服可把我洗累了。"

04.173　被字句　Bei-construction
动词谓语句的一种。这种句式至少有一个状语是由"被(叫、让、给)"字组成的介词短语,通常由"被"字引出谓语动词的施事成分,句首的主语是受事成分,例如,"杯子被我打碎了。""被"字后面的施事成分也可以不出现,例如,"杯子被打碎了。"

04.174　连谓句　serial verb construction
动词谓语句的一种。这种句式的谓语是由连谓短语充当的。例如,"我上街去买份报纸。"

04.175　兼语句　pivotal construction
动词谓语句的一种。这种句式的谓语是由兼语式充当的。例如,"他派老王去。"

04.176　双宾句　double-object construction
动词谓语句的一种。这种句式中谓语动词带有两个互相之间没有句法结构关系的宾语。紧接动词的是间接宾语,又称近宾语,表示动词的间接对象,通常是表示人的名词或人称代词。间接宾语后面的是直接宾语,又称远宾语,表示动词动作直接涉及的对象,通常是表示物的名词。从语义上看,直接宾语一般是受事,间接宾语一般是与事。例如,"我送他一件毛衣。"

04.177　倒装句　inversional sentence
为了突出重要部分或者先说重要部分再追加其他部分的句子。是口语句法中的一种特有现象。句子语音上前半部分重读,补充部分轻读;语义重点在前半部分;句末语气词出现在前半部分;整个结构不能按照正常的短语结构来分析。例如,"快来啊,你。""来不及了,大概。""他回来了,听说。""话都说不出来了,吓得。""上北京了,带着孩子。"

04.178　省略句　ellipsis sentence
在一定语境中某个句法成分没有出现的句子。例如,甲:"你喝什么?"乙:"啤酒。"其中答话"啤酒"就是省略句,省略了"我喝"两个词。句中被省略的成分可以添补出来,而且只有一种添补的可能。

04.179　关联词语　correlative word
用来连接分句或句子,表示所连接分句或句子之间某种逻辑关系的词语。主要是连词和副词。例如"因为""所以""与其""不如""就""才"。

04.180　主语　subject
与"谓语"相对。句法成分之一。通常由体词性成分充当,也可以由谓词性成分充当。通常位于谓语的前边,是谓语陈述的对象。例如,"<u>我</u>看见他了""<u>做学问</u>需要扎实的基础"。

04.181　谓词性主语　verbal subject
由谓词性成分充当的主语。例如,"<u>学习英</u>

语需要时间""过分紧张没有必要"。

04.182　施事主语　agentive subject
主语的一种。在语义上是谓语动词所表示的动作的发出者,即施事成分。例如,"我看见了"。

04.183　受事主语　patient subject
主语的一种。在语义上是谓语动词所表示的动作的承受者,即受事成分。例如,"他被抓住了"。

04.184　与事主语　recipient subject
主语的一种。在语义上是谓语动词所表示的动作的参与者,即与事成分。例如,"这个人我和他谈过话"。

04.185　处所主语　locative subject
主语的一种。由表示处所的名词性成分充当。在语义上指明事件发生或状态存在的处所,或者由谓语对主语表示的处所作出描述或判断。例如,"教室里在开会""教室在左边"。

04.186　时间主语　temporal subject
主语的一种。由表示时间的名词性成分充当。在语义上指明事件发生或状态存在的时间,或者由谓语对主语表示的时间作出描述或判断。例如,"今天开会""今天是星期三"。

04.187　工具主语　instrumental subject
主语的一种。在语义上是谓语动词所表示的动作得以实现所凭借的工具。例如,"这把刀我切菜"。

04.188　谓语　predicate
与"主语"相对。句法成分之一。通常由谓词性成分充当,少数情况下也可由体词性成分充当。通常位于主语的后边,是对主语作出的陈述。例如,"花开了""今天星期二"。

04.189　体词性谓语　nominal predicate
由体词性成分充当的谓语。前边大多可以加上动词"是"(否定句用"不是"),变成动词性谓语。例如,"他(是)广东人""今天(不是)星期一""苹果才五十斤"。

04.190　述语　predicative
句法成分之一。可以指述宾短语的组成成分,由动词性成分充当,在述宾短语的前部,例如,"吃饭";也可以指述补短语的组成成分,由动词或形容词性成分充当,在述补短语的前部,例如,"吃完""好极了"。

04.191　宾语　object
句法成分之一。是述宾短语的组成成分,通常由体词性成分充当,位于述宾短语的后部。例如,"看电视""反对说空话""希望你回来"。

04.192　谓词性宾语　predicative object
由谓词性成分充当的宾语。例如,"喜欢游泳""觉得很好"。

04.193　施事宾语　agentive object
宾语的一种。在语义上是述语动词所表示的动作的发出者,即施事成分。例如,"来客人了"。

04.194　受事宾语　patient object
宾语的一种。在语义上是述语动词所表示的动作的承受者,即受事成分。例如,"看见我了"。

04.195　结果宾语　resultive object
宾语的一种。在语义上是述语动词所表示的动作的结果。例如,"盖房子""写信"。

04.196　时间宾语　temporal object
宾语的一种。由表示时间的名词性成分充当,在语义上是和述语动词所表示的动作相关的时间成分。例如,"过春节""等到明天"。

04.197　处所宾语　locative object
宾语的一种。由表示处所的名词性成分充当,在语义上是和述语动词所表示的动作相关的处所成分。例如,"去北京""坐椅子上"。

04.198　存现宾语　existential object
宾语的一种。由名词性成分充当,在语义上表示存在、出现或消失的人或事物。例如,"长着一棵大树""来了一位客人""跑了一只猫"。

04.199　工具宾语　instrumental object
宾语的一种。由名词性成分充当,在语义上表示实现述语动词所表示的动作所凭借的工具。例如"抽烟斗"。

04.200　数量宾语　quantitive object
宾语的一种。由数量短语充当,在语义上实际表示述语动词所表示的行为动作的量。作宾语的数量短语中的量词为动量词或时量词。例如,"跑了一趟""等了半小时"。也有人称之为"数量补语"。

04.201　双宾语　double objects
宾语的一种。述宾短语里的某些动词可以同时带两个宾语,即直接宾语和间接宾语。例如,"给他 一本书""叫他 老王"。

04.202　直接宾语　direct object
又称"远宾语"。双宾语中位于间接宾语后边的宾语,表示述语动词动作直接涉及的对象,通常是表示物的名词。例如"给他书"。

04.203　间接宾语　indirect object
又称"近宾语"。双宾语中位于述语动词之后、直接宾语之前的宾语,表示动作间接涉及的对象,通常是表示人的名词或人称代词。例如"给他书"。

04.204　定语　attributive
句法成分的一种。是体词性偏正短语中的修饰语,位于中心语之前。一般可分为描写性的和限制性的,从领属、性质、状态、数量、材料、用途等多方面修饰、限制、说明中心语。例如,"(我的)衣服""(新)书包""(高高的)个子""(三本)书""(木头)房子""(写字的)桌子"。

04.205　描写性定语　descriptive attributive
定语的一种。通常由形容词性成分充当,主要从性质、状态方面对中心语进行描绘。例如,"(新)书""(绿油油的)庄稼"。

04.206　限制性定语　restrictive attributive
定语的一种。通常由代词、数量短语、名词性成分充当,主要从范围上对中心语加以限制,使之更加明确。例如,"(我的)朋友""(三本)书""(朋友老王的)儿子"。

04.207　状语　adverbial
句法成分之一。是谓词性偏正短语中的修饰语,位于中心语之前。例如,"[慢慢地]走""[很]好""[经常]去""[不]去""[都]去""[1981年]出生"。

04.208　补语　complement
句法成分之一。是述补短语的组成成分,位于述语之后,主要由形容词和少数动词性成分充当,用来补充说明动作的结果、程度或状态。例如,"吃〈完〉""洗〈干净〉"。个别副词也可以作补语,例如"好〈极〉了"。

04.209　结果补语　resultive complement
补语的一种。由单个动词或形容词充当,而且直接与述语动词相连接,表示动作行为的结果。例如,"洗〈干净〉""学〈会〉"。

04.210　趋向补语　directional complement
补语的一种。由趋向动词充当,而且直接与述语动词相连接,表示动作运动的趋向,通常读轻声,例如,"走〈过来〉""递〈过去〉";还可以表示某种抽象的引申意义,例如,"忙〈起来〉"中的趋向补语"起来"表示开始,

"看〈下去〉"中的趋向补语"下去"表示动作的持续。

04.211　可能补语　potential complement
补语的一种。由谓词性成分充当,表示某种现象的出现或结果的实现的可能性。例如,"看得〈见〉""吃不〈饱〉"。

04.212　程度补语　degree complement
补语的一种。表示程度。常作程度补语的词有程度副词"很""极",形容词"多",动词"透""死"等。例如,"忙得〈很〉""忙〈极〉了""好〈多〉了""坏〈透〉了""冷〈死〉了"。

04.213　状态补语　state complement
补语的一种。由形容词或动词性成分充当,表示动作或性状呈现出来的状态。例如,"长得〈很漂亮〉""跑得〈很快〉""急得〈出了一身汗〉"。

04.214　数量补语　quantitive complement
见"数量宾语"。

04.215　处所补语　locative complement
补语的一种。由介词短语充当,表示与动作相关的事物存在的场所或位移的起点或终点。例如,"长〈在地里〉""放〈在桌子上〉""来〈自上海〉""飞〈到北京〉"。

04.216　时间补语　temporal complement
补语的一种。一般由介词短语充当,表示动作发生的时间。例如,"生〈于1881年〉"。

04.217　中心语　head
①与"修饰语"相对。偏正短语的组成成分。位于修饰语之后,受修饰语的修饰、限制、说明。例如,"我的同学""慢慢地走"。②向心结构中与整体功能相同并受到相同的语义选择限制的直接成分。例如,"快跑"。③转换生成语法理论中指决定整个结构的句法功能的那个组成成分。例如,"年轻姑娘"里的"姑娘"。

04.218　修饰语　modifier
与"中心语"相对。偏正短语的组成成分。位于中心语之前,用来修饰、限制、说明中心语。分为定语和状语。例如,"(我的)同学""[慢慢地]走"。

04.219　独立语　absolute
句中的一个成分。与其他成分之间不存在主谓、偏正、述宾、述补等句法关系,位置比较灵活,前后都有停顿。可以表示感叹、称呼等意义。例如,"哎呀,真冷""老王,你好"。

04.220　施事　agent
语义成分的一种。用来指明某一动作行为得以产生或实现的施动者或动力。例如,"李四吃完了饭"中的"李四"。

04.221　受事　patient
又称"目标""接受者"。语义成分的一种。指受动词所表示的动作行为支配、影响的实体(人、事物等)。例如,"我吃饭"中的"饭"。

04.222　感事　experiencer
又称"感事格"。格语法分析用语。指受感于动词所表达的动作或状态的实体(人、事物等)。例如,"小王体会到家的温暖"中的"小王"。

04.223　与事　recipient
语义成分的一种。指受动词所表达的动作或状态涉及的被动的有生者。例如,"我给母亲一张支票"中的"母亲"。

04.224　系事　co-referent
处在宾语位置上的表示主语身份、角色、类别的语义成分。例如,"小李是建筑师"中的"建筑师"。

04.225　逻辑主语　logic subject
不论形式上是否处于主语位置,在逻辑上表

示动作发出者的成分,都称逻辑主语。例如,"客人来了"和"来客人了"中的"客人"。

04.226　逻辑宾语　logic object
不论形式上是否处于宾语位置,在逻辑上表示动作承受者的成分,都称逻辑宾语。例如,"他骑走了自行车"和"自行车他骑走了"中的"自行车"。

04.227　话题　topic
与"评述"相对。语用学术语。句子中被说明的那个实体(人、物等)。话题常与句子的主语重合,例如,"我很喜欢他"中的"我";有时又不重合,例如,"这件事,我不怪他"中的"这件事"。

04.228　评述　comment
又称"说明"。与"话题"相对。语用学术语。句子中对充当话题的实体作出说明的部分。例如,"这件事,我和老王知道得很早"中的"我和老王知道得很早"。

04.229　主题　theme
又称"主位""题元"。①与"述题"相对。功能语言学篇章功能里使用的术语。指句子的第一个主要构成成分,是说话的出发点,在信息传递中属于最低程度的交际动力。充当主题的成分可能跟话题,甚至跟主语重合,前者如"这件事我不怪他"中的"这件事",后者如"张三走了"中的"张三";也可能不重合,例如,"所以说,在这件事情上,他还真说了实话",句子开头的"所以说"是主题,而不是话题,更不是主语(这句话的话题是"在这件事情上",主语是"他")。②管辖与约束理论中指动词论元结构中的论旨角色。

04.230　述题　rheme
又称"述位"。与"主题"相对。功能语言学篇章功能里使用的术语。句子表述的内容和核心,在信息传递过程中是信息传递动力最强的一部分,一般表达新信息。

04.231　焦点　focus
语义学和语用学术语。功能学派对句子信息结构进行分析时所用的术语。指在信息传递中最受关注的信息,也是新信息。一般分为自然焦点和对比焦点,前者在许多语言中处在句尾,后者可在句中任何位置,用重音或某种语法手段进行标记。例如,"是小王关的灯"中的"小王"是对比焦点,焦点表示手段是"是……的"标记格式。

04.232　预设　presupposition
语义学和语用学术语。①指说话人说某一句子时持有的前提。②与"焦点"相对。指句子中说话人已经设定的信息,也是旧信息。例如,说"张三没有打老婆"时,预设"张三有老婆"。

04.233　句法分析　syntactic analysis
对表达式结构和功能的分析。结构分析旨在指出结构内部的词类序列、构造层次、句法关系;功能分析旨在指出结构整体上的语法功能,例如体词性结构、谓词性结构等。

04.234　直接成分分析　immediate constituent analysis
又称"层次分析"。语言分析的一种方法。其特点是强调语言的层次性,逐层指明每一构成层面的直接组成成分。

04.235　句子成分分析　sentence constituent analysis
又称"中心词分析"。语法分析的一种方法。分析对象是句子,并认定句子除独立成分外,有主语、谓语、宾语、定语、状语、补语六个基本成分。基本的操作程序是把句子分析为主语部分和谓语部分之后,必须分别确认各部分的中心词(主语中心词、谓语中心词、宾语中心词)及其连带补充成分和附加成分(定语、状语和补语)。

04.236 变换分析 transformational analysis
语法分析的一种方法。变换指句式的变换，变换分析着眼于结构外部的分析，其客观依据是不同句法结构之间的相关性。通过找出跟所研究的表示某种特定语法意义的句法格式（称为"原句式"）相对应的另一种句法格式（称为"变换式"），来论证原句式确实表示这种特定的语法意义。因此，作为一个合格的变换，一定会形成一个变换矩阵，这个变换矩阵由原句式及其实例和变换式及其实例构成。变换分析所遵守的最重要的原则是，变换矩阵每一横行的原句式实例和变换式实例，其共现词之间的语义关系必须保持不变。变换分析主要用来证实某句式是不是一个歧义句式，并进一步帮助发现新的语法规律。

04.237 词形变化 accidence
传统语法中形态学术语。能表达性、数、格、时等语法意义的词结构的变形，包括内部屈折、外部附加、异根式、零形式等。例如，英语中用名词添加词缀"s"的结构变化表达"复数"的语法意义。

04.238 性 gender
一种语法范畴。用词形变化来表现诸如阳性、阴性、中性，或有生命、无生命这类对比。作为语法范畴的性与真实世界的自然性别无关。例如，无生命物体没有性别之分，可是在俄语里，"桌子"属于阳性名词，"书"属于阴性名词，"窗户"属于中性名词；"女孩儿"应该属于女性，可是德语的 das Mädchen（小女孩）属于中性名词。

04.239 数 number
一种语法范畴。用于某些与数量有关的词形变化的词类（主要是名词）的分析。如英语的名词有单数和复数的对立，而动词也做相应的"数"的变化。有的语言有单数、双数和复数的对立。

04.240 格 case；Case
又称"格位"。①一种语法范畴。在有形态变化的语言中用词形变化所表示的名词性词语（有的语言包括形容词，如俄语）与其他词之间的不同句法关系。根据形态变化，一般分为主格、宾格、属格等等。②格语法术语。属于深层结构的概念，指与动词所表示的行为动作相关的不同语义范畴，例如施事格、工具格、处所格等。③格位，转换生成语法学管辖与约束理论中的术语。英语里 C 字母要大写，指一种抽象概念，它甚至存在于没有形态变化的语言（如汉语）中，是与形态变化相对应的同类特征。转换生成语法学提出格理论（case theory），用以处理抽象格的指派和形态表现，限制词汇名词短语在 S 结构中的分布。

04.241 价 valency
又称"配价"。这一概念借自化学，化学中提出"价"的概念，为的是说明在分子结构中各元素原子数目的比例关系。最早把化学的"价"引入语法研究的是法国语言学家卢西恩·特斯尼耶尔，在其所创立的从属关系语法中提出，认为动词也有"价"的问题，为的是说明句子的谓语动词跟与之相关的句子成分主语、宾语相互组配的权限和数目不同的原因。从动词的配价角度看，动词可以分为一价动词、二价动词、三价动词三类。

04.242 人称 person
一种语法范畴。由动词的词形变化所表示的行为动作之所属——属于说话一方的，是第一人称；属于听话一方的，是第二人称；属于说话人与听话人之外第三方的，是第三人称。有些语言里，谓语动词的词形变化要代词、名词的人称保持一致关系。如英语动词 be，单数第一人称时为 am，单数第二人称时为 are，单数第三人称时为 is，具有体现不同人称的词形变化。

04.243 时 tense

一种语法范畴。由动词的词形变化表示的动作行为发生的时间与说话时间之间的关系。传统语法一般把时分为过去时、现在时和将来时。

04.244 体 aspect

与动词相关的一种语法范畴。标记动词所表示时间活动的长短或类型的方式。例如，许多斯拉夫语有完成体和未完成体的对立，英语里有进行体和非进行体的对立。汉语中的动态助词"了""着""过"，有人认为是起了体标记的作用。

04.245 态 voice

又称"语态"。与动词相关的一种语法范畴。改变句中动词的主语和宾语之间的关系却不改变句子含义的方式，包括主动态和被动态两种。例如，"我吃饭"是主动态，因为语法主语同时是施动者；而"饭被我吃了"是被动态，语法主语是受动者。

04.246 主格 nominative case；NOM case

①指某些屈折语中用语法形式表示名词短语充当动词的主语。②在管辖与约束理论中，主格是时态句的一个特点，它通过一致标记（即限定小句里屈折范畴的一致关系特征）指派给句子主语。

04.247 宾格 objective case

又称"受格"。①指某些屈折语中用标记形式表示名词短语充当动词的宾语。与主格相对。如英语中的 she 为主格形式，her 为宾格形式。②格语法中指语义上最富有中性特点的格。指一个名词在动作行为中所扮演的角色，这个角色是由动词的语义解释所决定的。③在管辖与约束理论中指的是受及物动词管辖的名词短语。它是由一致标记指派的。

04.248 与格 dative case

屈折语中的一种格范畴。用标记形式表示名词短语（一般是一个单个的名词或代名词）充当间接宾语。在有格形态语言中"与格"通常有区别于宾格的形态，在英语中一般用 to 或 for 表示与格，例如，"He gave a letter to me"中的 me。

04.249 作格 ergative case

又称"兼格"。某些语言（如爱斯基摩语）里用来专指及物动词的施事。在这样的语言中，及物动词的宾语与不及物动词主语的语法标记是相同的，一般称为通格。英语中，通格是指名词的原形，在句中用作主语、宾语、表语时，词形不发生变化。

04.250 属格 genitive case

又称"所有格"。屈折语中的一种格范畴。指名词短语（一般是一个单个的名词或代名词）表示占有、领属或其他紧密关系时的标记形式。例如，英语 the cat's paw（猫的爪子）中的 cat's。

04.251 重叠 superposition

两个相同的语法结构形式相叠的语法手段。既有词法上的重叠，也有句法上的重叠。

04.252 零形式 zero form

为了使语言单位或语言结构的分析保持均衡性和对称性而假设的一个抽象单位。在语流中没有任何有形的实现，用符号 ∅ 表示。例如，英语中名词的复数一般用添加词缀的语法手段来表示。但有的名词其复数形式没有添加词缀，例如，deer，sheep，这里仍然运用了语法手段，只不过这个语法手段是"零形式"。

04.253 直接成分 immediate constituent；IC

结构主义语法（尤指美国描写学派）进行句法分析时所使用的术语。处于同一结构层面上并直接构成该结构层面的句法成分。

例如,"我看电视报"这一结构的直接成分是"我"和"看电视报","看电视报"又是一个结构,其直接成分是"看"和"电视报"。

04.254　分布　distribution
结构主义语言学术语。指一个语言单位(如音位、语素或词)在组合中能出现或不能出现的位置的总和。按结构主义语言学理论,任何语言单位都有其特定的分布特征,按分布特征可以将语言单位分成不同的类别。

04.255　替换　substitution
又称"替代""替换法"。结构主义语法分析术语。在一个语法结构内某一位置上,用一个语法单位替换另一个语法单位的过程或结果,替换发生于其中的结构称为替换框架(substitution frame)。替换包括等量替换和不等量替换:在"张三 + 把 + N + 吃了"这个替换框架内,"饭""西瓜""苹果""饺子"等在"N"位置上可以被互相替换,这是等量替换;"饭"也可以和"这碗饭""这碗蛋炒饭"互相替换,这是不等量替换。

04.256　短语标记　phrase-marker;PM
转换生成语法术语。句子结构的表示形式,通常用带标记的括号形式或树形图表示,其作用在于标明句子在生成过程中各个阶段的层次结构,并把句子分解成语素或构形成分组成的语符列。

04.257　移位　movement;move
又称"重新排位""换位"。转换生成语法术语。一类基本的转换操作。该操作将组成成分从短语标记的一个位置移至(通常一次移一个)另一个位置,使原来的线性序列得以改变。例如,汉语的被动句"碗被猫碰掉了"是通过 NP-移位规则从"猫碰掉了碗"移位而来的。移位不是自由的,要受到多种规则的制约。

04.258　嵌套　embed
又称"嵌入"。转换生成语法术语。将一个句子包含在另一个句子里的过程或操作。例如,在一个名词短语中嵌入一个关系从句:"The letter that came this morning is from my uncle."从句 the letter came this morning 被嵌入句子 The letter is from my uncle 当中。

04.259　省略　ellipsis
又称"节缩""缩略"。出于经济或风格等原因而省去句子结构的某个部分。省去的部分是"可理解"的,并可以根据语境而复原。例如,A:"谁来了?"B:"我。"B 句的完整形式可以从 A 句推断出,即"我来了"。

04.260　搭配　combination
指词项之间的习惯性同现。例如,"白"表示"雪或霜的颜色"时经常和实体搭配,而表示"没有效果"时经常和动作行为搭配,因此也可以说搭配体现了词的意义上的组合关系。

04.261　扩展　expansion
语法分析术语。指某语法形式由简单变为复杂。如"白马"到"白的马","看小说"到"看侦探小说","学英语"到"学会英语",在语法上都叫扩展。

04.262　形式　form
与"功能①"相对。按最一般的含义,指对语音、语法等各层面所作的抽象描写。例如,就词来说,作为形容词的"白",其形式就是指它的读音(即语音);就句法格式来说,像"墙上挂着画""门口站着人""门上贴着对联"等,其形式是指"方位短语 + 表附着义的动词 + '着' + 名词性词语"词类序列。

04.263　功能　function
①与"形式"相对。按最一般的含义,指一个语言形式在语言组织中的作用和能力(包括与其他的语言形式之间是否具有结合关系、

结合成什么样的关系、担任什么样的职能等）。②语用学上指语言形式在语言交际行为中的(交际)作用。

04.264　辖域　scope
某一成分的意义所影响（或控制）的范围。例如，谓词前面的否定词所影响的范围一般是从否定词到句子末尾，如"她不喜欢孩子"。但也可能有所不同，如"不适当地施肥浇水"，否定范围可以到句尾，也可能只到"适当地"。由于辖域存在可选择性而造成的歧义称为辖域歧义(scope ambiguities)。

04.265　连贯　coherence
话语分析术语。指一篇口头或书面话语(语篇)前后内容、文气的一致性或功能联系。它是话语组织的一个假设原则，即我们首先假设话语组织是连贯的，在此基础上来研究话语中体现一致性的各种手段。

05. 语义学、词汇学

05.01　语义学与语义理论

05.001　语义学　①semantics；②linguistic semantics
①研究语言意义的学科。从研究角度和研究范畴可分为语言语义学、逻辑语义学、普通语义学、哲学语义学、文化语义学等；从历时发展角度可分为传统语义学和现代语义学；从理论模式角度可分为结构语义学、解释语义学、生成语义学、逻辑数理语义学、格语法、齐夫语法等。②语言语义学的简称。以语言学观点研究语言意义的学科。

05.002　传统语义学　traditional semantics
语义学的一个分支。主要研究具体语言的词义问题。

05.003　现代语义学　modern semantics
20世纪六七十年代以后出现的一些语义学流派或语义学的理论模式。

05.004　普通语义学　general semantics；theoretic semantics
语义学的一个分支。主要研究语言交际中的意义问题。

05.005　普遍语义学　universal semantics
语义学的一个分支。采用语义成分分析法，主要研究多种语言中存在的语义形式和实质的普遍因素。

05.006　解释语义学　interpretive semantics
又称"释义语义学"。语义学的一个分支。其主要观点是运用符号和"投影规则"对句子的语义部分进行形式化描写。解释语义学是乔姆斯基所提出的转换生成语法的一个组成部分。

05.007　生成语义学　generative semantics
语义学的一个分支。基本观点是句法和语义不可分割,语义在句法中起着中心作用,并通过转换规则把语义表现和表层结构联系起来。

05.008　结构语义学　structural semantics
语义学的一个分支。认为语言的意义具有系统性,提出了语义场的概念。

05.009　文化语义学　cultural semantics
语义学的一个分支。研究人类基本文化结

构对语义的作用规律，属于宏观语义学范畴。文化语义学立足于语义学，发掘文化和语义交互作用的规律，并进行科学的范畴化和体系化，揭示语义的文化本质，完善和深化语义理论和语言类型学研究，从而指导具体的文化语义研究。

05.010　哲学语义学　philosophical semantics

又称"意元学"。语义学的一个分支。对语言中的意义进行哲理研究。

05.011　逻辑语义学　logical semantics

语义学的一个分支。从逻辑的角度研究形式化语言中的指示、真实和可满足性等问题。

05.012　真值条件语义学　truth-conditional semantics

逻辑语义学的一个分支。主要观点是研究真值的语义概念，解释在什么条件下一个句子是真的。真值语义学认为语义学的任务是建立起语句和外部世界的联系。因此提出了一个检验句子真值的通用公式——T公式：S是真的，当且仅当P。P代表任何句子，S代表该句子的名称。一种语言中所有的句子都可以代入这一公式，加在一起就是真值的定义。

05.013　模型论式语义学　model theory；model-theoretic semantics

逻辑语义学的一个分支。其理论观点为当句子S得到解释I后取得真值，那么，I就是S的模式。

05.014　语义哲学　semantic philosophy；philosophy of semantics

哲学的一个流派。主张语义是哲学分析唯一的或主要的对象。其理论根据是逻辑实证论。认为哲学的任务应归结为仅仅对句法和语义的分析，形成关于语义的一般性理论。

05.015　真理论语义学　truth-theoretic semantics

语义哲学的一个流派。其理论思想是把意义理论和真理论统一起来，甚至直接把真理论作为意义理论。

05.016　博弈论语义学　game-theoretic semantics

又称"对策论语义学"。语义哲学的一个流派。它提出一种语言的意义理论应当是一套规则，这些规则把这种语言的每个语句都连接成一种游戏。

05.017　翻译语义学　translational semantics

语义哲学的一个流派。认为可以通过制定一套机械的图式，把任何自然语言翻译成一种人工的"标志语言"。

05.018　判据和构造语义学　criterial-constructive semantics

语义哲学的一个流派。认为可以为一个语句规定意义，即为它规定判据。判据为语句提供非归纳性的证据，但并不推衍它是真的。一个语句的意义是由关于它的证据给出的。

05.019　词汇语义学　lexical semantics

与"句法语义学"相对。语义学的一个分支。研究词汇层面上的语义问题。主要特点为：(1)主要研究词所承载的语义。语义单位以义位、义位的系统为主，不研究单个的义位。(2)主要研究义位的结构、定性、演变历史、语用特点以及与语境的关系。(3)其所用的理论和方法取自现代语义学。如语义场理论、在聚合和组合两个坐标上的静态与动态的双向研究等。

05.020　句法语义学　syntactic semantics

与"词汇语义学"相对。语义学的一个分支。在语法学层面上对句法结构和语法成分的意义进行研究。研究对象主要是句义或语段意思的内容或构成因素。既指词义同词义之间的关系,也指语段意思同词义之间或语段意思相互之间的关系。

05.021　柏拉图意义观　Plato's notion of meaning;Platonic notion of meaning

古希腊哲学家柏拉图(Plato)提出的一种语义观点。认为词是指称客观事物的,词义与客观事物之间是对应关系。

05.022　亚里士多德意义观　Aristotle's notion of meaning;Aristotelian notion of meaning

古希腊哲学家亚里士多德(Aristotle)提出的一种语义观点。认为意义来自约定,主张用什么样的词来指称什么样的客观事物是社会约定俗成的。

05.023　指称论　referential theory;referentialism;denotational theory

一种语义理论。认为词义就是所指的客观事物,词义对应的是现实世界中可感知的事物。代表人物有柏拉图(Plato)、罗素(Russell)等。

05.024　意义三元论　meaning trialism;semiotic triangle of meaning

又称"语义三角理论"。认为词代表概念,概念代表所指对象,词和所指对象之间没有直接联系。

05.025　语义网络理论　semantic network theory

用于表示词与词之间的语义关系的一种网络理论。1973年由美国人工智能专家赫伯特·西蒙(Herbert A. Simon,亦作司马贺)提出。其原理是以句中词的概念为网络的结点,以沟通结点之间的有向弧来表示概念与概念之间的语义关系,构成一个彼此相连的网络,以理解自然语言句子的语义。

05.026　语境理论　context theory

一种语用理论。认为应结合词语出现的具体语言环境来研究词语使用中的意义。

05.027　场论　field theory;semantic field theory

又称"语义场理论"。一种语义理论。认为语言的词汇是一个意义间互相联系的整体系统,语言中的某些词可以在一个共同概念的支配下组成一个语义场。

05.028　成分分析理论　componential analysis theory

语义学指语义成分分析法。主张一个词的整体意义可以分解出若干个组成成分或语义特征,语义特征是具有普遍性、假定性的语义成分。对这些语义特征进行分析就是语义成分分析。

05.02　语义、词义分析法

05.029　语义成分分析法　componential analysis

又称"义素分析法"。把词的义位分割为若干最小的区别性语义特征,分析其聚合关系的分析方法。是结构语义学的对比原则在语义研究中的运用,主要采用对比的方法,找出某一义位的义素结构式。

05.030　语义结构分析法　semiotactic analysis

分析复合词和派生词内部结构关系意义的分析法。把复合词和派生词分解为一些语素,并确定最小单位的意义,再找出语素之间的语义结构关系。

05.031　词义构成分析法　lexical constituent analysis

按照词义的主要构成成分对词义进行离析的方法。(1)先将词义分成概念义和附属义,其中概念义为词的中心内容;(2)概念义部分又可分为内涵和外延两部分;(3)附属义一般被理解为色彩义;(4)感情色彩义分为褒义、贬义、中性三类,语体色彩义分为书面语、口语、中性三类。

05.032 扩展法 inserted expansion

又称"插入法"。根据语言成分结合的紧密程度来确定词与非词界限的方法。按照这种方法,一个语言格式 AB,如果能插进 C 去,扩展成 ACB,那么 A 和 B 是彼此独立的词;如果插入 C 后,扩展格式 ACB 不能成立,那么 AB 只是一个词。如"买书"可以扩展为"买一本书","买"和"书"是两个词;"电视"不能扩展为"电的视","电视"是一个词。

05.033 同形替代法 constituent substitution; constituent replacement

①词汇学术语。根据语言成分替换能力的强弱程度来确定词与非词之间的界限的方法。②语法学术语。从语言结构中分析和确定基本语法单位的方法。

05.034 词汇统计法 lexicostatistics

用统计学方法对词汇作定量分析研究的方法。主要包括对词语单位、词语结构、词汇系统、词的产生和消失、义项数量、词语来源、同义词、反义词等的定量分析。词汇统计有助于了解某种语言的词汇构成特点或评价某一作品的语言风格,也有助于确定适用于不同需要的词汇表。

05.03 词　汇　学

05.035 词汇学 lexicology

语言学的一个分支。主要研究词的性质、单位、构造、形成、发展、演变、词义等。根据研究范围的不同,可分为狭义词汇学和广义词汇学,前者只研究词的内部结构和意义、词的形成和发展,后者还包括词源学、语义学、辞书学等。根据研究对象的不同,可分为普通词汇学和专语词汇学,前者研究语言词汇的一般理论,后者研究某种具体语言词汇的规律。根据研究角度的不同,可分为描写词汇学和历史词汇学,前者研究某个时期的词汇系统,后者研究词汇的起源和发展的历史。

05.036 普通词汇学 general lexicology

又称"一般词汇学""理论词汇学"。与"专语词汇学"相对。词汇学的一个分支。主要研究世界各民族语言词汇系统与词汇现象,目的在于从研究中总结适合各种语言词汇的一般理论和普遍规律。

05.037 专语词汇学 specialized lexicology; concrete lexicology

又称"特殊词汇学""具体词汇学""个别语言词汇学""具体语言词汇学"。与"普通词汇学"相对。词汇学的一个分支。研究某种语言的词汇系统和词汇现象,其研究结果是普通词汇学的研究基础,同时又接受普通词汇学在理论和方法上的指导。

05.038 描写词汇学 descriptive lexicology

又称"静态词汇学"。与"历史词汇学"相对。词汇学的一个分支。以共时研究的方法研究某一时期词汇系统和词汇现象,目的在于分析和描写词汇在某一时期的状况与特点,不涉及词汇的历史发展与演变。

05.039 历史词汇学 historical lexicology

与"描写词汇学"相对。词汇学的一个分支。以历时考察的方法,研究词的起源、发展、变化的历史过程,词演化的原因、发展趋势和规律等。

05.040 历史比较词汇学 historical comparative lexicology

历史比较语言学的一个分支。用历史比较的方法,研究各种语言词汇的"亲属"关系和历史发展,发现所研究语言的亲疏关系,并构拟出被研究语言的原始"母语"。

05.041　古代汉语词汇学　ancient Chinese lexicology

汉语词汇学的一个分支。以先秦两汉词汇为主要研究对象，以古代典籍为基本材料，研究古汉语词汇的来源、构成、类型、发展、变化等的特点与规律。

05.042　汉语历史词汇学　historical Chinese lexicology

汉语词汇学的一个分支。以历时研究的方法研究汉语语词的历史演变，可分为：(1)历史的研究，即对各个时期汉语词汇系统的描写以及汉语词汇系统历史演变的研究；(2)理论的研究，即对汉语词汇研究历史的研究。

05.043　现代汉语词汇学　modern Chinese lexicology

汉语词汇学的一个分支。以"五四运动"以来的汉语词汇为研究对象，研究现代汉语的性质、词汇构成、词的各种关系、词汇词义的发展变化及词汇规范等，同时也涉及词典编纂问题。

05.044　词义学　lexicology；lexical semantics

以词语意义为研究对象的学问。

05.045　词彩学　lexical colorology

以词的色彩意义为研究对象的学问。

05.046　语汇学　lexis studies

语言学的一个分支。主要研究语汇。传统上将"语"包括在词汇之中，现在有人主张将"语"与"词"分开，建立独立的语汇学。主要研究语的性质与分类、结构规律、表意功能、使用特点、历史来源等。

05.047　熟语学　phraseology

研究熟语的性质、来源、功能和分类的学问。

05.048　语源学　etymology

语言学的一个分支。研究语言来源以及相关问题。以文字形体和文字声韵为线索，以语词的音义关联为切入点，探讨文字表词的理据，追溯语词意义的由来，分析语词与语词之间的同源关系，提示语词增殖、词汇发展的一般规律，考察同一种语言中各方言之间亲属语词的异同和不同语言的历史亲属关系。

05.049　词源学　etymology

曾称"义源学"。历史词汇学的一个分支。研究词的来源、历史演变及其同源关系。

05.050　汉语词族学　Chinese lexical linearology

研究汉语同源词和词族的来源、历史演变及其系统的学问。

05.051　二维度词源学　two-dimensional etymology；bi-dimensional etymology

以非线性原则为指导，以语音、语义的二维度构造体系为核心理论，以相似同构考证为基本方法的同源词研究范式。

05.04　词与词汇

05.052　词　word

能单独运用的最小的音义结合体。

05.053　词汇　vocabulary

①一种语言中所有的词以及固定结构(set phrase)，如成语、惯用语的总汇。②一定用语范围内的词语总和。例如书面语词汇、鲁迅词汇、《红楼梦》词汇、计算机词汇。

05.054　语汇　word stock

①语言里语的总汇。语是由词和词组合而成的、结构相对固定的、具有多种功能的叙述性语言单位。有人主张包括成语、谚语、惯用语和歇后语。②参见"词汇"。

05.055　词汇层　lexemic stratum; lexical hierarchy
①词汇成分在语言结构中所呈现的层级关系。②词汇成分按意义功能及结构特征聚合所形成的聚类。③词语所具有的词汇意义的侧面。

05.056　词汇词　lexical word; content word
又称"实词"。与"语法词"（即虚词）相对。具有词汇意义的词。

05.057　词汇单位　lexical unit
词汇的直接构成成分。包括词和固定结构（set phrase）。

05.058　词汇类型　lexical type
根据词的功能、地位、使用范围及意义关系等外部特征对词汇单位所作的分类。按词的语法功能可分为不同的词类，例如名词、动词、形容词等；按词在词汇体系中的地位可分为基本词汇、一般词汇；按词的适用范围可分为全民性词汇、非全民性词汇；按词间的意义关系可分为同义词、反义词等。

05.059　词汇系统　lexical system
各词汇单位之间相互联系而成的词汇整体。

05.060　全民性词汇　national vocabulary
为一个社会所有成员共同理解和运用的词汇。例如"山""水""人""蔬菜""国家"。

05.061　非全民性词汇　non-national vocabulary
内容和形式上具有地域、行业、集团等特殊色彩，只为某一社会群体使用的词汇。例如"伢子""景深""中子""长官"。

05.062　基本词汇　basic vocabulary
一种语言中基本词的总汇。是在历史发展中形成的一种语言词汇的基础部分。基本词汇具有普遍性和稳定性的特征，部分基本词汇还具有能产性和广义性特征。例如"大""美""车""灌溉""运动"。

05.063　一般词汇　common vocabulary
一种语言中除了基本词汇以外的词汇。与基本词汇相比，普遍性较窄，稳固性和构词能力较弱。一般词汇的数量比基本词汇多，来源广泛。包括：(1)历史传承词。例如"先生""拉客"。(2)新词。例如"网虫""人才学"。(3)古语词。例如"哀矜""衣钵"。(4)方言词。例如"过细""晓得"。(5)外来词。例如"的士""香槟"。(6)行业语等特殊词语。例如"报盘""爆破音"。

05.064　通用词汇　general vocabulary
通行范围广、普遍使用的词汇。例如"社会""报纸""电视"。

05.065　常用词汇　high frequent word
一定范围内使用频率较高的词汇。例如"金牌""导师""彩票"。

05.066　书面语词汇　vocabulary of written language; vocabulary of written words
又称"书卷词汇""书语词汇"。与"口语词汇"相对。常用于书面表达的词汇。例如"诉讼""大拇指"。

05.067　口语词汇　colloquialism; vocabulary of spoken language
与"书面语词汇"相对。日常谈话中经常使用的词汇。例如"打官司""大拇哥"。

05.068　基本词　basic word
一种语言的词汇中具有普遍性、稳定性的词，有的还具有较高的构词能力。例如"人""天""山""走""看""红""黑""从""把""被""和""与"。

05.069　常用词　everyday expression
人们在社会活动中经常使用的词。其特点是使用频率高和运用范围广。既可以是基本词汇中的词，也可以是一般词汇中的词。

例如"天""地""教育""电话"。

05.070 言语词 contextual word

①在具体语境中使用的词。与语言系统的词相对。如与"裸奔"相对的"裸捐"。②言语表达者为达到特定的交际需要，对现有词灵活使用的词，或临时仿造、新创的词语。例如"裸退"（表示彻底从某个职位上退下来，不再担任任何职务）。

05.071 偶发词 nonce word; nonce formation; nonce; accidental words

在具体言语活动中为了达到特定的修辞目的临时创造的新词。例如"妇男""阳谋""小众化"。

05.072 词库 lexicon

①利用数据库技术建立起来的一定范围的词汇总集，具有较强的查询、统计功能。②转换生成语法中列入基础部分的词、短语及有关信息。

05.073 首词 prototypical lexeme

在一个词语类聚群中按一定标准排在最前面的那个词。例如，按义类编排的"搬运夫""搬运工""杠夫""红帽子""脚夫""脚力""脚行""挑夫"一类中，常用度高、覆盖面广的"搬运工"是首词。

05.074 同类词 class word; group word

在语音、语义、结构、来源或构词材料等方面有某种联系的一组词。例如，表示颜色的同类词有"红""黄""橙""青""绿"等，表示文字的同类词有"象形文字""意音文字""拼音文字"等。

05.075 本语词 native word

与"外来词"相对。本族语言中固有的词。本语词为本民族所创造，符合本民族语言体系的特征。一般说来，一种语言的基本词都是本语词。例如"天""地""牛""羊""吃""穿""睡""做"。

05.076 外来词 loan word; foreign word; alienism; alien word; foreignism

又称"借词"。与"本语词"相对。来源于外族语的词。汉语的外来词按是否使用以及如何使用汉语构词素材进行构造的情况，主要分为：(1) 字母词。例如"APEC""WTO"。(2) 音译词。例如"沙发"(sofa)、"咖啡"(coffee)。(3) 混合词。例如"威化饼"(wafer)、"新西兰"(New Zealand)。(4) 形译词（日语借形词）。例如"干部""左翼"。(5) 音义兼译词。例如"奔驰"(Benz)、"可口可乐"(Coca-Cola)。意译词和仿译词是否属于外来词，目前学界意见有分歧。

05.077 译词 translated loan

利用本族语的构词材料将外来词语改造移植过来的词。一般分为音译词、音义兼译词、意译词、仿译词。

05.078 音译词 transliteration; phonemic loan

根据外语词读音翻译，用汉字记音的外来词。例如"沙发"(sofa)、"咖啡"(coffee)。

05.079 音义兼译词 meaning-indicative phonetic transcription

利用汉字的读音和表意功能，创造出新的联想义而翻译出来的外来词。例如"奔驰"(Benz)、"可口可乐"(Coca-Cola)。

05.080 意译词 semantic loan

用意义相同或相近的汉字翻译的外来词。例如"总统"(president)、"科学"(science)。

05.081 仿译词 loan translation; calque

按外语词的结构形式用汉语的材料逐字意译的外来词。例如"蜜月"(honeymoon)、"瓶颈"(bottle-neck)。

05.082 形译词 graphic loan from Japanese

又称"日语借形词"。源于日语汉字词的外来词。大致可分为：(1) 日语借用古汉语词意译印欧语词。例如"劳动""社会"。

(2)日语借用汉语词素组合意译印欧语词。例如"广场""高潮"。(3)日语借用汉字组合音译印欧语词。例如"瓦斯""混凝土"。(4)借用汉字书写的日语固有词。例如"辩护士""物语"。(5)汉字字形、词义等均为日本人所造的语词。例如"腺""癌""吨"。

05.083　混合词　hybrid; hybrid word; loan-blend

同时包含有外来语和本族语构词特征的外来词。构成方式主要有：(1)音译加一个汉语的类名词。例如"卡车"(truck)、"尼龙布"(nylon)。(2)一半音译一半意译。例如"剑桥"(Cambridge)、"新西兰"(New Zealand)。(3)字母词加一个汉语的类名词。例如"X射线""BASIC语言"。

05.084　单义词　monoseme

与"多义词"相对。只包含一个义位的词。例如"铅笔""仿生学"。

05.085　多义词　polyseme

与"单义词"相对。包含两个或两个以上义位的词。多义词义位之间大都有意义上的引申、派生的关系。例如"烟：①烟雾。②香烟"。

05.086　同义词　synonym

语法意义相同、词汇意义相同或相近的一组词。

05.087　意念同义词　semantic field synonym

又称"表意同义词"。同义词的一种。语法意义相同、词汇意义相近的一组词，所表达的词汇意义存在细微的差别。例如"发明—发现""优秀—优良"。

05.088　语体同义词　stylistic synonym

又称"风格同义词"。同义词的一种。语法意义相同、词汇意义相同或相近但语体风格不同的一组词。例如"美丽—漂亮""浴室—澡堂"。

05.089　修辞同义词　rhetoric synonym

又称"言语同义词"。同义词的一种。语法意义相同，本义不同，但由于修辞需要在一定语境里能临时相互替代的一组词。例如"儿童—花朵""教师—园丁"。

05.090　同素同义词　in-component synonym

同义词的一种。语法意义相同、词汇意义相同或相近、构词语素相同但语素排列顺序不同的一组词。例如"演讲—讲演""喜欢—欢喜"。

05.091　等义词　absolute synonym

又称"完全同义词"。同义词的一种。语法意义、词汇意义和色彩意义都相同的一组词。等义词在语境中能够互相替代而不引起概念理解上的差异。例如"计算机—电脑""激光—镭射"。

05.092　近义词　relative synonym; near synonym

又称"相对同义词"。同义词的一种。语法意义相同、词汇意义和色彩意义不完全相同的一组词。例如"健康—健壮""鼓动—煽动"。

05.093　反义词　antonym

语法意义相同、词汇意义相反或相对的一组词。例如"生—死""前进—后退"。

05.094　类义词　lexical cluster

同属于一个意义类别并处于同一分类层次的一组词。例如"登载""刊载""刊登""刊行""刊印"。

05.095　上位词　hypernym; super term

与"下位词"相对。在词义的层级关系中，相对于种概念，所表达的意义为属概念的词。例如，"家电"是"电视""电冰箱"的上位词，"蔬菜"是"白菜""菠菜"的上位词。

05.096　下位词　hyponym

与"上位词"相对。在词义的层级关系中，相对于属概念,所表达的意义为种概念的词。例如,"电视""电冰箱"是"家电"的下位词,"白菜""菠菜"是"蔬菜"的下位词。

05.097 概念词 concept word;conception word

直接揭示所指事物的本质或属性的词。例如"电子计算机"("电脑"属比喻说法)。

05.098 感情色彩词 emotive word;affective word

在理性意义上附加主观评价或感受等感情色彩的词。分为褒义词、贬义词和中性词三类。

05.099 褒义词 complimentary word

带有褒扬感情色彩的词。例如"成果""团结"。

05.100 贬义词 derogatory word

带有贬斥感情色彩的词。例如"后果""勾结"。

05.101 中性词 neutral word

不带褒贬感情色彩的词。例如,"成果""后果""结果"中,"成果"是褒义词,"后果"是贬义词,"结果"是中性词。

05.102 民族色彩词 ethno-lexeme

含有民族色彩的词。既有现代词语,例如"书法""中医";也有一些历史词语,例如"太监""八股"。

05.103 社区词 community expression

某个社区使用的,并反映该社区政治、经济、文化的特有词语。例如,中国大陆的"三讲""菜篮子工程",香港的"房奴""强积金",台湾的"拜票""走路工"。

05.104 文化词 cultural word

含有某种特定文化意义的词。是民族文化在语言词汇中直接或间接的反映。例如"武术""功夫""太极"等词。又如"梅""松""竹"等词含有"高风亮节""清雅情操"义。

05.105 古语词 archaic word

又称"古词""古词语"。指古代曾经用过而现在一般已不用的词语。例如"太监""除官"。

05.106 文言词 classical Chinese word

习惯上称书面保存下来的古代词。现代汉语中的文言词是现代社会人们使用的古语词,所代表的事物或现象还存在于本民族现实生活中,但由于被别的词所代替,一般口语已不大使用而多用于书面语。例如"邂逅""之""乎"。

05.107 历史词语 historism;historical word

历史上曾经存在过而后来已经消亡的指称历史事件、人物、现象、行为的词语。例如,"朝歌,古地名,位于河南省北部的淇县。商朝武乙、文丁、帝乙、帝辛四代殷王在此建都,改称朝歌。周灭商后,封康叔在朝歌建立卫国。汉代置朝歌县,元代置淇州,明代改为淇县。"里面的"朝歌、武乙、文丁、帝乙、帝辛、封康叔、卫国、朝歌县、淇州"就是历史词语。

05.108 方言词 dialect word

①指只存在于方言中的词。例如,粤方言的"老豆"、吴方言中的"捣糨糊"。②指共同语中从方言里吸收来的词。例如,来源于粤方言的"埋单"、来源于吴方言的"挺括"。

05.109 传承词 inherited word

从古代词汇中沿用下来的古今通用的词。现代汉语词汇中,有许多词从古代沿用至今,它们都是传承词。例如"山""水""天""地""人"等。

05.110 比喻词语 figurative word

又称"比喻词""比喻型词语"。指用比喻方式构成的词语。主要分为:(1)词本身即为一个浓缩的比喻,多为四字格成语形式。例如"心如枯井""视死如归"。(2)词的整体为比喻事物,即喻体。例如"饭桶""心腹"。(3)词的某一部分为喻体。例如"火苗""人海"。(4)词中隐含喻体。例如"搁浅"(喻体为船)、"扎手"(喻体为有刺的植物)。

05.111　异形词　abnormity of a Chinese character

书写形式不同、语音形式和词义相同的词。例如"仿佛—彷佛""战栗—颤栗"。

05.112　异体词　variant forms of a Chinese character

①同"异形词"。②指词义相同、构词成分或词序有变动的词。例如"夜宵—宵夜"。

05.113　工程词　linguistic unit of high frequency

中文信息处理中结构相对固定、复呈率高的独立运用单位。特点是:(1)具有复呈性,即在一定真实文本中能满足基本的出现频度。(2)所指单一性,即所指或是一个概念,或是一个固定的结构义。例如"一边……一边""之所以""的话"。汉语工程词的范围涉及词汇词、所指单一的组合单位、熟语、类推词等。

05.114　摹状词　description

①词汇学指摹写事物情状的词。例如"哗啦啦""油汪汪"。②逻辑语义学指表示单独概念的词项之一,通过描述单一对象的唯一特性来指称该对象。

05.115　元语言　metalanguage

又称"纯理语言""第二级语言"。用来分析或表述目的语、数量有限的语言或符号。元语言主要有语义哲学的元语言、自然语言处理的元语言、词典学的释义元语言等类型。

05.116　定义词汇　defining vocabulary

元语言的一种。对其他词加以解释或下定义的常用词汇。即释义元语言。

05.117　语源　etymon

①一种语言的最初状态和单位。作为后世语言发展的历史源头,语源是语词繁衍的内在根据,具有隐蔽性、有限性、系统性、能产性的特点。汉语语源还有以单音节为主、与文字形体相比附的特点。②即"词源"。

05.118　原生词　proto-lexeme;etymon

在一种语言内部早期出现的词语,音义之间多为约定俗成。例如"水""火""人"。

05.119　俗词源　folk etymon

又称"民间词源""流俗词源""俚俗词源"。根据语音的相似,不考虑语音和词义的历史发展和联系而臆测出来的词源。例如,"王八",认为是源于"忘八",即忘记了"孝、悌、忠、信、礼、义、廉、耻"这八项做人道理。

05.120　新词语　neologism;coined word

为了指称新事物、新现象和新概念而创造出来的词语。例如"菜单""充电""下课""关爱"。

05.121　旧词语　obsolete old word

过去广泛使用,现在正在退出社会语言交际范围、很少使用的词语。例如"磨子""车夫""邮差""油伞""造反派""红卫兵"。

05.05　词　义

05.122　词义　lexical meaning

词的意义。通过词的形式反映出来的人们对客观事物认识的结果,具有概括性、社会性和模糊性的特点。就内部成分而言,包括概念义、附加义和语法义三个部分。

05.123　词形　word form
词的外部形式。包括语音形式、语法形式、文字形式。

05.124　词汇意义类型　lexical meaning type
词汇意义的种类。从不同的角度可分出不同的类别。从起源或发生的观点着眼,可分为本义—变义、词源义—现行义;从词的各个意义之间的语义关系着眼,可分为直接义—转移义、具体义—抽象义、中心义—边缘义;从词的各个意义之间的层次着眼,可分为表层义—深层义。由于分类角度不同,一个词的词汇意义类型可能是重合或交叉的。

05.125　词义系统　lexical meaning system
一种语言的所有词义构成的有机联系的意义系统。根据词义结构的范围不同,可分为单个词内的微观结构、众多词联系的中观结构和词义整体的宏观结构。

05.126　同义关系　synonymy
意义相同或相近的语义关系。

05.127　反义关系　antonymy
意义相反或相对的语义关系。

05.128　同指关系　co-referentiality; co-referential relation
指称同一对象的不同词之间的意义关系。指称同一对象的这些词可能同义,也可能异义。例如"老虎""於菟""百兽之王"都可指称虎。

05.129　表层义　surface meaning
与"深层义"相对。词的有确定指称对象和独立使用价值的意义。

05.130　深层义　deep meaning
与"表层义"相对。隐含在表层义内部,暗示着词义指称对象的某种语义特征。没有具体的指称对象和独立的使用价值,依附在表层义上起作用,同时对表层义的指称、派生、引申发挥着潜在的制约作用。深层义在同源词、同类词、同素词、古今字当中体现较充分。例如,"背""倍""北""负"等四个同源词中的深层义是"相反""相左""反面"义;"初、哉、首、基、肇、祖、元、胎……,始也"(《尔雅·释诂》)中的"始"是这一组词的深层义。

05.131　基本义　basic meaning
又称"基本意义"。词的多个意义中起基本作用的意义。具有稳定性、与词形结合紧密的特点。例如"兵"的"士兵"义。

05.132　内部形式　internal form
①词的理据。词的语音形式表示意义内容的原因或根据。②指合成词中词素义与词素义相结合构成合成词词义的方式。

05.133　指称意义　referential meaning
词的语音形式指称的客观对象和事物,表明词跟语言及外部世界的关系。

05.134　词的理据　lexical motivation; motivation of word
见"内部形式①"。

05.135　命名义　designational meaning
反映事物命名根据的词义。例如,"方便面""泡面""碗面""即食面""公仔面"分别从不同的食用方式、效果、人员等角度进行了命名。

05.136　概念义　ideational meaning; conceptual meaning
又称"客观义""核心义""指称义""理性义"。反映客观事物或现象的本质或特征的那部分词义,是词义的核心部分,也是词义中最稳定的部分。例如,"吃"的"把食物等放到嘴里经过咀嚼咽下去"义。

05.137 概括义 generalized meaning

又称"抽象义"。与"具体义"相对。从具体义中提炼的概括性的意义。例如"开花结果"中的"花"。

05.138 具体义 concrete meaning

与"概括义"相对。词的所指明确、同具体事物相联系的意义。例如"这盆花很好看"中的"花"。

05.139 类型义 class meaning

有某种词形或词义联系纽带、在一群词上共同体现出来的词义要素或词义特征。例如名词后面的"儿"表示的或是名词义，或是小义，或是亲昵义。又如"收缩""紧缩""压缩"中的"收紧""屈曲"义。

05.140 功能义 functional meaning

①与词汇意义相对的语法意义，即由一定的语法成分和结构形式所表示的意义。例如"热爱"的功能意义是"经常充当句子的谓语""能和名词直接组合"等。②词在特定语法结构中所具有的意义，即由词性（或语法功能）不同导致词义变化而形成的新的词义。例如"他真球迷了一回"，这里的"球迷"表示"当了球迷"义。

05.141 结构义 structural meaning

①词或词素在特定结构中产生的意义。例如形容词放在名词前面多会产生"使"义，"平整土地"为"使土地平整"。②借助于词语搭配结构才能显示出来的词的原有意义。例如"他最近火起来了"中的"火"义。

05.142 假借义 phonetic loan meaning

同其他义没有联系，因音同、音近借用而带来的意义。

05.143 范畴义 categorical meaning

指同义词之间共有的那部分意义。例如"优异""优秀""优良"中"好"义为范畴义。

05.144 本义 original meaning；basic meaning

词的最早的有文献记载的意义。词本义具有两个特征：一是具体性，即本义指代具体事物，揭示事物的具体特征；二是广义性，即内涵单纯、义域宽阔、词义覆盖面广。汉语词的本义一般都与汉字字形有密切关系。"据形析义"是辨识汉语词本义的一种便利的基本方法。

05.145 原始义 primary meaning

又称"原义""初义"。词的最初的意义。即当初人们在造词时所赋予词的意义。例如"突"的"犬从穴中暂出也"义。

05.146 引申义 extensional meaning；denotative meaning

又称"派生义"。从词本义繁衍派生而来的意义，是词义发展的基本形式。根据词义引申的途径，可分为相关引申和相似引申；根据词义引申的类型，可分为辐射式引申和链条式引申；根据词义引申的结果，可分为扩大引申和缩小引申；根据词义引申的方向，可分为同步引申和反向引申。

05.147 历史义 historical meaning

与"现存义"相对。词的多项意义中一般交际时不用，只在叙述历史事物或现象时才使用的意义。可分为两类：一类是其所反映的客观事物或现象在本民族的现实生活中已经消失。例如，"【丫头】①女孩子。②婢女。"①是现存义；②为历史义，现已消失。另一类是历史义所反映的客观事物或现象虽未消失，但已换用他词。例如，"【高明】①高大明亮。②见解高超。"其中①为历史义，现已不用。

05.148 现存义 current meaning

与"历史义"相对。词的多项意义中历史义以外的意义。该词义在现在的言语交际中仍然使用。

05.149 古义 ancient meaning
词所反映的客观事物或现象在古代产生而今天已不再使用的意义。词的古义与词的今义相对而言,指词在古时使用的意义,可以是原始义或本义,也可以是引申义,但一般只见于古代汉语,有的也残留到现代汉语中。例如"兔走触株"中的"走"为"跑"义。

05.150 文化义 cultural connotation; cultural meaning
反映文化内涵的特殊的语言义。语言是文化的载体,语言反映文化,文化渗透语言。文化义会通过词语的意义、结构、用法等各方面体现出来。例如,"梅""松""竹"等含有的"高风亮节""清雅情操"义。

05.151 常用义 generally-used meaning
经常使用的意义。例如,"偷"在先秦的常用义是"苟且、随随便便",现在的常用义是"盗窃"。

05.152 僻义 rarely-used meaning
冷僻而极少使用的意义。例如,"家法"的"封建家长责打家人的用具"义。

05.153 联想义 associative meaning
在使用一个词时,伴随该词所指对象而产生的对其他相关事物联想的意义。例如,由"绿色"想到的"和平""环保""生命"等义。

05.154 临时义 temporary meaning
在具体上下文的特定语境中临时获得的词义。例如,"你喝了白干,我也可以白干一下"中的"白干"所具有的"喝白干酒"义。

05.155 色彩义 meaning with special flavour
词在指称对象或表示概念的同时伴随的某种意味或色彩,这种意味或色彩称作词的色彩义。例如感情义、雅俗义和古今义等。

05.156 比喻义 figurative meaning; meaning formed through simile or metaphor
通过比喻方法而形成的意义。例如,"暗箭"的"比喻暗中伤人的行为或诡计"义。

05.157 转义 transferred meaning
一个词由基本义派生出来的意义。包括引申义和比喻义等。例如,"暗礁"本义是"海面、江河中不露出水面的礁石,是航行的障碍",又派生出"比喻事情在进行中遇到的潜伏的障碍"义,后者就是转义。

05.158 贮存义 langue meaning
与"言语义"相对。留存于语言系统中的词义。具有静态、稳定、普遍的特点。

05.159 言语义 parol meaning
与"贮存义"相对。在具体言语活动中出现的词义。具有动态、易变的特点。

05.160 语义 semanteme
语言的意义。通过语言的各级单位——语素、词、短语、句子、语段,以及这些单位的组合表达出来。

05.161 语义场 semantic field
由具有某个共同义素的若干个词语组成的词语"集合体"。

05.162 义项 senseitem; meaning item
①辞书学中对一个词目分出的不同意义的项目。②即"义位"。

05.163 义象 meaning longtitude; meaning ensemble label
特征义相近的最上位义类的标目,表现大的义类的共有特征。有人认为,基本语义类别是"下降""上升""纵直""横平""倾侧""勾曲"等。

05.164 义类 meaning class; semantic category
①采用逻辑分类法所划分出的词的意义类别。②义象的下位再分类。例如,"下降"义象可再分为"降落""抵地""卑伏""仆顿""压抑"等义类。

05.165　义族　meaning family
①即"义类"。参见"义类①"。②同一义类下有音义关联的词团。参见"义象"。

05.166　义群　subset meaning group
具有同义、近义、类义、反义或对义关系的义系构成的意义群体。

05.167　义列　extensional meaning series; denotative meaning series
又称"引申系列"。词在引申过程中形成的意义系列。包括依托于同一词形的多义词的各个义项和同根的派生词这两种引申的结果。

05.168　义域　meaning domain; semantic domain
词的一个义位的意义范围和使用范围。例如，多义词"打"有很多义位：①用手或器具撞击物体，如"打鼓"等。②殴打、攻打，如"打人"等。③建造、修筑，如"打坝"等。④编织，如"打毛衣"等。⑤举、提起，如"打灯笼"等。⑥放射、发出，如"打电话"等。所有这些义位合起来所表示的意义范围和使用范围即"打"这个词的义域。

05.169　义位　sememe
词义系统中能独立运用的最小语义单位。例如，"博士"一词有三个义位：①学位的最高一级。②古时指专精某种技艺的人。③古代的一种传授经学的官员。

05.170　义素　semantic component
最小的语义单位，也叫区别性语义特征，是义位的组成部分。例如，"叔叔"含有"男性""长一辈""父系""比父亲年纪小"等义素。

05.171　义区　meaning sector; semantic space
词义系统中的子系统，是词义系统中一个大的划分类别。由若干个义系组成。

05.172　义系　meaning set
义区的子系统，表现为义区下的一个划分类别，是以中心义位为核心的同义类聚。

05.173　义蚀　meaning eclipse
两个词素构成一个词时，其中一个词素义"显"而另一个词素义"隐"的现象。这种现象通常在偏义复合词中表现出来。例如，现代汉语中的"国家"，其中的"家"为义蚀。

05.174　义通　meaning or semantic association; meaning connection
几个词的意义有共同特征且互为渗透、印证的意义关联现象。古代训诂学家很重视"义通"现象，目的是探寻古汉语词义系统和探寻语源。例如，古人往往认为"大""远""张""厚"义相通。

05.175　词义扩大　the enlarging of meaning
词义演变的一种类型。指词义所表示的概念内涵减少、外延扩大，原义的指称范围小，新义的指称范围变大。例如，"江"原只指"长江"，现指大的江河。

05.176　词义缩小　the narrowing of meaning
词义演变的一种类型。指词义所表示的概念内涵增多、外延缩小，原义的指称范围大，新义的指称范围变小。例如，"臭"原指一切气味，现只指难闻的气味。

05.177　词义转移　the transferring of meaning
词义演变的一种类型。一个词由表示一个意义转移为表示另一个意义。例如，"包袱"本指"用布包起来的包儿"，转指"影响思想或行动的负担"及"相声、快书等曲艺中的笑料"。

05.06　构词法、构词单位、造词法

05.178　构词法　lexical morphology
词的内部构造及词的变化的规则。

05.179　原形词　original word
与"派生词"相对。有实在意义且具有派生

构词能力的词。例如,"老虎""第一""甜头""劳动者"等是派生词,其中的"虎""一""甜""劳动"等是原形词。

05.180 派生词 derivative
与"原形词"相对。由词根词素和词缀词素组合而成的词。

05.181 单纯词 simple word
由一个词素构成的词。

05.182 合成词 compound word
由两个或两个以上的词素构成的词。

05.183 复合词 compound word
由两个或两个以上的不同词根词素组合而成的词。

05.184 偏义复合词 subordination compound word
又称"偏义复词"。由两个意义相近、相关或相反、相对的词素组成,只取其中一个词素义作为词义的复合词。例如"缓急",意义偏向"急"。

05.185 同素词 allotropy
含有相同构词词素的一组词。例如"酷爱""怜爱""热爱""疼爱""心爱""珍爱""钟爱"。

05.186 缩略词 abbreviate
又称"简缩词"。将一个词或固定短语的音节加以省略或简化而产生的词。例如"科技—科学技术"。

05.187 离合词 segregatory word
合起来表示一个词,中间插入其他成分后可扩展为短语的双音合成词。例如"洗澡—洗个热水澡"。

05.188 同音词 homophone
语音形式完全相同而词义毫无联系的词。例如"树木—数目"。

05.189 同形词 homograph
书写形式相同而词义不同的词。例如,表示赛车义的"跑车",与表示"列车员随车工作"义的"跑车"。

05.190 单音词 monosyllabic word
由一个音节构成的词。例如"看"。

05.191 复音词 disyllabic and polysyllabic word
由两个或两个以上音节构成的词。例如"徘徊""学习"。

05.192 叠音词 reduplication word
又称"重叠词"。由两个相同的音节相叠构成的词。例如"哥哥""悄悄"。

05.193 多音词 polyphonic word
①具有两个或两个以上读音的词。例如"好"(hǎo,hào)。②用两个或两个以上音节表示的词。例如"蝴蝶""巧克力"。

05.194 联绵词 twin simple word
由两个音节连缀成义而不能拆开的单纯词。例如"犹豫""徘徊"。

05.195 双声叠韵词 alliterative or rhyming twin simple word
两个音节的声母或韵母相同或相近的单纯词。例如,"仿佛""玲珑"是双声联绵词,"窈窕""彷徨"是叠韵联绵词,"辗转""尴尬"是既双声又叠韵的联绵词。

05.196 词根词 stem;root morpheme
与实词素同形的词。由一个实词素构成,能够独立运用,同时又能以实语素的形式参与构词。例如"人",既可独立使用,又可构成"人民""人们""人心"。

05.197 词干 stem
一个词除去表示语法意义的词尾之外的构词成分。例如"人们"中的"人"。

05.198 词根 root
构成和体现一个词的基本(词汇)意义的构词成分。

05.199 自由词根 free root
能够单独成词的词根词素。例如"人"。

05.200 黏着词根 bound root
不能单独成词,必须与其他词素结合才能成词的词根词素。例如"农民"中的"农"与"民"。

05.201 词素 semantic morpheme
作为构词材料的最小的意义单位。其体现的意义包括词汇意义和语法意义。例如"开心"中的"开"与"心"是两个词素。

05.202 合成词素 compounding semantic morpheme
包含多个词素的一个构词单位,一般由合成词发展演变而来。例如"开心丸"中的"开心","豆腐皮"中的"豆腐"。

05.203 实词素 content semantic morpheme
表示一种有实在意义的词素。例如"人们"中的"人"。

05.204 虚词素 grammatical semantic morpheme
表示一种意义不太实在的词素。例如"人们"中的"们"。

05.205 自由形式 free form
与"黏着形式"相对。具有完整的词汇意义并且可独立成词的语言形式。例如"人""天""火"。

05.206 黏着形式 bound form
与"自由形式"相对。只能黏附在词根或词干上的各种构词、构形成分的总称。不能独立使用。例如,汉语中"人们"中的"们",英语中的 ing、ed。

05.207 屈折形式 inflectional form
只有语法意义的构形形式。只表达一定的语法范畴,例如复数、过去时和领属关系等。是词的语法功能的标记,不改变所附词干的语法类。词加上屈折形态,只是起了词形变化,并未构成新词。

05.208 附加词素 bound morpheme
又称"附加成分""黏着词素"。黏附在词根或词干上表示语法意义或某些附加意义的词素,不能独立使用。有构词词素和构形词素之分。附加在词根或词干上组成新词的附加词素称构词词素,也称词缀词素,分前缀、中缀、后缀;附加在词根或词干上起构形作用的附加词素称构形词素,也称词尾词素,例如英语中表复数的 s、表过去时的 ed 等。

05.209 词缀 affix
一种不能独立使用的构词成分。常表示词汇附加意义或语法意义。

05.210 前缀 prefix
又称"词头""前附语""前加成分"。黏附在词根前边起辅助表义作用,并和词根一起构成新词的词素。例如,"老张""小李""初一"中的"老""小""初"。

05.211 中缀 infix
又称"中附语""中加成分"。附加在词根中间起辅助表义作用,并和词根一起构成新词的词素。多见于亚洲、非洲语言和美洲印第安语。有的认为"马里马虎""叽里呱啦"的"里","黑不溜秋""花不棱登"的"不",也是中缀。

05.212 后缀 suffix
又称"后附语""后加成分"。黏附在词根后边起辅助表义作用,并和词根一起构成新词的词素。例如,"饼子""盆儿""由头"中的"子""儿""头"。

05.213 类词缀 quasi-affix

又称"准词缀"。词汇意义有所虚化而又未完全虚化、组合能力强的构词词素。作用与词缀相似,但比词缀的虚化程度差一些,又无词根意义那么实,是一种半实半虚(一般来说虚大于实)的词素。不同的"类词缀"的虚化程度不等。例如"公司热""出国热"中的"热"。根据与词根相对位置的不同,可分为类前缀和类后缀。

05.214 类前缀 semi-grammaticalized prefix; semi-prefix; quasi-prefix

又称"准前缀"。词汇意义有所虚化而未完全虚化的前附加构词成分。作用与前缀相似,但意义不像前缀那么虚化。例如"准"有"同""等""比照""相近"的意思,参与构词后,原义相对虚化,例如"准尉""准平原""准词缀"等。现代汉语常见的"类前缀"还有"半"(例如"半成品""半殖民地")、"次"(例如"次贫""次大陆")、"打"(例如"打消""打量""打扮")、大(例如"大军""大娘""大自然")等。

05.215 类后缀 semi-grammaticalized suffix; semi-suffix; quasi-suffix

又称"准后缀"。词汇意义有所虚化而未完全虚化的后附加构词成分。作用与后缀相似,但意义不像后缀那么虚化。例如"能手""狙击手""国手"的"手"参与构词后,原义相对虚化。现代汉语常见的"类后缀"还有"式"(例如"蛙式""落地式""喷气式")、"员"(例如"营业员""公务员")等。

05.216 词头 proclitics; prefix; headword

①与"词尾"相对。附加在词根或词干前边只表示语法意义的构形词素。它附加在词根前边只起构形的作用,而不能构成新词,这是"词头"与"前缀"的本质区别。例如古汉语"有唐""有宋"中的"有"、动词前的"言""于""薄"等。②即"前缀"。③辞书学术语。即"词目"。

05.217 词尾 enclitics; inflectional suffix

与"词头①"相对。附加在词根或词干后边只表示语法意义的构形词素。它附加在词根后面或词干后面只起构形作用,表示同一个词的不同语法形式,而不能构成新词,这是"词尾"与"后缀"的本质区别。例如英语中的 s、ing、ed 等词尾分别表示复数、现在进行时、过去时等语法意义。汉语表示集合概念的名词后边的词尾"们"(例如"老师们""同学们")表"多数"的语法意义;"看着"的"着"表"看"的进行体,"看了"的"了"表"看"的完成体,"看着"和"看了"都是"看"的构形形式,"着"和"了"都是词尾。

05.218 字母词素 lettered morpheme

字母词中具备音义要素的字母。相对于汉字词素而言。例如"X 光"中的"X","β 射线"中的"β"。根据字母数量多少的不同,可分为单字母词素和多字母词素;根据字母来源的不同,可分为英文字母词素和希腊文字母词素等;根据语言功能角度的不同,可分为成词字母词素和不成词字母词素。

05.219 首字母缩略词 initialism; alphabetism

由一组词中各词第一个字母组成并逐个发音的词。例如 NATO ← The North Atlantic Treaty Organization(北大西洋公约组织)、DINK←Dual Income No Kids(无子女的双收入家庭)是英文首字母缩略词,HSK(汉语水平考试)是汉语拼音首字母缩略词。

05.220 造词法 word formation

通过一定的造词手段来创造新词的方法。根据造词手段的不同,一般分为结构造词法、语音造词法、语义造词法和修辞造词法等。每一种造词法又可进一步划分,例如结构造词法又分为词法造词法和句法造词法,修辞造词法又分为比喻造词、借代造词、夸张造词等。

05.221 词法造词法 morphological word formation

根据词的形态变化形式创造新词的方法。可分为附加式、重叠式、音变式、转类式等形式。

05.222 句法造词法 syntactic word formation

按照造句的规则来创造新词的方法。可分为主谓式(例如"地震""日食")、动宾式(例如"下岗""督学")、并列式(例如"师生""褒贬")、偏正式(例如"洞开""笔直")、补充式(例如"提高""车辆")等形式。

05.223 语音造词法 phonetic word formation

又称"语音构词"。运用语音的变化形式来创造新词的方法。造词原料是不表义的音节,主要是模拟事物的声音及其他语言的语音。可分为叠音式(例如"猩猩""蝈蝈")、变调式(例如"好"(hǎo)变为"好"(hào)、"衣"(yī)变为"衣"(yì))、拟声式(例如"咕咚""扑通")、双声式(例如"蜘蛛""琵琶")、叠韵式(例如"骆驼""蜻蜓")、合音式(例如"甭"(不+用)、"俩"(两+个))、音译式(例如"麦克风"(microphone)、"沙发"(sofa))等形式。

05.224 衍声造词法 rhymed word formation

语音造词法的一种。利用叠音和双声叠韵一类手段来构词。叠音,例如"爸爸""星星""形形色色";双声,即两个声母相同的音节构成一个词,例如"蜘蛛""仿佛""伶俐";叠韵,是由两个韵母相同或相近的音节构成一个词,例如"骆驼""彷徨""灿烂"。

05.225 仿造词 new creation by partial morpheme substitution

更换词语中的某个词素仿造而成的词语。一般是比照现成的词语,更换原有词语中的某个词素。在特定的语言环境下,能满足某种表情达意的需要。例如"人格—国格""白领—蓝领"等。

05.226 双音词化 lexical disyllabification; lexico-disyllabication

汉语词汇发展过程中,词的语音形式倾向于双音节的现象。古汉语主要是单音词,随着语言的发展,词的语音形式逐渐趋向于双音节。主要方式有:(1)单音节前或后加上一个不增加多少意义的语素。例如,龟→乌龟,蛙→青蛙,姨→阿姨。(2)两个意义相同或相近的字组合。例如,"身体""皮肤""田地""解放"。(3)多音节简缩为双音节。例如,落花生→花生,机关枪→机枪,彩色电视机→彩电,北京大学→北大。

05.07 熟 语

05.227 熟语 phraseological unit; stereotyped expression; idiomatic phrase

语言中习用的结构定型、具有整体性意义的固定短语或句子。主要包括成语、惯用语、歇后语、谚语、俗语、格言和警句等。

05.228 成语 idiom; set phrase

一种相沿习用的具有书面语色彩的固定短语。具有意义的整体性和结构的凝固性。其意义往往不是构成成分意义的简单相加,而是在构成成分意义的基础上进一步概括出来的整体意义;其构成成分和结构形式是固定的,一般不能任意变动词序或抽换、增减其中的成分。成语一般来源于神话寓言、历史故事、诗文语句和口头俗语等。例如"叶公好龙""完璧归赵""学而不厌""三长两短"等。

05.229 四字格 quadrisyllabic word

由四个音节组成的词或短语。包括四音节

的单纯词、合成词、成语、固定短语和自由短语。例如"歇斯底里""口口声声""狐假虎威""一国两制""尊敬师长"等。

05.230　惯用语　formulaic expression; routine; prefabricated language

熟语的一种。口语中短小定型、意义完整的习惯用语。形式以三音节为主,内部结构多为动宾式,意义不是各构成成分意义的简单相加,而是通过比喻等手段形成的一种修辞意义。例如"炒冷饭""开倒车"等。

05.231　社会习惯语　social idiom; social dialect

又称"社会方言词语""习惯语"。各种社会集团、职业集团以及不同阶层内部使用的词语。是由社会上各种不同行业、集团和阶层内部的交际需要而产生的词语。包括术语、行业语、集团语、阶级习惯语等。

05.232　术语　term; terminology

各门学科的专门用语,在专业范围内表示单一的专门概念,如语言学术语"主语"、哲学术语"物质"、政治经济学术语"商品"等。在一定条件下,某些术语可由专门意义引申出一般的意义,从而获得全民性,成为一般词语。例如"腐蚀""消化"等。

05.233　行业语　jargon; cant

又称"行业词""行话"。各种行业中应用的词语。是由于社会分工不同而产生的各行业集团的用语。在一定条件下,某些行业语在专门意义之外又获得一般的意义,从而获得全民性,成为一般词语。例如"采购""讨价""还价""尖兵""战役"等。

05.234　委婉语　euphemism

为了把话说得文雅而采用的间接、婉转的词语。

05.235　禁忌语　taboo

又称"讳饰语"。人们在社会特定的价值观、伦理观或文化习俗、宗教信仰影响下,认为不宜于使用的词语。

05.236　警句　epigram; aphorism

又称"警语"。带警戒作用的、含义深刻的语句。

05.237　歇后语　a two-part allegorical saying

熟语的一种。由类似谜面、谜底的前后两部分组成,具有特定意义和固定结构的特殊的语言形式。通常只说前一部分,而本意在后一部分。例如"哑巴吃黄连——有苦难言"。

05.238　谚语　proverb

熟语的一种。口头流传的通俗简练、含义深刻的固定语句。记录了人们对生活经验的总结。例如"种瓜得瓜,种豆得豆"。

05.239　格言　maxim; motto; aphorism

熟语的一种。相沿习用的具有教育意义的经典之言。常常反映人们对客观世界的认识和态度,哲理性强,书面语色彩浓厚,富于教育意义。多为名人语录或名篇警句。例如"寸金难买寸光阴"。

05.240　典故词　allusive word

出自民间传说和典籍中的故事或摘取典籍中的语句而形成的词。例如"守株待兔""刻舟求剑"。

05.241　俚语词　slang; slang word

流行于民间的、俚俗的地域口语词。通常用于非正式场合。具有通俗性、口语性和地域性等特点。例如,北京话里的"撒丫子"(放开步子跑)和"开瓢儿"(打破头),上海话里的"拆烂污"(做事马虎、不负责任)。

05.242　詈词　abusive expression; swear word; curse; abusive language

又称"恶言""恶声""秽语""骂言""粗口"。骂人的话。

05.243 俗语词 popular word;folksay;slang
①指流行于民间的带有一定方言色彩的通俗语词。②指魏晋六朝以后典籍中字面普通而有特殊含义的口头语词。例如把"死"说成"翘辫子"。

06. 辞 书 学

06.01 总 论

06.001 辞书学 science of lexicographic(al) works
研究查考型工具书的设计、编纂、使用、评论和历史等的学科。参见"词典学"。

06.002 词典学 lexicography
研究词典等工具书的设计、编纂、使用、评论和历史等的学科。具体内容主要有词典编纂理论和词典编纂实践。现代词典学是集语言学、人类文化学、教育学、社会学、统计学、认知科学和计算机科学为一体,具有独立理论框架的交叉性应用学科。参见"辞书学"。

06.003 普通词典学 general lexicography
与"专科词典学"相对。词典学的一个分支。研究普通词典的理论以及词典的设计、编纂、使用、评价和历史等。

06.004 专科词典学 specialized lexicography
与"普通词典学"相对。词典学的一个分支。研究专科词典的理论以及词典的设计、编纂、使用、评价和历史等。

06.005 比较词典学 comparative lexicography
普通词典学的一个分支。通过对不同语言文化或同一语言文化中同类词典的对比研究,获得具有指导意义的普遍编纂原则。

06.006 计算词典学 computational lexicography
又称"电子词典学"。词典学的一个分支。研究如何利用计算机技术辅助词典学研究和词典编纂,包括电子语料库的建设与管理、词典编纂自动化软件的开发与应用、词典多媒体信息的数字化处理,以及电子词典、机器词典的设计、编纂、使用和评论等。

06.007 百科词典学 encyclopedic lexicography
词典学的一个分支。研究百科全书、百科词典及类似辞书的设计、编纂、使用、评价和历史等。

06.008 理论词典学 theoretical lexicography
与"应用词典学"相对。词典学的一个分支。研究如何运用语言学、社会学、认知学和计算机科学等相关学科理论,构建词典学的理论框架以及词典释义和编纂的方法与原则。

06.009 应用词典学 applied lexicography; practical lexicography
与"理论词典学"相对。词典学的一个分支。运用词典学理论,研究词典编纂的方法与技巧,指导词典的编纂实践,包括词典编纂规划、人力物力的组织和词典的编排、出版等。

06.010 单语词典学 monolingual lexicography
与"双语词典学"相对。词典学的一个分支。研究单语词典编纂理论以及词典的设计、编纂、使用、评论和历史等。

06.011　双语词典学　bilingual lexicography

与"单语词典学"相对。词典学的一个分支。研究双语词典的历史演变、类型划分、编纂理论、编纂原则和方法以及双语词典在教学中的应用等。

06.012　多语词典学　multilingual lexicography

词典学的一个分支。研究多语词典编纂理论以及词典设计、编纂、使用、评论和历史等。

06.013　词典分类学　dictionary typology

又称"词典类型学"。词典学的一个分支。通过研究，对词典或相关工具书进行分类。

06.014　词典考古学　dictionary archaeology; lexicographic(al) archaeology

词典学的一个分支。通过研究，揭示、挖掘不同词典在历时演变间的相互关系。一般通过研究它们的内容、历史、亲缘等来揭示它们的关联性。

06.015　语料库词典学　corpus lexicography; corpus-oriented lexicography

应用词典学的一个分支。运用语料库语言学的原理、技术、工具和方法来研究词典编纂。

06.016　辞书评论　dictionary review; dictionary criticism

从辞书学理论和使用等方面对辞书的编纂质量、功能特征等进行评价。是辞书理论研究的组成部分。

06.017　辞书史　dictionary history

从历史的角度对一定社会文化背景下辞书的发展以及辞书编纂者的各种活动进行研究。是辞书理论研究的组成部分。

06.018　用户需求分析　user needs analysis

用问卷调查和词汇测试的方式，对不同社会群体和知识层次的辞书用户的查询需求作出调查与评估。需求分析的结果有助于提高辞书编纂各个阶段决策的正确性。

06.02　辞书编纂

06.019　辞书编纂　dictionary making; dictionary compilation

辞书学的实践部分。指辞书编纂的具体工作及其过程，包括辞书设计、编纂体例的确定，词条的编写、编辑以及排版、印刷、装帧等阶段。

06.020　辞书编纂方案　dictionary project

又称"辞书编纂计划"。确定辞书总体设计的大纲。内容包括编纂宗旨、用户对象、性质和规模的确立，语料来源以及辞书的宏观结构、微观结构、中观结构和索引结构的规划与设计。

06.021　总体设计　overall design

对辞书编纂整体所做的规划和设想。包括辞书的框架结构和组织管理。后者涉及编纂力量、语料、辅助工具和资金的规划以及编纂进度的安排等。

06.022　总体结构　overall structure

按照辞书编纂宗旨和原则勾画出的拟编辞书的总体外在形式。包括总体规模、总体布局和总体风格。

06.023　总体规模　total size

辞书框架结构中量的表征。包括收词数量、释义数量、例证数量、同义词和反义词数量等，以及辞书页数和卷数等有形的衡量尺度。

06.024　总体布局　overall layout

辞书框架结构中的形式表征。包括收什么

样的词、依据什么格式来编写、采用什么形式释义、采用什么样的方法注释和排检等。

06.025　总体风格　general style
辞书框架结构中的风格表征。包括各类信息层次的区分与组织,字体字号与色彩配置、版式结构,以及词典开本和装帧设计等。

06.026　编纂计划　planning of dictionary project
辞书编纂的总体计划安排。包括确定选题和编纂宗旨、用户对象及用户需求调查、辞书总体设计、语料来源、资金预算、时间安排、人员组织等。

06.027　编纂宗旨　purpose of dictionary-making
辞书编纂的主要目的和意图。明确辞书的设计思想,规定辞书编纂所要实现的目的。

06.028　编纂条例　rules of dictionary-making
有关辞书编纂原则和体例的规定。包括选词、立目、释义、例证、注释、插图、附录、索引以及宏观、微观和中观等结构的编排等。

06.029　体例　format guideline
辞书编写的基本格式和规定。包括编纂原则、注释方法、释义模式、编排格式等内容。

06.030　凡例　key to entries
又称"例言""发凡"。指辞书前置页中关于辞书体例说明及用法说明之类的信息。

06.031　框架结构　frame structure;megastructure
按照辞书设计方案勾画出的拟编辞书的结构布局或构架。包括宏观结构和外部信息结构两个部分。

06.032　宏观结构　macrostructure
与"微观结构"相对。辞书整体结构的主干部分。按一定排检方式对辞书所收录全部条目进行的布局和编排。旨在方便用户快捷地查阅所需信息。

06.033　中观结构　mediostructure
通过特定的参见符号、说明和注释,把辞书中有语义、形态、语法和语用联系的条目都联系起来,构成一个关联网络体系,以利用户获得更多的相关知识,提高辞书的使用效率。

06.034　参见结构　cross-reference structure
中观结构的一种体现。即用参见的方法在辞书中构建的系统索引网络体系。参见"中观结构"。

06.035　微观结构　microstructure
与"宏观结构"相对。辞书条目的内部信息组织方式。按一定格式提供词头所蕴涵的信息,一般包括(词形)拼写、注音、词类、词法、句法、标签、释文、注释、例证、派生词、同义词、反义词、成语、熟语、谚语、词源、插图、参见,以及用法说明和语义辨析等。

06.036　微观结构设计　microstructure design
辞书"总体设计"的一部分。在辞书编纂之前,对词条所涉及内容的组织形式、表述方法和编排格式等所做的规划。

06.037　条目结构　entry structure;article structure
辞书条目中知识信息的组织形式。参见"微观结构"。

06.038　外部材料　outside matter
辞书宏观结构及正文以外的其他构成单元。包括前置页、中置页和后置页。

06.039　前置页　front matter
放在辞书正文前的部分。内容是对编纂思想、编纂过程、体例和用法等事项进行说明的材料。通常配置有书名页、扉页、版权页、出版说明、序言、目录、凡例或体例说明、使用说明、缩略语表等。

06.040 中置页 middle matter
放在辞书正文之间的附加信息材料。例如一组插图或图表、地图、方言图、示意图以及语法和语用说明、主题描述和主题研究等。

06.041 后置页 back matter
放在辞书正文后的部分。内容是附加的相关语言信息、百科信息和索引信息。表述方式有文字、符号、图表、图片（含示意图、线条画、素描、彩绘、照片和地图等）。附录是典型的后置页。

06.042 附录 appendix; subsidiary
后置页的一部分。是附在辞书正文后面的与正文有关的参考资料。包括文字材料、图表、图片等。参见"后置页"。

06.043 词条 entry; lexical entry
由词目及其释义等构成的整体。是词典的基本查检单位。其内容一般包括词目、注音、释义、例证、语用和参见等信息。英语的 entry 一般用于语言词典；article 用于百科全书，称作"条目"。

06.044 查询区 search area
词条中的一个功能分区。提供专门信息内容，一般由功能标记（如成语、派生词、联想词、语义辨析等）引出。

06.045 立目 selection of lemma
按照一定的编纂宗旨，以统计学与经验相结合的方式，在语料中挑选一部辞书应收录的语言单位，并确立为词目。例如确定一部字典的字头、词典的词头、百科全书的条头等。

06.046 选词 selection of headword
按照词典的编纂宗旨和用户对象，从语料中挑选拟收录为释义对象的词头。

06.047 收词 inclusion of headword
通过一定原则的遴选，把选定的语词收录到词典中作为释义对象（词头）。

06.048 收词原则 principles of headword selection
收词时应该遵循的原则。例如明确收词类型、语言变体、语言形式以及统一收词尺度等。由于词典类型不同、目的不同，收词原则也有差异。

06.049 收词范围 coverage of headword selection
词典收作词目的词汇所涉及的语言或语言变体的范围。

06.050 古旧词 archaism
当今日常语言已不使用，但仍存在于某些特定文体（如法律、医学、诗集或经文等）中的语词，或存在于过去出版但仍广为阅读的作品中的语词。

06.051 废弃词 obsolete word
由于语言演变而完全从当代语言中消失的语词。

06.052 选条 selection of entries (articles)
按照百科全书的编纂宗旨，从语料中挑选拟收录为释义对象的条头。

06.053 选字 selection of head characters
按照字典或词典的编纂宗旨和用户对象，从语料中挑选拟收录为释义对象的字头。

06.054 收条 inclusion of articles
通过一定原则的遴选，把选定的语词或短语收录到百科全书中作为释义对象（条头）。

06.055 收字 inclusion of head characters
通过一定原则的遴选，把选定的字收录到字典或某些词典中作为释义对象（字头）。

06.056 语词条目 lexical entry
与"百科条目"相对。辞书中提供普通语言信息的条目。是语文型辞书或综合性辞书中语文部分的主要构成单位。

06.057　百科条目　encyclopedic entry
与"语词条目"相对。辞书中提供百科性知识的条目。以专业词语、术语、人名、地名、历史事件等为释义的对象。

06.058　词目　lemma
处于词条首位的词项。语词在各种语境的词汇变体的抽象形式，既是释义的对象，也是词典的基本查检单位。

06.059　词头　entry-word；headword
又称"词目词"。选作词目的语词或短语。是词典宏观和微观结构联系的纽带，可以是词目的标准形式，也可以是其变化形式。

06.060　字条　character entry
字典或某些词典中由字头及其释义组成的整体。是这些辞书的基本查检单位。

06.061　字头　head character
字条中的释义或注释对象。

06.062　条目　article；entry
百科全书中由条头及其释义等组成的整体。是百科全书查检的基本单位。有时也指字典和词典中的字条、词条。

06.063　条头　heading of an article
百科全书收作条目标题的语词或短语。是条目解释的对象。

06.064　条头设计　design of heading
又称"条头标引"。根据百科全书条目的信息内容概括出条目标题的过程。

06.065　单字条目　single-word entry
与"多字条目"相对。由一个单字或单词作词目和查检单位的条目。

06.066　多字条目　multi-word entry
与"单字条目"相对。由多个字、词作词目和查检单位的条目。

06.067　短语条目　phrasal entry
以短语作为词头和查检单位的条目。

06.068　主词条　main entry
又称"主条""正条"。与"副词条""次词条"相对。宏观结构的构成单元。有独立的注释和释文，其基本内容的理解无须依赖其他词条。

06.069　次词条　sub-entry
与"主词条"相对。排列在主词条下的分条目。一般由主词目的派生词或基于主词目的复合词、短语、习语等构成。派生词类次词条往往直接继承主词条的语义特征，不单独释义。

06.070　内词条　run-on entry
某些不单独立目，而是聚合在相关的词条之内的词条。

06.071　副词条　secondary lemma
又称"副条"。与"主词条"相对。宏观结构的构成单元，但没有独立释文，需要参见主词条或其他词条才能理解其意义。

06.072　参见条　cross-reference entry
只提供参见标记而不提供相关知识信息，或仅有简单释文，需参阅主词条释义才能全面理解的条目。

06.073　注释　gloss
词典释义的一种辅助形式。旨在提供附加语义、语法、用法和搭配信息。可以是对词头语法功能的注解，也可以作为释义的一部分来说明语词的细微意义特征，还可以是对词条的其他部分所作的必要注解。

06.074　用法说明　usage note
词条中相对独立的，用来说明词头及相关语词附加语义、语法和语用信息的部分。

06.075 词汇搭配 lexical collocation
两个或两个以上的词项由语义和语法上的兼容性而形成的习惯性共现结构。搭配涉及语词组配的一些规则或限制。

06.076 分布结构 distribution structure
辞书中特定知识信息的收录、组织、平衡的机制和结果。涉及信息在辞书宏观和微观结构中的分布位置。包括词族、义场、成语、用法说明、语义辨析和百科知识的布点、密度与相互照应等。

06.077 闭环性 closedness of dictionary
积极型词典编纂中的一种强制性规则。要求微观结构中的所有解释用词必须同时出现在宏观结构中，从而使词典本身成为闭合的释义体系。

06.078 例证 example；illustrative example
又称"用例""词例"。为说明词头的语义、句法结构和语用特征，证明词义的存在或指明该用法的源流而举证的实际用例。通常分为引例、自撰例和改编例三种。

06.079 辞书语证 lexicographic(al) evidence
辞书编纂中用于证实语词的释义和用法特征的语言事实。通常按来源不同分为自撰例证、摘编引例和语料库例证。现代语证还包括"反语证"。

06.080 引例 cited example；citation
又称"书证"。与"自撰例"相对。按照辞书编纂的需要和要求，从语料中摘录出来、作为例证的语言片段。

06.081 自撰例 constructed example
与"引例"相对。由编写者凭自己的语感按辞书编纂的实际需要撰写的例证。

06.082 典型例证 typical example
辞书中能体现作为词头的字、词、短语的意义、搭配、句法、语用等各方面典型特征的语例。

06.083 反语证 counterexample
学习词典中的一种新型例证。指学习者经常出现理解或使用偏误，并经统计达到一定频率的例子。在词典中将其作为反面典型列举出来，以避免再出现类似错误。

06.084 对等词 equivalent
两种或多种语言中在意义上具有对应等值关系的语词或短语，彼此互称对等词。

06.085 翻译对等词 translation equivalent
与"解释性对等词"相对。双语词典中通过翻译手段为源语词头提供的意义相同或相近的目标语词。

06.086 解释性对等词 explanatory equivalent
与"翻译对等词"相对。在处理目标语中缺失的文化特色词时，双语词典为解释词头所提供的释义性短语。

06.087 部分对等 partial equivalence
由于双语或多语词典中源语与目标语之间的不同构性，译入语只能反映词头部分语义特征的情况。

06.088 部分对等词 partial equivalent
双语或多语词典中目标语与源语词项只存在部分对等的语词。

06.089 语义仿造 semantic calque
双语词典的一种翻译方法。仿造外国语言中的特定表达方式，在本族语相应的语言符号中加进从外语词汇中借来的意义。例如"star/明星""notebook/笔记本（电脑）"等。

06.090 归纳仿造 inductive calque
双语词典的一种翻译方法。对外语中构造或含义复杂、直译困难的复合短语，将其所指内容进行分析和归纳，仿造一个新词。例如将 Ku Klux Klan 译为"三K党"。

06.091 指称仿造 referential calque
双语词典的一种翻译方法。对于目标语中

既无明确的指称对象又无现存的表达形式的源语语词，根据其指称内容或原文释义进行仿造翻译。例如"charlotte/水果奶油布丁""custard/蛋奶甜羹"等。

06.092　句法仿造　syntactic calque

双语词典的一种翻译方法。用目标语的语言符号按源语的句法结构模式和意义构建一个目标语没有的新表达式。例如"eye for eye, tooth for tooth/以眼还眼，以牙还牙"等。

06.093　形态仿造　morphological calque

双语词典的一种翻译方法。根据某一外语词的词形和表达方式仿造一个本族语没有的词，以表达一种新概念或新事物。适用于两种形态相似的语言。例如，法语根据英语的"Euroland/欧元区"仿造了"l'Eurolande"。

06.094　形义仿造　morpho-semantic calque

双语词典的一种翻译方法。用目标语中对应的象形语言符号来表述源语中用字母或表示形状的单词所指称的事物。例如，将U-shaped bolt译为"马蹄形螺栓"，将H-beam译为"工字梁"等。

06.095　音形仿造　phono-morphological calque

双语词典的一种翻译方法。有些西方语言的语词，在构词中使用了特有的语言编码和形象符号，翻译时保留这些特殊语素，以传递特定的语言信息。例如，将karaoke译为"卡拉OK"，IP phone译为"IP电话"等。

06.096　音义仿造　phono-semanic calque

双语词典的一种翻译方法。根据源语词音义结构特点，用能同时体现其读音和意义的对等词进行转换翻译，即译语的每个语素都同时参与源语语音和语义的传递。例如"miltown/眠尔通""Euro/欧元"等。

06.097　注音　phonetic transcription

用规定的读音符号或方法标注出字头、词头、条头的读音。在释义中也可根据需要（例如汉语的多音字、生僻字）注音。

06.098　音标注音法　phonetic transcription; phonetic symbol transcription

用国际音标或其他音标系统标注出字、词读音的注音方法。

06.099　字母注音法　phonetic alphabet transcription

用拼音字母、注音字母等标注出字、词读音的注音方法。

06.100　编排技巧　ordering device

为使辞书信息功能明确、查检方便而在词条内外使用的分类排列手法。包括义项序号、义项引导词、象形符号、区分标记、附加栏目、功能标志等。

06.101　排检法　arrangement and consultation

"编排法"和"查检法"的合称。是查考型工具书各种编排和查检方法的总称。从编者的角度称作编排法，从用户的角度称作查检法。主要有音序排检、形序排检、义序排检和聚合排检等。

06.102　编排法　arrangement

见"排检法"。

06.103　查检法　consultaion

见"排检法"。

06.104　音序排检法　arrangement and consultation by phonetic alphabet

简称"音序法"。排检法的一种。以字头、词头、条头的读音顺序编排和查检。在汉语辞书中可分为汉语拼音字母排检法、韵部排检法、注音字母排检法和罗马字母排检法等。

06.105　形序排检法　arrangement and consultation by written form

又称"词（字）形排检法"。简称"形序法"。排检法的一种。以词目或字头、词头、条头的形态特征，按设定顺序编排和查检。汉语形序排检法中有部首法、笔画法、笔顺法、号码法等。

06.106　义序排检法　arrangement and consultation by meaning

简称"义序法"。排检法的一种。根据字头、词头、条头的意义属性或概念类别编排和查检。可分为分类排检法、主题排检法、时序排检法和地序排检法等。

06.107　聚合排检法　arrangement and consultation by nest

排检法的一种。以词族的形式把一些在形态或词源上有联系的语词归在同一主词目下编排和查检。在英语词典学中，按字母顺序排列的叫做 niching，不按顺序排列的叫做 nesting。

06.108　字母顺序排检法　arrangement and consultation in alphabetic order

拼音文字辞书形序排检法的一种。按词头的字母拼写顺序编排和查检。

06.109　部首排检法　arrangement and consultation in radicals

汉语辞书形序排检法的一种。根据汉字的意符或规定的偏旁部首等编排和查检。

06.110　笔画排检法　arrangement and consultation in strokes

汉语辞书形序排检法的一种。根据汉字的笔画顺序编排和查检。

06.111　笔形代码排检法　arrangement and consultation in coded strokes

汉语辞书形序排检法的一种。用单个数码表示字头或词目首字的各种笔形，并按组成的复合数码顺序编排和查检。

06.112　分类排检法　arrangement and consultation in classified order

义序排检法的一种。按照学科类别或概念范畴对词目或字目进行分类编排和查检。大的类别下可以再分小类，同一类别的词或字可按意义关联排序。

06.113　主题排检法　arrangement and consultation in thematic order

义序排检法的一种。按照意义或概念主题对词目或字目进行分类编排和查检。大的主题下还可以再分次主题，同一主题的词或字按意义关联排序，也可以采用音序或形序的方法编排。

06.114　时序排检法　arrangement and consultation in chronological sequence

义序排检法的一种。按词头所指称的事物或事件发生的时间顺序编排和查检。

06.115　地序排检法　arrangement and consultation in topographic(al) order

义序排检法的一种。以词头所指事物涉及的区域为类序编排和查检。

06.116　辞书索引　dictionary index

辞书的附属成分。即把辞书中的词目以及图表、插图、插页和隐含主题等信息的分布位置摘记下来，按一定的方式编排，供用户查检。

06.117　索引结构　access structure

辞书等工具书中为引导用户查检特定信息而设计的检索系统。包括宏观结构编排和索引表两个部分，索引又包括外索引和内索引两个体系。

06.118　外索引　external access; outer access

指宏观结构的索引体系。包括音序排检、形序排检（含部首、笔画、笔形代码排检等）、义序排检。辞书可根据需要采用单索引、双索引和多索引系统。

06.119　内索引　internal access; inner access

指微观结构中的索引体系。包括义项序号、引导词、语用标签、标志符号、着重字体、区别色彩以及各种提示语等。

06.120 笔画索引 stroke index
汉语索引的一种。根据汉字的笔画顺序编排的索引。

06.121 辞书用语 dictionarese；lexicographese
辞书编纂中说明词目的信息类别和特征的专门用语。例如一些注释所用的术语、缩写和符号，包括语法代码、引导词、释义惯用语、参见标识、语用标签和用法标记等。

06.122 辞书编纂符号 lexicographical symbol
表述一定语词信息或辞书编纂信息的缩写、字母、标点符号，以及其他编排符号或图形符号，或上述元素的任意组合。

06.123 语法代码 grammatical code；syntactic code
又称"句法代码"。为简明地表述词头的句法模式而设计的一组语法功能代码或缩略词。

06.124 语法信息 grammatical information
辞书中提供的关于语词语法方面的知识。包括词类、构词法、搭配和句型结构等。

06.125 代字号 tilde；repetition symbol
在词条中用于替代词头的标记符号。例如"～"或"－"。

06.126 引导词 guide word
印在辞书的天头或地脚上的导词、导字或书眉，以及放在义项前，表示其语义属性和功能特征的语词或缩写。旨在帮助用户快捷地寻找所需信息。

06.127 指示项 indicative item
在辞书释义中，对词头的句法、词汇搭配、语法规则、语义特点和使用范围等给予指导性说明的成分。

06.128 参见 cross-reference
一种辅助索引方法。在词条尾部或相关释义之后附加的简单指示语或符号，引导用户查阅与当前词条相关的其他条目。

06.129 循环参见 circular cross-reference
辞书中参见所出现的一种纰漏。例如词目A参见词目B，词目B却没有相应的释义，反过来又参见词目A。

06.130 参见符号 cross-reference mark
指示参见的一种标记。一般为简单的指示语或符号。

06.131 标签 label
辞书中用来标明词头的语域、文体、用法或语言变体等的特殊符号或缩略语词。

06.132 文体标签 style label；stylistic label
辞书中用来标示词头某一义项的文体层次和文体风格的标记或符号。

06.133 学科标签 subject label
辞书中用于标注字头、词头等在相关义项中所属学科门类的标记或符号。

06.134 用法标签 usage label
辞书中用于标注词头在相关义项中可能的用法或使用语境的标记或符号。

06.135 语法标签 grammatical label
辞书中用于标注词头在相关义项中语法信息的符号、编码或缩写。包括词法和句法标注。

06.136 插图 pictorial illustration
安插在辞书文字中辅助释义或注释的图片。有的是编入词条中的简单插图，属正文的一部分；有的是编为附页或插页的复合插图，属附录和中置页的内容。

06.137 插页 insert
安插在辞书中的单页。内容有图片、照片、地图、图表等，属中置页的内容。

06.138 样稿 specimen section
在辞书编纂初期，由编者试编的、能代表本

书基本结构和内容的一些条目(一般占全书的3%—5%)。目的是检验辞书的整体结构、规模控制、时间估算等。

06.139　样条　specimen entry
辞书正式开编之前,按照规定内容和格式试编的条目。目的是提供参考样本,从而实现体例的和谐统一。

06.140　辞书风格　dictionary style; lexicographic(al) style
辞书在内容与形式上所表现出来的突出特点。

06.141　辞书覆盖面　dictionary coverage; lexicographic(al) coverage
辞书所收录的信息分布和容量,包括词目数量、释义数量和例证数量等。

06.142　辞书规模　size of dictionary
辞书的收词量、页数、卷数和总字数等有形的衡量尺度。

06.143　辞书参考书目　dictionary bibliography
编纂一部辞书所参考过的文献资料和其他辞书。通常附在辞书的最后。

06.144　编纂者　compiler
从事各类辞书编纂的人员。

06.145　百科附录　encyclopedic appendix
附设在辞书正文后面的百科性知识材料。

06.146　补编　supplement
辞书出版后新编的补充信息。常以补遗的形式与修订版合集出版,或单独出版。

06.03　辞书类型

06.147　辞书　lexicographic(al) works
以词目或字头、词头、条头为收录和释义单元,按照一定方式编排和查检的工具书。常用作字典、词典、辞典和百科全书的统称。

06.148　工具书　reference work; reference book
又称"参考工具书"。汇集特定知识领域的材料,采用一定格式编排,供人按需查检和获取各类信息的参考书。包括辞书、年鉴、手册、索引等。现代工具书分为印刷版和电子版两种类型。

06.149　辞书种类　dictionary type
辞书的类别或类型。按一定的标准,把具有共同性质特征或规模的辞书归并在一起的分类。

06.150　辞书名称　dictionary title
词典、字典等的名称。一般要反映辞书的性质、功能和规模等特征。

06.151　词典　dictionary
辞书的一种类型。汇集语词,以条目的形式分别处理,提供必要的词汇知识信息,并按一定方式编排以供查检。

06.152　辞典　dictionary
①辞书的一种类型。以语言符号的指称物或比词大的语言单位(如短语、成语、习语、典故、掌故等)为收录对象,逐一提供必要的知识信息。②指包括词典和辞典在内的辞书。

06.153　字典　dictionary of Chinese characters
辞书的一种类型。以字条为收录和处理单位,对字头的形、音、义以及语法和用法等功能作出解释,通常按照部首、笔画或音序编排。

06.154　百科全书　encyclopedia
辞书的一种类型。汇集各种专业语词、专名和术语,以条头为收录和释义单位,系统而详细地解释各学科知识或某一学科门类知识。通常规模很大。

06.155 百科词典 encyclopedic dictionary
辞书的一种类型。兼有通用词典和百科全书的特征，既提供语言信息，也提供百科信息。

06.156 专名词典 onomastic dictionary; dictionary of names
词典的一种类型。专门收录并诠释专有名称的词典，包括人名、地名、机构名称、商品名称、建筑名称、山川河流名称等。

06.157 地名词典 topographic(al) dictionary
词典的一种类型。专门收录地名，并从自然、经济、人文和历史的角度对其进行诠释的词典。

06.158 民俗词典 folk dictionary
词典的一种类型。专门收录和解释民间通俗文化现象的词典，包括历史文化事件、文化习俗、风俗礼节和民族节日等。

06.159 类书 subject reference work
古代汉语辞书的一种。汇集一个或多个门类的资料，按一定的方式编排，便于查检、引证。可分为语词性类书和百科性类书两种。前者专门辑录诗文、辞藻、典故、隽句、格言等语文性资料，后者专门辑录天文、地理、鸟兽、草木、典章、仪制、史事、文物等百科性资料。

06.160 综合性词典 comprehensive dictionary
词典的一种类型。收词非常广泛，全面综合描述语言现象和语言属性，规模很大。普通综合性词典的收词和释义兼有语文词典和百科词典的特点，而科技综合性词典则收录普通语文词汇以外的其他学科或知识领域的术语和专名，并提供专业释义。

06.161 普通词典 general dictionary; general-purpose dictionary
又称"通用词典""一般词典"。与"专科词典""专门用途词典""有限词典"等相对。词典的一种类型。对一种语言的词汇作全面描写，提供拼写、发音、语义、语法及习惯用法等方面的语言信息，以满足用户一般的语言需要。

06.162 专科词典 specialized dictionary; subject dictionary
与"普通词典"相对。词典的一种类型。针对某特定用户群，集中收录某一学科的专业词汇，并提供专业性释义。有单语、双语和多语专科词典之分。

06.163 专门用途词典 dictionary for special purpose
简称"专门词典"。与"普通词典"相对。词典的一种类型。收录和诠释特定词汇，旨为帮助用户完成某一特定任务。例如"四、六级考试词典""商务口语词典"等。

06.164 专门用途语言词典 language for special purposes dictionary; LSP dictionary
简称"专用语词典"。词典的一种类型。以某一学科或行业的专门用语为收录和释义对象，旨在帮助专家进行特定的研究或撰写研究论文。

06.165 综合技术词典 polytechnic dictionary
词典的一种类型。汇集并诠释各种有关技术领域词汇的百科词典。

06.166 术语词典 terminological dictionary
词典的一种类型。汇集某一学科或专业门类术语，并给出定义的词典。

06.167 科技词典 science and technology dictionary
专科词典的一种类型。收录和诠释若干学科领域或综合学科中的科技术语以及与科学技术相关的语词。

06.168 详尽词典 detailed dictionary
与"有限词典"相对。词典的一种类型。以

一种语言或该语言某些专业类别的全部词汇为收录和释义对象的词典。前者为一般性详解词典，后者为专门性详解词典。

06.169　有限词典　restricted dictionary

与"普通词典""详尽词典"相对。词典的一种类型。只局限于收录和解释语言的某种变体、功能和专业类别。

06.170　语文词典　language dictionary; linguistic dictionary

又称"语言词典"。词典的主要类型。主要收录和诠释语言中普通词汇和常用百科词汇，重点提供其语音、形态、意义、语法和语用等方面的语言知识。语文词典有单语、双语、多语和双解之分。

06.171　语法词典　grammar dictionary; grammatical dictionary

词典的一种类型。以解释语词语法功能和分布特征为主。可以包括各类词，也可以就某一类词单独编纂。例如动词词典、形容词词典等。

06.172　配价词典　valency dictionary

词典的一种类型。专门提供语词配价结构和配价关系。

06.173　形态词典　morphological dictionary

词典的一种类型。专门提供词汇形态结构和构词法信息的语法词典。

06.174　用法词典　usage dictionary

词典的一种类型。着重描述和解释语言的现实用法特征，包括搭配关系、句法结构、使用规则和使用语境等。

06.175　发音词典　pronunciation dictionary

又称"语音词典"。词典的一种典型。收录语词、短语或专有名词，并专门提供其发音信息。

06.176　拼写词典　spelling dictionary

词典的一种类型。按照字母顺序编排，专门提供正词法信息。

06.177　韵律词典　rhyming dictionary; dictionary of rhyme

又称"音韵词典""韵脚词典"。词典的一种类型。收录和诠释词汇，按照语词的韵律顺序编排，为诗歌或歌词创作服务。

06.178　韵书　rhyming reference work

古代汉语辞书的一种。按字头的韵部分类编排，供韵文押韵参考。现存韵书大多先分四声，再分韵部。

06.179　正音词典　orthoepic dictionary

又称"正音法词典"。词典的一种类型。规定语词的标准读音，规范语言发音规则。既可收录和注解一般词汇的读音，也可以为冷僻词、发音不规则的词等提供正确发音，有时也对社会方言进行发音规范。

06.180　正字词典　orthographic dictionary

又称"正形词典"。词典的一种类型。旨在提供语词的标准形体和书写规范。

06.181　实用词典　practical dictionary

与"学术词典"相对。词典的一种类型。注重解决一般用户特定的语言问题。根据不同的用户对象和编纂宗旨，可以收录常用词汇，也可以专门收录某一方面的语言现象，如新词新语、外来词、方言词、习语等。

06.182　学术词典　academic dictionary

又称"学者词典"。与"实用词典"相对。词典的一种类型。全面收录一种语言的词汇和语言变体，详解语词的源流及其意义和语法功能的演变，例句一般为原样摘录的书证，能忠实地反映语词使用的历史状况。主要用户对象是专家学者。

06.183　详解组配词典　explanatory and combinatorial dictionary

词典的一种类型。基于意义—篇章理论，用

一系列的科学释义原则,把被释义词意义分解成更小、更简单、更接近意义初始元的意义单位,以语义单元、例证单元和结构短语单元的形式详述语词的各种语义功能,并从句法组配和词汇组配两个方面详尽描述每个被释义词的"一切"可能的词汇组配形式,在建立语法配价表的基础上列出被释义词"一切"可能与不可能的句法组配结构。

06.184 基本词词典 basic vocabulary dictionary
词典的一种类型。只收录和诠释语言中的基本词或核心词。

06.185 常用词词典 common words dictionary
词典的一种类型。只收录和诠释语言中的常用词或日常词汇。

06.186 难词词典 dictionary of difficulties; dictionary of hard words
又称"难解词词典"。词典的一种类型。收录较为生僻繁难的词语,并对其语音、语义、语法、书写等进行诠释和辨析。

06.187 缩略语词典 dictionary of abbreviations
又称"缩写词典"。词典的一种类型。专门收录并解释缩略语。

06.188 单功能词典 monofunctional dictionary
与"多功能词典"相对。词典的一种类型。旨在满足用户某种特定的查询需求(例如编码或解码)。

06.189 多功能词典 multifunctional dictionary; polyfunctional dictionary
与"单功能词典"相对。词典的一种类型。旨在能同时满足用户多方面查阅需求。

06.190 比较词典 comparative dictionary
词典的一种类型。通常由多种语言的词汇编纂而成,旨在对相关语言中的共有或对应语词进行对比分析和评价。

06.191 单语词典 monolingual dictionary; monoglot dictionary
与"双语词典"相对。词典的一种类型。其词目与释义、例证等都用同一种语言表述。

06.192 双语词典 bilingual dictionary
与"单语词典"相对。词典的一种类型。汇集一种语言的词汇作为词目,而用另一种语言提供词目对等词及其必要注释。

06.193 准双语词典 quasi-bilingual dictionary
词典的一种类型。将难以理解的语言(如古梵语或古拉丁语)用另外一种较易理解的语言(如英语)进行释义,并用单语词典的结构进行编排。

06.194 多语词典 multilingual dictionary; polyglot dictionary
词典的一种类型。为源语词目提供两种及两种以上语言的翻译对等词。

06.195 翻译词典 translation dictionary
词典的一种类型。通过翻译对等词把两种或两种以上语言的词汇联系起来的双语或多语词典。

06.196 双解词典 bilingualized dictionary
词典的一种类型。在单语词典基础上加工而成,即把源语词条信息部分或全部翻译成目标语,形成两种语言并存的释义和例证等。

06.197 单向词典 monodirectional dictionary; unidirectional dictionary
与"双向词典"相对。双语词典的一种类型。只能以源语词目为索引单位进行查询。

06.198 双向词典 bidirectional dictionary; two-way dictionary
与"单向词典"相对。双语词典的一种类型。使用两套排检方式,可以通过两种语言的索引查询各自的对等词。

06.199　外向型词典　foreign-oriented bilingual dictionary

全称"外向型双语词典"。与"内向型词典"相对。词典的一种类型。为外国人或外族人学习本族语编写的词典，着重解释本族语的语言现象，包括语义、语法和用法规则等。例如，无论汉英还是英汉词典，详细解释的对象都是汉语。

06.200　内向型词典　domestic-oriented bilingual dictionary

与"外向型词典"相对。词典的一种类型。为本族人学习外语而编写的词典，着重解释外语的语言现象，包括语义、语法和用法规则等。例如，无论汉英还是英汉词典，详细解释的对象都是英语。

06.201　语差词典　dictionary of linguistic differences

词典的一种类型。以同一种语言中的不同语言变体为收录对象，对它们之间的语义和用法差异作出解释与说明。

06.202　纽带词典　bridge dictionary

词典的一种类型。旨在满足一国内部不同文化或不同民族之间相互交流的需要。包括双语或双解词典，以及帮助移民适应新环境的文化风俗类词典。

06.203　习语词典　phraseological dictionary

简称"语典"。词典的一种类型。专门收录并诠释成语、俗语、谚语、歇后语等固定或习惯用语。参见"句典"。

06.204　成语词典　dictionary of idioms; idioms dictionary

词典的一种类型。专门收录并诠释成语。

06.205　熟语词典　dictionary of idiomatic phrases

词典的一种类型。专门收录并诠释熟语。

06.206　俗语词典　dictionary of common sayings

词典的一种类型。专门收录并诠释通俗或广泛流行的固定语句。

06.207　俚语词典　slang dictionary

词典的一种类型。专门收录并诠释俚语。

06.208　短语词典　phrasal dictionary; dictionary of phrases

词典的一种类型。专门收录并诠释习语、短语等固定惯用语言表达形式。

06.209　惯用法词典　usage dictionary; dictionary of usage

又称"用法词典"。词典的一种类型。致力于客观描述语言使用现状，一般收录和解释各类语词的常用搭配、常用句型、常用组合结构等惯用语言表达形式。

06.210　句典　sentence dictionary

辞书的一种类型。以句子为收录和诠释对象的辞书，主要解释句子的结构特点、交际功能和主要用法。按收录对象分两种类型：一是主收古典或现代格言、名句和警句等；二是主收基于各种句型结构的句子，如疑问句、否定句、祈使句、倒装句等。

06.211　类语词典　analogical dictionary

词典的一种类型。把类似搭配、类似意义和类似书写及发音形式等容易混淆的语言单位分类编排，并给予简单的解释。

06.212　口语词典　dictionary of spoken language; dictionary of colloquialisms

与"书面语词典"相对。词典的一种类型。收录日常口语资料，按会话场景或主题组织实用表达语式，并提供指导性使用意见，旨在帮助语言学习者掌握日常会话语言。

06.213　书面语词典　dictionary of written language

与"口语词典"相对。词典的一种类型。专

门收录并诠释书面用语。

06.214　方言词典　dialect dictionary
词典的一种类型。以一种或多种方言为收录和诠释对象。可分为地区方言词典、民族方言词典和社会方言词典等。

06.215　地方语词典　regional dictionary
词典的一种类型。专门收录并描述某一特定区域的语言变体,包括语词、短语和习惯用语。其特点是具有较强的地域性和时域性,词头可以有年代标记。参见"方言词典"。

06.216　外来语词典　dictionary of loan words
又称"外来词词典"。词典的一种类型。专门收录并诠释外来词,包括音译词、意译词、语际仿造词和字母词等。

06.217　概念词典　conceptual dictionary; onomasiological dictionary
词典的一种类型。把一种语言的词汇或短语看成是语义关联的概念,概念可以是意义、想法、见解、词族及类似关系。典型的概念词典是"类义词典"和"同义词典"。

06.218　分类词典　thematic dictionary
词典的一种类型。把一种语言、语言变体或学科领域的词汇按语义类或主题进行编排的词典,有的附有释义。

06.219　类义词典　thesaurus
又称"义类词典"。词典的一种类型。把同义词、反义词等属于同一语义范畴,但又易混淆的词按语义分类编排,对所收的词不解释、不辨析,只注重收词的全面和分类的恰当。

06.220　同义词典　synonym dictionary
与"反义词典"相对。词典的一种类型。收录和解释同义词。

06.221　反义词典　antonym dictionary
与"同义词典"相对。词典的一种类型。收录和解释反义词。

06.222　共时性词典　synchronic dictionary
与"历时性词典"相对。词典的一种类型。以共时性原则静态地描写某一语言发展时期的语言现象,收词、注音、释义等都反映特定时期的语言现实,而不涉及其他时期。

06.223　历时性词典　diachronic dictionary
与"共时性词典"相对。词典的一种类型。以历时性原则动态描写古今语词源流和演变。包括"词源词典"和"历史词典"两种。

06.224　词源词典　etymological dictionary
历时性词典的一种。注重解释语词起源及其词形的演变过程或结果。参见"历史词典"。

06.225　历史词典　historical dictionary
历时性词典的一种。根据历时原则或时间顺序编纂,注重描写语词的形态、语音和语义在各个历史时期的演变过程。通常为大型多卷本。参见"词源词典"。

06.226　词根词典　root dictionary
词典的一种类型。以词根而不是整词作为收录和解释对象,旨在突显词汇的构词元素。这类"元词典"一般在语言调查中编纂而成,可以用作词源词典或词典数据库等的编写素材。

06.227　同根词典　root-oriented dictionary
又称"同源词典"。词典的一种类型。收录并解释同根词,即把由同一词根派生出来的词按一定格式排列在一起并进行释义。

06.228　规范性词典　normative dictionary
词典的一种类型。按照语言的规范化原则,提供词头规范的形态、语音、语义和用法信息。参见"规定性词典"。

06.229　规定性词典　prescriptive dictionary
与"描写性词典"相对。词典的一种类型。

以规范的态度在词典中对各种语言现象作适当规定,规定内容包括书写形式、读音、语义、语法结构和用法规则等。

06.230 描写性词典 descriptive dictionary

与"规定性词典"相对。词典的一种类型。以描写主义原则,客观描写各种语言现象,忠实记录语言现实,重视语言的个性和特性。可分为"全描写词典"和"标准描写词典"。

06.231 全描写词典 overall-descriptive dictionary

与"标准描写词典"相对。词典的一种类型。完全按照描写主义原则,全面收录和描述某一历史时期的语言现实,包括行话、俚语、黑话、粗话、禁忌语等,对语言的形式、读音、语法结构和用法规则等都不作任何规定。全描写词典一般为大型词典。

06.232 标准描写词典 standard-descriptive dictionary

与"全描写词典"相对。词典的一种类型。按照描写主义原则,有选择地收录和描述当代规范语言现象,只对标准的语词形式、读音、语法结构和用法规则等进行共时描写,不收古旧词和方言、俚语等语言形式。

06.233 解释性词典 explanatory dictionary

词典的一种类型。对所收录词汇的意义、语法和语用等信息给予详细解释。一般指普通单语词典,也指那种帮助用户理解外语文本的双语词典。

06.234 消极型词典 passive dictionary

又称"接受型词典""理解型词典"。与"积极型词典"相对。词典的一种类型。收录和诠释消极型词汇,旨在帮助用户从事阅读、听话和翻译理解等语言解码活动。

06.235 积极型词典 active dictionary

与"消极型词典"相对。词典的一种类型。收录和诠释积极型词汇,旨在帮助用户从事系统语言学习、会话、写作、翻译生成等语言编码活动。

06.236 解码词典 decoding dictionary

与"编码词典"相对。消极型词典的一种类型。主要功能是帮助用户理解语言。

06.237 编码词典 encoding dictionary

与"解码词典"相对。积极型词典的一种类型。主要功能是帮助用户使用语言,包括会话、造句、作文和翻译中目的语言的生成等编码活动。

06.238 能产型词典 productive dictionary

又称"表达词典"。积极型词典的一种类型。收录基本词和常用词汇,以语言的生成为基本原则来提供语义、语法和用法规则信息,旨在帮助用户活用所学语言。

06.239 教学词典 pedagogical dictionary;didactic dictionary

词典的一种类型。专门为满足教师和学习者的实际教学需求而编纂。按照不同层次的教学需要,选定收词范围,解释注重释疑和活用性,注音、拼写形式和语法注释注重规范性,释义详尽,用词简单,例证丰富,通俗易懂,还常配有相应的用法说明和同义辨析等信息。

06.240 学习词典 learner's dictionary;school dictionary

词典的一种类型。专门为满足语言学习者的学习需要而编写。在英语中 learner's dictionary 是为英语非母语的学习者编写的,而 school dictionary 是为本族语学习者编写的。

06.241 学生词典 student's dictionary

词典的一种类型。以本族语学生为用户对象,收词针对性强,释义和例证简洁明了,通常配有插图。可分为小学生词典、中学生词典和大学生词典等。

06.242 理论研究型词典 theoretical dictionary

词典的一种类型。从理论研究的角度出发，在语言学等相关理论框架下全面描述和反映语言现实的词典。收词、释义和举证不考虑用户对象、不考虑是否实用，只注重语言描述的全面性、系统性和科学性，追求语词意义和功能描述的详尽、细致、周全。另一方面，语义表述也要全面、忠实地反映词汇学理论和语言学理论。

06.243 理论应用型词典 dictionary of theoretical inspiration

又称"理论提示型词典"。词典的一种类型。从词典的编纂宗旨和用户需求出发，吸收语言学等相关理论成果的词典。引入现代语言学的某些理论，采用分布模式、语义模式和词汇形态变化模式相结合的方法对词头进行释义，在词的系统关系、语用关系中表现词的意义和用法。

06.244 案头词典 desk dictionary

词典的一种类型。大小规模与教学词典相当，收词较多，覆盖面广，通常包含百科信息，能满足用户一般案头工作和学习的需要。

06.245 足本词典 unabridged dictionary

与"节本词典"相对。词典的一种类型。同一系列辞书中规模最大，尽可能收录某种语言全部的普通词汇、百科词汇和科技词汇，并提供详细的释义和丰富的例证。

06.246 节本词典 abridged dictionary

与"足本词典"相对。词典的一种类型。由大型辞书删节而成，通常是删除古旧词、罕用词以及词源信息和部分例证等。

06.247 简明词典 concise dictionary

词典的一种类型。通常由较大型的词典删节而成。也指同一系列中规模较小的词典，只收录最常见的词和义项，适合初级学习者使用。

06.248 微型词典 micro-dictionary

词典的一种类型。只收录基本词和常用词，并提供简洁的释义。开本小于普通中小型词典，大于袖珍词典。

06.249 袖珍词典 pocket dictionary

词典的一种类型。同一系列辞书中规模最小。开本小，携带方便。

06.250 派生词典 derivative dictionary

词典的一种类型。通过删节或修改，在另一部较大规模词典的基础上编纂而成。通常规模较小。

06.251 缩印本词典 compact dictionary

词典的一种类型。在原来词典版本基础上，通过缩小字号和图表、插图比例等翻印。其特点是信息量大而体积小，携带方便。

06.252 顺序词典 proper order dictionary

又称"正序词典"。与"倒序词典"相对。词典的一种类型。按词头的首字母、首音节或字形为序编排。

06.253 倒序词典 reverse dictionary

又称"逆序词典"。与"顺序词典"相对。词典的一种类型。按照词头的尾字、尾字母或尾音节为序编排。

06.254 频率词典 frequency dictionary

词典的一种类型。专门提供某种语言的基本词、常用词使用频率。

06.255 速查词典 dictionary with ready reference

词典的一种类型。采用特定的编排方式，让用户快速地查找所需语词。通常收词较全，义项精练，释义简洁，少有例证，功能区域分明。

06.256 印刷版词典 print dictionary;paper dictionary

又称"纸质词典"。与"电子词典"相对。词典的一种类型。以纸张为信息载体。

06.257 电子词典 electronic dictionary;computer-aided dictionary

与"印刷版词典"相对。词典的一种类型。以光盘(光碟)、磁盘及芯片等作载体,并可借助微型处理器等装置进行阅读和查询。

06.258 机器词典 machine-readable dictionary

又称"机读词典"。电子词典的一种。用特定的语言编码编写,供计算机识别和理解。常用于机器翻译、自动语法分析、语义分析及语义消歧等自然语言处理。

06.259 互动词典 interactive dictionary

电子词典的一种。内置多种语法和词汇练习以及录音、阅读、听写等功能。把词典软件装入个人计算机或网络后,用户可以与词典实现人机互动。

06.260 掌上电子词典 hand-held electronic dictionary

又称"袖珍电子词典"。电子词典的一种。把词典内容固化于微型芯片内,置入袖珍信息处理器中,通过液晶界面查询并阅读词典信息。

06.261 多媒体词典 multimedia dictionary

电子词典的一种。利用计算机多媒体技术,用文字、声音、图片或动画场景等来表现词头的知识信息,给用户提供互动学习环境。

06.262 网络词典 online dictionary;Internet dictionary

又称"在线词典"。词典的一种类型。建立在万维网平台上的词典,使用标准通用标记语言(SGML)或可扩展置标语言(XML)等进行编码,并能转换成超文本语言在网上传输、供人在线查阅。

06.263 交互式词典 reciprocal dictionary

电子或网络词典的一种。内置两种语言的词典数据库,在交互检索界面输入一种语言的语词,就能查阅到另一种语言的对等词。

06.264 成人辞书 adults' dictionary

与"儿童辞书"相对。以成人为用户对象的辞书。

06.265 儿童辞书 children's dictionary

与"成人辞书"相对。以少年儿童为用户对象的辞书。

06.266 插图词典 illustrated dictionary

词典的一种类型。与"图解词典"相区别。在相关词条或附录中配有插图。

06.267 图解词典 pictorial dictionary;picture dictionary

词典的一种类型。以图片作为主要释义手段。图片可以是示意图、线条画、照片、绘画等;释义按主题展开,释义形式是在图片描述的基础上辅以文字说明。

06.268 符号词典 sign dictionary

词典的一种类型。专门收录并诠释符号语言单位。广义符号词典收录各种标志或象征符号、信号等,狭义符号词典只收录聋哑人的手势语。

06.269 问答词典 Q & A dictionary

词典的一种类型。专门就某一方面的问题进行解答。

06.270 另类词典 antidictionary;alternative dictionary

词典的一种类型。按照词典的形式和结构框架,但不一定按照传统词典的释义原则和方式编写。例如"魔鬼词典"等。

06.271 修订版 revised edition
在辞书出版后,对原辞书在收词、释义、例证以及附录等方面进行修订补充后再次出版的新版本。

06.272 增订版 revised and enlarged edition
在辞书出版后,对原辞书在收词、释义、例证以及附录等方面不太完善的地方进行修改订正,并作较多增补后重新编排出版的新版本。

06.273 词汇表 glossary;lexicon
收录某些专业学科的语词、术语和短语,按照一定顺序排列,有的还给出简单释义或对等词的词汇集。通常有单语、双语、多语之分。

06.04 辞书释义

06.274 辞书释义 dictionary definition; lexicographic(al) definition
辞书微观结构的主要组成部分。对词头的意义作语言性解释或说明。参见"词汇释义"。

06.275 词汇释义 lexical definition
与"百科性释义"相对。释义方式的一种。通过分析自然语料的样本,归纳、抽象出被释义词的概念意义和其他语言属性,并按一定形式表述出来。词汇释义注重揭示语词的语言属性,即普通意义和使用规则。

06.276 百科性释义 encyclopedic definition
与"词汇释义"相对。释义方法的一种。从专业角度揭示字头、词头或条头所涉及的百科知识信息,而非语言性知识。

06.277 释义原则 definition principle
对词语进行释义时所遵循的原则。一般应遵循准确性、简明性、闭环性、对应性和解释性等。

06.278 释文 definiens
用于解释作为词头的语词或短语意义的文字。

06.279 释义对象 definiendum
又称"被释义词""被释义字"。辞书释义和解释的目标。它可以是一个词,也可以是一个小于词的构词单位或大于词的短语或词组。在字典中叫字头,词典中叫词头,百科全书中叫条头。

06.280 释义词汇 defining vocabulary
为学习词典释义所选定的一定数量的控制词汇。通常用统计学方法在普通语料库中选取最常用或最基本的 2 000—3 000 词。

06.281 义点 semantic point
语词在特定的使用语境中所表现的意义。许多有相似语义特征的义点经过抽象概括就构成辞书的义项。

06.282 义项 sense
按一个词目或字头、词头的不同含义分列的释义项目。由语词实际使用所体现的若干义点抽象概括而成。

06.283 义项划分 sense discrimination;sense distinction
对多义词头不同意义的区分与编排。每一义项除用序号标志外,还根据实际需要配有区别符、引导词和注释等。

06.284 辨义成分 distinguisher;distinctive feature
又称"区别性特征"。将同一概念范畴的一个语言单位与另一个语言单位区别开来的意义特征,可以用来解释语词意义或定义术语概念。

06.285 基本义项 basic sense
多义词条中表现词头基本意义的义项。可以派生其他义项。一个多义词可以有多个基本义项。

06.286 常用义项 dominant sense
多义词条中使用频率、查询频率最高的义项。可以是基本义项,但基本义项不一定常用。

06.287 原始义项 primitive sense
多义词条中最先形成的义项。原始义项可以是基本义项,但基本义项不一定是原始义项。参见"基本义项""常用义项"。

06.288 成分分析法 componential analysis
词义分析方法的一种。把同一概念范畴中语词的共同义素分解成有限的二元意义特征,试图用一组普遍的语义成分解释同一概念范畴的不同的词项。

06.289 对释式释义 definition with synonym or antonym
又称"对释法"。与"迂回释义"相对。释义方法的一种。用同义词、同义短语或反义词、反义短语的否定形式来为词头释义。

06.290 同义对释 definition with synonym
释义方法的一种。用同义词、同义短语来为词头释义。

06.291 反义对释 definition with antonym
释义方法的一种。用反义词、反义短语的否定形式为词头释义。

06.292 迂回释义 periphrastic definition
与"对释式释义"相对。释义方法的一种。用一组词或短语间接表述释义对象的类属和区别特征。

06.293 多维释义 multi-dimensional definition
释义方法的一种。从符号的形态、概念、句法、语用等多个方面综合分析语词的意义特征,并以这些特征"模块"为基础多角度、多层面地表述词头的意义。

06.294 多维释义成分 multi-dimensional definition components
与多维释义相关联的各种意义表征形式和关系。包括语词的形态变化、概念结构、语义结构、句法结构以及蕴涵关系、同义关系、反义关系、派生关系、原型关系和搭配关系等。

06.295 复合释义 composite definition
释义方法的一种。借助多种释义方法来诠释词义。例如并列释义、选择释义、重叠释义和组合释义等。

06.296 并列释义 juxtaposed definition
复合释义的一种。用两个或两个以上的释义单位从不同的角度来表述语词的复杂意义特征。

06.297 选择释义 optional definition
复合释义的一种。利用选择符号"或/or",以选择的方式并列两个或两个以上的释义单位,以表述释义对象在不同语境中可能出现的意义。

06.298 重叠释义 repeated definition
复合释义的一种。通常用两三个表义相近、表述形式或风格不同的简单、独立的释义单位来解释同一词头的意义。

06.299 组合释义 compositional definition
复合释义的一种。在对包含多个义素的语词进行解释时,利用多种释义方法从不同的侧面阐释其意义。

06.300 概念意义 conceptual meaning
语词或短语与客观世界事物发生联系所反映在人们意识中约定俗成的指称信息。是词项承担交际功能的核心因素,也是词典释义的核心内容。

06.301 实质性释义 substantial definition
释义方法的一种。利用"属"加"种差"来阐释词义,通常给出释义对象的属词,然后给出释义对象与属词之间的区别特征,把释义对象与同一概念范畴中的其他成员区别开来,是传统的释义方法。

06.302　逻辑释义　logical definition
又称"定义式释义"。释义方法的一种。用逻辑定义的方法,通过揭示语词指称概念的内涵和外延等来解释词目的特有属性,通常直接回答"××是什么",其特点是概念的阐释全面、准确、严谨。

06.303　内涵释义　intensional definition
释义方法的一种。通过描述语词指称物所具有的属性集来解释语词含义,揭示并表述出被释义词的概念特征,即对概念内涵的描述。内涵分为主观内涵、客观内涵和约定内涵三种类型。

06.304　外延释义　extensional definition
释义方法的一种。通过列举词项的所指对象或某一概念范畴内的所有个体来表述语词的意义。由抽象解释和列举事例两部分组成,前者对释义对象的概念做概括或简要的描述,后者列出这个概念所反映的个体对象。有时可以省略抽象解释。

06.305　规定性释义　stipulative definition
释义方法的一种。在分析研究的基础上给释义对象指定一个意义。适用于新语词或新术语,也可以是新的社会规约、管理制度、法规和政令的概括。

06.306　解释性释义　explanatory definition
释义方法的一种。构造一个与释义对象意义和语法功能相同的子句或短语来解释其意义。

06.307　分析性释义　analytical definition
释义方法的一种。首先为被释义词指定一个类属成分,然后用分析、抽象、归纳的方法,详细阐释其不可直接感知的区别特征。

06.308　原型释义　prototypical definition
释义方法的一种。把释义对象放在一个概念范畴中,与这个范畴中最典型的个体——原型进行比较,通过阐明它与原型异同的特征达到释义目的。释义对象的意义可用"'原型'+/-'非原型的区别特征'"来表述。

06.309　指物释义　ostensive definition
释义方法的一种。借助人们所熟悉的某些相关事物的外部属性来阐述语词意义。指物释义不是区分其语义特征,而是指出非语言世界中的实例,用相关概念指称物的某种物理特征来揭示释义对象的指称内容。

06.310　自然语句释义　definition with sentence
释义方法的一种。以一个复合句子替代传统替换性的短语结构,从句凸现释义对象的句法结构、搭配关系和使用语境,主句解释释义对象的意义。

06.311　功能释义　functional definition
又称"语法性释义"。释义方法的一种。说明释义对象在语言中的各种可能分布及功能作用。适用于没有概念意义或指称意义的功能词。

06.312　系统关系释义　defining by sense relations
释义方法的一种。借助词与词之间的系统关系来解释词义。

06.313　形态—语义释义　morpho-semantic definition
释义方法的一种。根据释义对象的形态结构,把其所指内容分为若干意义单元,只对未知的单元进行解释。

06.314　关系释义法　relational definition
释义方法的一种。根据语词的语义特征,利

用释义中的修饰成分与另一潜在被修饰成分之间的关系来揭示词头的意义。

06.315 语境释义法 contextual definition
释义方法的一种。借助例证反映出的具体使用语境来阐释语词的意义。

06.316 劝说式释义 persuasive definition
释义方法的一种。以劝说的方式对有争议或有误导倾向的语词进行解释,旨在引导用户正确理解释义对象的含义,并按释义的精神指导其行为。

06.317 幽默释义 humorous definition
释义方法的一种。轻松风趣,多用在儿童词典之类的特殊辞书中。

06.318 交叉释义 intersectional definition
释义方法的一种。释义对象的类属和区别特征正好与两个或两个以上动词的交叉或组合意义相对应,故用两个或两个以上动词的交叉概念给出释义。

06.319 理论性释义 theoretical definition
百科性释义的一种。对词项所指称的实体进行适当的科学和理论描述,旨在提供一种能使用户接受某种理论的推论和进一步探索的方法。主要适用于科学或专业术语。

06.320 操作性释义 operational definition
百科性释义的一种。通过对词头所指称的某一状态或事件的观察、认识,衡量和判定其主要属性并给出释义。

06.321 循环释义 circular definition
释义中的循环现象(在训诂学中被称为"互训")。一是释文中关键语词的意义需要用被释义词来解释;二是释义词与被释义词互为释义;三是把A释为B,把B释为C,又把C释为A。

06.322 通俗释义 folk definition
民众在日常语言交际中用通俗的语言对语词所做的解释。

06.323 附加意义标注 gloss for additional meaning
用注释(主要是括注)的方式在释义中表达附加意义的方法。用于揭示语词的细微语义特征或补充说明语词蕴涵的情感义、语法义和语用义。

06.324 语义辨析 semantic discrimination
又称"同义辨析"。积极型学习词典释义的一种附加信息。通常把与词头概念意义相同或相近的一组词放在一起,从内涵义、搭配义、联想义、情感义和语用义等方面进行分析比较,揭示其区别特征,以指导用户正确、得体地使用相关语词。

06.05 辞书现代化

06.325 词典数据库 lexicographic(al) database
根据词典编纂的需要,广泛搜集并按一定的数据结构形式加工处理、存储,并方便调用的材料的汇集。其处理单位可以是编纂好的词条,也可以是词条的一部分,例如词目表、注音、句法结构、释义、辨析、例证或插图等。

06.326 引例数据库 citation database
专门汇集典型引例,按一定数据结构排列的语言数据库。

06.327 词典语料库 lexicographic(al) corpus
根据词典编纂的需要,按照一定标准搜集、选择并排序的话语材料的汇集。反映一般或特定语言现象以及语言变体等用法特征。

语料库与计算机技术结合就是计算机语料库。

06.328　百科语料库　encyclopedic corpus
以各类专业素材或某些学科门类的资料为内容构建的语料库。

06.329　标注语料库　tagged corpus
运用符号、代码或缩略词等对电子文本的语词进行词类、句法、语义属性等信息标注的语料库。

06.330　计算机辅助词典编纂　computer-assisted dictionary compilation
利用计算机技术进行词典编纂的数据提取、编写、排版和显示,以及编纂过程中必要的数据分析。

06.331　语料搜集　data collection; data-capture
辞书编纂中汇集编纂所需的原始语料。从语言形式上分为书面语料和口语语料,从搜集方式上分为摘引文献、语言调查以及参考辞书等,从搜集手段上分为人工搜集和借助电子技术搜集。

06.332　词类赋码　part-of-speech tagging; word class tagging
又称"语法码"。语料库等电子文本中每一个词项(含标点)所赋予的词类标志代码。一般按照词的语法特征分类。

06.333　词频统计　word count; frequency count
对语篇或语料库中某一语词或短语出现的频数进行统计的过程或结果。

06.334　词频标记　word token
语词在特定文本或语料库中出现的实例,即一个语言形式出现一次就为一个标记数。语料库的词频统计常用标记数表示。

06.335　词汇索引　concordance
一种附有简单上下文的语词表,反映特定文章、著作或语料库样本中某些语词的使用和分布情况。常用于词频统计以及语法、语篇等方面的研究。

06.336　检索　search
利用检索词在辞书等有关信息源中查找特定信息的过程。

06.337　检索词　search word; search key
全称"检索关键词"。能体现用户检索信息的要求,并能引导用户查检到所需信息的关键词。词典的检索词一般为词头,也可以是词条中的短语。

06.338　检索区域　search area
指词条中各种信息的功能分区。用适当的标志来显示各类信息特征。例如同义词、派生词、习语、谚语等。

06.339　检索途径　search path
利用信息类别的某种特征作为检索标志来查询相关内容的路径。例如标签、注释、引导词和检索区域等。

06.340　索引　index
查检文献资料的一种工具。把辞书或其他工具书的全部查检单位及相关内容分别抽象归纳成一个个关键词,标明它们在正文中的分布位置,并按一定方式有序地排列成词表,以供用户查检。

06.341　心理词库　mental lexicon; internal lexicon
又称"心理词典""内部词典"。人对语词的形态、语法、语义和语用等全面认知所形成的心理体系。表现为存储在长期记忆中的词汇知识,是语言使用者理解和生成语言的基础。

07. 方言学

07.01 方言学通论

07.001　方言学　dialectology
语言学的一个分支。调查、描写、分析和研究地域方言，以揭示其内在规律。

07.002　方言　dialect
俗称"土语""地方话"。一个语言的地域性变体，是相对于共同语或标准语而言的。方言自身有自成系统的语音特征、词汇特征和语法特征。

07.003　汉语方言　Chinese dialect
汉民族语言的地域性变体。汉语方言的内部在语音、词汇、语法方面都有自己的特点。《中国语言地图集》把汉语方言分为官话、晋、徽、吴、湘、赣、客家、平话、粤、闽等十个方言区。

07.004　方言地理学　dialect geography
方言学的一个分支学科。主要利用方言地图等方式研究方言的语言特征在地域性上的分布、特点及其规律。

07.005　方言地图集　dialect atlas
根据方言特征或分区等内容绘制成的地图集。大致分为方言特征分布图、方言分布和分区地图两种类型。前者根据方言区别性特点的异同，把方言材料分专题标示在地图上，例如《湖北方言调查报告》中所附的一组方言地图；后者根据方言区别性特征进行分区，并把分区结果标示在地图上，例如《中国语言地图集》中的汉语方言部分。

07.006　原始方言　proto dialect
又称"祖方言"。一般指利用历史比较语言学的方法和原则，根据共时方言进行构拟重建的早期方言形式。例如根据当前的闽方言和闽语相关历史文献，用历史比较法等方法，构拟出的原始闽语就可以称为闽语的原始方言。

07.007　方言特征　dialectal characteristics
能够用来区分不同方言区的语言特征。往往具有对外排他性、对内一致性的主要特点。根据语言内部的结构，可以分为方言语音特征、词汇特征和语法特征等。

07.008　母方言　mother tongue
一个人在语言习得的过程中首先学习、掌握并熟练使用的方言。一般是一个人出生地点或幼年时学话期间的方言。

07.009　基础方言　basic dialect
民族共同语或标准语赖以形成和发展的基础地域的方言。大多是使用人口众多、通行地域广泛、有较为强大的政治、经济或文化影响力的地域的方言。

07.010　方言亲疏　dialectal distance
根据方言对应关系，对方言语音、词汇或语法等项目分别进行对比统计分析，计算出的对应成分之间的远近关系。

07.011　地方普通话　regional common language
带有地方口音或者方言成分的普通话。地方普通话往往是方言区的人们因交际需要长期使用而形成的。

07.012　方言边界　dialect boundary
方言地图上两种方言之间的边界线。这种边界线在实际上往往是两种方言之间的过渡带。

07.02 方言调查

07.013 方言普查 general survey of dialects
对全国范围的方言作概略性的调查。方言普查对于了解方言现状、制定相关语文政策有极大的帮助。汉语首次方言普查是在1955年拟定计划,之后的两三年逐步开展并完成的。

07.014 《方言调查字表》 Chinese Character Table for Dialectal Investigation
供调查、记录汉语方言字音用的表格。表格汉字按照汉语中古音的音韵地位排列,该字表是1955年中国科学院语言研究所(现中国社会科学院语言研究所)在原中央研究院历史语言研究所1930年编的《方言调查表格》基础上逐步修订并出版的。

07.015 方言记略 outline of a dialect
根据基础字表、基础词表和常用语法例句调查某个方言的语音、词汇和语法概况的概略性记录。主要包括方言声韵调系统、常用词语和常见语法例句。

07.016 方言拼音方案 dialectal romanization system
根据某个方言音系的音位特点整理的、可以记录该方言语音系统的、以拉丁字母为基础的拼音方案。例如香港语言学会1993年设计的《粤语拼音方案》。

07.017 记音 phonetic transcription
用音标记录语言或方言。目前常见的标音系统是国际音标协会制定的一音素一字母的国际音标字母方案。

07.018 方言志 dialect chorography
地方志中的方言部分,或以当地方言作为主要内容的地方专门志书。例如《昌黎方言志》。

07.019 国际音标标音 IPA transcription
使用国际标音符号系统记录语言或者方言的方法。国际音标是国际语音学会于1888年在《语音教室》杂志上首次发表的,后来经过不断修正。

07.020 宽式标音 broad transcription
又称"音位标音法"。根据音位是否对立的原则,忽略同一个音位内部的具体音素差别,选用代表性的音标予以记录。

07.021 严式标音 narrow transcription
又称"音素标音法"。尽可能细致地记录所听到的实际语音音素,必要时利用各种音标附加符号予以记录。

07.022 发音人 informant
又称"发音合作人"。语言或方言调查的对象人。一般是口齿清楚、发音地道、可以代表当地语言或方言基本面貌的本地母语使用者。

07.023 本地人 native speaker
使用本地语言或方言作为第一交际语言的人。

07.024 方言音系 dialectal phonology
方言自身的语音系统。一般由声韵调系统(声母、韵母、声调)、音变系统(连调、语流音变、变音等),以及其他相关语音子系统构成。

07.025 单字音系 phonological system of mono-syllable
方言里可独立使用的单音节的语音系统,主要是单字声韵调及其配合系统、单字同音字表等等,不包括由于连读或特定语法、语用产生的音变系统。

07.026 方言词汇 dialectal lexicon
一个方言实际使用的词汇。也指方言中与共同语词汇存在语音、意义、语法等显著差异的部分词语。

07.027 方言词典 dialectal dictionary
以方言词汇为收集对象并用共同语加以解释的词典。一般主要收录那些在形式、意义或使用方面跟共同语有差异的方言词语。

07.028 方言语法 dialectal grammar
方言自身的语法系统及其内部语法规则的子系统。一般多指那些在形式、功能和使用方面跟共同语有差异的语法现象。

07.03 方言分区

07.029 方言分区 dialectal division
根据语言特征的异同、地理分布的大小远近等因素,把方言划分为不同区域。分区有时也适当考虑历史、文化、通行区域大小、人口多少等因素。

07.030 方言系属 dialectal belongings
根据方言分区的标准或方言分类的标准所确定的归属、地位。在方言地图上往往用不同的图示表示不同系属的方言区划。

07.031 方言层级 dialectal stratification
方言分区中的层次体系。不同的层次往往有不同的称谓,如方言区、方言片、方言点等。

07.032 方言分类 dialectal classification
根据方言的语音、词汇、语法等特征,对各方言进行类型上的区分和分类。例如根据有无入声调类,可以划分为有入声方言和无入声方言。

07.033 方言区 dialect group
又称"方言大区""大方言区"。方言分区系统里最高一层的区划。例如官话方言区、吴语区等。

07.034 方言片 dialect cluster
又称"次方言区"。介于方言区和方言点之间的区划,分布地域比方言区的范围小,比方言点或方言小片的范围大。例如粤语下面的广府片。

07.035 方言小片 dialect sub-cluster
方言片内部的区划。例如吴语太湖片可分为毗陵小片、苏沪嘉小片、苕溪小片、杭州小片、临绍小片、甬江小片等。

07.036 方言点 dialect spot
某个特定地点的方言。在方言地图上面表现为一个分布点,而不是一个分布区域。

07.037 方言岛 dialect island
由于移民、驻军等原因逐步形成的孤岛方言。方言岛分布范围往往较小,并且在地域上分布于另外一个方言的包围之中。例如"军话"。

07.038 军话 military dialect
一种汉语方言岛。主要零星分布于中国南方,具有北方话音系特征。根据当地传说或者历史文献记录,这些方言很有可能来源于古代驻军,并在长期发展中逐步形成。

07.039 站话 station dialect
一种汉语方言。主要分布于黑龙江西部漠河、新立屯、科洛、肇州等地的古代驿站附近。

07.040 蛮话 Man dialect
主要指浙江南部与福建相邻的若干不同于其他当地吴语的土语方言。例如平阳蛮话。

07.041 土话 aboriginal vernacular
特指汉语方言中分区归属尚不清楚,有待深入调查研究的一部分方言。如湘南土话、粤北土话。

07.042 粤北土话 Northern Yue Vernacular Cluster
分布于粤北韶关一带以及与湘赣交界处的

土话。方言归属尚未有定论。

07.043　湘南土话　Southern Xiang Vernacular Cluster
分布于湖南南部与广东、广西交界一带的土话。方言归属尚未有定论。

07.044　官话方言　Mandarin dialect
简称"官话"。原指元明以来逐渐形成的、在官方场合通行使用的官方语言。现指全国汉语方言的最大一个方言区即官话区的方言,分布于长江流域及其以北的广大区域(山西及其毗邻有入声的汉语方言,《中国语言地图集》划为晋语区)。

07.045　北方方言　Northern Mandarin
又称"北方话"。分布于长江流域以北区域的汉语方言的统称。与分布于东南沿海的南方方言相对而言,有时也用来指官话方言。

07.046　蓝青官话　substandard Mandarin
旧指夹杂有各种方言口音的不标准的普通话。相当于地方普通话。

07.047　北京官话　Beijing Mandarin
官话方言中古清入声今读分别归入阴平、阳平、上声和去声的方言。主要分布于北京以及河北、内蒙古、辽宁三省区交界处。可分为京师片、怀承片、朝峰片、石克片四片。

07.048　东北官话　Northeastern Mandarin
官话方言中古清入声今读分别归入阴平、阳平、上声和去声的方言,相对于北京官话而言古清入声今读上声较多。主要分布于东北三省。可分为吉沈片、哈阜片、黑松片三片。

07.049　兰银官话　Lanyin Mandarin
官话方言中古清入声今读去声的方言。主要分布于甘肃、宁夏、新疆等地。可分为金城片、银吴片、河西片、塔密片四片。

07.050　胶辽官话　Jiaoliao Mandarin
官话方言中古清入声今读上声的方言。主要分布于山东胶东半岛和辽宁辽东半岛。可分为青州片、登连片、盖桓片三片。

07.051　冀鲁官话　Jilu Mandarin
曾称"北方官话"。官话方言中古清入声今读阴平、古次浊入声今读去声的方言。主要分布于河北中南部和山东西北部。可分为保唐片、石济片、沧惠片三片。

07.052　中原官话　Zhongyuan Mandarin
官话方言中古次浊入声今读阴平的方言。主要分布于黄河中下游地区,包括苏北、皖北、河南以及晋陕甘青宁等部分地区。可分为郑曹片、蔡鲁片、洛徐片、信蚌片、汾河片、关中片、秦陇片、陇中片、南疆片九片。

07.053　西南官话　Southwestern Mandarin
曾称"上江官话"。官话方言中古入声今读阳平的方言。主要分布于西南云贵川、重庆以及湖北、湖南、广西等部分地区。可分为成渝片、滇西片、黔北片、昆贵片、灌赤片、鄂北片、武天片、岑江片、黔南片、湘南片、桂柳片、常鹤片十二片。

07.054　上江官话　Shangjiang Mandarin
①"西南官话"的曾称。②1939年原中央研究院历史语言研究所《中国分省新图》中的《语言区域图》使用这个术语指称西南官话和湘语。

07.055　江淮官话　Jianghuai Mandarin
曾称"下江官话"。官话方言中古入声今读入声的方言。主要分布在长江下游地区,包括湖北东南部、安徽中部、江苏北部等地区。可分为洪巢片、泰如片、黄孝片三片。

07.056　下江官话　Xiajiang Mandarin
①"江淮官话"的曾称。②1939年原中央研究院历史语言研究所《中国分省新图》中的《语言区域图》使用这个术语指称江淮官话

和赣语。

07.057　吴方言　Wu dialect
又称"吴语"。主要分布于苏南、浙江、皖东南、赣东北等地的汉语方言。主要特点是中古声母"帮滂并"等今读音形成三分格局。可分为太湖片、台州片、瓯江片、婺州片、处衢片、宣州片六片。

07.058　北部吴语　Northern Wu dialect
一般指分布于苏南、浙北的太湖片吴方言。在历史上一度有较大的影响，代表点有上海、苏州、杭州等。

07.059　南部吴语　Southern Wu dialect
主要分布于浙江南部各地的瓯江片、婺州片和处衢片等吴方言。相对于北部吴语，南部吴语缺乏较强的内部一致性，相互可懂度较低，语言特点相对比较复杂。

07.060　湘方言　Xiang dialect
又称"湘语"。分布于湘水、资水和沅水流域的湖南大部和广西东北部等地的汉语方言。主要特点是古全浊声母今读塞音、塞擦音时，部分地区今多读清音，另一部分地区今多读浊音，一般为不送气音。可分为长益片、娄邵片、吉溆片三片。

07.061　赣方言　Gan dialect
又称"赣语"。分布于赣江中下游、抚河流域及鄱阳湖地区以及湘东、鄂东南、皖西南等地的汉语方言。主要特点是古全浊声母今读塞音、塞擦音时，一般为送气音。可分为昌靖片、宜浏片、吉茶片、抚广片、鹰弋片、大通片、耒资片、洞绥片、怀岳片九片。

07.062　粤方言　Yue dialect
又称"粤语"。主要分布于广东、广西等地，以广州话为代表点的汉语方言。主要特点是古全浊声母今读塞音、塞擦音时，一般平声读送气清音，仄声读不送气清音。可分为广府片、邕浔片、高阳片、四邑片、勾漏片、吴化片、钦廉片七片。

07.063　闽方言　Min dialect
又称"闽语"。主要分布于福建、台湾、海南三省以及广东潮汕地区的汉语方言。主要特点是古全浊声母今读塞音、塞擦音时，一般读不送气清音。可分为闽南片、莆仙片、闽东片、闽中片、闽北片、琼文片、雷州片、邵将片八片。

07.064　客家方言　Hakka dialect
又称"客家话"。以客家人为主要使用者的汉语方言。分布于广东、海南、台湾、广西、福建西部、江西南部、湖南东南部以及四川部分方言点。主要特点是古全浊声母今读塞音、塞擦音时，一般读送气清音。可分为粤台片、粤中片、惠州片、粤北片、汀州片、宁龙片、于桂片、铜鼓片八片。

07.065　晋方言　Jin dialect
又称"晋语"。山西省及其毗连地区有入声的汉语方言。可分为并州片、吕梁片、上党片、五台片、大包片、张呼片、邯新片、志延片八片。旧归官话，《中国语言地图集》划为独立的方言区。

07.066　徽方言　Hui dialect
又称"徽语"。分布于新安江流域的皖南旧徽州府、浙江西部旧严州府一带的汉语方言。可分为绩歙片、休黟片、祁德片、严州片、旌占片五片。

07.067　平话方言　Pinghua dialect
简称"平话"。分布于广西桂林到南宁古官道沿线乡村地区的汉语方言。柳州以南为南段，鹿寨以北为北段。南段北部向西北方向沿融江一支地理上接近北段，但是从语言特点上接近南段。融江一支加上南段为桂南平话，内部一致性较强。北段其他地区为桂北平话,内部一致性较差。

07.04　方言分析

07.068　本音　basic form
与"变音"相对。方言中原本的语音形式。大多是指汉字独用时的单字音。

07.069　变音　changed form
与"本音"相对。在声韵调等方面发生变化而派生的语音形式。变音是在本音的基础上派生出来的。多特指带有小称等语法功能的一些语音形式,如变韵、变调等。例如郑州话"骡",[luo⁴²]是本音,[luɑu⁴²]是变音。

07.070　合音　fusion
两个或者两个以上音节缩合为一个音节的语音现象。例如北京话"甭"是"不用"两个音节合音而成的。

07.071　儿化　er diminutive; rhotacized
汉语方言表示小称意义的一种语法手段。在语音上,词干音节与表小称义的儿尾音节融合成为一个音节。在北方方言里,儿化多体现为卷舌韵形式;在南方方言里,由于儿尾音节本身不读卷舌韵,儿化大多也因此不用卷舌韵形式。

07.072　儿化韵　er diminutive final; rhotacized final
汉语方言里儿化音节的韵母形式。在北方方言里,多体现为卷舌韵形式,例如北京话"花"[xua⁵⁵],儿化韵是[xuar⁵⁵];一些南方方言往往表现为鼻音尾韵等形式,例如屯溪话"栗"[lɛ¹¹],儿化韵是[lɛn¹¹]。

07.073　本调　basic tone
与"变调"相对。方言中原本的声调调值。大多是指汉字独用时的单字调,有时存在于非单字调中。变调是在本调的基础上派生出来的。

07.074　单字调　independent tone
方言中的一个字独用时的声调调值。

07.075　变调　changed tone
与"本调"相对。声调发生变化而派生出来的调值。例如小称变调、动词完成体变调等。连续语流中跟单字调值不同的连读调也称连读变调。

07.076　连读变调　tone sandhi
汉语方言多音节词或短语在实际语流中表现出来的声调组合形式。有一定的声调模式,前字音节或者后字音节在一定条件下往往与单字调不同。根据连读音节的多少不同,可分为两字组连读变调和三字组连读变调等。

07.077　两字组　bi-syllabic form
又称"双字组"。汉语方言中由两个音节构成的音节组合。多用于考察双音节成分的连读变调形式和规律。

07.078　三字组　tri-syllabic form
汉语方言中由三个音节构成的音节组合。多用于考察三音节成分的连读变调形式和规律。

07.079　小称　diminutive
一种特定的语音、词汇、语法手段。用于表示"小""喜爱"等与"小"义密切相关的意义。汉语方言里多用"儿""子"等表小义的附加语素与词干成分通过组合、融合、合音等声韵调变化的方式表示小称。例如北京话通过儿化表示小称,"狗儿"[kour²¹⁴]。

07.080　小称变韵　diminutive final
汉语方言表小称义的词干音节派生出的与本韵不同的韵母。例如郑州话"芽"[iɑ⁴²],小称变韵形式是[iɑu⁴²]。

07.081 小称变调 diminutive tone

汉语方言表小称义的词干音节派生出的与本调不同的声调。例如湖北阳新话"哥"[ko³³],小称变调形式是[ko⁴⁵]。

07.082 子变韵母 zi changed final

又称"Z 变韵"。汉语方言中通过韵母变化来表示相当于北京话子尾小称词语的韵母形式。例如河南获嘉话"孩"[xai³¹],子变韵母形式是[xiɔ³¹],意思是"孩子"。

07.083 D 变韵 D changed final

汉语一些方言里动词、形容词音节所发生的不同于本韵的韵母变化形式,多出现于表示体貌的语法环境里。例如河南获嘉话动词"拐"[kuai⁵³],其完成体形式是[kuɛ⁵³],意思是"拐了(~一个人)"。

07.084 音韵地位 historical phonological categories

一般指字音在中古音系中所占据的位置,特别是在韵摄、开合、韵等、声母、韵母、声调等类别上的具体体现。

07.085 分尖团 sharp and round initial distinction

汉语方言里中古精组字今读细音的和中古见晓组字今读细音的在声母上存在音位对立的语音现象。如精母字"酒"与见母字"九"在不同的方言里面声母今读情况各不相同:有的方言(如北京话),声母相同,说明不分尖团;有的方言(如青岛话),今读均为细音而声母不同,说明分尖团。

07.086 尖音 sharp initial

与"团音"相对。中古精组字今读为细音的字音。例如青岛话"精""清""星"等字声母分别是[ts][tsʻ][s]。

07.087 团音 round initial

与"尖音"相对。中古见晓组字今读为细音的字音。例如青岛话"经""轻""兴"等字声母分别是[tɕ][tɕʻ][ɕ]。

07.088 清音浊流 unvoiced initial with voiced release

吴语等方言里来源于中古全浊声母字今读清音声母的普遍表现形式。声母发音时属于声带并不振动的清辅音,但是辅音持阻之后带有浊音气流。

07.089 舒声 lax tone

与"促声"相对。音节的时长为非短促类的单字声调,韵母不带有塞音韵尾。

07.090 促声 abrupt tone

与"舒声"相对。音节的时长为相对短促类的单字声调,同时韵母也往往带有塞音韵尾。

07.091 语音对应 phonological correspondence

又称"语音对应规律"。指亲属语言之间、方言与共同语之间、各方言之间、语言或方言自身古今演变线索之间其音系的各个组成要素基于同源性质的相互对应的规律。

07.092 异读 variant reading

同一个汉字在同一个音系中存在两种或两种以上不同读音的现象。一般特指意义相同读音不同的一字多音现象,不包括那些音同义不同的同形词。例如北京话"柏"字有两个读音,一个是[pai²¹⁴],一个是[po³⁵]。

07.093 训读 interpretative reading

把本地方言不用的字读作该方言相应义项的同义字或近义字的读音。这是一种近似于翻译而不是源于语音对应规律的读音习惯或传统。例如海口话"叶"的读音是[ɲio³³],为训读,其本字是"箬"。

07.094 文读 literary reading

在文言语体或书面环境下使用的方言读法。

07.095 文读音 literary pronunciation

方言区人们的读书音或由于外来强势方言

的语音层次影响所产生的汉字发音。例如北京话"剥"字文读音是[po⁵⁵]。

07.096 文读层 literary layer
由文读音的音类构成的语音层次。

07.097 白读 colloquial reading
在口语语体环境下使用的方言读法。

07.098 白读音 colloquial pronunciation
方言区人们地道口语语体所使用的汉字发音。例如北京话"剥"字白读音是[pɑu⁵⁵]。

07.099 白读层 colloquial layer
由白读音的音类构成的语音层次。

07.100 文白异读 literary versus colloquial distinction
方言中来历相同、意义相同而由于语体不同所产生的一字两读或者多读现象。异读音中往往一个是文读音，另一个是白读音。例如北京话"剥"字文读音是[po⁵⁵]，白读音是[pɑu⁵⁵]。

07.101 新派 new variation
一个语言或者方言语音系统中属于相对于老派而新产生的语音派别。

07.102 老派 old variation
一个语言或者方言语音系统中属于传统的老的语音派别。

07.103 方言字 dialectal character
又称"土字"。方言区的人根据使用需要创造并长期使用的带有特定方言特点的汉字形式。例如粤方言的否定词"唔"，意思是"不"。

07.104 俗字 vulgar character
方言区人们根据各自的语音系统临时创造或长期使用的某些通俗的汉字写法。例如一些地方"酒"字用"九"作声符，取代"酉"声符。

07.105 本字 etymological character
根据方言古今音对应规律，结合文献记载和较大范围的方言对比，通过音义两方面，考证出的方言词的本来汉字形式。例如广州话"心抱"（媳妇），其本字为"新妇"。

07.106 考本字 etymological character analysis
根据方言古今音对应规律，结合文献记载和较大范围的方言对比，通过音义两方面，考证方言词的本来汉字形式的研究方法和行为。

07.107 例外字 exceptional reading character
方言里面今读音不符合古今音对应规律的汉字。例如根据古今音规律，中古止摄开口三等字"玺徙"字在北京话里应该跟"死"同音，由于避讳，这两个字读音例外。

07.108 特字 special reading character
汉语方言里一批读音特殊的例外字，相对于一般的例外字而言，特字的特殊读音往往不限于个别方言，而是在很多方言乃至多数方言里的读音都比较特殊。例如梗摄开口二等字"打"字，属于阳声韵字，按规律今音应读鼻韵尾韵母，但官话方言多读单元音韵母。

07.109 方言词 dialectal word
只在方言里使用，在共同语里不使用或者尚未吸收使用的词语。例如粤方言的"睇"（看）。

07.110 特征词 distinctive word
能够区别方言间的差别，可以作为方言区分和鉴别的一批词语。这些词对内具有一致性、对外具有排他性，能够反映某个方言区词汇特征。例如闽方言的"厝"（房子）。

07.111 分音词 split word
汉语方言里利用反切方式构词而形成的一类词语。通常一个音节分裂为两个音节，在声母后插入一个弱化韵母,韵母前面插入边音、流音等声母,形成两个音节的词语。如部分晋语方言"摆"变成"薄来"等。

07.112　合音词　fusional word
由两个或者两个以上音节通过缩合语音形式而形成的词语。例如"不用"合音成为"甭"。

07.113　切脚词　qiejiao word
汉语方言分音词中的一种。一个音节通过近似于双声叠韵的方式分裂为两个音节,在声母后插入一个半叠韵式的韵母(大多是主要元音),韵母前面插入边音、流音等声母,形成两个音节的词语。例如闽语福州方言[paŋ](意思是"蹒跚")变成[pa laŋ]。

07.114　方言韵书　dialectal rhyme book
根据方言音系编写的按韵类排列的字书。例如闽语韵书《戚参军八音字义便览》。

08. 修　辞　学

08.01　修　辞　学

08.001　修辞学　rhetoric
语言学的一个分支。研究提高语言表达效果的规律,即如何依据题旨情境,运用各种语言要素和语文材料、各种表现手法,恰当地表达思想和情感。它揭示修辞现象的条理、修辞观念的系统,指导人们运用和创造各种修辞方法准确地传情达意。

08.002　普通修辞学　general rhetoric
研究各种语言的修辞现象与共同规律的修辞学。建立在许多个别的修辞研究的基础上,如词汇修辞学、句法修辞学、篇章修辞学、话语修辞学、论辩修辞学、理解修辞学、分析修辞学等,与它们相互依存,相互促进。

08.003　文体学　stylistics
语言学的一个分支。研究文章体裁的特点、分类及其产生、发展和演变规律。也有人用以指称"语体学"。

08.004　心理修辞学　psychological rhetoric
语言学的一个分支。利用心理语言学的方法来研究修辞学。

08.005　传统修辞学　traditional rhetoric
现代修辞学产生以前的修辞学。主要依靠直觉、体验、感悟来分析和把握作品的修辞方式与修辞效果,从宏观上揭示各种文体的表达特点与风格,带有较浓厚的人文性和政治伦理色彩。缺点是不区分语言与言语,往往将语言体系的修辞分化赋予话语,又把话语的修辞效果归功于修辞手段。

08.006　现代修辞学　modern rhetoric
现代语言学的一个分支。以现代语言学为理论基础,以言语和言语规律作为主要研究对象。强调言语环境对于修辞效果的作用。显著特点是区分语言修辞和言语修辞。可分为语言修辞学和言语修辞学两种。

08.007　综合修辞学　synthetic rhetoric
又称"组合修辞学"。与"分析修辞学"相对。以功能来划分的修辞学的一种类型。从说写者的角度研究如何有效地组合话语达到交际目的,研究语言材料及一切修辞现象的表达规律和表达功能,研究演绎法、归纳法、反证法等思维规律。以修辞格为例,综合修辞学研究各种修辞格的形成、特点和表达功能。属于综合修辞学的有表达修辞学、发生修辞学、实践修辞学、论辩修辞学等。

08.008　表达修辞学　expressing rhetoric
修辞学的一个分支。主要研究语言体系中表达手段的修辞价值,以及修辞变体与修辞效果的关系。

08.009　发生修辞学　genetic rhetoric
修辞学的一个分支。研究语言风格及其成因。认为每个民族的语言都有区别于其他民族语言的特点和风格,同一民族内的不同作者、体裁、时代的语言也具有不同的特点和风格,它们的差异表现为各自特殊的表达手段和表达方式。发生修辞学着重研究语言体系中这些风格变异的成因及内在规律。

08.010　实践修辞学　practical rhetoric
①欧美研究英语标准语的应用修辞学。目的是通过修辞教学把修辞学的一系列原则贯彻到言语实践中去,它分析研究文章的类型、表现手法、风格原则及其要素。②苏联研究各种修辞实践问题的学科。包括语体的一般知识、对语言手段表情色彩的评价、对语言同义手段的分析。

08.011　论辩修辞学　argumentative rhetoric
现代英、美修辞学的一个分支。以20世纪初的逻辑实证主义哲学为基础,继承了亚里士多德古典修辞学的研究方法,研究各种论辩技巧,分析使论辩顺利开始、发展以及取得良好效果的条件,考证文章的真假值等。

08.012　分析修辞学　analytic rhetoric
又称"理解修辞学"。与"综合修辞学"相对。以功能来划分的一种修辞学类型。从听读者的角度研究如何正确地分析、理解和欣赏话语,研究语言材料及各种修辞现象在话语中的分布规律,描写语体与风格的成因和功能,探讨思维规律与语体特征之间的联系等。

08.013　风格学　stylistics
修辞学的一个分支。从语言的角度研究风格,包括:(1)传统风格学,研究言语作品中从各个侧面反映出来的使用语言的特点综合,如阶级的、民族的、社会的、个人的等。这些风格可归结为作家的个人风格或作家群体的流派风格,以研究作家的个人风格为主。(2)语言风格学,研究语言变体的风格,如正式体、随意体、亲昵体各有不同的风格。(3)语音风格学,研究语音的表达功能,语音因素在风格形成中的作用。(4)统计风格学,以计算机为工具,运用数学方法来研究语言风格。

08.014　功能修辞学　functional rhetoric
修辞学的一个分支。研究在不同交际领域中如何有效发挥语言的交际功能,研究语言运用于同交际领域相适应的不同语体时所遵循的规律,研究由此而形成的功能风格(语体)的言语一体性,研究语体中选择和组织语言手段的规范。

08.015　建构修辞学　constructive rhetoric
修辞学的一个分支。属于建构语言学,研究话语的建构规律,总结各级各类修辞活动的规则、规范,概括言语交际过程中从宏观到微观的修辞体系,形成言语交际的全方位修辞的立体构架,以指导修辞实践。

08.016　话语修辞学　discourse rhetoric
修辞学的一个分支。以连贯话语为对象,研究其修辞规律和修辞效果。当代语言学话语分析的成果表明,连贯话语是言语表达的重要单位,有一定的结构方法和表达功能。

话语修辞学就是专门研究话语组合的方法、手段以及各种话语结构类型的修辞特征,研究句群、语段之间的内在联系、篇章的构成,探索话语纵向发展的内部规律,也就是话语的表达规律。

08.017　篇章修辞学　text rhetoric
修辞学的一个分支。研究话语篇章的组织方法和手段。

08.018　比较修辞学　comparative rhetoric
修辞学的一个分支。用比较的方法来研究、总结修辞规律,包括:(1)内部比较(即修辞学范围内的现象、方法和规律的比较)和外部比较(即修辞学与其他相关学科如语音学、词汇学、语法学、风格学、文章学、文艺学的比较),探讨它们之间的区别和联系,总结修辞学的内部规律。(2)一种语言内部修辞学的历时性发展变化比较,如古代汉语修辞学与现代汉语修辞学的比较研究。有时指对比修辞学。

08.019　对比修辞学　contrastive rhetoric
修辞学的一个分支。在不同语言的修辞学之间所作的共时性对比研究。包括修辞要素、修辞方式、修辞效果、修辞体系、修辞规律等各方面的异同的探讨,直接服务于外语教学和语际翻译。这种对比研究不涉及语言的亲缘关系或类型属性,有别于历时性的比较修辞学。

08.020　统计修辞学　statistical rhetoric
修辞学的一个分支。采用数理统计的方法研究作家作品使用语言的规律。包括统计方法及其在修辞学中的运用、语体的统计分析和作家风格的统计分析。

08.021　信息修辞学　informational rhetoric
修辞学的一个分支。采用信息语言学的方法研究话语传递信息效果。内容有话语信息、话语信息量、信息损耗和剩余信息及其修辞作用。

08.022　控制修辞学　control rhetoric
信息修辞学的延续部分。专门从信息控制论的角度出发,研究施控者与受控者的相互作用过程,以有效地完成社会交际任务。

08.023　修辞词汇学　rhetorical lexicology
修辞学的一个分支。以语言词汇和熟语所具有的修辞属性的观点研究词语。从词汇、熟语表现力的角度,从它们属于某种语体的角度进行研究分析。

08.024　修辞句法学　syntactical rhetoric;rhetorical syntax
又称"句法修辞学"。修辞学的一个分支。从修辞的角度来研究句法。从句法结构特有的表现力和句法分化的角度描写特殊的句法结构。

08.025　语言修辞学　language rhetoric
与"言语修辞学"相对。修辞学的一个分支。以语言体系的修辞手段、各语言因素的修辞功能为研究对象,研究语言体系中有修辞分化的语言单位,收集、归纳各种语言表达手段,并使之体系化,同时研究语言手段固有的修辞特性和语言的修辞资源。

08.026　言语修辞学　speech rhetoric
与"语言修辞学"相对。修辞学的一个分支。以言语规律、言语中的修辞现象为研究对象,研究语言材料在具体的交际情景和言语环境中的使用特点,阐明、描写和解释语言材料在特定语境中的修辞效果。包括话语修辞学、语体学、艺术言语修辞学。

08.027　艺术言语修辞学　artistic speech rhetoric
修辞学的一个分支。以文艺作品语言为对象,研究文艺作品的语言组织、言语结构、作家风格和艺术修辞效果。

08.028　语法修辞学　grammatical rhetoric
修辞学的一个分支。研究语法、修辞规律。传统的语言研究把修辞看做语法学的研究对象，又把语法看做修辞学的论述对象，因而在语法学著作中研究修辞现象，在修辞学著作中论述语法规律，形成一种混合的语法修辞研究。

08.029　结构修辞学　structural rhetoric
现代修辞学的一个分支。从结构的角度研究话语的功能及语言单位的修辞价值。

08.030　古典修辞学　classical rhetoric
①希腊古典修辞学，即演讲术。②现代英、美修辞学的三大流派之一。认为修辞学既是组合艺术，指导交际者根据交际的对象、场合和目的组合话语，也是分析艺术，交际者可以利用修辞知识分析和欣赏名著。

08.031　描写修辞学　descriptive rhetoric
现代英、美修辞学的三大流派之一。运用现代语言学的理论，以研究英语语体和文体为主要任务。

08.032　新修辞学　neo-rhetoric
①现代英、美修辞学的三大流派之一。主要从言语交际的角度研究沟通双方的语言表达手段。②指论辩修辞学。见"论辩修辞学"。

08.033　修辞美学　rhetorical aesthetics
介于修辞学和美学之间的边缘学科。研究语言美的本质和一般规律。修辞学的目的是探求语言美，要以美学原理为指导，所以修辞学也称"美辞学"。

08.034　修辞心理学　rhetorical psychology
修辞学与心理学的交叉边缘学科。研究人们修辞活动过程中的心理现象和规律。

08.035　社会心理修辞学　sociopsychological rhetoric
社会心理学和修辞学的交叉边缘学科。在社会心理语言学的基础上产生，主要采取调查法、实验法和心理分析法，着重研究修辞行为的社会心理机制、社会心理同话语建构和话语理解的关系、修辞手段的社会心理基础、各种修辞行为的心理特点及其控制策略等。是研究社会心理因素与修辞过程的共变关系的新兴学科。

08.036　语用修辞学　pragmatic rhetoric
语用学与修辞学的交叉学科。综合运用两门学科的理论和方法对言语活动和话语进行分析。内容包括话语的建构和理解、言语环境、角色关系、前提和背景、言外之意等。

08.037　语体量化研究　quantification in stylistic study
采用定量分析的方法，确定各种语言要素在语体中的分布和频率，对语体特征进行研究。每种语体的语言特征都可以概括出若干要素，但这些特征的要素是在一定量的基础上概括出来的。量变到一定程度，则产生质变，形成新的特点，即语体特征。量化是语体研究的重要依据。

08.02　修　辞

08.038　修辞　rhetoric（rhetorical activities or regularities）
依据题旨情境，运用各种语文材料、各种表现手法和技巧，恰当地表现说写者所要表达的思想内容与情感的言语活动。也指这种修辞活动的规律，即人们在交际中提高语言表达效果的方式、手段的规律。

08.039　语音修辞　phonetic rhetoric
修辞手段的一种。运用各种语音手段以取得积极的修辞效果。讲究字音、句调、语气、节奏、韵脚、格律、音响等的调整与配合，以求达到音调抑扬顿挫、表达声情并茂的境界。艺术语言中的诗词曲赋和戏剧尤其注重语音修辞。

08.040　词汇修辞　rhetoric by lexical devices
又称"语汇修辞"。运用词汇手段，如各种词汇成分，词的构成、意义及其变化等，取得积极的修辞效果。

08.041　标点修辞　punctuations as rhetorical devices
书面语中运用标点符号以取得特殊的、积极的表达效果。

08.042　符号修辞　symbolic rhetoric
利用符号或图形作为表达手段，以取得积极的表达效果，适用于书面语。

08.043　积极修辞　active rhetoric
又称"艺术修辞""特殊修辞"。修辞现象的两大分野之一，与"消极修辞"相对。多与形象思维和情感体验相联系，强调语言的形象性、具体性和生动性。积极修辞分为辞格与辞趣两个部分。辞格涉及语辞和意旨，辞趣大体只是语言文字本身的情趣的利用。

08.044　消极修辞　passive rhetoric
又称"规范修辞""平实修辞"。修辞现象的两大分野之一，与"积极修辞"相对。它不求生动形象，而以通达明白为总目标，要求做到表达的精确与平妥。

08.045　论理性修辞　passive rhetoric
从修辞与逻辑的关系来说明消极修辞现象，与艺术性修辞相对应。适用于科学语体、事务语体、政论语体等。

08.046　修辞律　regularity of rhetoric
又称"辞律"。指消极修辞的规律和手法。可分为与语音有关的修辞律、与词汇有关的修辞律、与语法有关的修辞律。

08.047　辞趣　wonderful effect achieved through meaning, sound or form of words
为积极修辞可利用的语言文字意义上、声音上、形体上的种种特有色彩和韵致。例如词语因时域、地域、语域的不同，会有不同的意趣；字音洪细、清浊，音调的长短，会有不同的音趣；文字形貌的差异，会有不同的形趣。

08.048　宏观修辞　macro-rhetoric
与"微观修辞"相对。指话语修辞、信息修辞、语境等带全局性的修辞现象。宏观修辞以微观修辞为基础，字斟句酌；微观修辞以宏观修辞为目的，依赖言语环境，讲究言语的总体效果。

08.049　微观修辞　micro-rhetoric
与"宏观修辞"相对。指修辞手段、修辞方法等局部性的修辞现象以及具体的修辞行为和修辞过程，重点放在词语的选择、句式的调整、修辞格的运用等方面。

08.050　基本性修辞　basic rhetoric
与"提高性修辞"相对。修辞方式的一种类型。是基础性、规范性修辞，是为了达到言语交际目的所必须做出的基本努力。采用常规修辞方法和规范的语言格式，使言语表达清楚明白、准确简练。适用于科学语体、事务语体。

08.051　提高性修辞　advanced rhetoric
与"基本性修辞"相对。修辞方式的一种类型。想象丰富，手法高超，变化多端，常使用变异的语言格式，采用间接曲折的表达方法，使言语生动形象，具体鲜明。适用于艺术语体。

08.052　口语修辞　rhetoric in spoken language
与"书面语修辞"相对。口头交际中特有的修辞现象和修辞方式。

08.053　书面语修辞　rhetoric in written language
与"口语修辞"相对。书面交际中特有的修辞现象。

08.054　零度修辞　zero rhetoric
语言体系中没有相应变体的表达手段，在言语中表现出没有任何修辞手法的现象。

08.055　模糊修辞　fuzzy rhetoric
修辞手段的一种。运用模糊语言来取得修辞效果，言语表达过程中有时模糊比精确效果更好。

08.056　修辞规律　law of rhetoric
从修辞手法和修辞理论中分别概括出来的法则或规律。修辞规律是客观存在的，修辞研究就是要发现它们，并使人们按照这些规律去运作。

08.057　修辞过程　rhetorical process
对语言进行选择、加工的活动过程。一般可分为三个阶段：(1)考虑选择；(2)比较修改；(3)确定结果。

08.058　修辞活动　rhetorical activities
对语言进行加工、修饰和调整，以取得最佳交际效果的言语活动，即指人们在言语活动中对各种语言表达方式和手段的运用。

08.059　修辞价值　rhetorical value
语言单位在组成话语表达思想时，对于增强表达效果所起的积极作用或表现力。修辞效果的获得要依赖于言语环境。

08.060　修辞心理　rhetorical mentality
修辞心理学的主要研究对象，即人们修辞活动过程中的心理现象和规律。是人类心理发展与语言发展达到一定水平的产物，具有自觉的能动性，但受到社会历史规律的制约。

08.061　术语化　terminologicalization
与"艺术化"相对。一种修辞规范。在科学语体或事务语体话语中，重复使用某个词语来表达反复出现的概念，使其具有术语性质。

08.062　艺术化　artification
与"术语化"相对。一种修辞规范。在艺术语体话语中，需要出现相同概念时，千方百计地使用纷繁多样的同义或近义词语，以避免单调重复，使言语表达生动活泼。

08.03　修辞手段

08.063　修辞聚合　rhetorical paradigm
词汇意义、语法意义相同或相近，但修辞色彩不同的一组语言单位，即修辞同义手段或修辞变体。

08.064　修辞色彩　rhetorical meaning
又称"修辞意义"。指语言单位在其词汇意义和语法意义以外所具有的表达说写者主观感情和评价意义的色彩，分为表情色彩、语体色彩、联想色彩等。

08.065　修辞资源　rhetorical resources
语言中可作为修辞手段的一切材料。存在于语言结构的各个平面，包括语音、词汇、句法等各种语言因素，也包括标点、符号、逻辑等一些非语言因素。

08.066　修辞变体　rhetorical varieties
语言体系中意义相同或相近，而修辞色彩不

同的语言单位。

08.067 修辞标记 rhetorical marker
辞书编纂中用以标示不同语言单位变体或修辞分化的符号或说明。例如口语、书面语、褒义、贬义,科技术语、古词语、历史词语、诗歌词、外来词、罕用词等。

08.068 修辞分化 rhetorical dissociation
语言单位按语体特征的分配或修辞色彩的分化。同义语言单位经常各自适用于不同交际领域,这些语言单位就具有不同的修辞功能,表现不同的感情色彩,形成功能分化。

08.069 修辞结构 rhetorical structure
言语作品中运用修辞手段的总体结构。是文章结构的层次之一。各种语体都有各自的修辞结构,因而修辞结构成为语体的最主要的外部特征。

08.070 模糊语言 fuzzy language
①自然语言中所表达的概念外延不精确的词语。客观事物之间绝大多数没有精确的界限,因而反映客观现实的词语也大多是模糊的,这是自然语言的重要属性之一。②言语表达中用来表示意义不确定或不明确的词语。

08.071 双排句 double parallelism
由两组排比结构组成的语句。

08.072 谐辞 ironic and humorous expression
带有讽刺性的诙谐话语,目的在于讽喻。

08.073 爱称 term of endearment; pet name; diminutive
表示亲昵、喜爱的称谓或称说。

08.074 异称 varied forms of address
从不同角度对同一个人给予不同的称谓或称说。

08.075 连续异称 immediate different forms of address
异称的一种。从不同角度对同一个人给予连续的、不同的称谓或称说。例如,"李铜钟,这个出生在逃荒路上,十岁那年就去给财主放羊的小长工,这个土改时的民兵队长,抗美援朝的志愿兵,这个复员残废军人,李家寨大队的'瘸腿支书'李铜钟。"小长工、民兵队长、志愿兵、残废军人、瘸腿支书是对李铜钟的连续异称。

08.076 异语 expression in dialectal or loan words
根据特定语境适当选用汉语方言词或外族语词,以增强生活气息,反映独特的地方色彩或异域情调。

08.077 语音象征 sound symbolism
并非对自然声音的直接模拟,而是由某些音素、音组或其他语音单位引起某种联想。

08.078 韵律 metre; rhyme scheme
诗文中的声韵和节律。音的高低、轻重、长短的组合,匀称的间歇或停顿,一定位置上相同音节的反复出现以及句末或行末利用同韵同调的音相谐,就构成了韵律。

08.079 中态手段 neutral linguistic devices without rhetorical flavour
不带修辞色彩的中性语言手段。例如"房屋""读""平常"等通用词语,一般的陈述句、疑问句或祈使句等,修辞上处于零值。

08.04 修辞方法

08.080 修辞方法 rhetorical method
使用语言时用来提高言语效果的各种方法的统称。从选词择句到谋篇布局以及适应不同的语体风格都要讲究修辞方法,常用的有择语、调音、设格、谋篇、修辞创新五种。

08.081　择语　diction
修辞方法的一种。选择语言中的同义手段,如同义词语、同义结构等,来确切地表达思想内容。

08.082　调音　tuning
修辞方法的一种。利用并协调语音,以造成话语抑扬顿挫、和谐悦耳的音响效果。运用叠音、摹声、双声、叠韵、儿化韵等都可起调音作用。例如,"雄赳赳,气昂昂,跨过鸭绿江。"用"赳赳""昂昂"的叠音和"昂""江"的押韵来协调语音。

08.083　设格　creation of a figure
修辞方法的一种。创设某种修辞格式,即利用辞格来增强表情达意的效果。

08.084　谋篇　textualization
修辞方法的一种。讲究文章的篇章布局和话语结构,以便完整、集中、有条理、有效果地表达思想内容。

08.085　修辞创新　creation in rhetoric
修辞方法的一种。根据交际需要,临时创造新的语言手段来加强表现力。特点是突破语言的现行规范,创造性地使用语言。创新经约定俗成,可进入语言体系。

08.086　谐音　homophony
修辞方法的一种。利用语音相同或相近的条件来表情达意、增强语言表现力。例如,"我看他是总编急,他一编报,咱们大伙儿可要跟着发急呐!""编辑""编急"相谐,产生讽刺效果。

08.087　起兴　reference to one thing to introduce another thing
又称"兴起"。修辞方法的一种。先言他物以引起所咏之辞,一般用于诗文的开头以加强语言表现力。有比喻、创造意境、押韵等作用。例如,"一对对山羊串串走,谁和我相好手拉手。"用"山羊"起兴,引起谁和我相好之事。

08.088　炼字　exertion in choice of words
又称"炼词"。修辞方法的一种。以切情、切境、切题为前提,对词语进行反复推敲、修改、锤炼,以达到音韵优美、简洁洗练、形象生动、情趣横生等目的。

08.089　炼句　exertion in choice of sentence patterns
修辞方法的一种。以切情、切境、切题为前提,对语句进行反复推敲、修改、锤炼,以达到音律和谐、句式优美、简洁精练、富于表现力等目的。

08.090　修辞格　figure of speech
又称"辞格""修辞格式""辞式"。在特定的语境里,创造性地运用全民语言而形成的具有特殊修辞效果的言语格式。

08.091　暗用　allusion
又称"用典""用事""援引"。修辞格的一种。借用典故来表情达意。例如,"人去紫台秋入塞,兵残楚帐夜闻歌。"用昭君远嫁匈奴和项羽垓下被围的典故表义。

08.092　比喻　trope; rhetorical comparison
又称"譬喻""譬""比""打比方"。修辞格的一种。根据甲乙两类不同事物的相似点,用乙事物来比甲事物。比喻通常由本体、喻体和比喻词三部分组成。按三部分的异同和隐现,可分明喻、暗喻和借喻三种基本类型;按三部分的结合情况,产生和划分出多种变化形式,如博喻、约喻、倒喻、对喻、正喻、反喻、讽喻、较喻、互喻、回喻、扩喻、联喻、潜喻、曲喻、缩喻、引喻、择喻等。

08.093 暗喻 metaphor in the pattern "tenor is/becomes etc. vehicle"

又称"隐喻""隐比"。比喻的一种基本形式。是隐含着的比喻,常用"是""当做""成为"等暗示性比喻词或不用任何比喻词表示本体与喻体之间的相似关系。例如,"这泪雨中的每一滴都不是普通的眼泪,一颗,一颗,都是万金难买的友谊的珍珠。"把眼泪比作珍珠。

08.094 博喻 sustained simile or metaphor

又称"复喻""联[贯]比""莎士比亚式比喻"。与"约喻"相对。比喻的一种。由两个以上的喻体从不同的角度和方面来说明或描绘一个本体的比喻,一般由明喻或暗喻构成。例如,"长征是宣言书,长征是宣传队,长征是播种机。"用三个喻体说明本体。

08.095 约喻 simile or metaphor with one vehicle for several tenors

与"博喻"相对。比喻的一种。由同一个喻体来说明或描绘几个本体。例如,"这天花板,这地板,这墙面,宛如盛开的鲜花。"一个喻体说明三个本体。

08.096 倒喻 rhetorical comparison with vehicle preceding tenor

又称"逆喻"。比喻的一种。喻体在前,本体在后。例如,"上海人叫小瘪三的那批角色,也很像我们的党八股,干瘪得很,样子十分难看。"喻体在前。

08.097 对喻 metaphor with its tenor and vehicle in double parallelism

比喻的一种。喻体与本体构成两相对称的对偶形式,实为比喻与对偶兼用,常见于民歌或谚语。例如,"路遥知马力,日久见人心。"

08.098 正喻 allegory without sarcasm

与"讽喻"相对。比喻的一种。指一般的、不带讽刺性的比喻。例如,"总司令那稳健的身躯,有如一株青松。"

08.099 讽喻 allegory

与"正喻"相对。比喻的一种。借用寓言、故事来说明道理,以达到启发教育或者讽刺谴责的目的。常寄诲人警世之意于讽刺中。可分编造(编写)和引述两种形式。例如,用"守株待兔"来讽喻把偶然当必然的人。

08.100 互喻 simile or metaphor with tenor and vehicle in exchange for each other

比喻的一种。先用喻体比本体,再用本体比喻体,相互设喻。可以是明喻或暗喻。例如,"远远的街灯明了,好像闪着无数的明星。天上的明星现了,好像点着无数的街灯。""明星"与"街灯"互喻。

08.101 回喻 rhetorical comparison in periphrasis

又称"迂喻"。比喻的一种。迂回设喻,先提出喻体,然后又否定喻体,最后再引出本体的比喻。例如,"在对面的山腰中有一大块白云……那不是白云,而是羊群。"

08.102 借喻 metaphor with its vehicle instead of tenor

比喻的一种。本体和比喻词都不出现,直接由喻体来代替本体。例如,"欲悲闻鬼叫,我哭豺狼笑。"用"鬼""豺狼"借喻险恶的人。

08.103 扩喻 extended simile or metaphor

又称"类比"。比喻的一种。本体和喻体互为平行的短句。例如,"一朵花,我们不大觉得它香,但是从许多花朵提炼成的香精,只要一滴,我们就感到它的浓郁了。许多诗歌、戏剧、小说,所以有强烈感人之处,和作者正确地把素材浓缩表现出来不是关系极大么!"

08.104 明喻 simile

又称"直喻""显比"。比喻的一种。通常用

"像""如""似""若""好像""好比""如同"等比喻词来联结本体和喻体，表明相似关系。

08.105 联喻 trunk-branch simile or metaphor
又称"贯喻"。比喻的一种。两个或两个以上的明喻或暗喻连贯起来，前一句的喻体包容了后续句子中的喻体，表现出整体与部分的关系。例如，"祖国是一座花园，北方就是园中的腊梅；小兴安岭是一朵花，森林就是花中的蕊。"

08.106 潜喻 metaphor implied in word
比喻的一种。即拟物。不出现喻体和比喻词，直接把本体当做喻体来表现的潜在比喻。例如，"山，刺破青天锷未残……"山像剑一样刺破青天。

08.107 曲喻 tortuous rhetorical comparison
比喻的一种。通过对喻体的联想或所产生的转义、引申义隐晦曲折地作比喻。例如，"他不说的话，你把手伸进他的喉咙里，也掏不出一句话来。"

08.108 缩喻 condensed metaphor with its vehicle modified by tenor
又称"修饰喻""反客为主式比喻"。比喻的一种。省略比喻词，把本体反过来修饰喻体的比喻。例如，"我的思想感情的潮水，在放纵奔流着……"本体和喻体紧缩为短语。

08.109 物喻 metaphor with something in detailed description as its vehicle
比喻的一种。所刻画的事物与所要表达的内容具有相似关系的比喻。例如，"已是悬崖百丈冰，犹有花枝俏。"以梅花喻傲霜斗雪的革命精神。

08.110 疑喻 metaphor in the pattern "tenor is suspected to be vehicle"
比喻的一种。将本体与喻体的相似关系说得似是而非。例如，"床前明月光，疑是地上霜。"

08.111 引喻 metaphor with its tenor and vehicle in parallelism
比喻的一种。由喻体或本体中的一方引出另一方，喻体、本体并列，各自成句。例如，"射箭要看靶子，弹琴要看听众，写文章做演说倒可以不看读者不看听众么？"

08.112 择喻 rhetorical comparison with selected vehicles
比喻的一种。先排除其他喻体，继而选择最能表现本体特征的喻体。例如，"啊，母亲，我的甜柔深谧的怀念，不是激流，不是瀑布，是花木掩映中唱不出歌声的古井。"

08.113 强喻 metaphor in the pattern "tenor is more than vehicle"
比喻的一种。本体在程度上超过喻体的比喻。例如，"对人民，你比炭火还温暖；对敌人，你比钢刀还锋利。"

08.114 借代 metonymy; synecdoche
又称"代称""换名"。修辞格的一种。舍弃人或事物的本来名称，而借用与之相关的人或事物的名称或本体所具有、所伴随的某一特征、某个部分的名称来替代。又可分为对代和旁借两种。

08.115 对代 synecdoche
又称"类名"。借代的一种。以彼此相对待的事物名称相代替。常见的对代关系有部分与全体、特定与普通、具体与抽象、原因与结果等。

08.116 旁借 metonymy
又称"旁代""随代"。借代的一种。用伴随事物的名称替代主干事物的名称。例如，"老栓看看灯笼，已经熄了。按一按衣袋，硬硬的还在。""硬硬的"代银圆。

08.117 本体 tenor
与"喻体"或"代体"相对。在比喻格或借代格中,分别指被比喻或被借代的对象。

08.118 喻体 vehicle in simile or metaphor
与"本体"相对。在比喻格中用来作比的事物。在西方修辞学中,与"代体"共用一个术语。

08.119 喻解 interpretation for a rhetorical comparison
比喻中揭示本体和喻体相似点的部分,是对比喻的解释,可出现在喻体之前,也可出现在喻体之后。

08.120 代体 vehicle in metonymy or synecdoche
又称"借体"。与"本体"相对。借代辞格中用来代替本体的人或事物的名称。可以是本体所具有的特征、标记、某一部分,或与本体有关的材料、工具、容器、处所、作者、产地等的名称。

08.121 比拟 personification; metaphor implied in word
又称"拟态"。修辞格的一种。运用联想,把甲事物当做乙事物来描述。又可分为拟人和拟物两种。

08.122 拟人 personification
比拟的一种。把事物或抽象概念当做人来描写,使之"人格化"。例如,"油蛉在这里低唱,蟋蟀们在这里弹琴。"

08.123 拟物 metaphor implied in word
又称"潜喻"。比拟的一种。把原来适用于物的词语移来描写人,或者把原来适用于乙事物的词语移来描写甲事物。例如,"雄兔脚扑朔,雌兔眼迷离;双兔傍地走,安能辨我是雄雌?"末句是木兰自拟。

08.124 比兴 bixing; metaphor to start a poem or a stanza of a poem
起兴中兼含比喻,即起句除有触物起情、托物发端外,还和下句构成比喻关系。是中国古典诗歌特有的一种文学表现手法。

08.125 避复 use of synonyms or near synonyms to avoid repetition
采用同义或近义词语,避免字面上单调重复。

08.126 避讳 avoidance of taboo
又称"讳饰"。修辞格的一种。遇有犯忌触讳的事物,不便直接说出,而改用他语来回避掩盖或装饰美化。例如,"鲁迅先生就像他平日一样,工作完了,他休息了。"用"休息"避讳说"死亡"。

08.127 补正 catching-up amendment
修辞格的一种。先提出一种常规的、合乎上文的说法,然后加以否定,再提出一种形式上与之不同但本质上与之一致并加强语义的说法。例如,"假如战争不发生,交涉使公署不撤退,他的官还可以做下去——不,做上去。"

08.128 藏词 elliptical expression
修辞格的一种。利用人们熟悉的词语,故意隐藏本词,多见于成语、谚语等熟语。例如,"很多人羡慕我——而立之年当了处长。""三十而立"藏去"三十"。

08.129 层递 climax
又称"渐层"。修辞格的一种。用三个或三个以上结构相似的语句按大小、多少、轻重、高低、深浅、强弱等程度顺序表达层层递升的语意。例如,"听说四川有一支民谣,大略是'贼来如梳,兵来如篦,官来如剃'的意思。"

08.130 顺层递 climax
与"倒层递"相对。层递的一种。表达的是

层层递升的语意。例如，"从那个时候起，许多的黑夜和白天，许多的星期，许多的月，许多的年都过去了。"

08.131 倒层递 anticlimax
又称"逆层递""渐降""层退"。与"顺层递"相对。层递的一种。表达的是层层递降的语意。例如，"未市，你可以说它是一座大城市，也可以说是一座中等城市，甚至可以说它是一座小城市或者一座小镇。"

08.132 重说 repetition of different words, phrases or sentences in the same meaning
修辞格的一种。反复使用意思重复而字面不同的词语或句子，来强调和突出意旨。例如，"雾，雾呀，只使你苦闷，使你颓唐阑珊。"其中"颓唐""阑珊"是重说。

08.133 舛互 full affirmation with partial negation or full negation with partial affirmation
修辞格的一种。对所要描述的事物，先从总体上肯定，再加以部分否定；或先从总体上否定，再加以部分肯定。例如，"适园已荡然无存，只剩下一只石宝塔。"

08.134 错综 variation in collocation, word-order, clause-length or pattern
又称"拗语""避复"。修辞格的一种。为避免呆板、单调，把本来可以用相同的词语或整齐匀称的句式表达的话语，特意改得形式别异、参差错落，使之富于变化、生动活泼。一般又分为互换、错举、参差、换型四种。

08.135 互换 alternation in collocation
错综的一种。将上下文或同一句子中表达相同意思的词语换成同义词或近义词，使话语错综、有变化。例如，"丘也闻有国有家者，不患寡而患不均，不患贫而患不安。""寡"与"贫"互换。

08.136 错举 parallel sentence or phrase with part of it in reverse word-order
又称"交错语序"。错综的一种。把上下文的词句顺序交错开来。

08.137 参差 variation in clause length
错综的一种。复句中分句长短交错，以避呆板。例如，"那山比起桂林来，要密得多，青得多，幽得多，也静得多了。"末句加了"也"和"了"。

08.138 换型 variation in sentence patterns
错综的一种。说写时交错运用不同句型，以求变化。例如，"吵，不好；不吵就好吗？无理地吵，不好；为真理而吵，不好吗？"

08.139 倒反 antiphrasis; irony
修辞格的一种。说写者采用与本意相反的话语来表达本意。又可分为倒辞和反语两种。

08.140 倒辞 antiphrasis without satire
倒反的一种。说写者采用与本意相反的话语来表达本意，但无嘲弄、讽刺之意。例如，"几个女人有点失望也有些灰心，各人在心里骂着自己的狠心贼。"

08.141 反语 irony
又称"反话"。倒反的一种。说写者采用与本意相反的话语来表达本意，一般含有嘲弄、讽刺之意。例如，"发明吃瓜子的人，真是一个了不起的天才！"

08.142 迭映 repetition of the same word at the corresponding grammatical position in the corresponding or opposite meaning
修辞格的一种。一种特殊的反复形式，即在句子前后相对应的语法位置上，迭用同一个词语，表示相对或相反的意义。例如，"这宁静的夜,并不宁静。"

08.143　顶真　anadiplosis
又称"顶针""连珠"。修辞格的一种。后句或后段开首重复前句或前段末尾的语言成分,首尾蝉联,环环相扣。例如,"呀!不思量除是铁心肠,铁心肠也愁泪滴千行。"

08.144　连环体　anadiplosis at the level of paragraphs
顶真的一种。后段开首一句重复前段末尾一句,首尾蝉联,环环紧扣,形成回环复沓的旋律美。例如,"万国岂必共一球,太阳之外太阳稠。谁能给我新世界?宇宙红光照上头。/宇宙红光照上头,理想现实两相投。不要空言不事事,不要近视无远谋。"

08.145　断取　garbled expression for rhetorical effects
修辞格的一种。引用词语,只截取其中部分字眼的意义,而置其余于不顾。是一种"断章取义"的修辞方式。例如,"眼下他还是一个光杆司令呢。"只取"光杆"义。

08.146　对顶　oxymoron; paradox
修辞格的一种。逻辑上两个相互矛盾、对立和排斥的词、短语或分句巧妙地联结在一起,组成句子描述一个事物或说明一个道理。词或短语层次上的称为单句对顶,句子层次上的称为复句对顶。例如,"厂长刚五十岁,是个年轻的老干部,修养极好。"

08.147　对偶　antithesis; double parallelism
修辞格的一种。把字数相等、结构相同、意义相关或相对的两个短语或句子对称地排列在一起。从上下句意义的逻辑关系看,又可分为正对、反对和串对三种。

08.148　正对　same or similar or complementary ideas expressed in double parallelism
对偶的一种。出句和对句的意思相近、相关或相补、相衬。例如,"七八个星天外,两三点雨山前。"

08.149　反对　contrary ideas expressed in double parallelism
对偶的一种。构成对偶的两个短语或句子意思相反或相对。例如,"野径云俱黑,江船火独明。"

08.150　串对　related ideas expressed in double parallelism
又称"流水对""走马对"。对偶的一种。上下两个句子相串成对,表示语意上的承接、条件、因果等相关或相承关系。例如,"平时多流汗,战时少流血。"

08.151　自对　double parallelism within a sentence
又称"当句对""句中对""四柱对"。对偶的一种。不仅出句与对句相对,而且各句中自成对偶。例如,"山重水复疑无路,柳暗花明又一村。"

08.152　倒对　double parallelism in inverse word-order
又称"倒装对"。对偶的一种。由于受平仄或词性的约束而颠倒语序的对偶。例如,"竹喧归浣女,莲动下渔舟。"顺序为:浣女归,竹喧;渔舟下,莲动。

08.153　借对　double parallelism with homophones
又称"假对""假借对"。对偶的一种。借用汉字的同音关系和多义性构成对偶。例如,"厨人具鸡黍,稚子摘杨梅。""杨"谐音"羊",与"鸡"对。

08.154　互对　double parallelism with complementary ideas
又称"互文对"。出句与对句为互文,实质上是对偶与互文的兼用。例如,"迢迢牵牛星,皎皎河汉女。"

08.155 偶句 sentences in parallelism

①狭义上指对偶句,即结构相同或相似、字数相等的一对句子。②广义上指整句,即一对或一串结构相同或相似的句子,常借助于对偶、排比、顶真、回环等修辞手法。例如,"春分刚刚过去,清明即将到来。"

08.156 对照 contrast

又称"对比""映衬"。修辞格的一种。把两种对立的事物或同一事物的两个对立方面并举出来加以比较。例如,"战士军前半死生,美人帐下犹歌舞。"

08.157 顿迭 supplementary remark after a pause

修辞格的一种。又可分为正顿和反顿两种。正顿是把本可一口气说完的话分几次说。反顿是从反面来衬垫,先抑后扬。

08.158 反复 repetition

又称"重复""重言""复沓""重章"。修辞格的一种。连续或间隔反复使用同一词语、句子或句群,又可分为连续反复和间隔反复两种。

08.159 连续反复 germination; epizeuxis; immediate or continued repetition

与"间隔反复"相对。反复的一种。连续使用同一词语、句子或句群。例如,"哪里会有什么春天,只见起风,起风,成天刮土,刮土,眼睛也睁不开,桌子一天擦一百遍。"

08.160 间隔反复 intermittent or discontinued repetition

与"连续反复"相对。反复的一种。间隔重复使用同一词语、句子或句群。例如,"在一条并不惹人注目的小巷深处有一扇并不惹人注目的石库门,在那扇并不惹人注目的石库门里住着一对并不惹人注目的夫妻。"

08.161 反问 rhetorical question with a negative answer implied

又称"反诘""诘问""激问"。与"正问"相对。修辞格的一种。用疑问形式表达确定的意思,以加强语气。无疑而问,无须回答,答案寓于问话的反面。例如,"克服困难不也是一种享受吗?"

08.162 正问 rhetorical question with a positive answer implied

与"反问"相对。修辞格的一种。明知故问,无须回答,答案寓于问话的正面。例如,"莫非他造塔的时候,竟没有想到塔终究是要倒的么?"

08.163 仿拟 parody

修辞格的一种。在特定的上下文或言语环境中刻意仿造一种既有的语言形式,使言语生动活泼而富于新意,产生诙谐幽默或辛辣讽刺的艺术效果。又可分为仿词、仿语、仿句、仿篇等。

08.164 飞白 mimesis

又称"非别""拟误"。修辞格的一种。原意是故意写白字("白"指白字,即别字)。明知其说错或写错而故意仿效,以逼真地刻画人物形象,并产生幽默或讽刺的艺术效果。其修辞功能一是存真,二是增趣。按拟误语言的不同层次,又可分为语音飞白、字形飞白、语义飞白、语法飞白等。

08.165 语音飞白 mimesis of errors in pronunciation or speech sounds

飞白的一种。故意模拟话语中的发音错误。例如,"'浩秋(好酒)!浩秋!'老实的蒙古牧民赞不绝口……"

08.166 字形飞白 mimesis of misreading or miswriting of similar Chinese characters

飞白的一种。因字形相似而读错或写错的故意拟误。例如,"嘿!原来如比(此),真是一场虚惊。"

08.167 语义飞白 mimesis of misinterpretation of words or phrases

飞白的一种。故意模拟话语中对词语的误

解或曲解。例如,"他们说嘛?三块肉(thank you)？是不是骂我瘦?"

08.168 语法飞白 mimesis of grammatical mistakes

飞白的一种。故意模拟话语中出现的语法错误。例如,"干革命就别闹个人(个人主义),要闹个人你干脆就别干革命。"

08.169 分说 separate statement

又称"分述"。修辞格的一种。故意把一句话分成几句说。例如,"在我的后园,可以看见墙外有两株树,一株是枣树,还有一株也是枣树。"

08.170 复叠 repetition of the same Chinese character or word

修辞格的一种。在同一句子中重复某一个字或词。分为复辞和叠音两种。叠音又可分为叠字和叠词两种。例如,"过去我们用风风谷子,风大风小风谷都不便,现在我们有鼓风机,多方便!"

08.171 复辞 repetition of the same Chinese character or word in different senses or grammatical functions

复叠的一种。连续或间隔重复同一个字或词,但其意义或句法功能有所不同。例如,"把一切沉睡在黑暗怀里的东西,毁灭,毁灭,毁灭呀!"

08.172 叠音 repetition of the same Chinese character or word in the same sense

复叠的一种。将同一个字或词连续不断地重叠使用,其意义又相同。又可分为叠字和叠词两种。例如,"风风雨雨暖暖寒寒处处寻寻觅觅,莺莺燕燕花花叶叶卿卿朝朝暮暮。"

08.173 叠字 repetition of the same Chinese character in the same sense

复叠的一种。连续重复同一个字,其意义又相同。例如,"既然这,柳枝儿换上了青青嫩嫩新新鲜鲜的叶儿,何愁今,得不到烈烈火火真真切切的爱和情?!"

08.174 叠词 repetition of the same word in the same sense

复叠的一种。连续重复同一个词,其意义又相同。例如,"可是童川什么表示也没有。木头！还是那个木头木头木头!"

08.175 感叹 exclamation

又称"咏叹法"。修辞格的一种。借助某些感叹词或呼声语表示赞叹、惊讶、愤怒、痛苦等。例如,"啊,乡愁呀,如轻烟一样的乡愁呀!"

08.176 合说 joint narration

又称"合叙""综说""并提"。修辞格的一种。把本该分说的两个或更多的人或事物,组织到一个紧缩型的话语结构里合并起来叙说。例如,"菜的香,母的爱,现在回忆起来不禁涎欲滴而泪欲垂!"

08.177 合叙 joint narration or statement

①修辞格的一种。即"合说"。②叙述手法的一种。也是组织话语的方式之一。与分叙同用,以综合叙述的方式把分叙的时间、地点、人物、活动统一起来,使主题集中、突出。例如,"沿途景致倒是青翠而突兀,青翠的是高树丛竹,突兀的是一柱又一柱的石峰。"

08.178 呼告 apostrophe

修辞格的一种。在说写时突然撇开听众或读者,对所涉及的人或物呼名说话。

08.179 比拟呼告 apostrophe by personification

呼告的一种。在说写时突然撇开听众或读者,把物或抽象概念拟作人再直呼其名与其对话。例如,"哦,谢谢你,伟大的贝多芬,谢谢你的美妙的奏鸣曲!"

08.180 互文 expression with words complementary to each other

又称"互文见义""互义""参互"。修辞格的一种。在连贯性的话语中，某些词语根据上下文相互补充，合在一起共同表达一个完整意思；或者上文里省了下文本应出现的词语，下文里省了上文本应出现的词语，参互成文，合而见义。例如，"秦时明月汉时关"。

08.181 换算 conversion: change in the units or form of a number or expression

又称"运算""析数"。修辞格的一种。借助不同数量关系的变换，使言语表达具体形象。例如，"一条纵横一万四千里的八千万亩防护林带，其面积相当于一千六百条古长城。"

08.182 换义 ploce

修辞格的一种。利用某些词语的多义性，在一定语境中，重复使用同一词语，但体现的意义不同，并使这两种意义相互联系起来。例如，"他眼睛近视，思想可不近视。"

08.183 换韵 alternation in rhyme

改变诗歌中的韵辙。一般长诗多换韵。

08.184 回环 chiasmus; epanodos

修辞格的一种。把词语相同而排列次序相反的言语片段紧连在一起，给人以一种循环往复的情趣。例如，"科学需要社会主义，社会主义需要科学。"

08.185 回文 palindrome

修辞格的一种。刻意追求字序的往复回绕，使同一语句或篇章既可顺读，又可倒读。例如，"马歇尔歇马，华来士来华。"

08.186 简缩 acronym; contraction

又称"紧缩"。修辞格的一种。为简练起见，把多音节的词、短语或句子加以精简压缩。又可分为简称和缩语两种。

08.187 降用 use of big words in ordinary speech

修辞格的一种。把一些分量重的、大的词语降为一般词语使用，即大词小用，以造成幽默或讽刺的效果。例如，"在对待子女上，为儿孙做马牛的是鸽派，给儿孙当主子的是鹰派。"

08.188 精警 epigram

又称"警策""警句"。修辞格的一种。运用语简言奇、含义精切动人的话语来表达深刻精辟的道理或经验，往往出自名人或名篇。例如，"有的人活着，他已经死了；有的人死了，他还活着。"

08.189 精细 expression in detailed and exact data

修辞格的一种。说写者在表达过程中，突然刻意使用精确的数据，使语言显得格外具体真实，富于幽默感。例如，"路，桑镇这条路据会步测距离的陈半瞎说长667步，计499.95米街路，的确不好走。"

08.190 敬谦 expression in terms of respect or self-depreciation

修辞格的一种。根据不同对象(如长辈或晚辈、上级或下级)选用带尊敬或自谦色彩的词语表达思想感情。例如，"今卿廓开大计，正与孤同。"

08.191 谲辞 wit and wise lie

修辞格的一种。为掩饰真情而以曲折机变的话语，传达言语假信息，并在言语交际过程中收到积极的效果。例如，"高高山上哎一树槐唷，手把栏杆啥望郎来唷，娘问女儿唷你望啥了嘛？我望槐花啥几时开唷喂。"

08.192 夸张 hyperbole

又称"夸饰""铺张""扬厉""壮辞""增语"。修辞格的一种。故意夸大或缩小客观事物，以突出特征，加深印象。从形式上可分为直接夸张和间接夸张;从内容上可分为扩大夸张、缩小夸张和超前夸张。

08.193 直接夸张 pure hyperbole

又称"普通夸张""一般夸张"。与"间接夸张"相对。夸张的一种。不借助其他修辞方式,而直接夸大或缩小客观事物。例如,"我从乡下跑到京城里,一转眼已经六年了。"

08.194 间接夸张 hyperbole in cooperation with other figures

又称"融合夸张"。与"直接夸张"相对。夸张的一种。运用比喻、拟人、借代等其他修辞方式来夸张。例如,"燕山雪花大如席"。

08.195 扩大夸张 positive hyperbole

夸张的一种。把事物尽量向多、长、高、大、重、快、强等方面夸大。例如,"白发三千丈,缘愁似个长。"

08.196 缩小夸张 negative hyperbole

夸张的一种。把事物尽量向少、短、低、小、轻、慢、弱等方面夸张。例如,"山,快马加鞭未下鞍。惊回首,离天三尺三。"

08.197 超前夸张 hyperbole in regard to temporal sequence

又称"窜前夸张"。夸张的一种。将后出现的事物说成超前出现或同时出现,或者把本来同时出现的事物说成有先有后。例如,"他酒没沾唇,心早就热了。"

08.198 摹绘 onomatopoeia; secondary onomatopoeia

又称"模拟"。修辞格的一种。利用语言手段描摹客观事物的声音、色彩、气味、情状,以增强描述的形象性和真实感。主要分为摹声、摹色、摹味、摹状。

08.199 摹色 imitation of colour

又称"绘色"。摹绘的一种。运用色彩词描摹客观事物的色彩和情韵。例如,"雪野中有血红的宝珠山茶。"

08.200 摹声 onomatopoeia

又称"拟声""声喻法"。摹绘的一种。运用拟声词模拟人或事物的声音。例如,"她扑哧笑了一声。"

08.201 摹味 imitation of smell

摹绘的一种。运用形容气味的词语及其附加音节描摹事物的气味或味道以及由此产生的心理感受。例如,"这甘草甜丝丝的。"

08.202 摹状 imitation of state or condition

又称"摹形"。摹绘的一种。运用某些词语描摹人或事物的形态和情状。例如,"他飘飘然地似乎要飞去了。"

08.203 拈连 zeugma with one logical and the other illogical collocations

又称"关联""连物"。修辞格的一种。把上文已出现过的本来只适用于甲事物的词语,顺手拈来用到乙事物上,使上下文巧妙地联系起来。例如,"突然一道没有雷鸣的干燥的闪电从夜空里划下来,一直划破了他的梦。"

08.204 排比 multiple parallelism

又称"排迭""排叠""排句""排语"。修辞格的一种。三个或三个以上的结构相同或相似、意义相关、语气一致的短语或句子成串排列,形成一个整体,以增强言语气势,拓展表达内容。例如,"延安的歌声……它是黑夜的火把,雪天的煤炭,大旱的甘霖。"

08.205 旁逸 intentional digression from the topic

修辞格的一种。说写过程中有意离开主旨作某种插话或注释,以增加表达的生动性和情趣。例如,"围观的一律伸长脖子(所以中国长脖子的人多!),双目圆睁,嘶声叫嚷着自己的见解。"

08.206 撇语　emphasis on the positive by exclusion of the negative
又称"排除""撇除"。修辞格的一种。采用排除的方法作为铺垫，衬托出所要表达的正面意思。例如，"再说我们那两库水，它不是水，它是黄澄澄的粮食啊！"

08.207 频词　frequent and intermittent repetition of a word
修辞格的一种。在一段话语中，频频反复使用某一词语，形成一条鲜明的贯穿话语的红线，以突出说写者的某种意念。例如，"人生是痛苦的。当生活是痛苦的时候，我们为了生活而痛苦。当生活不再痛苦的时候，我们为了自身而痛苦。"

08.208 巧缀　ingenious continuation of expression after intentional misinterpretation of words or things
又称"曲说"。故意曲解一个词语或事物，然后就势说开去，从而把两个意义上没有联系的词语或事物巧妙地连缀起来。例如，(相声)甲："武则天是数学家，四舍五入是她发明的。"乙："没听说过"甲："四则舍，五则添（武则天）嘛！"

08.209 曲解　intentional misinterpretation
修辞格的一种。故意对别人的话语进行歪曲的理解，以造成言语的幽默感，常用于相声或喜剧作品中。例如，(相声)甲："你能背着把《三国》写下来，真是高人。"乙："不高，一米七。"

08.210 设歧　ambiguity or suspense created and removed
又称"歧疑"。修辞格的一种。说写时故意暂时保留关键性部分，以造成歧义或悬疑，然后再补充完整，往往引起听读者的意外或新奇感。例如，(相声)甲："他们都牺牲了……"乙："啊?!"甲："一顿中饭。"

08.211 设问　rhetorical question with or without an answer
又称"设疑"。修辞格的一种。说写者先提出问题，然后自己作出回答；或问而不答，让听读者去思索体会。例如，"谁是我们的敌人，谁是我们的朋友，这个问题是革命的首要问题。"

08.212 示现　vision
又称"现实法""现写法""想见格"。修辞格的一种。把非眼前的事物说写得如在眼前一样。根据被示现的事情所发生的不同时间，可分为追述示现、预言示现和悬想示现。

08.213 释语　new interpretation of a word or phrase in context
又称"释词"。修辞格的一种。借用释义的方式，对词语在具体语境中的含义，加以临时的引申、发挥，或作形象化的说明。

08.214 双关　pun
又称"多义关联"。修辞格的一种。在特定语境中有意利用语音或语义的条件，使一个词语或句子同时具有双重含义，言在此而意在彼。又可分为谐音双关和借义双关两种。

08.215 谐音双关　homophonic pun; paronomasia
双关的一种。利用词语的同音或近音条件构成一语两义。例如，"井底点灯深烛（嘱）伊，共郎长行莫围棋（违期）。"

08.216 借义双关　pun on polysemy
又称"语义双关""彼此双关""表里双关""对象双关""意义双关"。双关的一种。利用词语的多义性构成双关。例如，"夜（黑暗统治）正长，路（斗争道路）也正长，我不如忘却，不说的好罢。"

08.217 通感　synaesthesia; synesthesia
又称"移觉""联觉"。修辞格的一种。根据五官感觉可以相通的生理学和心理学原理，运用有关某一感官印象的词语来描述和反映其他感官印象。例如,"突然是绿茸茸的草坂,像一支充满幽情的乐曲。"

08.218 同异 two or more words with the same as well as different characters

修辞格的一种。同一语境中两个或多个词语,字数相等,字面上同中有异或异中有同,互为对照,相映成趣。可分前同后异和前异后同。例如,"我是认定一条:与其对别人生气,不如长自己志气。"

08.219 同义反复 repetition of synonyms or near-synonyms

修辞格的一种。为避免字面重复,加强语势,连用几个意义相同或相近的词语。例如,"沉默呵,沉默呵! 不在沉默中爆发,就在沉默中灭亡。"

08.220 同语 the same word as subject and its complement

修辞格的一种。在两个相同的词语中间加上"是"或"就是",组成"A 是/就是 A"的判断形式,用来表示强调、让步或说明。例如,"不管怎么严格的检验,金子总归还是金子。"

08.221 同字 anaphora;epiphora

修辞格的一种。采用相同的字给几个相邻、相近的词语或句子开头或收尾。例如,"巴黎如同一个汪洋大海,能够容纳一切合轨和出轨的思想和行动。"

08.222 婉曲 euphemism in an implicit expression or in periphrasis

又称"委婉""婉转""隐曲""迂说法"。修辞格的一种。运用委婉、含蓄、曲折的话语暗示、烘托本意。又可分为婉言和曲语两种。

08.223 婉言 euphemism in an implicit expression

又称"婉辞"。婉曲的一种。不直接说出本意,故意换一种含蓄的说法。例如,"你当然不怕,吃饱了,连屋里的小板凳都不饿。他可是一大家子人哩。"

08.224 曲语 euphemism in periphrasis

又称"折绕""周折"。婉曲的一种。不直接说出本意,而是通过描述与本意相关的事物来烘托、暗示本意。例如,"他走着,走着,路灯一盏一盏地亮了。他走着,走着,路灯又一盏一盏地灭了。"

08.225 物候 indication of variation in season or time by describing natural or biological phenomena

修辞格的一种。借用自然现象或生物的周期性活动表示季节、节气或时间的变化,赋予抽象的时间概念以视觉或听觉的可感性。例如,"正是江南好风景,落花时节又逢君。"

08.226 析词 tmesis

又称"拆词"(word disassembly)。修辞格的一种。临时把一个合成词或熟语拆开使用,或中间插入某些成分,或颠倒其词素的原来次序。例如,"虎踞龙盘今胜昔,天翻地覆慨而慷。"

08.227 析字 disassembly of Chinese character

又称"拆字""字喻法"。修辞格的一种。利用汉字的结构特点,增减或离合汉字的笔画或部首,使字形发生变化,产生新的意义。例如,"我送来一包毒药,夫人可叫心腹丫头给十八子(李)送茶时下在壶里。"

08.228 镶嵌 embedding;inlaying

修辞格的一种。把词语拆开镶入别的字眼,或把特定的字或词嵌入语句中,或把词语拆开交错搭配,以求结构对称、音节和谐,增强语言感染力。又可分为镶字、嵌字、拼字三种。

08.229 镶字 Chinese character embedded for emphasis

镶嵌的一种。把词语拆开镶入别的无关紧

要的字眼,以延长音节,加强语意。例如,"他相信波拿伯只是一个平者常也(平常)的法国人。"

08.230　嵌字　Chinese characters or words embedded for another implication
镶嵌的一种。把特定的字或词嵌入句中,以暗含另一层意思。例如,"苦旱唤雷雨。日出怜梦沉。寄情蜕变日。长忆北京人。"嵌进曹禺的四个剧本名。

08.231　拼字　re-collocation of words or morphemes
镶嵌的一种。把联合短语中的两个词或合成词中的两个语素拆开来交错搭配,以求结构对称、音节和谐,增强语言感染力。例如,"沉魄浮魂不可招,遗编一读想风标。"

08.232　象征　symbolism
修辞格的一种。借助于特定的具体事物,寄寓某种精神品质或抽象事理。又可分为暗征与明征两种。

08.233　暗征　implicit symbolism
与"明征"相对。一种隐含的象征手法。象征义、联系词不出现,只通过对象征客体的描述,显现、暗示其象征意义。例如,"大雪压青松,青松挺且直。要知松高洁,待到雪化时。"

08.234　明征　explicit symbolism
与"暗征"相对。一种明显的象征手法。象征客体、象征义、联系词同时出现。例如,"在老羊圈东面那片底滩上,有一片依稀可见的绿色,虽然绿得不显眼,毕竟是生命和青春的象征。"

08.235　谐趣　homophony and humour
修辞格的一种。利用词语的谐音或其他因素,风趣而巧妙地表达思想内容所取得的修辞效果。例如,"舟中贾客莫浪狂,小姑前年嫁彭郎。"

08.236　序换　inversion of the order of morphemes or words
又称"颠倒"。修辞格的一种。为达到某种表达效果而做的词序相互调换。例如,"往昔的峥嵘岁月和录下岁月峥嵘的记事,是不能忘记的。"

08.237　移就　transferred epithet as modifier
又称"转借"。修辞格的一种。将原来描写甲事物性状的修饰语移来描写相关的乙事物,通常是把形容人的修饰语移用于物。例如,"无言独上西楼,月如钩,寂寞梧桐深院锁清秋。"

08.238　移情　empathy
修辞格的一种。移主观情感于客观外物,使物性与人性相通,以体现、寄寓说写者的心理认知和主观情愫。例如,"及登舟解缆,正当桃李争妍之时,而余则恍同林鸟失群,天地异色。"

08.239　移时　mixed things and terms of different times
修辞格的一种。故意把不同时代的事物及用语合在一起,使言语幽默风趣。例如,"由于各路'诸侯'纷纷出动,院长办公室电话渐成热线,话务员工作量激增。"

08.240　疑离　division of the unified whole by questions
修辞格的一种。把浑然一体不可分割的两项或多项故意用疑问句的形式分而说之。例如,"李寿川两眼盯着花,也盯着插花的人。花美人美,花好人好。花比人美,人比花美?花比人好,人比花好?"

08.241　易色　derogatory words in commendatory use or vice versa
修辞格的一种。由于表达的需要,临时改变词语的感情色彩,或褒词贬用,或贬词褒用,或使中性词带上褒贬色彩。例如,"这条宝贝船自1983年年底动工,直至1986年1月才勉强完成。"

08.242 抑扬 commendation after derogation or vice versa

修辞格的一种。把要贬抑与要褒扬的两方面同时并举,但只强调其中一方面。又可分为欲扬先抑和欲抑先扬两种。

08.243 引用 quotation

又称"引语""引话""援"。修辞格的一种。为了增强文章的说服力和感染力而引用别人的现成话语或民间熟语。按引用方式不同,可分为明引、暗引和意引;按引用内容不同,可分为引经、稽古、出新和反用。

08.244 明引 explicit quotation mentioning its author or origin

又称"正引"。与"暗引"相对。引用的一种。直接引用原文,并用引号标明,多注明作者或出处。例如,"我们中国有句农谚:'不行春风,难得秋雨'。"

08.245 暗引 implicit quotation without mentioning its author or origin

与"明引"相对。引用的一种。引用原文,用或不用引号,但不注明作者及出处。例如,"唉,回忆,不敢言回忆!古来万事东流水,别君去兮何时还。"暗引李白诗句。

08.246 意引 quotation of meaning

引用的一种。不直接引用原文,只间接引述原意,或将原意融入自己的话语里,说明或不说明作者或出处。例如,"只愁梦太多了,这些大小船儿如何载得起呀?"意引李清照词句。

08.247 引经 quotation of dictum, epigram or proverb

引用的一种。援引经典中的名言、警句说明问题,阐明观点。例如,"'满招损,谦受益',古人总结的这个经验,值得大家记取。"

08.248 稽古 adduction of historical event or story

引用的一种。引用前人的事迹或历史故事来阐明自己的观点。例如,"清朝的刚毅因为憎恨'洋鬼子',预备打他们,练了些兵称作'虎神营',取虎能食羊、神能伏鬼的意思。"

08.249 出新 quotation in new interpretation

引用的一种。引用原文,故意改变它的本来意义而赋予新的含义。例如,"他们是男儿有泪不轻弹,只因未到评级时。"

08.250 反用 quotation in the contrary meaning

引用的一种。从反面进行引用,即按原文相反的意思和情感色彩来引用。造成幽默风趣、出人意料的表达效果。例如,"一旦得势,足以凌人的时候,他的行为就截然不同,变为'各人不扫门前雪,却管他家瓦上霜'。"

08.251 衬托 description of similar or opposite things as background for contrast; juxtaposition of the two opposite or corresponding things or ideas for contrast

①文章技法的一种。描述相类或相反的事物作为陪衬,来突出所要表现的事物。又可分为正衬与反衬两种。②修辞格的一种,即"映衬"。例如,"在这幽静的湖上,唯一活动的东西就是天鹅。天鹅的洁白增添了湖水的明净,天鹅的叫声增添了湖面的幽静。"

08.252 映衬 juxtaposition of the two opposite or corresponding things or ideas for contrast

又称"衬托"。修辞格的一种。把两种相反或相对的事物或意思并列在一起,使之形成鲜明的对照,彰显所要表达的语意。可分为对衬和反映两种。例如,"这老同志年纪不轻,干劲可真不小。"

08.253 对衬 juxtaposition of the two opposite aspects for contrast

映衬的一种。并叙正反对立的两个方面,使

它们相互映照，以阐明一个观点。例如，"其室则迩，其人甚远。"

08.254 反映 juxtaposition of the two opposite aspects of one thing for contrast
又称"反衬"。映衬的一种。并举一件事物的正反两面，使彼此相形，以突出所要说的一面。例如，"教室里那么安静，只听见钢笔在纸上沙沙地响。"

08.255 转类 temporary transfer of parts of speech
又称"转品"。修辞格的一种。由于表达的需要，凭借上下文的条件，临时转变话语中某些词的词类。例如，"我到此快要一个月了，懒在一所三层楼上，对于各处都不大写信。"形容词"懒"用作动词。

08.256 字代 representation by Chinese characters
行文中借用某一或某几个字代替所要表达的丰富内容，有较为严格的形式。常见的有"一个×字"或"×字"，"××……几个字"或"几个字：××……"，"××两个字"等。

08.257 增动 selection of verbs for more dynamic or vivid description of an action
选择富有动感的词语，使语句比常规说法更有力度，或表现动者益动的情貌，或给人以立体感。例如，"她约莫30岁左右，高身段，戴着墨镜，耳朵上摇着两只大耳环，怪好看的。"

08.258 字象 expression in pictography
借助汉字象形、谐音的特点，言此指彼，言是若非。例如，(相声)甲："'一'字像擀面棍儿。"乙："做什么官？"甲："巡按，擀面不是在案板上吗？这儿擀，那儿擀，哪儿厚擀哪儿，在案板上来回寻。"

08.259 呼应 repetition with extension; echo
①把短语或句子前后连续重复两遍，后者详于前者，起补充说明的作用。前者称呼句或略述句，后者称应句或详述句。②文章章法的一种。指篇章间的伏笔照应，使情节连贯、脉络清楚、结构紧凑。有开头和结尾的呼应，或者围绕主题的反复呼应，也有先设伏笔，后予交代的呼应。

08.260 插叙 narration by way of parenthesis
又称"补叙"。叙述的一种手法。也是话语的组织方式之一。在情节和话语展开的过程中，暂时离开主要话题，插入另一话题，作为主要情节的补充，或者插入作者的议论或抒情。例如，杨朔的《石油城》，在按序叙述主要情节时，补充交代刘公之的过去情况。

08.261 倒叙 flashback
叙述的一种手法。也是话语的组织方式之一。情节或话语的展开不按时间顺序，而把重要的信息焦点先行交代，然后再叙述先前发生的情节或前面的话语，以吸引读者的注意力。例如，鲁迅的《祝福》，以祥林嫂沦为乞丐和死亡开始，然后倒叙她生前的生活片断。

08.262 分叙 separate narration
叙述的一种手法。也是话语的组织方式之一。分别叙述同一时间发生的不同事情或同一事情的不同方面，从不同角度突出主题。例如，《为了六十一个阶级兄弟》中，分别叙述同时间各地不同人物的活动。

08.05　语境、语体与风格

08.263 语体 functional style
又称"功能风格"。语言的社会功能变体，指适应不同的社会活动领域的交际需要所形成的具有一定功能风格特点的语文表达体式，是言语交际历史发展的产物。通常分为谈话语体和书卷语体，而后又进一步分为事务语体、政论语体、艺术语体、科学语体等。"语体"也有人称"文体"。

08.264 文体 style

文章的体裁或体式。根据用韵情况，分为韵文和散文；根据作品结构样式不同，分为散文、诗歌、小说、戏剧；根据写作方法不同，分为记叙文、说明文、议论文、应用文等。也有人用"文体"来指称"语体"。

08.265 谈话语体 colloquial style

又称"口头语体"。与"书卷语体"相对。在日常的、随意的、非专门性的交谈中形成的语文体式。适用于日常生活领域。

08.266 口头谈话语体 informal style in spoken form

谈话语体的口头形式，是谈话语体的典型形式。

08.267 书面谈话语体 colloquial style in written form

谈话语体的书面形式，例如讲话记录、家信等。具有谈话语体的基本特点，经过文字加工，去掉了谈话语体的一些非规范成分。

08.268 书卷语体 written style

与"谈话语体"相对。运用书面语言进行各种社会性交际中形成的语文体式。主要适用于社会集体活动领域。可分为事务语体、政论语体、艺术语体、科学语体等。它们各自具有特定的功能和相应的语言材料，因而表现出各自的语体特征。

08.269 口头书卷语体 formal style in spoken form

书卷语体的口头形式。适用于广播、演讲、做报告等。

08.270 书面书卷语体 written style in written form

书卷语体的典型形式。适用于事务语体、政论语体、艺术语体、科学语体等的书面语作品。

08.271 事务语体 officialese style

又称"公文语体""公文事务语体"。书卷语体的一种。具有严格的程式、规范的语言和准确严肃的风格。适用于国家机关、企事业单位、社会团体联系、知照事务的通用公文和专用公文。例如，公函、决议、通报、公告，以及外交、司法、经济等各个领域的专用文书。

08.272 应用文体 practical writing style

事务语体的一种分体。程式要求不如公文严格细致，措辞用语通俗明白。适用于联系、知照日常事务的应用文。例如，公约、条例、大事记、日志、条据、书信、启事等。

08.273 政论语体 political essayist style

书卷语体的一种。通过对社会政治生活各种问题的阐述，动员广大人民群众为民族和国家的利益而斗争。适用于政治论文、时事评论、政治演说等。

08.274 艺术语体 artistic style

又称"文艺语体"。书卷语体的一种。通过艺术形象反映客观世界、表达思想感情、感染受众。其本质特征是言语的形象性，服务于文艺领域，如各类文学作品。

08.275 科学语体 scientific style

又称"科技语体"。书卷语体的一种。阐述科技理论和方法，介绍科研成果。适用于科学技术领域。例如，科学报告、科学论著、专业论文、教科书等。

08.276 科学通俗语体 scientific popular style

科学语体的一种分体。深入浅出地解释各种科学问题，普及科学知识。适用于科普作品、科学小品、科学对话或通俗的科学报告等言语领域。

08.277　文体风格　genre
言语作品所表现的文章体裁特征的综合。各种体裁的文章有各自使用语言的特点、结构的特点、行文章法的特点，这些特点综合起来就成为各种文章共同遵循的写作规范，因而形成各种文体风格。例如，散文风格、韵文风格、政论风格、叙述风格、抒情风格等。

08.278　语言风格　linguistic style
语言表达上形成的作风和气派，具体表现为词汇、句法、音律、辞格、章法等各种语言手段和表达方式综合运用所形成的具有一定系统性的语言特点。是民族共同语的各种变体，包括功能变体、个人风格，以及由于表现手法不同而形成的刚健、柔婉、绚烂、平淡等表现风格。同时也具有民族和时代的特色，即民族风格和时代风格。

08.279　艺术言语　artistic speech
又称"文艺作品言语"。指艺术语体中用以描绘形象、抒发感情的言语，以表达的形象性、生动性和创新性为主要特征，为各种体裁的文艺作品，如小说、诗歌、散文、戏剧等所使用。

08.280　艺术语言　artistic language
诗歌、小说、散文、戏剧等各种体裁文艺作品的语言，主要用来塑造艺术形象、表现作品主题和抒发思想感情。它以人民群众的口头语言为基础，经过作者的加工、提炼，富于形象性和艺术感染力。

08.281　情境　situational context
言语交际发生的具体的现实环境。大致包括自然环境、社会环境等客观因素，也包括交际双方的阅历教养、性格情趣、心境情绪等主观因素。

08.282　题旨　motive in speaking or writing
话语或文章的主题或本旨，体现说写的意图、动机或目的，与情境相结合而成为进行修辞活动的依据和评判修辞得失的标准。

09. 音　韵　学

09.01　总　　论

09.001　音韵学　historical phonology
又称"声韵学"。研究汉语各个时期语音状况及其发展的学科。研究材料主要有韵书、等韵、反切、韵文、谐声、异文、读若和读如、声训、直音、对音、汉语方言和亲属语言等，研究内容包括汉语语音史、音韵学理论、音韵学史等。

09.002　音韵　phonology
又称"声韵"。汉语语音中声母、韵母、声调三个要素以及汉语各个时代语音系统的总称。

09.003　古音构拟　reconstruction of ancient pronunciation
又称"古音重建"。主要运用历史语言学理论和方法推测古代某一时期的语音情况。

09.004　上古音　old Chinese sounds
先秦两汉时期的汉语语音，一般以《诗经》押韵和谐声字所反映的语音系统为代表。

09.005 中古音 middle Chinese sounds
中古时期的语音。多以《切韵》音系为代表。

09.006 近代音 recent Chinese sounds; early Mandarin
近代汉语的语音。有人称为"近古音"。多以《中原音韵》音系为代表。

09.007 近古音 early Mandarin
见"近代音"。

09.008 通语 common language
在汉语史上指共同语。

09.009 北音 North Chinese sounds
泛指近代汉语北方方言的语音。

09.010 北音学 North Chinese phonology
研究近代汉语北方方言语音的学问。

09.011 南音 South Chinese sounds
泛指近代汉语南方方言的语音。

09.012 国音 national pronunciation
民国时期所确定的以北京语音为基础的汉语标准音。

09.02 音类分析和等韵学

09.013 清 voiceless
声母的一种发音方法。发音时声带不颤动。

09.014 全清 unaspirated voiceless initials
不送气的清塞音、清塞擦音和清擦音声母。包括三十六字母中的"帮非端知精照见影心审晓",一般指前八母。

09.015 次清 aspirated voiceless initials
送气的清塞音、清塞擦音声母。包括三十六字母中的"滂敷透彻清穿溪"。

09.016 浊 voiced
声母的一种发音方法。发音时声带颤动。

09.017 全浊 voiced obstruent (stop, affricate and fricative)
浊塞音、浊塞擦音和浊擦音声母。包括三十六字母中的"並奉定澄从床群匣邪禅"。

09.018 次浊 voiced sonorant
鼻音、边音和半元音等声母。包括三十六字母中的"明微泥娘来疑日喻"。

09.019 戛透拂轹揉 initial types of [k] (unaspirated), [t'] (aspirated), [f] (fricative), [l] (lateral) and [r] (nasal and semi-vowel)
清人从发音方法给声母分类的名称。"戛"指不送气的塞音和塞擦音,"透"指送气的塞音和塞擦音,"拂"指擦音,"轹"指边音,"揉"指鼻音和半元音。

09.020 声 ①initial (of a Chinese syllable); ②initial category; ③tone
①又称"纽"。近代称"声母"。指由辅音(或零位)充任的音节的起首音。②指声类。③近代称"声调",指字音的高低升降模式。其声学性质主要是音高,字音有塞音韵尾传统上也被看作是一种声调,称为入声。

09.021 纽 ①initial (of a Chinese syllable); ②to combine an initial and a final to form a syllable; ③syllable
①又称"声纽"。指声母。②指声韵拼合。③指声韵拼合得出的字音,在韵书中即为"小韵"。

09.022 声母 initial
见"声①"。

09.023 复辅音声母 consonant cluster as an initial
又称"复声母"。一种观点认为,上古汉语有两个或两个以上辅音结合成的声母,称为

"复辅音声母"。

09.024 零声母 zero initial
汉语一些音节开头没有辅音,其声母表现为零位,称为"零声母"。

09.025 清声母 voiceless initial
与"浊声母"相对。指由清辅音充当的声母。可分为全清与次清两类。

09.026 浊声母 voiced initial
与"清声母"相对。指由浊辅音充当的声母。可分为全浊与次浊两类。

09.027 双声 alliterated disyllables
两字的声母相同。

09.028 叠韵 rhymed disyllables
两字的韵腹、韵尾都相同。

09.029 韵 ①rhyme;②group of rhymes;③second sinigram in a fanqie
①韵书里把韵腹及韵尾相同的字归在一起的单位。②韵母里韵腹和韵尾组成的单位。③宋元学者指反切下字。

09.030 韵母 final
音节中声母之后的部分。包括韵头、韵腹和韵尾。

09.031 韵头 medial
又称"介音"。韵母中位于韵腹前的成分。

09.032 韵腹 main vowel
汉语韵母中必有的核心部分。通常称"主(要)元音"。

09.033 韵尾 syllabic ending
韵母中位于韵腹之后的成分。

09.034 开韵尾 open ending or vowel ending
音节以元音收尾或没有韵尾。

09.035 鼻音韵尾 nasal ending
由鼻辅音担任的韵尾。

09.036 塞音韵尾 stop ending
由塞音担任的韵尾。

09.037 阴声韵 rhyme with an open ending
又称"阴声"。指开韵尾的韵。

09.038 阳声韵 rhyme with a nasal ending
又称"阳声"。指鼻音韵尾的韵。

09.039 入声韵 rhyme with a stop ending
塞音韵尾的韵。

09.040 闭口韵 rhyme with a labial ending
唇音韵尾的韵。包括收[m]尾的阳声韵和收[p]尾的入声韵。

09.041 声调 tone
见"声③"。

09.042 四声 four tonal categories
汉语四种声调的总称。传统上指平声、上声、去声、入声,合称"平上去入"。

09.043 平声 level or even tone
简称"平"。四声中的一类。近代以来多数方言里,平声以中古声母的清浊为条件,分化为阴、阳两类,中古清声母的平声字读阴平,中古浊声母的平声字读阳平。

09.044 平声阴 level tone with a voiceless consonant
即阴平。见"平声"。

09.045 平声阳 level tone with a voiced consonant
即阳平。见"平声"。

09.046 上声 rising tone
简称"上"。四声中的一类。见"四声"。

09.047 去声 departing or going tone
简称"去"。四声中的一类。见"四声"。

09.048 入声 entering tone
简称"入"。四声中的一类。见"四声"。

09.049　阳调　tone with a voiced initial

与"阴调"相对。汉语一个声调分化后原浊声母字所读的声调。

09.050　阴调　tone with a voiceless initial

与"阳调"相对。汉语一个声调分化后原清声母字所读的声调。

09.051　舒声　① non-abrupt tone；② rhyme with vowel or nasal ending

①四声中的平声、上声、去声。②开韵尾和鼻音韵尾的韵。

09.052　促声　① abrupt tone；② rhyme with stop ending

①四声中的入声。②塞音韵尾的韵。

09.053　平仄　even and uneven tonal categories

平声和仄声的合称。

09.054　仄声　uneven tones

四声中的上声、去声、入声统称仄声。

09.055　字母　sinigrams used as initials

古代用来代表声母的汉字。一般一个字母代表一个声母。

09.056　守温字母　Shouwen's system of initial sinigrams

敦煌唐代文献《守温韵学残卷》(P2021)和《归三十字母例》(S0512)中的字母系统。共三十个字母，即不芳并明、端透定泥来、精清从心邪、知彻澄日、照穿审禅、见溪群疑、影晓匣喻。

09.057　三十六字母　36 initial sinigrams

宋人归纳声母类别，得出的一套标目系统。共有三十六个字母，即帮滂并明、非敷奉微、端透定泥、知彻澄娘、精清从心邪、照穿床审禅、见溪群疑、影晓匣喻、来日。

09.058　五音　five initial categories

古人按发音部位给字母区分的五种类别。即唇音、舌音、齿音、牙音、喉音。

09.059　七音　seven initial categories

五音加上半舌音、半齿音两类，称为"七音"。

09.060　九音　nine initial categories

在五音基础上给字母区分的九种类别。即重唇音、轻唇音、舌头音、舌上音、齿头音、正齿音、牙音、喉音、半舌半齿音。

09.061　唇音　labial

五音或七音的一种。包括重唇音和轻唇音。

09.062　重唇音　heavy labial；bilabial

九音的一种。中古重唇音包括三十六字母的"帮滂并明"四个，一般构拟作双唇音[p][p'][b][m]。

09.063　轻唇音　light labial；labiodental

九音的一种。中古轻唇音包括三十六字母的"非敷奉微"四个，一般构拟作唇齿音[pf][pf'][v][ɱ]，后来演变为[f][v]等。

09.064　舌音　lingual

五音或七音的一种。包括舌头音和舌上音。

09.065　舌头音　shetou；apical

九音的一种。中古舌头音包括三十六字母的"端透定泥"四个，一般构拟作舌尖塞音和鼻音[t][t'][d][n]。

09.066　舌上音　sheshang；laminal

九音的一种。中古舌上音包括三十六字母的"知彻澄娘"四个，有的构拟作舌面前音[ȶ][ȶ'][ȡ][ɲ]，有的构拟作舌尖后音[ʈ][ʈ'][ɖ][ɳ]。

09.067　半舌音　semi-lingual

七音的一种。中古的来母，构拟作舌尖边音[l]。

09.068　齿音　dental

五音或七音的一种。包括齿头音和正齿音。

09.069　齿头音　chitou；alveolar

九音的一种。中古齿头音包括三十六字母的"精清从心邪"五个，一般构拟作舌尖塞擦音和擦音[ts][ts'][dz][s][z]。

09.070 正齿音 zhengchi; dental proper

九音的一种。中古正齿音包括三十六字母的"照穿床审禅"五个,它们在《切韵》中分为两类,在韵图上一类列在二等,一类列在三等,分别称为照二组、照三组。

09.071 照二组 Zhao group at the second division; Zhuang group

简称"照二"。韵图上列在二等的正齿音字。后人以"庄初崇生俟"(或"庄初床山俟")作为《切韵》音系中这组声母的代表字,称为庄组,有的构拟作舌叶音[tʃ][tʃ'][dʒ][ʃ][ʒ],有的构拟为卷舌音[tʂ][tʂ'][dʐ][ʂ]。

09.072 照三组 Zhao group at the third division; Zhang group

简称"照三"。韵图上列在三等的正齿音字。后人以"章昌船书禅"作为《切韵》音系中这组声母的代表字,称为章组,一般构拟作舌面前塞擦音和擦音[tɕ][tɕ'][dʑ][ɕ][ʑ]。

09.073 半齿音 semi-dental

七音的一种。中古的日母,一般构拟为鼻擦音[nʑ]或鼻音[ɲ]。

09.074 半舌半齿音 semi-lingual and semi-dental

九音的一种。中古的来母、日母。

09.075 牙音 velar

五音、七音或九音的一种。中古牙音包括三十六字母的"见溪群疑",一般构拟作舌根塞音和鼻音[k][k'][g][ŋ]。

09.076 喉音 guttural

五音、七音或九音的一种。中古喉音包括三十六字母的"影喻晓匣"四个。喻母在《切韵》中分为两类,在韵图上一类列在三等,一类列在四等,分别称为喻三、喻四。一般构拟"晓匣"为舌根擦音[x][ɣ],"影"为零声母或喉塞音[ʔ],喻三为"匣"的三等[ɣj],喻四为舌面半元音[j]。

09.077 喻三 Yu at the third division

见"喉音"。

09.078 喻四 Yu at the fourth division

见"喉音"。

09.079 转 zhuan; a table in earlier rhyme tables

韵图标目用语。早期韵图每一张图称为一转,在各图标有"内转"或"外转"。

09.080 内转 neizhuan; inner rhyme tables

宋金元切韵图十六摄中,二等地位上只有齿音照二字的韵摄属于内转(臻摄例外)。包括通、止、遇、果、宕、曾、流、深八摄。但果摄无二等字也被标作内转。

09.081 外转 waizhuan; outer rhyme tables

韵图中二等地位上不仅有齿音庄组字,还有唇、舌、牙、喉声母的字,所在韵摄属于外转。包括江、蟹、臻、山、效、假、梗、咸八摄。但臻摄二等只有照二字也被标作外转。

09.082 摄 she; rhyme groups

等韵学家根据韵腹、韵尾的特征把若干韵归纳成的一个更大的单位。在一摄之中的韵,韵尾相同或韵尾发音部位相同,韵腹相同或相近。

09.083 十六摄 16 rhyme groups

宋金元时代的《四声等子》《五音集韵》《切韵指南》等所分的十六个韵摄,音韵学中为了以简驭繁而用这十六摄概括《广韵》的二百零六韵。

09.084 呼 articulation

根据介音或主要元音给韵母分类的一种方式。元代《切韵指南》有开口呼、合口呼的名目,明末有开口呼、合口呼、齐齿呼、撮口呼的"四呼"名目。

09.085 开合　kaihe; both rounded and unrounded articulation
开口与合口的合称。

09.086 开口　kaikou; unrounded articulation
宋金元两呼的一种。介音和韵腹没有[u]的韵母。

09.087 合口　hekou; rounded articulation
宋金元两呼的一种。介音或韵腹是[u]的韵母。

09.088 开合韵　kaihe; a rhyme table with both rounded and unrounded finals
既有开口又有合口的韵。

09.089 独韵　duyun; a rhyme table with exclusively rounded or unrounded finals
只有开口或只有合口的韵。

09.090 开口呼　articulation when neither [i] [u] or [y] is used as medial or main vowel
明清四呼的一种。不以[i][u][y]为介音或作韵腹的韵母。

09.091 合口呼　articulation with [u] as medial or main vowel
明清四呼的一种。有[u]介音或以[u]作韵腹的韵母。

09.092 齐齿呼　articulation with [i] as medial or main vowel
明清四呼的一种。有[i]介音或以[i]作韵腹的韵母。

09.093 撮口呼　articulation with [y] as medial or main vowel
明清四呼的一种。有[y]介音或以[y]作韵腹的韵母。

09.094 尖团音　jianyin vs. tuanyin
又称"尖圆音"。尖音和团音的合称。声母属古"精清从心邪"五母，韵母为细音的，称为尖音；声母属古"见溪群晓匣"五母，韵母为细音的，称为团音。方言中有分尖团音的，有不分的；普通话不分，都是[tɕ][tɕ'][ɕ]。

09.095 洪细　big vs. small aperture
根据介音和主要元音给韵母分类的一种方式。用在古代四等时，一等二等为洪音，三等四等为细音；用在近代四呼时，开口、合口为洪音，齐齿、撮口为细音。

09.096 弇侈　narrow vs. wide aperture
弇音和侈音的合称。主要元音开口度小的为弇音，主要元音开口度大的为侈音。

09.097 轻重　qing vs. zhong; light vs. heavy
《通志·七音略》韵图标有"轻中轻""轻中重""重中重""重中轻"，第一字为"重"者即开口，第一字为"轻"者即合口。

09.098 等　division; grade
切韵学中根据韵腹和介音把韵母分为四类，以四行分列或四格分列的方式来区别，称为四种"等"。

09.099 一等韵　first division
宋金元韵图中排在第一行或第一格的韵类。

09.100 二等韵　second division
宋金元韵图中排在第二行或第二格的韵类。

09.101 三等韵　third division
宋金元韵图中排在第三行或第三格的韵类。

09.102 四等韵　fourth division
宋金元韵图中排在第四行或第四格的韵类。

09.103 纯三等韵　pure third division
全部字都列在三等地位上的韵。

09.104 假二等　false second division
按韵书的反切下字系联属于三等韵类而韵图上放在二等地位的照二组字。

09.105 假四等 false fourth division
按韵书的反切下字系联属于三等韵类而韵图上放在四等地位的齿头音和喻母字。

09.106 切韵学 study of rhyme tables
唐宋金元时期称分析汉语语音成分、阐释汉语音系结构或以图表形式展示研究成果的学问。

09.107 切韵法 method of fanqie
分析汉语语音成分、阐释汉语音系结构及反切规则的方法。

09.108 等韵学 study of rhyme tables
明清时期称分析汉语语音成分、阐释汉语音系结构或以图表形式展示音韵研究成果的学问。后也兼括明清以前的切韵学。

09.109 等韵 phonology of rhyme tables
分析语音结构并以图表形式表现语音系统的研究方法。

09.110 切韵图 rhyme tables
简称"韵图"。唐宋金元时期称显示汉语音系结构的图表。其内容包括以五音(七音)、清、浊等给声母分类,以开合、四等、摄、转等给韵母分类,声韵纵横相交体现音系结构。

09.111 等韵图 rhyme tables
简称"韵图"。明清时期称显示汉语音系结构的图表。其内容包括以五音(七音)、清、浊等给声母分类,以开合、四等、摄、转等给韵母分类,声韵纵横相交体现音系结构。后也兼括明清以前的切韵图。

09.112 列围 slot
切韵图中在有音无字的位置填圆圈。

09.113 归字 locate
根据反切上下字确定被切字在切韵图上的音韵地位。

09.114 悉昙 siddham
梵文元音和辅音依次相拼的练音表。

09.115 门法 menfa; guiding principles for understanding rhyme tables
主要解释韵书反切与韵图之间不协调关系的条例。

09.116 窠切 keqie; a menfa principle relating zhi initial group
门法的一种。反切上字为知组字,反切下字为四等地位上的精组、喻四母、影母字时,被切字在三等。

09.117 内外 nei vs. wai; inner vs. outer
门法的一种。反切上字属唇、牙、喉、舌、来母、日母字,反切下字为照组二等字时,内转各摄的被切字在三等,外转各摄的被切字在二等。

09.118 精照互用 huyong; a menfa principle relating jing and zhao initial groups
门法的一种。反切上字为精组字、反切下字为二等字时,被切字为照组二等字;反切上字为照组二等、反切下字为一等字时,被切字为精组一等字。

09.119 轻重交互 jiaohu; a menfa principle relating light and heavy labials
门法的一种。反切上字为轻唇音声母字,反切下字为一、二、四等韵字,被切字声母读为重唇音;反切上字为重唇音声母字,反切下字为三等韵字,被切字声母读为轻唇音声母。

09.120 日寄凭切 riji; a menfa principle relating the ri initial
门法的一种。只要反切上字是日母字,无论反切下字在哪个等,被切字都是三等。

09.121 寄韵凭切 jiyun; a menfa principle relating the zhao initial group
门法的一种。反切上字为照组三等、反切下字为一等或四等字时,被切字在三等。

09.122　类隔　leige; a menfa principle relating duan and zhi initial groups
门法的一种。反切上字与被切字的声母类别不一致的反切,一般指舌头音和舌上音互切、重唇音和轻唇音互切。等韵门法中特指舌头音与舌上音的互切。

09.123　音和　yinhe; total harmony
反切上字与被切字的五音、清浊一致,反切下字与被切字的韵、开合、四等、四声都一致,称为音和。

09.03　用韵分析和今音学

09.124　押韵　rhyme
又称"协韵""叶韵"。韵文中一种使同韵字有规则地反复出现的手法。

09.125　叶音　adaptation
又称"取韵""叶句""叶韵"。"叶"也写作"协"。临时改变某字的读音使韵脚和谐。这是后人以时音诵读先秦韵文感觉某字不押韵时而采取的做法。

09.126　韵脚　rhymed sinigram
韵文句末的同韵字。

09.127　韵例　rhyming pattern
又称"韵式"。押韵的方式、体例。汉语押韵的方式很多,按押韵字在句中的位置不同,可分为腰韵(句中韵)和脚韵(句尾韵,即韵脚);按押韵字在篇中的位置不同,可分为连句韵、隔句韵、交韵、抱韵等。掌握韵例对研究古代诗歌韵读、了解音律有帮助。

09.128　合韵　mixed rhyming
①韵文中不同韵部间因韵相近而押韵的现象。②韵书的一个韵中包含不同等或不同呼的字的现象。如《广韵》平声一东韵为一三等合韵,五支韵为开合口合韵。

09.129　合辙　rhyme
又称"押韵"。特指按照十三辙的标准押韵。

09.130　诗韵　①rhyming system for regular poetry; ②rhyming system of the Book of Songs
①近体诗所采用的押韵系统,即平水韵。②古音学上指归纳《诗经》韵脚所得的韵部系统。

09.131　平水韵　Pingshui rhyming system
金元以来通行的一百零六韵或一百零七韵的韵部体系。金代王文郁的《新刊韵略》归并《广韵》为一百零六韵,1229年刊于平水(今山西临汾),蒙元时期刘渊的《壬子新刊韵略》(1252年),改为一百零七韵。

09.132　词韵　rhyming system of the Ci poetry
填词所遵循的押韵系统。唐至元人皆据口语押韵,明代开始有人用归纳法编撰词韵书,清人戈载的《词林正韵》最为流行。经当代学者研究,宋代词韵当分十八部。

09.133　曲韵　rhyming system of the Qu poetry
制曲所遵循的押韵系统。以元代周德清的《中原音韵》为曲韵代表性韵书。

09.134　十三辙　13 vernacular rhyming groups
指明清以来北方戏剧、曲艺等约定俗成的十三个韵部的押韵系统。十三辙为:中东、江阳、一七、灰堆、油求、梭坡、人辰、言前、发花、乜斜、怀来、姑苏、遥条,另有小言前儿、小人辰儿两道小辙儿。

09.135　今音学　middle Chinese phonology
以《广韵》音系为代表的中古汉语语音为研究内容的学问。

09.136　今音　middle Chinese sounds
与"古音"相对。清人指《广韵》音系所代表的中古汉语语音。

09.137　韵书　rhyme dictionary
工具书的一种。按韵编排，供查韵检字，识字正音。

09.138　韵目　rhyme heading
韵书中韵的标目。

09.139　同用　①shared rhyme；②identical application
①与"独用"相对。韵书韵目下的标注用语。指允许邻近的韵在一起押韵。②反切系联法的正例操作条例之一。与"互用""递用"同为反切系联用语，指用相同反切上字或用相同反切下字的一组反切。声类同用，例如：冬，都宗切；当，都郎切。"冬、当"二字同以"都"字为反切上字，则"冬、当、都"必定同声类。韵类同用，例如：东，德红切；公，古红切。"东、公"二字同以"红"字为反切下字，则"东、公、红"必定同韵类。

09.140　独用　exclusive rhyme
与"同用①"相对。韵书韵目下的标注用语。指只同本韵字押韵。

09.141　重韵　chongyun；rhymes with common features but under different headings
《切韵》系韵书中韵目不同、在韵图一等或二等被安排为同摄、同呼、同等地位的韵。如一等覃韵和谈韵、二等咸韵和衔韵。

09.142　小韵　syllable in a rhyme dictionary
又称"纽"。指韵书中声、韵、调完全相同的同音字组。

09.143　重出小韵　redundant syllable
用系联法系联反切上下字，有的韵部中存在声类、韵类系联同类而又分立两个小韵的现象。重出小韵情况比较复杂，据后人研究大致可分三种情况：一部分属于重纽，一部分可能是后人所增，还有一部分可能是刊刻中的讹误造成的。

09.144　重纽　redundant syllable in rhyme tables
又称"重出唇牙喉音"。指"支脂祭真仙宵侵盐"等三等韵系里的唇牙喉音声母字成系列地重出小韵。例如，亏去为反，窥去随反，反切上字同是"去"，溪母，反切下字都是支韵合口字。这类两两对立的重纽，在韵图里被分别置于三等和四等地位，分别被称为重纽三等和重纽四等。

09.145　韵系　rhyme set
《切韵》系韵书里声调有相承关系的几个韵组成的一个音韵单位，通常以平声韵目命名。如《广韵》"东董送屋"四韵韵腹相同，韵尾相同或相近，分属平上去入四声，就是一个韵系，称为"东"韵系。这种以平声韵目来代表整个韵系的做法也称"举平以赅上去(入)"。

09.146　四声相承　tonal relation within a rhyme set
一组只有声调差异的韵之间相应的类同关系。例如《切韵》"东董送屋"四韵的等呼相同、韵的特征([u]元音+舌根韵尾)也相同，以平上去入四个不同声调的韵配成一个韵系。阴声韵只有平上去三声相承。

09.147　反切　fanqie；sinigraphic spelling
又称"反""翻""切"。用两个汉字给一个汉字注音的方法。两个字中上字取其声，下字取韵与调，拼合出被注音字的读音。

09.148　被切字　sinigram to be spelt
反切注音法中的被注音字。

09.149　反切上字　first sinigram in a fanqie
简称"切上字"。反切注音法中用来注音的两个汉字中的前一个汉字。表示被切字的声母。古人直行书写，前一个注音字在上面，所以称为反切上字。宋元学者称反切上字为"切"。

09.150　反切下字　second sinigram in a fanqie
简称"切下字"。反切注音法中用来注音的两个汉字中的后一个汉字。表示被切字的韵母和声调。古人直行书写,后一个注音字在下面,所以称为反切下字。宋元学者称反切下字为"韵"。

09.151 又音 another pronunciation
古代注音用语。指某字另外的读音。某个多音字,先注明一个读音,其他读音再用"又音某"或者"又某某切"注出。

09.152 又切 the fanqie for the other pronunciation
"又音"的反切。

09.153 倒纽 anti-pronunciation
又称"到纽"。以反切下字的声母与反切上字的韵母、声调拼出另一个被切字的读音。

09.154 正纽 normal pronunciation
以反切上字的声母与反切下字的韵母、声调拼出被切字的读音。

09.155 助纽字 alliterated sinigrams
用以帮助出切和识别字母的若干组双声字。例如《韵镜·韵鉴序例》"归纳助纽字"中的"宾边、分蕃、缤篇、芬翻"分别指示"帮、非、滂、敷"四个声母。

09.156 反切系联法 interconnection method of fanqie
一种利用反切研究语音系统的方法。清陈澧著《切韵考》首先采用此法,系联《广韵》中的反切,考求其声类和韵类,分为正例、变例两类操作方法。

09.157 正例 basic principles of the interconnection method
反切系联法中考求声类和韵类的基本操作方法。包括同用、递用、互用等。

09.158 变例 complementary principles of the interconnection method
反切系联法中考求声类和韵类的辅助操作方法。包括用又音互见系联声类,用四声相承系联韵类,使正例不能系联的音类得以系联起来。

09.159 递用 sequential application
反切系联法的正例操作条例之一。基本内容是,切语上下字递相为用者,可联为一类。声类递用,例如:冬,都宗切;都,当孤切。"冬"以"都"为反切上字,"都"以"当"为反切上字,"冬、当、都"递相为用,三者必定同声类。韵类递用,例如:东,德红切;红,户公切。"东"以"红"为反切下字,"红"以"公"为反切下字,则"东、红、公"递相为用,三者必定同韵类。

09.160 互用 mutual application
反切系联法的正例操作条例之一。基本内容是,被切字与切语上字或被切字与切语下字互相为用者,可联为一类。声类互用,例如:当,都郎切;都,当孤切。"当"以"都"为反切上字,"都"以"当"为反切上字,"当、都"相互为用,二者必定同声类。韵类互用,例如:公,古红切;红,户公切。"公"以"红"为反切下字,"红"以"公"为反切下字,"公、红"相互为用,二者必定同韵类。

09.161 韵类 rhyme category
通过反切系联法、统计法和审音法等分析反切下字得出的韵的分类。

09.162 声类 initial category
以反切系联法为基本方法分析反切上字得出来的声的分类。

09.04 语音通转和古音学

09.163 古音学 old Chinese phonology
研究上古汉语语音系统的学问。

09.164 古音 old Chinese sounds
与"今音"相对。清人指以《诗经》音为代表的语音。

09.165 古本音 old sound proper
段玉裁指一个汉字在上古韵部的本来读音,以区别于该字后来变成的"今音"。

09.166 古合韵 mixed rhyming in old Chinese
段玉裁指一个汉字在上古的本来读音不在某韵部却和该韵部字押韵的情况。

09.167 正声 ①rhyme shifting proper;②initials proper
与"变声"相对。①章炳麟指主要元音相同和相近的韵部之间的通转。包括近旁转、次旁转、正对转、次对转四种情况。②黄侃指"影晓匣见溪疑端透定泥来精清从心帮滂并明"十九个上古音中原本存在的声纽,即"古本纽"。

09.168 变声 ①rhyme shifting additional;②initials generated
与"正声"相对。①章炳麟指韵尾不同的韵部之间的通转。包括交纽转、隔越转两种情况。②黄侃指"古本纽"十九纽之外的中古声纽。它们是"古本纽"经过后世音变分化出来的声纽,例如"非敷奉微知彻澄娘"等。

09.169 正韵 ①old rhyme proper;②rhyme categories with proper initials
与"支韵"相对。①章炳麟指上古原本就有的韵,即"古本音"。②黄侃指《广韵》一韵分成二类、三类,其中有"正声"(古本纽)的韵类。

09.170 支韵 ①old rhyme generated;②rhyme categories with generated initials
与"正韵"相对。①章炳麟指上古音变异后新产生的韵。②黄侃又称"变韵"。《广韵》一韵分成二类、三类,其中有"变声"的韵类。

09.171 变韵 rhyme generated
黄侃指《广韵》中除二十八个古本韵以外的韵。

09.172 韵部 rhyme group
①又称"部"。在归纳韵文押韵字的基础上经音韵分析而归纳出的部类。②韵书中的韵。如《广韵》的二百零六韵也有人称为二百零六韵部,《中原音韵》的十九韵也称十九韵部。

09.173 支脂之三分 a hypothesis that the three neighbouring sets of rhymes of zhi, zhi and zhi in qieyun belong to three different rhyme groups in old Chinese
原认为上古同属一部的《切韵》支、脂、之三韵系。段玉裁发现,上古分别属于三个韵部,支佳为一部,脂微齐皆灰为一部,之咍为一部。

09.174 脂微分部 a hypothesis that the rhymes of zhi and wei in qieyun belong to two different rhyme groups in old Chinese
原认为上古同属一部的《切韵》脂、微等韵。王力认为,上古不同音,分别属于两个韵部,脂皆韵开口呼和齐韵为一部,脂皆韵合口呼与微灰咍韵为一部。

09.175 通转 tongzhuan;relation between different phonological categories
一个汉字在押韵、谐声、通假等方面显示出的读音从一个音类转入另一个音类的现象,以及由此显示出的音类间的关系。通转的形式主要是对转和旁转。

09.176 对转 duizhuan
韵腹相同或相近而韵尾不同的韵之间的通转。包括阴阳对转、阴入对转、阳入对转以及正对转、次对转。

09.177 阴阳对转 duizhuan between rhymes with nasal and vowel endings
韵腹相同或相近的阴声韵和阳声韵之间的通转。有些学者视入声为阴声的一部分,所以他们所说的阴阳对转也包括阳入对转。

09.178　阴入对转　duizhuan between rhymes with vowel and stop endings
韵腹相同或相近的阴声韵和入声韵之间的通转。

09.179　阳入对转　duizhuan between rhymes with nasal and stop endings
韵腹相同或相近的阳声韵和入声韵之间的通转。

09.180　正对转　primary duizhuan
韵尾发音部位相同而且韵腹相同的阴声韵、阳声韵和入声韵部之间的对转。

09.181　次对转　secondary duizhuan
韵尾发音部位相同而韵腹发音相近的阴声韵、阳声韵和入声韵部之间的对转。

09.182　旁转　pangzhuan
韵尾相同而韵腹不同的韵部之间的通转。包括近旁转和次旁转两类。

09.183　近旁转　near-by pangzhuan
韵尾相同,韵腹虽不同但发音相近的韵部之间的旁转。

09.184　次旁转　secondary pangzhuan
韵尾相同,韵腹发音相差较远的韵部之间的旁转。

09.185　谐声　sinigrams with shared phonetic symbol
具有相同声符的字之间的语音关系。

09.186　主谐字　zhuxiezi; sinigram used as the phonetic symbol
与"被谐字"相对。指同一谐声系列中的声符字。

09.187　被谐字　beixiezi; sinigram using zhuxiezi as the phonetic symbol
与"主谐字"相对。指谐声系列中从主谐字(声符)得声的形声字。

09.188　谐声系列　phonetic symbol series; sinigrams based on the same phonetic symbol
从同一主谐字得声的所有字构成的系列。

09.189　谐声系统　phonetic symbol system
全部谐声系列的总和。谐声系统是上古音研究的重要依据。

09.190　譬况　description
又称"比况"。早期的汉字注音法的一种。以同音字或近音字比拟被注音字的读音,或对其发音特征加以描写。包括长言、短言、急气、缓气、内言、外言等。

09.191　急声　quick pronunciation
又称"急读"。与"慢声"相对。古人有两字急读成一音(例如"之乎"急读为"诸"),慢读仍为二音的说法。前者称"急声",后者称"慢声"。

09.192　慢声　slow pronunciation
见"急声"。

09.193　直音　homophone
汉字注音法的一种。用一个汉字为另一个汉字注音。直音法注音有时兼有释义、别义等作用。

09.05　音类演变和对音

09.194　古无轻唇音　a hypothesis that there are no "light" labials in old Chinese
钱大昕发现,上古没有"非敷奉微"代表的轻唇音声母,轻唇音还没从"帮滂并明"代表的声母里分化出来。

09.195 古无舌上音 a hypothesis that there are no laminals in old Chinese

钱大昕发现,上古没有"知彻澄娘"代表的舌上音声母,舌上音还没从"端透定泥"代表的舌头音声母里分化出来。

09.196 娘日归泥 a hypothesis that the initial categories of niang and er belong to the category of ni in old Chinese

章炳麟认为,中古娘日二纽在上古属于泥纽。

09.197 喻三归匣 a hypothesis that the yu initial at the third division belongs to the xia initial in old Chinese

曾运乾认为,中古喻纽三等字在上古属于匣纽。

09.198 喻四归定 a hypothesis that the yu initial at the fourth division belongs to the ding initial in old Chinese

曾运乾认为,中古喻纽四等字在上古属于定纽。

09.199 三等喻化 a hypothesis that initials of the third division are palatalized

高本汉主张,根据《广韵》同一声母的反切上字分成两类的现象,认为一二四等字的声母是单纯声母,三等字的声母受弱介音[i̯]的影响而腭化,即喻化(j化)声母。

09.200 浊音清化 the process of voiced obstruents becoming voiceless

中古汉语的全浊声母字发展到近代,变读为清音声母字。

09.201 四声一贯 a hypothesis that tonal distinctions are merged in old Chinese verses

顾炎武主张,上古声调系统有四声,歌者不受字调局限,所以上声字可以转为平声,去声字可以转为平声、上声,入声字转为平声、上声、去声。

09.202 古无去声 a hypothesis that there is no departing tone category in old Chinese

段玉裁主张,上古音声调系统里没有去声,只有平、上、入三种声调。

09.203 浊上变去 rising tone of the sinigrams with voiced initials become departing tone

中古汉语的全浊声母上声字发展到近代,变读为去声。

09.204 平分阴阳 ping fen yin yang

中古汉语的平声调发展到近代,分化为阴平调、阳平调。

09.205 入派三声 ru pai san sheng

中古汉语的入声字音发展到近代,分别归入平声、上声、去声。

09.206 对音 transcriptions between languages

不同语言之间语音对译,包括汉字对译的非汉语词语语音,其他民族文字对译的汉语词语语音,以及非汉语中借入的汉语词语的语音等。对音资料能成系统的有梵汉对音、藏汉对音、日汉对音、朝汉对音、越汉对音、八思巴字对音、满汉对音等。

09.207 梵汉对音 Chinese transcription of the Sanskrit words

汉译佛经中汉字对译的古印度梵语的词语和咒语的语音。

09.208 藏汉对音 Chinese transcription of the old Tibetan words

古文献中藏文对译汉语词语的语音以及汉字对译藏语词语的语音。

09.209 日汉对音 Japanese transcription of the borrowed Chinese words

日本语中借入的汉语词语的语音和汉字对译的日语词语的语音。前者由于借入的时代和语音来源不同,通常分别称为吴音、汉音、新汉音、宋音、唐音等。

09.210 朝汉对音 Korean transcription of the borrowed Chinese words
朝鲜语中借入的汉语词语的语音和谚文对译的汉语词语的语音。

09.211 越汉对音 Vietnamese transcription of the borrowed Chinese words
又称"汉越语"。越南语中借入的汉语词语的语音。

10. 训 诂 学

10.01 总 论

10.001 训诂 exegesis on antient Chinese language
用语言解释中国古代文献语言的工作及这种工作所产生的成果。

10.002 雅言 antient standard language
古代中原地区通行的汉语共同语。

10.003 训诂材料 the materials of exegesis on antient Chinese language
古代训诂工作产生的成果。包括随文释义的注释材料、纂集类训诂专书和考证材料。

10.004 纂集 compilation
搜集散见的训释材料,按一定原则编排,类聚字、词的工作及其成果。根据编纂目的的自觉程度和对材料的整理程度,可以有不同的类型,如集合贮存型的《尔雅》、整理编选型的《方言》、理论证实型的《释名》。

10.005 考证 textual criticism by evidences
又称"考据"。综合运用训诂学形音义互求的方法,对文献词义进行考释与证明的工作。根据考证目的和论证取向的不同,可分为证实类考证和反驳类考证。

10.006 训诂学 classical Chinese semantics
以历代训诂材料和训诂工作为研究对象的学科。根据其不同时代的内容和特点,可分为传统训诂学和现代训诂学。

10.007 传统训诂学 traditional classical Chinese semantics
侧重于实际应用、以解释古代文献为目的的训诂学。早期依存并服务于经学,着重经典的解释,带有浓厚的经验性;隋唐以后,逐渐与文字学、音韵学分立;乾嘉以来,偏重于意义的研究。

10.008 现代训诂学 classical Chinese semantics in modern times
从古代训诂材料出发,运用现代语言学理论,探讨训诂原理、方法,以与汉语历史语义学接轨的训诂学。

10.009 经学 the study of Confucian classics
阐释、研究中国儒家经典的学术。源于战国后期,汉代分化为今文经学和古文经学。

10.010 小学 philology
中国传统的语言文字学。包括文字、音韵、训诂之学。"小学",初指儿童读书的学校,得名于"周礼八岁入小学";东汉后逐渐转指学科名称,大致包括后代的文字、音韵、训诂之学;近代章太炎始以"中国语言文字学"取代"小学"名称。

10.011 朴学 puxue
又称"汉学"。以朴实严谨的学风进行词义、名物、制度等考据的学派。以汉代的古文经学派与清代的乾嘉学派为代表。

10.012 雅学 yaxue
以《尔雅》及模仿《尔雅》意义训释纂集体例的《小尔雅》《广雅》《埤雅》《骈雅》《通雅》等训诂专书为研究对象的学问。

10.013 《说文》学 the study of *Shuowenjiezi*
又称"许学"。以许慎的《说文解字》为研究对象的学问。包括历代对《说文解字》的校勘、考证、注释及现代对小篆形音义系统的研究等内容，其中清代段玉裁、朱骏声、桂馥、王筠成就突出，被称为"清代《说文》四大家"。

10.02 训诂体式

10.014 传注 annotation
直接解释古籍正文的词语意义、典章制度、历史事实、思想内容的训诂体式。其名称有传、注、笺等。例如汉代毛亨的《毛诗故训传》、汉代郑玄的《周礼注》、汉代高诱的《淮南子注》、汉代郑玄的《毛诗笺》。

10.015 义疏 further annotation on classics and on preceding annotation
兼释古籍正文与传注的训诂体式。其名称有疏、义疏、正义等。例如唐代贾公彦的《周礼注疏》、南朝梁代皇侃的《论语义疏》等。其中正义专指奉朝廷之命所做的义疏，例如唐代孔颖达的《五经正义》。

10.016 集解 assembly explanation
①汇集各家对同一部经典的注释，有时也补充汇集者自己的阐释的训诂体式。其名称有集解、集注等。例如南朝宋代裴骃的《史记集解》、宋代朱熹的《四书集注》。②合经与传注兼而解之的编纂样式。例如晋代杜预的《春秋经传集解》。

10.017 补注 accessory zhu
在注的基础上，选择一家较好的注本予以补充修订的训诂体式。例如清代王先谦的《汉书补注》。

10.018 章句 annotation based on sentences
以句子为基本训释单位，将字词训释嵌入句子的直译之中，进而分析句读、串讲文意、探讨章旨的训诂体式。例如汉代赵岐的《孟子章句》。

10.019 音义 discrimination in phone and explanation of meaning
以辨音释义为本，也兼及比勘文字形体的训诂体式。其名称有音义、音训、音解等。例如唐代陆德明《经典释文》中包括的《周易音义》《尚书音义》等。

10.020 征引 quotation
以钩稽故实、征引出处的方法来探讨文献中的词语源流、说解语义和阐明文意的训诂体式。例如唐代李善的《文选注》。

10.03 训　释

10.021 训释 explanation
用语言来表述文献语言意义的工作。根据训释目的不同，可分为声训、形训和义训，根据训释的语言结构方式不同，可分为直训和义界。

10.022 声训 sound gloss
用音同音近的词来解释被训释词语的训释。

古代声训有语言声训、文字声训、民俗声训、义理声训等。语言声训指同源词互训，例如"天，颠也""涧，间也"。

10.023　形训　explaining through character form

通过对汉字形体的分析来探求本义的训释。例如"塵（尘），鹿行扬土也"。

10.024　义训　semantic gloss

直接从意义上解释词语的训释。例如"口，人所以言食也"。

10.025　直训　zhixun

以单词训释单词的训释方式。由一个或数个直训可以构成单训、互训、递训、同训。

10.026　单训　unilateral explanation

训释词与被训释词只是单向训释的直训。例如"璐，玉也"。

10.027　互训　mutual explanation

两个词互相训释的直训。例如"排，挤也""挤，排也"。

10.028　递训　dixun

又称"迭训"。两个以上的词递相训释的直训。例如"语，论也""论，议也""议，语也"。

10.029　同训　tongxun

同一个词训释几个词的直训。例如"八，分也""异，分也""判，分也""件，分也"。

10.030　义界　definition

用定义来表述词义内容的训释方式。典型的义界结构是"义值差 + 主训词"。例如"观，谛视也"，其中"谛"为义值差，"视"为主训词。

10.031　主训词　major explaining word

在义界中用来表示与被训释词相同意义成分的词语。一般是被训释词的同义词或同类词。例如"饯，送去也"，"送"为"饯"的同义词；"顾，还视也"，"视"为"顾"的上位词。

10.032　义值差　difference of semantic feature

在义界中表示被训释词语义特征的用语。例如"京，人所为绝高丘也"，"人所为"和"绝高"为义值差。

10.033　随文释义　explanation in the context

又称"随文立训""隶属之训诂"。附在典籍原文中，来解释字、词、句以及篇章等意义的训释。例如"关关雎鸠"，《毛诗故训传》："关关，和声也。"

10.034　专书训释　explanation compiled

脱离了典籍原文，按一定原则编排在专书中的训释。例如《说文解字》《方言》等专书中的训释。

10.035　词义训释　explanation of lexical meaning

表述被训释词概括的语言意义的训释。例如"观，谛视也""淑，善也"。

10.036　文意训释　explanation of contextual meaning

表述被训释词在言语环境中的具体含义的训释。例如"母也天只，不谅人只"，《毛诗故训传》："天，父也。""天"本无"父亲"之义，在此环境中具体指"父亲"。

10.037　反训　fanxun

又称"反相训""相反为训""正反同辞"。传统训诂学术语。原指训释词与被训释词意义相反或用两个反义词训释同一个词的现象。实际上前人所谓"反训"并非训释方式，它反映了因引申形成的词义的对立而相通的现象，其存在是有条件的。例如"副"有"分""合"二义，它的本义是把一物剖成两半，然后再合起来。所以，"分"和"合"看似对立，却是相通的。

161

10.038 训释用语 phraseology of explanation
传统训诂学用于专门表示训释语和被训释语之间某种关系的程式化用语。释词用的有"曰""为""谓之""犹""之为言"等;注音用的有"读如""读若"等;明字用的有"当做""当为"等;阐释章句用的有"言""章旨"等。例如"小曰羔,大曰羊",用"曰"做成的训释说明"羊"和"羔"具有不同特征。

10.04 训诂所见字、词、句音义关系

10.039 本义 original meaning
①又称"造意"。汉字形体的构造意图。例如"麈"从"鹿"从"土",是用"鹿行扬土"来表示其字形的构造意图。②又称"实义"。由字形反映出来的并在文献中实际使用过的词的某一义项。例如"本",以"一"在"木"下表示树木的根,它的实义就是"树根",文献中多有"本"作"树根"讲的语例。

10.040 笔意 word-formation embodiment
能够体现原始造字意图的字形。例如"因"的本义是"席子",造字初期象有纹路的席子之形。

10.041 笔势 symbolized font
经过演变脱离原始造字意图的字形。例如楷书"因"从"囗"从"大",无法反映"席子"这一本义。

10.042 引申 semantic extension
由于人的联想,从已有的意义中不断产生相关新义的词义运动形式。例如"节"从"竹节"义联想为状态相似的"关节"义。

10.043 引申义 derived meaning
通过引申方式而产生的意义。

10.044 引申义列 system of semantic extension
以本义为出发点,对多义词的诸引申义项按逻辑关系加以平面系联整理而成的一个连贯的意义系列。

10.045 假借义 figurative sense
因字的假借而产生的与本字无关的词义。

10.046 同源通用 interchangeable word for cognate
因词的派生而孳乳出的新字,在尚未完全习用的过渡阶段与源字通用或者新字之间混用的现象。例如"正"孳乳出"政",又与"政"通用。

10.047 孳乳 derivation
在词的派生推动下,由记录源词的字分化出新字的现象。例如"正"孳乳出"政"。

10.048 变易 transformation
意义不变而字形变化的同词异字现象。例如"厷"写为"肱"。

10.049 词源 etymon
构词的理据,即词音义结合的来源。

10.050 字源 character source
①传统训诂学中同"词源"。②又称"形源"。用来指汉字字形的最早来源。

10.051 派生词 derived word
在旧词的基础上分化出的新词称作旧词的派生词。

10.052 同源词 cognate word
由同一根词直接或间接派生出来的词互为同源词。

10.053 根词 root word
又称"语根"。同族派生词的总根。在词族中,根词只有一个。

10.054 源词 source word
直接派生他词的词称作这个派生词的源词。例如"赴"是"讣"的源词。

10.055　词族　word family

由同一语根派生的全部同源词的聚合。

10.056　对文则异,散文则通　explain in general terms

又称"统言,析言""浑言,析言"。同义词之间泛称时可以通用,相对出现时又必须区别的现象。例如"鸟"在一般情况下是长尾鸟和短尾鸟的通称,而在与"隹"相对时,只表示长尾鸟。

10.057　重言词　disyllabic reduplicative words

又称"重言形况字"。相当于后来的叠音词。由相同汉字重叠用以形容态貌或比拟声音的双音节单纯词。例如"苍苍""喈喈"。

10.058　联绵词　two-alliterated words; compound words in Chinese

又称"联绵字""䜶语"。由两个音节连缀成义而且上下字具有一定声音关系的单纯词。根据上下两字的声音关系不同,可分为双声联绵词(例如"淋漓""仿佛")、叠韵联绵词(例如"徘徊""逍遥")、双声叠韵联绵词(例如"缤纷""辗转")、非双声叠韵联绵词(例如"犹豫""扶摇")。

10.059　破读　change meaning by change pronunciation

又称"读破""破字"。用本字改读通假字的现象和方法。例如《诗经》"四之日其蚤","蚤"应破读为"早";《论语》"天下有道则见","见"应破读为"现"。

10.060　句读　judou

古代的一种标点方法。一句结束为句,句中停顿为读,合称句读。

10.05　训诂方法与禁忌

10.061　形音义互求　form, sound and meaning prove each other

训诂方法的一种。根据汉字形义统一、与音有密切联系的原理,利用三者的关系互相求证。

10.062　以形索义　search for the word meaning by the form of written character

训诂方法的一种。根据汉字形义统一的特点来推求本义,并以本义统率引申义、辨别假借义。

10.063　因声求义　seek meaning through sounds

训诂方法的一种。运用文献语言的材料,依循语音的相互关系和音变的线索,寻找同源字之间音变的轨迹和确定借用字之间音异的状况,达到探求文献词义的目的。

10.064　系源　collection of paronym

在根词不确定的情况下,经过系联将同源词类聚在一起的工作。

10.065　推源　ascertain paronym

又称"推因"。确定派生词的根词或源词的工作。

10.066　以义证音　prove the pronunciation by using meaning

训诂方法的一种。根据意义关系就正字读、探求古音。

10.067　比较互证　comparative cross motivation

训诂方法的一种。运用词义本身的内在规律,通过词与词之间意义的关系和多义词诸义项的关系对比,达到探求和判定词义的目的。

10.068　据文证义　finding the meaning out of the context

训诂方法的一种。利用文献语境来探求或

证明词义。

10.069 义素 semanteme
分析义位内部结构的意义单位。训诂学阐释义界的语言结构时借用西方结构语义学的术语。现代训诂学将其分为核义素、类义素和表义素。

10.070 核义素 nucleus element of meaning
又称"源义素"。从同组同源词中提取出的经验性的意象特征。例如"稍、秒、梢、艄"可以提取出核义素"尖小—末梢"。

10.071 类义素 sort element of meaning
从同类词中提取的类别特征。例如"江、河、淮、汉"可提取出类义素"河流"。

10.072 表义素 appearance element of meaning
从同义词中提取出的类义素以外的区别性特征。

10.073 义素二分法 dichotomy of semanteme
在对词义内部结构分析时,把词的义位切分为两部分,即类义素和核义素(表义素)的方法。

10.074 望文生训 literal interpretation
又称"望形生训""望文生义"。根据已经脱离原始造意的后代演变的字形或以假借字的字形来解释意义的错误做法。

10.075 增字解经 add a word(s) to explain classics
又称"增字为训"。在注释中主观地添加与原义无关的字词来生成训条,造成曲解原文意义的错误做法。

11．计算语言学

11.01 总　　论

11.001 计算语言学 computational linguistics
涉及语言学、计算机科学和数学的边缘学科。用数学、计算机科学和技术的方法研究语言,研制计算机处理语言的软件。研究成果可用于自然语言理解与生成、语音识别与合成、机器翻译、信息检索、信息挖掘、文献自动分类、文献自动摘要、计算机辅助语言教学等领域。

11.002 计算词汇学 computational lexicology
计算语言学的一个分支。用计算机科学或数学的方法从意义、形态、结构等方面研究自然语言的词汇和词汇系统,建立面向各种应用目标的机器词典和语料库。

11.003 计算语义学 computational semantics
计算语言学的一个分支。运用数学方法(主要是谓词逻辑、内涵逻辑等数理逻辑方法)构建语义模型,把语义分析作为一个计算过程来研究。

11.004 数理语言学 mathematical linguistics
用数学思想和数学方法研究语言现象的学科。通常使用集合论、数理逻辑、算法理论等代数方法,或使用概率论、数理统计、信息论等方法来建立语言的数学模型,分析描述语言成分出现和分布的统计规律。可分为代数语言学(algebraic linguistics)、统计语言学(statistical linguistics)等。

11.005　语料库语言学　corpus linguistics
语言学的一个分支。把大规模的真实的自然语言数据（书面文本或言语录音的转写）作为语言学描写、验证语言假说或建立语言学统计模型的依据。也是一种以语料库为基础的语言研究方法。包括：(1) 对自然语料进行加工、标注；(2) 应用已经标注好的语料或原始语料进行语言研究和应用开发。

11.006　自然语言处理　natural language processing
研究使用计算机处理在人际交际或人机交际中的自然语言问题的学科。主要研究表示语言能力和语言应用的模型，建立计算框架来实现并不断完善这样的语言模型，根据这样的语言模型设计各种实用系统，并研究这些实用系统的评测方法。计算机对自然语言的研究和处理，一般应经过以下过程：(1) 把需要研究的问题在语言学上加以形式化，使其能以一定的数学形式，严密而规整地表示出来。(2) 把这种严密而规整的数学形式表示为算法，使其在计算上形式化。(3) 根据算法编写计算机程序，使其在计算机上实现。(4) 对所建立的自然语言处理系统进行评测，使其不断地改进质量和性能，以满足应用的要求。

11.007　自然语言理解　natural language understanding
在研究自然语言的机制和实现过程的基础上，用计算机分析口语或书面语，理解它们所表达的意思，并用形式化的方式表示出来。自然语言理解的过程是从口语语音或书面语文本映射到语言的意义。

11.008　自然语言生成　natural language generation
在研究自然语言的机制和实现过程的基础上，用计算机把要表达的意思从非语言形式的输入构造成自然语言输出，并以口语或书面语的形式表达出来。自然语言生成的过程是从语言的意义映射到口语语音或书面语文本。

11.009　语言工程　language engineering
开发和研制识别、理解、生成自然语言的计算机系统的技术和领域。例如机器翻译、信息检索、文本分类、自动文摘等。

11.010　人工智能　artificial intelligence
利用计算机系统模拟人类智能活动的研究领域。包括专家系统、自然语言理解、机器学习、自动定理证明、模式识别、知识工程、智能数据库、自动编程、智能控制等。

11.011　信息论　information theory
关于信息的本质和传输规律的科学理论。研究信息的计量、发送、传递、交换、接收和储存等。

11.012　本体知识体系　ontology
对概念体系的明确的、形式化的、可共享的规范。"概念体系"指所描述的客观世界的现象中有关概念的抽象模型，"明确"指对于所使用的概念的类型以及概念用法的约束都明确地加以定义，"形式化"指本体知识体系应该是机器可读的，"共享"指本体知识体系中所描述的知识不是个人专有的而是集体共有的。本体知识体系是构建自然语言词汇系统的重要理论基础。

11.02　字　处　理

11.013　汉字信息处理　Chinese character information processing
用计算机对汉字信息进行操作和加工，包括汉字的输入、存储、识别、生成和输出等。是中文信息处理的一个重要组成部分。

11.014 国标交换码 Chinese national standard code for information interchange

中国国家标准"信息交换用汉字编码字符集"中汉字的编码表示。

11.015 国标区位码 Chinese national standard code by section-position

中国国家标准"信息交换用汉字编码字符集"中汉字在图形字符代码表中位置的表示。

11.016 汉字编码 Chinese character encoding; Chinese character coding

按照一定的规则,对指定的汉字集内的元素编制相应的代码。

11.017 汉字交换码 Chinese character code for information interchange

汉字信息处理系统之间或者信息处理系统与通信系统之间进行汉字信息交换的代码。

11.018 汉字内码 Chinese character internal code

汉字在信息处理系统内部最基本的表达形式,供存储、处理、传输汉字用。它与汉字交换码有一定的对应关系,通常借助于某种特定标志信息来表明它与单字节字符的区别。

11.019 汉字字形码 Chinese character font code

表达汉字字形的字模数据。通常用点阵、矢量函数等方式表示。

11.020 汉字编码字符集 Chinese character coded set

按一定规则确定的包含汉字及有关基本图形字符的有序集合,并规定该集合中的字符与编码表示之间一一对应的关系。

11.021 汉字识别 Chinese character recognition

利用计算机抽取汉字字形特征,实现对汉字的自动输入。可分为联机手写体汉字识别、印刷体汉字识别和手写体汉字识别。

11.022 汉字输入 Chinese character input

根据汉字的形、音或相关信息,通过录入或自动识别等方式把汉字转换成计算机内部的数字形式的过程。

11.023 汉字输出 Chinese character output

将计算机内部以数字形式表示的汉字用计算机外部设备(例如显示终端、打印机等)输出的过程。

11.03 词 处 理

11.024 汉语自动分词 Chinese word segmentation; Chinese word tokenization; automatic segmentation of Chinese word

又称"汉语分词""汉语切词""汉语自动切词"。依据一定的原则和方法,按照分词单位对汉语语句进行切分的过程。

11.025 分词规范 specification of word segmentation

规定汉语自动分词的原则和方法的一系列规则。

11.026 汉语分词系统 Chinese word segmentation system

进行汉语自动分词的计算机软件系统。

11.027 分词标记 mark of word segmentation

汉语句子中可以作为分词依据的标记。书面语的分词标记主要有:(1)自然的分词标记,例如标点符号等;(2)非自然的分词标记,例如没有构词能力的单音节单纯词。

11.028 分词单位 unit of word segmentation

汉语信息处理使用的、具有确定的语义和

(或)语法功能的基本单位。

11.029　机械分词方法　mechanical segmentation method

一种根据字符串匹配的原理进行汉语自动分词的方法。以"足够"大的词表为依据,采用一定的处理策略,将汉语文本中的字串与词表中的词逐一匹配,如果成功,就认定该字串为词。

11.030　最大匹配分词方法　maximum matching segmentation method

一种基于字符串匹配原理的机械分词方法。每次从待切分字串中取长度为最大词长的候选子串,与词表中的词匹配,如果成功则认定该子串为词,否则子串长度逐次减1继续匹配。

11.031　正向最大匹配分词方法　forward maximum matching method

又称"顺向最大匹配法"。在使用最大匹配分词方法时,按照从左向右的顺序从待切分字串中取得候选子串。

11.032　反向最大匹配分词方法　backward maximum matching method

又称"逆向最大匹配法"。在使用最大匹配分词方法时,按照从右向左的顺序从待切分字串中取得候选子串。

11.033　未登录词　unregistered word; unlisted word; unknown word

词表中没有收录的词语。在汉语自动分词中通常指没有在分词底表中登录过的人名、地名、机构名、译名和新词语等。

11.034　交集型歧义切分字段　overlapping ambiguous segmentation

在汉字字符串 ABC 中,AB 是词,BC 也是词,称 ABC 为交集型歧义切分字段。例如在字串"会诊断"中,"会诊"是词,"诊断"也是词,"会诊断"就是一个交集型歧义切分字段。

11.035　组合型歧义切分字段　combination ambiguous segmentation

又称"多义型歧义切分字段"。汉字字符串 AB 是词,同时 A 和 B 也分别是词,称 AB 为组合型歧义切分字段。例如在字串"将来"中,"将来"是词,同时"将"和"来"也分别是词,"将来"就是一个组合型歧义切分字段。

11.036　词频　word frequency

在一定范围的语料中,统计词语的实际使用情况而得到的绝对频度和相对频度。绝对频度是词语出现的次数;相对频度是该次数与整个语料所含的词例总数之比。

11.037　词频索引　word frequency index

按照频率排列的单词索引。也指信息检索中,在词频统计的基础上,借助非用词词表和用词词表,按照字母排序生成的用词索引。

11.038　齐普夫定律　Zipf's law

由美国语言学家齐普夫(Zipf)提出的单参数序号分布定律。揭示了频率词典中词的出现频率和词按照绝对频率递减顺序排列的序号这两个参数之间的相互关系。

11.039　词例　word token

词汇表中的词在语料中的每一次出现。

11.040　词型　word type

语料中出现的词汇表里的各个不同的词。

11.041　词型复现率　repetition rate of word type

某个词型在语料中重复出现的频率。

11.042　型—例比　type-token ratio

语料中词型的数量与词例的数量的比率。

11.043　词汇差异度　vocabulary diversity

语料中平均每个词型所对应的词例数。

167

11.044 词汇集中度 vocabulary concentration
词汇在语料中集中出现的频度。

11.045 词长分布 distribution of word length
单词长度(即组成单词的单字或字母个数)的概率分布。

11.046 类属词 generic word
又称"上下位词"。表示概念体系中具有类属关系的词。这种类属关系是相连的上下级层次,既不能位于相同层次,也不能跨越几个层次。

11.047 自动形态分析 automatic morphological analysis;automatic lexical analysis
又称"自动词法分析"。在语言信息处理中,识别句子中的每个词及其形态特征、词性和结构的过程。包括自动分词,确定词的句法范畴和语义范畴,分析词的结构方式和类型等。

11.04 句　处　理

11.048 句法树 syntactic tree
表示句法分析结果的树形图。说明在一个句子中各个语言成分的结构、层次和功能关系。可分为二叉树和多叉树。

11.049 剖析树 parsing tree
从起始符号开始,运用语言规则逐步识别出句子的句法结构,描述这个推导过程的树形图。

11.050 标记树 annotated tree;labeled tree
结点上带有语法、语义等标记的树形图。

11.051 分析器 analyzer
根据词法、句法、语义等信息对语句进行形态、语法或语义分析的计算机程序。

11.052 句法分析器 parser
按照语言规则分析句子的句法结构的计算机程序。

11.053 静态属性表 static attribute list
由语句中成分的聚合关系(paradigmatic relations)属性构成的表。这些属性通常可以在词典中列出,一般包括构词属性、词类属性、词的义类属性等。

11.054 动态属性表 dynamic attribute list
由语句中成分的组合关系(syntagmatic relations)属性构成的表。这些属性通常在语句分析过程中得到,一般包括短语类型属性、句法功能属性、语义关系属性、逻辑关系属性等。

11.055 歧义结构 ambiguous structure
又称"歧义格式"。具有潜在歧义的抽象句法结构。其结构格式包括常项和变项,常项是具体词语,变项是词类或句法范畴类。

11.056 歧义消解 disambiguation
又称"排歧"。利用各种分析方法将语言中歧义现象的不同理解区分开来的过程。

11.057 基本名词短语 base NP;non-recursive noun phrase
不含有名词短语的名词短语。是名词短语的核心部分。例如英语中由序数词、基数词和限定词修饰名词形成的名词短语、由形容词修饰名词或由名词修饰名词所构成的名词短语等。

11.058 组块分析 chunk parsing;chunking
又称"基本短语分析"。一种识别和分析语句的局部结构的方法。认为在一个句子中,从句法、韵律或意义的角度可以划出各种互不交叉、没有嵌套的句块,例如名词块、动词块、韵律块等。组块分析的目标是识别这些句块、分析句块内的结构和句块间的关系。与通常的句法分析方法相比,组块分析方法能够降低句子分析的难度,针对特定的应用目标,提高整体分析的效率。参见"部分句法分析"和"浅层分析"。

11.059 部分句法分析 partial parsing
一种通过减少分析目标来提高分析效率和准确性的句法分析策略。与通常的句法分析不同,这种方法不要求得到完全的句法树,目标是识别句子中的某些成分,例如基本名词短语、非递归的动词短语等。参见"浅层分析"和"组块分析"。

11.060 浅层分析 shallow parsing
一种通过降低分析深度来提高分析效率和准确性的句法语义分析策略。这种方法不对语句作深层次的分析和理解,只在局部的结构层次上对句子成分作句法或语义分析。参见"部分句法分析"和"组块分析"。

11.061 基于规则的方法 rule-based approach
一种分析或生成自然语言的语句的方法。根据语言学理论建立语言分析或生成的规则,描述语言的各种成分以及成分之间的结构关系和意义关系,并用这些规则来分析或生成自然语言的语句。

11.062 基于统计的方法 statistic-based approach;statistical approach
根据概率统计的方法建立统计语言模型,揭示语言中各种成分以及成分之间关系的统计规律,并用来分析或生成自然语言的语句。常用的有 n 元模型、隐马尔可夫模型、概率上下文无关文法等。

11.05 语篇处理

11.063 标准通用置标语言 standard generalized markup language;SGML
置标语言是描述书面自然语言的文档结构的语言,标准通用置标语言(SGML)是由国际标准化组织制定的定义电子文件结构和内容描述的标准。目的是促进语言信息格式的标准化,便于自然语言文本信息的交换。一个 SGML 语言程序由语法定义、文件类型定义和文件实例三部分组成。语法定义给出文件类型定义和文件实例的语法结构;文件类型定义给出文件实例的结构和组成结构的元素类型;文件实例是 SGML 语言程序的主体部分。在计算机处理过程中,置标语言的标记既可以作为数据,也可以作为控制语句来使用。

11.064 超文本置标语言 hypertext markup language;HTML
标准通用置标语言(SGML)的一种文件类型。可用于文本信息的结构化,例如标题、段落和列表等,也可用来在一定程度上描述文档的外观和语义。它是一类特定的文件定义描述信息的方法,用于互联网上电子文本的传输和共享。

11.065 可扩展置标语言 extensible markup language;XML
标准通用置标语言(SGML)的子集。用来定义电子文件的类型,制作和管理用 SGML 定义的文件,以便在互联网上传输和共享。

11.066 文本 text
书面语言的符号串。是语言信息处理的对象。

11.06 形式化方法

11.067 isa 关系 isa relation
语义网络中概念之间的一种关系。用"isa"连接的两个概念结点具有上下位的关系。

11.068 part-of 关系 part-of relation
又称"部件—整体关系"。语义网络中概念之间的一种关系。用"part-of"连接的两个概念结点具有部件—整体的关系。

11.069　布尔运算符　Boolean operator
布尔代数中的运算符号。包括与、或、非、补等运算符。

11.070　巴克斯—诺尔范式　Backus-Naur form；BNF
一种形式化的语法表示方法。以美国人巴克斯(Backus)和丹麦人诺尔(Naur)的名字命名。是一种典型的元语言，可以严格地描述上下文无关文法的语法规则。

11.071　重写规则　rewriting rules
又称"产生式"。生成语法的一类规则。形式为 X→Y。箭头左边的符号代表单一的结构成分；箭头右边的符号代表一个或多个成分的序列；箭头表示用 Y 取代(或扩展) X。这类规则习惯上读作"重写 X 为 Y"。

11.072　产生式规则表示法　production rule representation
一种知识表示方法。产生式规则由左部的模式和右部的动作两部分组成，左部的模式规定该规则可应用的条件，右部描述应用该规则时要采取的行动、得到的结论或状态。

11.073　产生式语言　production language
一种常用的知识表示语言。描述一个(或一些)事件的存在导致另一事件的产生。用符号方法表述如下：if A then B 或 A→B。其中 A 称为前件，B 称为后件，→表示由 A 真导致 B 真。

11.074　递归定义　recursive definition
一种问题描述方法或过程说明方法。在定义或说明中直接或间接地引用自身，是计算机程序设计方法之一，它可以把一个复杂的大问题层层转化为一个与原问题相似的较小的问题来求解。

11.075　有向图　directed graph
由一组结点和一组有向边所构成的图结构。

11.076　二叉树　binary tree
一种树形数据结构。其中每个结点至多有两棵子树，一棵称为左子树，另一棵称为右子树。

11.077　顶点　vertex
在图状数据结构中，两条或多条边的交接点。

11.078　结点　node
又称"节点"。图中联结一条或一条以上的边的点。是树形数据结构、图状数据结构或线图的组成部分。

11.079　非终极符　non-terminal symbol
树形图中支配其他结点的结点所代表的文法符号。

11.080　终极符　terminal symbol
树形图中不支配其他结点，处于树的最底部的结点所代表的文法符号。

11.081　子结点　child
又称"子节点"。在树形图中，当前结点的各个子树的根称为当前结点的子结点。即当前结点所直接支配的结点。

11.082　父结点　father
又称"父节点"。在树形图中，当前结点的上位结点称为当前结点的父结点。即直接支配当前结点的结点。

11.083　兄弟结点　sibling
又称"兄弟节点"。在树形图中，具有同一个父结点的结点称为兄弟结点。

11.084　子树　subtree
在树形结构中，以结点 n 的子结点为根结点的树，称为结点 n 的子树。

11.085　决策树　decision tree
一种具有判别功能的树形结构。其中结点

代表一些确定分类的具体条件。它实际上是一种分类规则,通过它对输入的对象集合进行分类。

11.086 故事树 story tree
用来描述故事的篇章结构的树形结构。包括背景和各种情节,主要用于研究记忆和语篇理解。

11.087 复杂特征 complex features
在基于合一的语法中,对语言单位的语音、语法、语义、语用等特征的多重性质的描述。复杂特征的集合称为复杂特征集合(set of complex features)。

11.088 特征结构 feature structure
语言单位或语言规则的复杂特征的结构形式,通常用功能描述来表示。功能描述由一组描述元组成,每个描述元是一个成分集、一个模式或一个带值的属性,其中最主要的是"属性/值"偶对。

11.089 概念描述 concept description
又称"概念描写"。使用描述符对某类对象的内涵进行定义,并概括这类对象的有关特征。可分为特征性描述和区别性描述。前者描述某类对象的共同特征,后者描述不同类对象之间的区别。

11.090 概念图 concept graph
一种知识表示方法。用图形的方式来描述概念之间的关系或概念表达式。

11.091 概念网络 conceptual network
一种知识表示方法。用网络的方式来描述概念之间的关系或概念表达式。

11.092 框架 frame
一种数据结构。与特定领域的知识有关,由槽组成。槽能够接受特定属性的值,称作侧面,通过适当的过程可以从这些侧面引出推理规则。

11.093 槽 slots
①框架表示法中待填充的格式。通常由槽名和槽值构成。②语法分析中,一个结构式中可以插入某一类成分的位置。例如在句子"他____书"中,横线标出的是槽,可以填入动词的一个子类,如"看、读、买、写"等。用槽分析句子结构是法位学语法的特点。

11.094 框架表示法 frame representation
一种知识表示方法。以框架的方式对对象进行描述。框架由一组特征组成,特征借助槽和它们的值来描述。

11.095 填充项 filler
在框架表示法中,可以填入槽中的项目。

11.096 离散分布 discrete distribution
随机变量取离散值的概率分布。

11.097 命题演算 proposition calculus
由命题与命题联结词构成的更复杂的命题,以及这样的命题之间的推理关系的运算。

11.098 模糊集 fuzzy set
模糊数学中的一种集合。其元素属于该集合的程度用隶属度进行描述。

11.099 模式 pattern
用计算机处理的物体、图像、语音、字符串等信息的抽象形式。

11.100 子模式 subpattern
复杂模式的组成部分。通常用一些比较简单的子模式组成多级结构的复杂模式。

11.101 启发式规则 heuristic rule
在人工智能的问题求解过程中,为了减少搜索而使用的经验性知识或规则。这些规则有助于使搜索过程向最有利于达到目标的方向进行。

11.102 神经元网络识别法 neural network recognition method
一种利用神经元网络进行模式识别的方法。

11.103　受限语言　restricted language

在词汇、句法、语义及语用等方面受到人为限制的自然语言的真子集。

11.104　统计识别方法　statistical recognition method

一种应用统计规律进行模式识别的方法。在大量样本的基础上，利用统计学方法训练和识别特征参数，并据此进行分类和判别。

11.105　推导　derivation

经过一系列合乎逻辑的运算步骤，从一个结果到达另一个结果的过程。推导也指根据短语结构语法，应用重写规则替换一个语法符号串中的某些（某个）语法符号，产生新的语法符号串的过程。

11.106　推导树　derivative tree

基于短语结构语法，描述推导过程或作为推导结果的树形图。

11.107　谓词逻辑表示法　predicate logic representation

一种知识表示方法。利用谓词逻辑表示自然语言。谓词常用来表示事件、性质或状态，谓词的项则代表与事件、性质或状态相关的实体。

11.108　语言羡余　language redundancy

在识别或理解一个语言单位时，如果某个特征（语音的、语法的等）可不必出现，它就是羡余的。非羡余的特征才构成区别性特征。

11.109　语义标记　semantic marker

又称"语义特征""语义成分"。①用来描述词义的一组带有"+"或"-"的语义成分，也称为语义特征，其中"+"表示具有其后的语义特征，"-"表示不具有其后的语义特征。②一种用语义成分来描述词义的形式化语义描述方法。

11.110　语义基元　semantic primitive

从词语中抽象出来的表示行为或状态的基本概念。可以用这些概念及其组合来描述句子内部的语义关系。

11.111　基元动作　primitive acts；primitive actions

从动词中抽象出来的表示基本动作的概念要素。在不同的理论中，基元动作的种类和数量不同。

11.112　语义解释　semantic interpretation

根据语义规则对经过句法分析得到的句法结构进行语义分析的过程或结果。

11.113　语义模式　semantic pattern

表示语句成分之间的语义关系的抽象格式。在优选语义理论中是"实体—动作—实体"的三元组合。

11.114　语义网络表示法　semantic network representation

一种知识表示方法。语义网络由一组结点和有向弧组成，结点表示自然语言中词的概念和短语的概念，弧表示结点之间的语义关系。

11.115　元规则　meta-rule

关于规则的规则，描述一组给定的规则在何种条件、顺序或方式下可以运用。

11.116　元知识　meta-knowledge

关于知识的知识，规定系统如何使用它所知道的知识及其限制。例如在人工智能专家系统中，元知识告诉系统如何运行或推理。

11.117　知识表示　knowledge representation；KR

用形式化的表达方式表示常识、知识和推理过程。目的是让计算机能够自动分析自然语言中体现的常识知识以及特定的语言交际环境中出现的具体知识。

11.118　知识表示系统　knowledge representation system

表示知识的形式化系统。包括语言学知识（例如句法、语义知识等）和外部世界知识（例如常识和领域知识等）。

11.119 最大似然估计量 maximum-likelihood estimator

在参数估计中对未知参数的一个估计值。该估计值可以使获得当前样本的可能性最大。

11.07 算 法

11.120 自底向上句法分析 bottom-up parsing

从待分析的句子出发,逆向使用重写规则逐级向上归约,构造句法树,直到归约出初始符号或分析失败为止。

11.121 自顶向下句法分析 top-down parsing

根据重写规则,从初始符号开始,自顶向下进行推导,构造句法树,直到推导出待分析的句子或分析失败为止。

11.122 最右派生 right most derivation

利用形式文法推导句子时,总是选择规则最右部的非终极符号进行扩展的推导方法。

11.123 最左派生 left most derivation

利用形式文法推导句子时,总是选择规则最左部的非终极符号进行扩展的推导方法。

11.124 宽度优先策略 breadth-first strategy

与"深度优先策略"相对。一种对复杂结构进行搜索或遍历的策略。搜索或遍历始于树结构的根结点,依次遍访其所有的直接子结点,然后再依次遍访每个直接子结点的所有直接子结点,如此反复,直到发现目标或遍历完所有结点为止。

11.125 深度优先策略 depth-first strategy

与"宽度优先策略"相对。一种对复杂结构进行搜索或遍历的策略。搜索或遍历始于树结构的根结点,总是沿着某一分支优先选择下一深度的结点,至一定的深度限制时再回溯,最终遍访所有结点或发现预期目标。

11.126 回溯 backtrack

一种对复杂结构进行搜索或遍历的控制方法。在搜索过程中,当选择的某条路径走不通时,就返回到上一结点选择另一条路径,重新进行搜索或遍历,反复进行这个过程。

11.127 确定性算法 deterministic algorithm

一种语言分析算法。在分析过程的每一个步骤,面对多个可选用的规则能够确切地做出选择,不需要回溯。

11.128 非确定性算法 nondeterministic algorithm

一种语言分析算法。在分析过程面对多种选择时,需要进行回溯或并行处理。在这种分析方法中,并非每一个局部分析结果都会成为最终结果的组成部分。

11.129 语言归约 language reduction

在自底向上的分析方法中,逆向使用文法规则,将语句符号串中与重写规则右部匹配的子串替换为重写规则左部文法符号的过程。

11.130 厄尔利算法 Earley algorithm

由美国计算语言学家厄尔利(Earley)于1970年提出的具有预测、扫描和完成三种操作的句法分析算法。属于自顶向下的分析算法。

11.131 富田胜算法 Tomita algorithm

又称"广义LR分析算法"。日本学者富田胜提出的由分析表驱动的自底向上的句法分析算法。因该算法从改进LR分析算法得到,所以又称"广义LR分析算法"。

11.132 线图 chart

自然语言处理,尤其是句法分析系统中常用

的一种数据结构。是一种能够把分析过程中所有局部正确的中间结果保存下来的无环有向图。

11.133 线图句法分析 chart parsing
建立在线图基础上的句法分析技术。通过调整控制参数,可以进行自底向上的深度优先或宽度优先分析,也可以进行自顶向下的句法分析。

11.134 CYK 算法 Cocke-Younger-Kasami algorithm
基于线图和乔姆斯基范式的一种并行句法分析算法。属于自底向上的分析算法。

11.135 合一算法 unification algorithm; unification
在语言单位的复杂特征集之间进行的一种运算。常用来检查复杂特征集中的属性是否匹配,或进行特征归并。

11.136 逻辑联结词 logical connectives
复合命题中用来连接命题,表达某种逻辑关系的联结词。

11.137 合取 conjunction
一种逻辑联结词。通常记作 ∧。设 P、Q 为两个命题,复合命题"P∧Q"称作 P 与 Q 的合取式,该合取式表达的逻辑关系是 P 与 Q 两个命题同时成立。

11.138 析取 disjunction
一种逻辑联结词。通常记作 ∨。设 P、Q 为两个命题,复合命题"P∨Q"称作 P 与 Q 的析取式,该析取式表达的逻辑关系是 P 与 Q 两个命题至少有一个成立。

11.139 方差 variance
一种统计度量。描述随机变量的取值距离其平均值的分散程度,是一组数据中所有的数与该组数据平均数之差的平方的平均值。即,如果 X 为一个随机变量,则 $(X-E(X))^2$ 的期望 $E((X-E(X))^2)$ 称为 X 的方差。

11.140 互信息 mutual information
对于两个随机变量,互信息描述了一个随机变量中所蕴涵的有关另一个随机变量的信息量。即在一个随机变量已知的情况下,另一个随机变量的不确定性的减少量。如果两个随机变量相互独立,则这两个随机变量间的互信息为零。

11.141 互熵 cross entropy
在信息论中,互熵描述了两个近似概率分布的差异程度。在计算语言学中,互熵常被用来评价和对比统计语言模型,即统计语言模型是否反映了语言数据的真实分布。

11.142 隶属度 membership
在模糊集理论中,一个元素属于某一模糊集的程度的数字量度。

11.143 贝叶斯决策规则 Bayes decision rule
基于贝叶斯理论的模式识别方法所采用的决策规则。该规则用最小错误率或最小风险的原则来决定对象所属的类别。

11.144 聚类 clustering
把相关对象聚成集合体,用相似性尺度来衡量对象之间的亲疏程度,并以此来给对象分类的过程。

11.145 聚类中心 cluster center
在聚类分析中的一个特殊样本。用来代表某一类,其他样本通过与它计算距离来决定是否属于该类。

11.146 简单聚类 simple clustering
一种聚类分析方法。把所有样本直接按照属于或不属于某类进行聚类。

11.147 模糊聚类 fuzzy clustering
一种聚类分析方法。基于模糊集理论,根据研究对象本身的属性构造模糊矩阵,通过隶属度确定分类关系。

11.148 匹配 matching
测试两个数据项是否相等或查找一个与关键字是否完全相同的数据项的过程和方法。

11.149 模式匹配 pattern matching
将输入模式与样本相匹配并返回样本中出现的模式实例的过程。

11.150 启发式搜索 heuristic search
一种问题求解方法。在问题的状态空间中对解进行搜索时,利用启发信息来引导搜索过程,减少搜索空间,提高问题求解的效率。

11.151 评价函数 evaluation function
①在博弈树中格局的得分数。②在搜索图中,一个结点处于最佳路径的概率。③在搜索图中任意结点与目标集之间的距离度量或差异度量。

11.152 特征抽取 feature extraction
根据输入的样本产生一个 n 维向量的过程。这个 n 维向量能够反映被识别模式的本质特征。

11.153 特征函数 feature function
一个集合 S 的特征函数是二值函数,其值取决于任意元素 x 是否属于集合 S。在数据库查询中,特征函数可以作为识别或判定的装置。

11.154 特征向量 feature vector
在模式识别的特征空间中代表样本的向量。该向量具有若干特征分量,表示样本的若干属性特征。

11.155 期望 expectation
随机变量的一种数字特征。描述了随机变量的平均值,是随机变量按其取值概率的加权平均。

11.156 先验概率 prior probability
根据训练集样本直接得出的概率。是后验概率的基础。

11.157 数据平滑 data smoothing
在参数估计中为应对数据稀疏问题而采用的方法。其主要思想是将整个概率空间中的一部分概率密度按照一定的策略分配给低频稀疏事件,从而使在稀疏数据中估计的概率分布更加可靠。

11.158 数据稀疏 data sparseness
在参数估计中由于训练样本不足而导致所估计的概率分布不可靠。

11.159 转移概率矩阵 transtion-probability matrix
在隐马尔可夫模型或马尔可夫链模型中,记录状态和状态之间转移概率的矩阵。

11.160 维特比算法 Viterbi algorithm
在隐马尔可夫模型或基于概率上下文无关文法的句法分析中所用的快速计算最佳状态转换序列和最佳分析树概率的算法。是一种动态规划算法,通过维特比变量以循环迭代方式进行计算。

11.161 向后算法 backward algorithm
隐马尔可夫模型中一种快速计算观察序列概率的算法。是一种动态规划算法,通过向后变量以循环迭代的方式沿着状态网格向后计算。

11.162 向内算法 inside algorithm
一种基于概率上下文无关文法的快速计算句子概率的算法。是一种动态规划算法,通过向内变量由内向外以循环迭代的方式计算句子的概率。

11.163 向前算法 forward algorithm
隐马尔可夫模型中一种快速计算观察序列概率的算法。是一种动态规划算法,通过向前变量以循环迭代的方式沿着状态网格向前计算。

11.164 向外算法 outside algorithm
一种基于概率上下文无关文法的快速计算

句子概率的算法。是一种动态规划算法,通过向外变量以及向内变量由外向内以循环迭代的方式计算句子的概率。

11.165　词汇驱动　lexicon-driven
一种语言分析方法。主要依据机器词典提供的词汇信息来控制操作流程。

11.166　文法驱动　grammar-driven
一种语言分析方法。主要根据文法规则控制操作流程。

11.167　数据驱动　data-driven
一种问题求解方法。从初始的数据或观测值出发,运用启发式规则,寻找和建立内部特征之间的关系,从而发现一些定理或定律。通常也指基于大规模统计数据的自然语言处理方法。

11.168　目标驱动　goal-driven
一种问题求解方法。从目标出发进行反向推导。

11.169　事件驱动　event-driven
一种问题求解方法。基于当前问题状态的正向链,用最近发生的事件去指导系统的运行,而不是依据目标需要去指导系统的运行。

11.08　理论和模型

11.170　乔姆斯基层级　Chomskian hierarchy
生成形式语言的能力逐次增加的四种形式语法。这四种语法依据包含关系构成了严格的层级体系:3 型文法包含于 2 型文法之中,2 型文法包含于 1 型文法之中,1 型文法包含于 0 型文法之中。由它们生成的语言也具有相应的包含关系。

11.171　非限制文法　unrestricted grammar
又称"无限制语法""0 型文法"。乔姆斯基层级中的一种短语结构语法。其规则在生成符号串的过程中没有附加任何限制。规则表示为:$u::=v$,其中 u、v 为符号串,且 u 非空。由非限制文法生成的语言称为 0 型语言,也称为递归可枚举语言。

11.172　上下文有关文法　context-sensitive grammar
又称"上下文有关语法""上下文敏感文法""1 型文法"。乔姆斯基层级中的一种短语结构语法。其规则左部符号串的长度不大于规则右部符号串的长度。规则表示为:$xUy::=xuy$,其中 U 为非终结符号,x、y、u 为符号串,且 u 非空。

11.173　上下文无关文法　context-free grammar
又称"上下文无关语法""上下文自由文法""2 型文法"。乔姆斯基层级中的一种短语结构语法。其规则左部是单独的非终极符号,规则右部是符号串。规则表示为:$U::=u$,其中 U 为非终结符号,u 为符号串。一般用上下文无关文法描述程序设计语言的语法,也可以用来描述自然语言。

11.174　正则文法　regular grammar
又称"3 型文法"。乔姆斯基层级中的一种短语结构语法。可用四元组 $G=(V,\Sigma,P,S)$ 表示,其中 V 是非终结符的有限集合,Σ 是终结符的有限集合,$S \in V$,称为初始符号,P 是由形如 $A \rightarrow w$ 和 $A \rightarrow wB(A \rightarrow Bw)$ 的产生式规则组成的有限集。规则表示为:$U::=T$ 或者 $U::=TW$,其中 U、W 是非终结符号,T 是终结符号。由正则文法生成的语言称为正则语言。

11.175　正则语言　regular language
由正则文法生成的语言。

11.176 定子句语法 definite clause grammar
一种使用上下文无关文法规则的逻辑语法。其基本思想是:语法的符号不仅是原子符号,而且可以是广义的逻辑项。这样,语法规则就不仅可以描述语言的句子结构,也可以表示分析句子的推理方法。

11.177 短语结构语法 phrase structure grammar
一种语法理论。对形式语言或自然语言进行形式化定义。它包括四个部分:(1)语言中所有词(或符号)的集合 T;(2)所有语法范畴的集合 N;(3)重写规则的集合 P;(4)起始符号 S(是 N 中的元素)。短语结构语法既能用来生成语言成分序列,也能对语言成分序列进行结构分析。

11.178 概率上下文无关文法 probabilistic context free grammar
又称"随机上下文无关文法"。每一个产生式 A→a 都被附加了一个概率值的上下文无关文法。对所有的非终结符 A,该概率分布必须满足:$\sum P(A\to a)=1$。

11.179 属性语法 attribute grammar
一种形式语法。以语法的巴克斯范式说明为基础,在普通上下文无关文法的基础上,为每个结点加上一些属性,用语义规则对这些属性进行估值。属性由有序对〈属性名,属性值〉组成。

11.180 概率语法 probabilistic grammar
一种语法。用概率统计的方法分析语言成分之间的概率关系以及句子结构的统计规则。

11.181 功能合一语法 functional unification grammar
一种用于自然语言处理的语法理论。其中词项、句法规则、语义信息以及句子的结构和功能都采用复杂特征集来表示,使用合一的方法对复杂特征集进行运算。

11.182 基于合一的语法 unification-based grammar
一类语法理论的合称。在语言描写、分析机制和操作原则上以合一的思想为基础,语句分析的过程是对递归定义的特征结构进行合一运算的过程。广泛应用于自然语言处理。包括功能合一语法、范畴合一语法等。

11.183 框架语义学 frame semantics
一种语义学理论。认为要理解语句的意义,需要先具备语义框架即概念结构的知识。语义框架是人们在理解语言时激活的头脑中已有的认知结构,提供词语的意义在语言中存在以及在话语中使用的背景和动因。不同的语义框架由不同类型和数量的框架元素构成,用来描写词语的意义和功能。

11.184 数理逻辑语义学 logical and mathematical semantics
运用数理逻辑方法来描述和分析语义现象的理论。

11.185 算子语法 operator grammar
一种采用算子进行运算的语法。类似于依存语法、范畴语法以及数理逻辑中的谓词演算。

11.186 概念依存理论 conceptual dependency theory
一种语言自动分析方法。它试图用有限数量的基本概念(语义基元)组成各种集合,构造概念依存表达式来表示语句的意义。

11.187 有限状态转移网络 finite state transition network;FSTN
一种语言自动分析方法。由 Q、V、T 三部分组成,其中 Q 表示状态的有限非空集合,V 表示语言符号的有限非空集合,T 表示转移函数。

11.188 递归转移网络 recursive transition network;RTN

一种语言自动分析方法。在有限状态转移网络的基础上,根据语言符号的递归性而提出。它由一个或多个网络组成,其中的弧标示了词、词类或语法类,语法类是另一个网络的名称,从而造成了可递归的调用条件。

11.189 扩充转移网络 augmented transition network;ATN

一种语言自动分析方法。在递归转移网络的基础上扩充而成。主要扩充是:(1)增加一个寄存器,用于存放一系列结果或全局状态;(2)在弧上附加一组测试以检查是否满足进入这个弧的条件;(3)在弧上可以执行某些动作以重新安排句子的结构。

11.190 链语法 link grammar

一种语言自动分析方法。用链的方式描写句子中相邻成分中心词之间的连接关系。其生成能力等价于上下文无关文法。

11.191 逻辑语法 logic grammar

一种语言分析方法。用形式逻辑或数理逻辑方法描述语言的句子结构。

11.192 外位语法 extraposition grammar

在定子句语法的基础上引入"间隔"等规则扩充而成的逻辑语法。

11.193 树邻接语法 tree adjoining grammar

一种语言自动分析方法。用树结构表示语言成分之间的关系、通过树的替换和插接操作来进行树结构变换。

11.194 优选语义学 preference semantics

一种语言自动分析方法。用语义公式表示词义、用语义模式表示短语或句子、用语义优先选择的方式表示词语之间的语义限制。

11.195 语义语法 semantic grammar

一种语言分析方法。按照具体领域中各个实体之间的关系设计语法规则,规则中包含句法成分和与句法成分相关的语义成分,规则的形式与上下文无关文法一致,用于该领域内语句的句法、语义分析。

11.196 语言串理论 linguistic string theory

用结构主义观点描述语言的一种自动句法分析方法。认为每一个句子都可以看做由若干个基本串通过附加、连接和替换等方式组合而成。这些基本串中至少有一个是中心串,代表句子的基干。每一个句子都由一个中心串加上零个或多个基本附加成分组成。从中心串出发通过逐渐扩展的方式,可以生成语言中无限多的、任意复杂的句子。

11.197 神经网络 neural net

一种具有学习和自组织能力的逻辑及数学模型。模仿生物神经系统的神经元建立,试图模拟大脑处理信息、学习和记忆的功能,主要用于模式识别、语音识别和语音合成等领域。

11.198 语言的随机模型 stochastic model of language

用概率统计方法表示语言单位内在的统计规律的模型。常用的有 n 元模型以及隐马尔可夫模型等。

11.199 n 元模型 n-gram model

又称"n 元语法"。是一种概率模型。它规定当前元素(如词、词性等)出现的概率只与其前面出现的 $n-1$ 个元素有关。$n=1$ 时就是一元模型(unigram),$n=2$ 时就是二元模型(bigram)。

11.200 马尔可夫链模型 Markov-chain model

在随机试验中,如果每一个随机试验的结果都依赖于它前面试验的结果,则这个随机试验结果所形成的链称为"马尔可夫链",描述马尔可夫链的数学模型称为"马尔可夫链模型"。在自然语言的语句中,词语之间彼此关联,因此自然语言可以使用马尔可夫链来描述。

11.201　隐马尔可夫模型　hidden Markov model

有关随机序列的一种统计模型。是马尔可夫链模型的扩展。该模型由两个随机变量序列组成:一个是观测不到的马尔可夫链,另一个是可以观测到的随机序列。

11.202　元理论　meta-theory

希尔伯特(D. Hilbert)采用分层理论的方法把理论分为两层:一层是需要证明其相容性的系统,称为"对象理论";另一层是作为证明工具的系统,称为"元理论"。元理论必须简单清晰,正确可靠。

11.203　元语法　meta-grammar

可以用来生成语法的元规则的集合。通过元规则来揭示语法中规则之间存在的规律。

11.204　原型　prototype

指专家系统试验模型。专家系统不必等到所有的非形式化知识都形式化之后才能建立,可以先将某些知识形式化后输入到知识库里,在一定数量的、典型的知识输入后就可对系统进行试验运行,此时的专家系统仅仅是专家系统试验模型。

11.205　知识模型　knowledge model

各种形式化的知识结构的统称。知识结构是知识的结构化表示,现有的知识结构有框架、脚本、定型和规则模型等形式。

11.206　内涵逻辑　intensional logic

一种逻辑系统。应用内涵和外延算子将一个词项与它在上下文中的具体意义加以区别。

11.207　自动机　automaton

离散数字动态系统的数学模型。按照存储量是否有限,可分为有限自动机和无限自动机两类。在自然语言处理中,自动机是用于识别语言的抽象机器,而文法则用于生成语言。

11.09　应用系统

11.208　人机界面　man-machine interface

又称"人机接口"。一种有限范围的自然语言理解系统。它可以把用户输入的自然语言语句转换成计算机系统能够识别的指令序列,使人(用户)用自然语言与计算机交流。

11.209　问答系统　question answering system

根据用户的自然语言提问,从文本库或数据库中提取相关信息并用自然语言输出答案的计算机应用程序。

11.210　专家系统　expert system

利用专门领域的知识进行推理的一种人工智能系统。能够模仿某一特定领域的专家处理该领域内的问题。

11.211　信息提取　information extraction

又称"信息抽取"。利用计算机从非结构化或半结构化的文本中抽取指定的一类信息(例如事件、实体、实体之间的关系等),并将其组织成结构化数据,以供用户查询使用的过程。

11.212　命名实体　named entity

对现实世界中具体或抽象的实体(如人、组织、地点以及时间、数量等)的指称。是文本中基本的信息元素。

11.213　命名实体识别　named entity recognition

判断文本中某一字符串是否代表一个命名

实体并确定它的类别的过程。

11.214　信息过滤　information filtering
根据特定的要求,截流或删除互联网上某些信息的过程。

11.215　搜索引擎　search engine
对互联网上的信息资源进行搜集整理供用户查询的计算机应用系统。包括信息搜集、信息整理和用户查询三个部分。

11.216　自动分类　automatic classifying
以确定的分类体系为基础,利用计算机根据某种特征把待分类的对象归入相应类别的过程。

11.217　自动检索　automatic retrieval
利用计算机从大量文献资料中找出符合特定需要的信息的过程。

11.218　自动索引　automatic indexing
利用计算机自动从文章(或文本段落)中提取能代表主题的单词或短语的过程。

11.219　自动文摘　automatic text summarization;automatic abstraction
利用计算机自动给指定的文章做摘要的过程。常见的是机械式文摘,即根据文章的词语频率、词义特征、结构特征等信息推测文章的大致意思,提取能够表达文章意思的部分原文语句,再把它们组织起来形成连贯的摘要。

11.220　文本检索　text retrieval
根据用户提出的查询,在文本库中寻找相关文本的过程。

11.221　文本分类　text classification;text categorization
又称"文本自动分类"。在给定的分类体系下,利用计算机根据文本的内容自动判别文本类型的过程。

11.222　文本挖掘　text mining
利用计算机从非结构化文本中自动发现隐含的、未知的、有价值的信息或知识的过程。典型的文本挖掘方法包括文本分类、文本聚类、概念/实体抽取、观点分析、文档摘要和实体关系模型构建等。

11.223　文本校对　text proofreading
利用自然语言处理技术,对文本进行核对和校正,以检测文本的书写、语法等是否正确的过程。

11.224　文本—语音转换　text to speech;TTS
利用计算机识别、分析给定的文本信息并将其转换成等价的语音形式的过程。

11.225　语音—文本转换　speech-text transfer
利用计算机分析、识别给定的语音信息并将其转换成等价的文本形式的过程。

11.226　信息检索　information retrieval
曾称"情报检索"。计算机根据要求自动从信息源中查询和提取有关信息的过程。

11.227　检索系统　retrieval system
对结构化和非结构化数据资源(包括多媒体信息)进行储存、索引、查询和管理的计算机应用系统。

11.228　跨语言信息检索　cross-language information retrieval
用户的提问和检索结果用一种语言表示,供检索的文本用另外一种语言表示的信息检索过程。

11.229　查询　query
在检索系统中,用户对检索内容的提问。

11.230　标引　indexing
信息检索中,对文献的主题内容和某些具有检索意义的特征给予标记的过程。标引一般有两个阶段,一是分析文献的主题,二是根据分析的结果标注主题词或其他具有检索意义的特征。标引语言可以是规范化的主题词,也可以是从文献原文中选取的自由词。

11.231 自动标引 automatic indexing
利用计算机自动标引文献的过程。

11.232 主题标引 subject indexing
用主题词作标引语言标引文献的过程。

11.233 组配标引 coordinate indexing
在主题标引过程中，将两个或两个以上的主题词按照一定的逻辑关系组织起来以表达文献主题。是主题标引中准确揭示文献主题的一种基本方法。

11.234 加权标引 weighted indexing
对最能体现文献内容的词给以较高权值的标引方法。

11.235 主题词 subject term
又称"叙词"。标引与检索文献时，用于表达文献主题的、规范的名词术语。

11.236 主题词表 thesaurus
一种结构化的、动态的词汇表。收录某一学科领域内的主题词，表示概念之间的关系，如等同关系、类属关系、相关关系等，是信息检索使用的一种规范名词术语的工具。

11.237 主题检索 subject retrieval
利用主题词进行检索，即查找含有指定主题词的文献的信息检索方式。

11.238 F 值 F-measure
信息检索等计算机应用系统的一种性能测试指标。可以对召回率和精确率进行综合评价。

11.239 停用词 stop words
使用过于频繁、在信息检索时不宜作为主题词的单词。例如英语中的 is、I、what、it 等。

11.240 模式识别 pattern recognition
利用计算机或其他装置对物体、自然景物、人像、图片、语音、声音、文字、字符以及其他信息模式进行自动识别的过程。

11.241 精确率 precision;labeled precision
在信息检索、模式识别等领域中用于测试系统性能的指标。是识别或检索结果中的相关样例数与结果中样例总数的比值，其值越高则精确率越高，系统性能越好。与之相关的是召回率。

11.242 识别率 recognition rate
被正确识别的输入模式的数量占被识别的所有输入模式的总数的百分比。是衡量模式识别系统性能的重要指标，其值越高则识别率越高，系统性能越好。

11.243 拒识率 rejection rate
没有被识别的输入模式的数量占被识别的所有输入模式的总数的百分比。是衡量模式识别系统性能的重要指标，其值越高则拒识率越高，系统性能越差。

11.244 误识率 error rate
被误识的输入模式的数量占被识别的所有输入模式的总数的百分比。是衡量模式识别系统性能的重要指标，其值越高则误识率越高，系统性能越差。

11.245 召回率 recall;labeled recall
又称"标记召回率"。在信息检索、模式识别等领域中用于测试系统性能的指标。是识别或检索结果中的相关样例数与系统中的相关样例总数的比值，其值越高则召回率越高，系统性能越好。与之相关的是精确率。

11.246 知识工程 knowledge engineering
以知识为处理对象，以在计算机上表达和运用知识为主要目标的应用性研究。主要包括知识表示、知识应用和知识获取的方法，实现知识处理的技术和工具等。

11.247 知识获取 knowledge acquisition
人工智能领域中的一项研究内容。研究如何从各种信息源中获得问题求解所需要的知识。在某个具体领域里知识获取的过程是:识别领域知识的基本结构与特点;寻找恰当的知识表示方法;确定适当的知识存储结构;抽取领域知识转化成计算机可识别的代码;建立和优化知识库等。

11.248　机器学习　machine learning
人工智能领域中研究人类学习行为的一个分支。借鉴认知科学、生物学、哲学、统计学、信息论、控制论、计算复杂性等学科或理论的观点,通过归纳、一般化、特殊化、类比等基本方法探索人类的认识规律和学习过程,建立各种能通过经验自动改进的算法,使计算机系统能够具有自动学习特定知识和技能的能力。主要方法有概念学习、决策树、神经网络、贝叶斯学习、基于实例的学习、遗传算法、规则学习、基于解释的学习和增强学习等。

11.249　参量学习　parameter learning
机器学习的一种方法。通过对系统中的函数表达式进行参数调整来不断获取知识,达到学习的目的。

11.250　类比学习　learning by analogy
机器学习的一种方法。能够根据现有的知识用类比推理的方法获取新的知识。其形式化定义为:已知源域 S 中的元素 a 和目标域 T 中的元素 b 具有相似性质 P,即 $P(a) \sim P(b)$,而 a 还具有性质 Q,即 $Q(a)$,则根据类比推理,b 也具有性质 Q。

11.251　有指导学习　supervised learning
机器学习的一种方法。使用带有正确标注的数据作为训练集建立统计模型,处理未知数据并获取新的知识。

11.252　无指导学习　unsupervised learning
机器学习的一种方法。使用不带任何标注的数据,只通过类聚等方法建立模型,处理未知数据并获取新的知识。

11.253　预处理　preprocessing
在进入自然语言信息系统的主要处理流程之前对输入的信息进行处理的过程。

11.254　后处理　postprocessing
对经过自然语言信息系统的主要处理流程得到的结果进行再处理的过程。

11.10　机器翻译

11.255　机器翻译　machine translation;MT
用计算机将一种自然语言(源语言)翻译成另一种自然语言(目标语言)的过程。

11.256　基于规则的机器翻译　rule-based machine translation;RBMT
一种机器翻译方法。根据语言学理论建立源语分析规则、目标语生成规则以及源语到目标语的转换规则,在机器词典的支持下应用这些规则进行翻译。

11.257　基于实例的机器翻译　example-based machine translation;EBMT
一种基于语料库的机器翻译方法。收集大量源语言和目标语言的翻译单元建成双语平行语料库,应用搜索和匹配算法,在语料库中找到所翻译单元的最优匹配,以此为基础自动构造句子的译文。一般包括候选实例模式检索、语句相似度计算、双语词语对齐和类比译文构造等步骤。

11.258　统计机器翻译　statistical machine translation;SMT
一种基于语料库的机器翻译方法。其基本思想是把机器翻译看成信息传输的解码过程,用含有语言概率模型和翻译概率模型的基本方程式作为翻译系统的数学模型,在双语平行语料库的支持下对语言模型和翻译模型进行参数估计,利用解码器搜索并得到最优的译文。

11.259　机助人译　machine-aided human translation

一种翻译方式。翻译任务主要由人来完成,计算机在翻译过程中起协助作用(譬如提供词库查询等)。

11.260　人助机译　human-aided machine translation

一种翻译方式。翻译任务主要由计算机来完成,人在翻译过程中起协助作用(譬如人机交互、译前或译后参与编辑等)。

11.261　翻译记忆　translation memory

一种用于辅助翻译的计算机应用软件系统。利用大量翻译过的原文和译文建立双语平行语料库(又称"翻译记忆库"),在翻译过程中,系统在语料库中自动搜索相同或相似的翻译单元(短语或句子等),给出参考译文供用户选用或修改。在辅助翻译的同时,翻译记忆库也能不断地自动存储新的原文和译文。

11.262　语言对　language pair

机器翻译中参与翻译的一种源语言和一种目标语言的合称。

11.263　源语分析　source language analysis

机器翻译系统对要翻译的语言(称为源语言)进行分析的过程。其目标是通过句法分析、语义分析和语境分析得到语句结构和意义的形式化表示。

11.264　目标语生成　target language generation

机器翻译系统根据源语的意义表达式或语句结构的形式化表示生成目标语言语句的过程。

11.265　中间语言　interlingua; intermediate language

又称"中介语"。独立于任何特定自然语言的中介表达式。能够统摄机器翻译所需的句法和语义信息,在机器翻译系统中表示源语和目标语之间的联系。

11.266　中间语言法　interlingua approach

一种基于规则的机器翻译策略和方法。在翻译过程中,用中间语言作为源语分析阶段的输出和目标语生成阶段的输入。

11.267　忠实度　fidelity

评价机器翻译译文的一个标准。表示译文和原文内容差异的程度。

11.268　可懂度　intelligibility

评价机器翻译译文的一个标准。表示译文在多大程度上能够让不懂原文的人理解。

11.269　转换法　transfer approach

一种基于规则的机器翻译策略和方法。翻译过程包括源语分析、源语言到目标语言的转换和目标语生成三个阶段。

11.270　转换词典　transfer dictionary

在采用转换法作为翻译策略的机器翻译系统中,描述源语言和目标语言之间的差异的机器词典。

11.11　语言资源

11.271　语言知识库　language knowledge base

收录关于语言使用或语言系统的各种信息的语料库或数据库。一般按照某个范畴体系或概念层级系统进行形式化的描述和组织,能够为语言信息处理的基础研究和应用开发提供支持。例如,带标注的或不带标注的、单语的或双语平行的语料库,语法信息词典,语义信息词典,专业术语词典,句法树库、语义信息标注语料库等。

11.272 语料库　corpus
为语言研究和应用而收集的、在计算机中存储的语言材料,由自然出现的书面语或口语的样本汇集而成,用来代表特定的语言或语言变体。经过科学选材和标注,具有适当规模的语料库能够反映和记录语言的实际使用情况。通过语料库能够观察和把握语言事实,分析和研究语言系统的规律。语料库可以应用于语言学理论研究、语言应用和语言工程。

11.273 平衡语料库　balanced corpus
在语料采集时按照平衡性原则进行随机抽样,使语料的类别分布比例和时间分布比例相对均匀,能够充分反映和记录语言的实际使用情况的语料库。书面语语料类别的平衡性要素通常包括文类、语体、语式、主题、媒体等。

11.274 双语语料库　bilingual corpus
收录了两种语言文本的语料库。可分为平行语料库(parallel corpus)和比较语料库(comparable corpus)两种类型。在平行语料库中,两种语言的文本互为译文。比较语料库是把表述同样内容的不同语言的文本收集在一起,这些文本之间不存在翻译关系。

11.275 术语库　terminology bank
又称"术语数据库"。存储专业术语的数据库。数据库中的每条记录是一个专业术语和与该术语有关的各种信息。例如,注释、类别、出处、语言学特征、其他语种的译名等。

11.276 树库　tree bank
存储表示句法、语义分析结果的树形图的数据库。

11.277 机器词典　machine dictionary
对词语条目的语音、词法、句法、语义、用法等信息进行系统的形式化描述,存储在计算机里的词典,可以为各种自然语言处理系统提供语言知识资源。

11.278 语义词典　semantic dictionary
收录词汇语义信息的语言知识库。除了描述词汇意义以外,通常还描述词语之间的各种意义关系,包括聚合关系和组合关系,也常用网状结构或树形结构表示词语的概念之间的各种关系。例如,同义关系、反义关系、上下位关系、整体—部分关系等。

11.279 用户词典　user specific dictionary
应用型自然语言信息处理系统中为特定用户设计的、便于该用户使用和维护的机器词典。

11.280 词典结构　dictionary configuration
机器词典中词项以及词项具有的各种信息的组织形式。

11.281 词典信息　dictionary information
机器词典对每个词项的语音、词法、句法、语义特征或用法的形式化描述。

11.282 词型和词例关系　relation between type and token
又称"类型和类例关系"。在一个文本中词型的全部数目与词例的全部数目之间的关系。

11.283 词义自动标注　word sense tagging
又称"语义自动排歧"。用计算机分析和辨识语句中的词语的意义,确定其义项并加以标注的过程。

11.284 语法标注　grammatical tagging
给自然语言文本中的语言单位按形式、功能或意义标明语法类别的过程。

11.285 词性标注　part of speech tagging
在给定的语句中判定每个词的词性并加以标注的过程。通常指采用规则或统计方法进行的自动标注,是语料库加工的基本任务,其难点是兼类词的歧义排除问题。

11.286 文本对齐 text alignment;bilingual alignment

又称"双语对齐"。在平行语料库中原文和译文的相同语言单位之间建立对应关系的过程。平行的语料文本之间存在着多层次的对应关系,例如,段落对齐、句子对齐、短语对齐和词对齐。

11.287 测试集 test set

在采用统计模型的语言信息处理系统中,用于测试从训练集中得到的统计参数的样本集合。它与训练集中的样本不相交。

11.288 训练集 training set

在采用统计模型的语言信息处理系统中,用于训练模型的统计参数的样本集合。它与测试集中的样本不相交。

11.289 抽样 sampling

又称"采样"。按一定规则从总体中抽取样本的过程。对于有限总体,可分为有放回抽样和无放回抽样。

11.290 样本量 sample size

按一定规则从总体中抽取若干个体,这些个体称为"样本",样本集合中所含个体的数目称为"样本量"。

12. 社会语言学

12.01 总 论

12.001 社会语言学 sociolinguistics

研究语言与社会之间相互关系的学科。有狭义和广义两说。狭义社会语言学又称"城市方言学",主要研究语言的变异。广义社会语言学除语言变异研究外,还包含交际民族志学、语言社会学、语言社会心理学、会话分析、互动社会语言学等研究领域,研究对象主要是语言与交际、语言与文化、语言与民族、语言与社会心理。

12.002 互动社会语言学 interactional sociolinguistics

社会语言学中的一门学问。研究会话参与者通过语境线索和背景知识对发话人的交际意图作出推理、判断和回应的互动过程。

12.003 宏观社会语言学 macro-sociolinguistics

与"微观社会语言学"相对。通常指对社会中的全局性语言问题(如语言选择和语文规划等)的研究。

12.004 微观社会语言学 micro-sociolinguistics

与"宏观社会语言学"相对。通常指对人际言语交往过程中语言的使用、变化及其与社会语境的关系的研究。

12.005 城市方言学 urban dialectology

研究都市中方言的变异及其演变机制的学问。

12.006 双语学 bilingual studies

研究言语社区内使用的不同语言或方言间关系的学问。

12.007 语言社会学 sociology of language

运用社会学的范畴和方法,研究社会中语言问题的学问。

12.008 交际民族志学 ethnography of communication

运用人类学的观念和方法,研究言语交际的模式及其与民族文化关系的学问。

12.009　语言社会心理学　social psychology of language
研究不同的社会群体对使用某些语言的态度及个人在言语交际活动中的心理机制的学问。

12.010　会话分析学　conversation analysis
研究会话中话语序列的组织规则的学问。

12.02　语言变异

12.011　变异　variation
语言项目在实际话语中存在的差异。

12.012　变异形式　variant
又称"变异体""变素"。语言变异的实际存在形式。

12.013　社会变异　social variation
与语言使用者的社会特征相关的言语变异。

12.014　区域性变异　regional variation
来自不同区域的说话者所显现出的语音、词汇或语法等方面的变异。

12.015　语言项目　linguistic item
又称"语项"。语言中任一层次的一个或一组单位。可以是音位、词汇或句子结构。

12.016　语言变项　language variable
又称"语言变量"。有变异形式的语项。通常作为独立变量用于语言变异计量研究。

12.017　社会变项　social variable
个人或群体的有变数的社会属性。通常作为依存变量用于语言变异计量研究。

12.018　社会分布　social distribution
使用同一个或几个语言变项的群体的社会特征。

12.019　语言变体　language variety；linguistic variety
具有相同社会分布的语言项目集。可以指语言、方言、语体、语域或某一语项的变异形式。

12.020　地域变体　regional variety
因地域不同而产生的语言变体。

12.021　言语共同体　speech community
又称"言语社区""言语社群""言语社团"。在语言变项运用上持有共同的社会准则和相同的语言价值标准的群体。是社会语言学者为研究语言与社会的关系而采用的分析单位。

12.022　言语群体　speech group
通常指在同一地区说一种语言的同一变体的一群人。

12.023　社会语言标记　sociolinguistic marker
能够区别不同社会群体的语言变异项目。

12.024　社会差别标志　social differentiator
反映说话人之间社会阶层差别的具体标志。例如教育程度、职业、收入、住房等。

12.025　社会方言　social dialect；sociolect
与说话人的社会身份（例如年龄、性别、职业、教育程度等）有关的语言变体。

12.026　城市语特征　urbanism
城市地区使用的语言在语音、词汇或语法方面所具有的特征。

12.027　标准变体　standard variety
与"非标准变体"相对。一个国家或地区使用的规范化的语言变体。

12.028　非标准变体　nonstandard variety；substandard variety
与"标准变体"相对。在语音、词汇或语法的某些方面不合乎规范的语言变体。

12.029　分层　stratification
又称"层化"。不同社会阶层在使用语言变

体上呈现分层变化的状态。

12.030　性别差异　gender differences
不同性别所呈现的不同的言语特征。例如，中国女性在疑问句中使用"吗""呢""吧""啊"等语气词的频率远高于男性。

12.031　女国音　female accent
北京有些人，特别是青少年女学生，把舌面声母 j、q、x 发成类似舌尖声母 z、c、s 的音，这样的音称为女国音。

12.032　女书　female script
曾在中国湖南省江永县农家女性中流传的一种斜体汉字形态。

12.033　代别　generation differences
又称"代差"。同一个言语社团内不同代人之间的言语差别。

12.034　年龄差异　age differences
同一言语社区内老年人与青年人在使用语言变体上的差别。例如，在汉语方言中存在老苏州话和新苏州话、老韶关话和新韶关话等的差异，青年人使用新形式的比例明显高于老年人。

12.035　敬语　honorific
某些语言系统中用以表示尊敬的成分。包括词缀、词汇或句子结构。

12.036　正式语体　formal style
与"非正式语体"相对。在正式场合使用的语体。通常是书面体，语句较长，词汇和语法合乎规范。

12.037　非正式语体　informal style; casual style
又称"随便语体"。与"正式语体"相对。在非正式场合使用的语体。通常语句简略，用词通俗，在亲友、同学之间等日常交谈使用。

12.038　商议语体　consultative style
又称"咨询语体"。介于正式语体和非正式语体之间的语体。通常语句较松散，夹杂口头语气词。

12.039　亲切语体　intimate style
非正式语体的一种。在关系亲密的人之间使用的语体。通常语句非常简略，声调婉转，夹杂俚语。

12.040　固定语体　frozen style
又称"礼仪语体"。正式语体的一种。有固定的格式，通常在典礼上使用。

12.041　场合语体　contextual style
又称"场景语体"。在一定场合下使用的语体的总称。

12.042　雅化语体　modified speech
正式语体的一种。经过刻意修改的文绉绉的言语。

12.043　粗俗词语　vulgarism
不文雅的词语。正式场合忌讳使用。

12.044　幼儿话语　baby talk
大人对学话幼儿说的简单的话，或幼儿说的稚语。

12.045　语域　register
某一交际环境中习惯使用的语言变体。如行业用语、科技用语。

12.046　隐语　secret dialect
集团内部为保守秘密而造出的词语。

12.047　黑话　argot
黑社会集团内部说的秘密话。

12.048　异质有序　ordered heterogeneity
社会语言学认为语言系统内存在差异，但变异形式的分布是有规则的，从异质的语言事实中可以探求语言的有序变化。

12.049　显现变项　indicator
某个言语社群使用的初现语言变项。它没

有明显语体差异和不同社会评价,通常不引人注目。

12.050 标记变项 marker
又称"标志变项"。显示社会差异和语体差异,并有不同社会评价的语言变项。它是研究语言变异和演变的对象。

12.051 成见变项 stereotype
社会下层成员使用的并受到主流社会蔑视的语言变项。

12.052 未意识变化 change from below
人们意识不到的显现变项扩散的变化。

12.053 意识变化 change from above
人们意识到的标记变项或标准体扩散的变化。

12.054 进行中变化 change in progress
语言形式从显现变项向标记变项的发展变化。如果该变项为全体成员所使用,形式固定下来,变化也就随之终止。

12.055 社会网络 social network
个人经常交往的社会关系。例如亲戚、朋友、邻居、伙伴等。是研究语言变异采用的一种分析单位。

12.056 网络密度 network density
社会网络成员之间的实际联系数与全部可能联系数之间的比率。

12.057 网络力度 network strength
社会网络成员之间关系的多重性程度(multiplexity)。通常关系单一的网络,如仅在亲戚之间,或同事之间,或邻里之间形成的交往网络的力度较弱;关系多样的网络,如既是亲戚,又是同事,又是邻里之间形成的交往网络的力度较强。

12.058 交际密度 density of communication
个人或言语社团之间语言接触疏密的程度。语言变体之间的差异通常由于交际密度的增加而趋向消失。

12.059 观察者悖论 observer's paradox
观察者搜集日常言语资料所采用的访谈法影响到资料的自然状态,与访谈初衷相悖。

12.060 快速隐匿观察法 rapid and anonymous observation
调查人采用诱导技巧,让被观察者在不觉察的情况下说出所需了解的语言变异形式,从而迅速搜集资料的方法。

12.061 参与观察法 participant observation
又称"参与性观察"。通过参与被研究的人群的言语交际活动进行观察和搜集资料的方法。

12.062 言语反应测验 speech reaction test
通过给受试人某种刺激使其立即作出言语反应,以观察其语言能力、了解其语言体系的特定规则。

12.063 最小对测试 minimal pair test
将含有最小音位对立体的词安排在一起进行的发音测试。

12.064 显性声望 overt prestige
使用者公开表示的对某种语体好的评价。

12.065 隐性声望 covert prestige
潜在于使用者心目中的对某种语体好的评价。例如在某些场合,粗鲁的语体被认为有阳刚之气。

12.066 语义区分量表 semantic differential scales
又称"语义鉴别量表"。通过受试人对词义作出的主观评价测量其语言态度的量表。

12.067 自我评价测验 self-evaluation test
受试人自报使用语言变体的情况,将其与实

际使用情况相对照,用以检测语言态度。

12.068 配对变语测试法 matched-guise technique
通过让受试人听双语人用两种语言讲述相同内容的录音,对讲话人的品格特征作出评价,以测试某个言语社团成员对另一个言语社团的态度的方法。

12.069 变项规则 variable rule
用计量方法描写特定人群在特定的社会语境中使用某个语言变项的概率的规则。

12.070 绝对规则 categorical rule
说话人意识不到但又不会违反的规则。例如汉语普通话的"上声 + 上声"读为"阳平 + 上声"的规则。

12.071 超越模式 crossover pattern
据美国社会语言学家拉波夫(William Labov)观察,下中阶层的人为了表现自己掌握了有声望的语言变体,话语中的标准音频率超越上中阶层的人,这种现象称为超越模式。

12.072 年龄级差 age-grading
同一言语共同体内不同年龄段的人在使用同一个语言变异形式时出现的频率上的差别。

12.073 共时变异 synchronic variation
语言成分在同一时期内受不同社会因素的制约而产生的变异。

12.074 历时变异 diachronic variation
语言成分经过较长时期的发展而产生的变异。

12.075 真实时间 real time
为了研究语言变项发生的历时变异,需要获得同一群体在前后间隔若干年的两个时间上使用该变项的材料,以作比较,这种时间称为真实时间。

12.076 显象时间 apparent time
就某个语言变项,比较同一个言语共同体的青年群体和老年群体的言语,所呈现的共时差异在一定条件下可以看成是该变项历时演变的结果,这种由两个相差几十年的年龄段所代表的时间称为显象时间。

12.077 语言演变 language change
语言随着时间推移、社会变迁而发生的变化。社会语言学主要研究正在发生的语言变化。

12.078 起因 actuation
语言发生变化并开始扩散的最初原因。

12.079 制约因素 constraint
影响语言演变的语言系统内的和语言系统外的因素。

12.080 过渡阶段 transition
语言从一种形式演变成另一种形式所经过的阶段。

12.081 嵌入 embedding
语言本身的变化蕴涵于更大的社会环境和语言环境之中。

12.082 评价 evaluation
对语言变异影响语言结构、语言交际功效的价值估量。

12.083 语言分化 language divergence
两种或更多的语言或语言变体变得越来越不一样的过程。在一定的历史条件下,分化后的语言变体可以形成独立的语言。

12.084 语言相对论 linguistic relativity
认为语言结构会影响讲该语言的民族认知客观世界的一种观点。

12.085 语言缺陷论 deficit hypothesis
认为出身贫寒的儿童天生缺乏语言能力的谬论。

12.03 言语交际

12.086 社会语境 social context
影响语言发生变异的社会环境,如社会的阶层结构。也指言语交际活动所处的社会环境,包括情景和社会文化背景。此词使用范围广泛。拉波夫有一句名言:"在语言的社会环境中研究语言。"强调研究语言变异不能离开社会环境,这正是社会语言学有别于一般语言学的关键所在。

12.087 情景 situation
言语交际活动的情况。由话题、参与者、场所等要素构成。

12.088 话题 topic
言语交际活动的主题。

12.089 参与者 participant
参与言语交际活动的人。

12.090 场所 setting
言语交际活动的处所。

12.091 角色关系 role relationship
言语交际参与者之间的身份关系。例如教师—学生、父亲—儿子、顾客—营业员等。

12.092 权势关系 power
又称"强势关系"。言语交际双方存在的尊卑、上下、长幼、强弱等一方优于另一方的关系。

12.093 同等关系 solidarity
又称"一致关系"。言语交际双方因具有共同点而存在的谐同关系。例如同学、同伴、弟兄之间的关系。

12.094 角色指令 role instruction
社会要求其成员的言语符合其社会地位或角色的习惯模式。

12.095 协调情景 congruent situation
交际者按恰当的角色关系,在恰当的场所谈论恰当的话题的情景。

12.096 得体性 appropriateness
交际者使用的语体与情景相称的性质。

12.097 同现规则 co-occurrence rule
一个语句的各个语言单位在语体上应当保持一致的规则。

12.098 选用规则 alternation rule
可以根据语境从若干语体中选择某种得体的语体的规则。

12.099 场域 domain
又称"语言应用领域"。受共同行为规则制约并由一组符合惯例的言语情景构成的活动领域。例如,中国居住在民族自治区域的少数民族在家庭领域内惯用少数民族语言,而在公共服务领域内则用汉语。

12.100 语库 verbal repertoire
又称"言语能力库"。群体或个人懂得的各种语言变体的总和。

12.101 语码 linguistic code
又称"语言代码"。可以指任何语言项目及其变异形式。

12.102 语码转换 code-switching
交谈中转换使用两种或两种以上的语言、方言或语体的现象。包括句内语码转换(intra-sentential code-switching)和句际语码转换(intersentential code-switching)。

12.103 情景型语码转换 situational code-switching
由于话题、参与者等情景因素的改变而引起的语码转换。

12.104 喻意型语码转换 metaphorical code-switching
谈话过程中,说话人为使听话人注意其话语用意而有意无意采取的策略性语码转换。

12.105 语码混合 code-mixing
一个语句含有两种或多种语码的现象。

12.106 语境化暗示 contextualization cue
又称"语境线索"。谈话过程中,说话人通过语码转换、韵律变化、词项与句型的选择等手段示意听话人应当怎样理解其真实用意,这些手段称为语境化暗示。

12.107 语境意义 situated meaning
随语境发展而产生的话语的实际意义。互动社会语言学认为话语和语境相互作用,话语不仅受语境影响,而且话语本身也构成语境。

12.108 普遍礼貌特征 universals of politeness
交际活动中呈现的不妨碍、不干预对方和与对方保持融洽、和睦、友好关系的礼貌行为的普遍特征。

12.109 礼貌策略 politeness strategy
言语交际中为了避免或减轻某些言语行为可能给受话方的面子带来威胁而采用直接的或委婉的礼貌表达方式。

12.110 消极礼貌策略 negative politeness strategy
谈话过程中为了避免威胁受话人的消极面子而采用的策略。

12.111 积极礼貌策略 positive politeness strategy
谈话过程中通过表明自己与受话人某些方面的一致而满足对方的积极面子的策略。

12.112 消极面子 negative face
言语交际中希望自己的言行不受阻碍以保全面子的心理。

12.113 积极面子 positive face
言语交际中希望获得赞同、喜爱以保全面子的心理。

12.114 交际能力 communicative competence
运用语言进行社会交际的能力。

12.115 言语顺应理论 speech accommodation theory
又称"交际调适理论"。在交际过程中,说话人出于求同或显异的心理会有意无意调整自己的语体、口音、讲话速度等向对方的特点靠拢或偏离对方的特点的理论。

12.116 言语行为 speech act
言有所为的话语。由话语的功能而不是话语的结构界定的言语行动。例如,"我宣布某某运动会现在开幕","我命名本船为某某号",此类话语具有执行力(performative force),相当于为运动会开始、为新船下水采取的一个行动。

12.117 间接言语行为 indirect speech act
话语不直接反映说话人意图的言语行动。例如,用"我觉得冷"(陈述语句)表达要求别人关上门。此类话语具有言外力(illocutionary force),即要使某一言语行动得以实现的话语之外的力。

12.118 会话 conversation
两人或更多人之间的谈话。是言语交际活动的最基本形式。

12.119 合作原则 cooperative principle
会话参与者共同遵守的原则,即说话要符合谈话目的或指向,互相配合。要求在提供信息的量、质、相关性和方式上,必须恰如其分和清楚明白。

12.120 会话隐含 conversational implicature
基于会话合作原则及其准则,受话人推导出的发话人的言外之意。

12.121 发话人 sender
语言交际中发出信息的一方。会话中指说话人,书面交际时指写作者。

12.122　受话人　receiver
语言交际中接受信息的一方。会话中指听话人,书面交际时指读者。

12.123　会话分析　conversational analysis
泛指对会话结构、会话策略、会话风格等进行的研究。

12.124　话轮　turn
会话中发话人一次发出的话。

12.125　话轮转换　turn-taking
会话过程中轮换发话。

12.126　邻接对　adjacency pair
会话中应答话紧接始发话的一对话轮。

12.127　言语事件　speech event
在特定情景中发生的言语活动,如教室里的讲课、法庭上的审讯。是交际民族志学考察和描写的单位。

12.128　寒暄交谈　phatic communion
为了保持接触、营造气氛而没有主题或者不涉及主题的交谈。

12.129　伴随语言特征　paralinguistic feature
又称"副语言特征"。说话时伴随语言出现的习惯性声音特征。例如假嗓音、吱嘎声、间断、咯咯声等特点。

12.130　临时词　nonce-word
又称"偶发词"。为了某一目的临时造出来的词。

12.131　言语交际　verbal communication
口头进行的交际。

12.132　非言语交际　nonverbal communication
通过手势或体态等非自然语言手段进行的交际。

12.133　会话风格　conversational style
与说话人的地区背景、社会背景、个人性格等相关联的会话方式和特点。

12.134　会话投入　conversational involvement
又称"会话卷入"。会话过程中,个人感受到与他人的事情、思想、措辞等有情感联系而积极参与。"高度投入"(high-involvement)的会话风格常表现为与别人的话轮重叠、不留间歇等。

12.135　解读框架　frame
言语交际时受话人对发话人的话语具有的预期。例如,讽刺和开玩笑是两个不同的解读框架,如果受话人的期待与发话人的用意不同,就可能把本是开玩笑的话语理解成讽刺。

12.04　语言接触与双语

12.136　双语现象　bilingualism
群体或个人能够使用两种语言的现象。也指一个地区兼用两种语言的状态。

12.137　多语现象　multilingualism
群体或个人能够使用多种语言的现象。也指一个地区兼用多种语言的状态。

12.138　双语人　bilingual
能够使用两种语言的人。

12.139　多语人　multilingual
能够使用三种或三种以上语言的人。

12.140　单语人　monolingual
只能够使用一种语言的人。

12.141　双方言现象　bidialectalism
群体或个人能够使用两种方言的现象。

12.142　多方言现象　multidialectalism
群体或个人能够使用多种方言的现象。

12.143　双语读写能力　biliterate
个人具备两种语言的阅读和写作技能。

12.144　双言制　diglossia
又称"双言现象""双语体"。一个国家或地区普遍使用严格区分社会功能的两种不同语言或某一语言的两种变体的状态。

12.145　多言制　polyglossia
又称"多言现象"。一个社会存在多种严格区分社会功能的不同语言的状态。

12.146　高变体　high variety
与"低变体"相对。双言制社会中声望高的语言或方言。

12.147　低变体　low variety
与"高变体"相对。双言制社会中声望低的语言或方言。

12.148　超方言变体　superposed variety
超越地域方言的语言变体。是社会通用的、最有声望的变体。例如共同语或标准语。

12.149　少数民族语言　minority language
一个国家中人口占少数的民族使用的语言。例如中国的藏语。

12.150　多数人语言　majority language
一个国家中人口占多数的民族使用的语言。例如中国的汉语。

12.151　少数族裔语言　minor language
一个国家内人口少的族群使用的语言。例如美国的意大利语和西班牙语。

12.152　语言优势　language dominance
使用一种语言较之于另一种语言具有更强的力量，或一种语言比另一种语言更重要。

12.153　强势语言　prestige language
又称"优势语言"。与"弱势语言"相对。在社会经济、文化等方面处于强势地位的言语共同体成员使用的语言。通常也是声望高的语言。

12.154　弱势语言　nonprestige language
与"强势语言"相对。在社会经济、文化等方面处于弱势地位的言语共同体成员使用的语言。通常也是声望低的语言。

12.155　强势方言　prestige dialect
与"弱势方言"相对。多方言地区内在社会经济、文化等方面处于强势地位的言语共同体成员使用的方言。通常也是声望高的方言。

12.156　弱势方言　nonprestige dialect
与"强势方言"相对。多方言地区内在社会经济、文化等方面处于弱势地位的言语共同体成员使用的方言。通常也是声望低的方言。

12.157　土著语言　indigenous language
又称"原住民语"。某个地区的土著居民原本使用的语言。例如澳大利亚的原住民（aborigines）讲的语言，多达百余种。

12.158　社区语言　community language
又称"社团语言"。特定社区内使用的非主流语言。包括少数民族语言和土著语言。

12.159　言语岛　speech island
被主要语言包围的另一种语言的使用地区。例如美国宾夕法尼亚州说德语的荷兰人的社区。

12.160　地方话　local dialect
方言区内部划分出来的通行范围更小的话。例如吴语区的上海话、青浦话等。

12.161　本地话　vernacular
又称"土话"。一个国家或地区的非标准化的民族语言或方言。例如美国南方非裔人讲的土话英语（African-American Vernacular English）。

12.162　方言化　dialectalization
一种语言分化为几个地区方言或各个方言

之间差异扩大的现象。

12.163　非方言化　de-dialectalization
方言特点弱化而向标准语靠拢的过程。

12.164　语言接触　language contact
不同的语言或方言因接触而相互渗透、相互影响的现象。

12.165　方言借用　dialect-borrowing
又称"内部借用"。一种语言的方言之间互相吸收语言成分的现象。

12.166　半借词　loan blend
外来语词成分和本族语词成分组合而成的词。例如美国葡语词 alvachus（overshoes 套鞋）与英语词谐音，al-是葡语前缀，替代英语字母 o。

12.167　借词音变　loan shift
从另一种语言借入词语时发生的音变。例如英语从法语借入 restaurant [restərã]（餐馆），读成[restrənt]。

12.168　语言混合　hybridization
两种或多种语言因频繁接触而形成结构上混合的现象。

12.169　混合语　mixed language
由不同语言的成分混合而成的语言。

12.170　接触语　contact language
讲不同语言的言语共同体成员在接触中形成的语言变体。语法结构、词汇和语体选择范围大为缩减。

12.171　皮钦语　pidgin
由一种语言的词汇和别种语言的语法结构混杂而成的语言。一般结构简单、词汇贫乏、形态变化较少。例如旧时上海的"洋泾浜"。

12.172　克里奥尔语　creole
又称"民族混合语"。由皮钦语发展而成的一种语言。在一定条件下可取得母语地位。

12.173　克里奥尔语演化连续体　post-creole continuum
以标准语为目标改变所使用的克里奥尔语而产生一系列变体的连续体。其中与标准语很接近的变体叫高势语（acrolect），与原克里奥尔语很接近的变体叫低势语（basilect），介于上述两种变体之间的叫中势语（mesolect）。

12.174　并合语　split language
由一种语言的形态、句法框架和另一种语言的词汇、语素并合而成的语言。

12.175　底层语言　substratum
对占支配地位的语言成分发生影响的语言。例如殖民地国家中对于征服者的语言有所影响的当地人的语言。

12.176　表层语言　superstratum
对当地人的语言成分发生影响的占支配地位的语言。例如 11 世纪法国诺曼底人入侵英国后讲的法语。

12.177　本土化　indigenization
一种语言在不同的文化和社会环境里的适应性变化。例如，在印度，英语在语音、词汇、语法等方面都发生变化，已成为一种自具特色的英语变体——印度英语。

12.178　母语　mother tongue
人在幼儿时期自然习得的语言。通常是第一语言。

12.179　族际通用语　lingua franca
又称"交际媒介语"。讲不同母语的人群之间借以进行交谈的语言。

12.180　国际语言　international language
在世界范围内或国际交流中广泛使用的语言。

12.181　世界语　Esperanto
一种以主要欧洲语言的共同词根为基础而

人工创制的国际辅助语言。

12.182　语言共同体　language community
又称"语言社区"。使用共同语言的社会生活共同体。其范围可以是一个国家、一个地区或一个民族。

12.183　语言保持　language maintenance
又称"语言维护"。群体或个人特别是在多语地区的移民当中继续使用母语的现象。

12.184　语言转用　language shift
又称"语言替换"。一个民族或一个群体放弃使用自己的母语而用其他语言替代母语的现象。

12.185　语言忠诚　language loyalty
在不利条件下保持使用弱势语言,以示民族认同感。

12.186　语言丧失　language loss
群体或个人逐渐丧失使用一种语言的能力的现象。

12.187　语言同化　linguistic assimilation
一种语言排挤或代替其他语言,从而使被排挤、被代替的语言趋于消亡的现象。

12.188　活语言　living language
现在使用的语言。

12.189　濒危语言　endangered language
活力弱、处于消亡边缘的语言。

12.190　语言消亡　language death
一种语言由于失去交际功能和使用的人而消失。

12.191　语言融合　language blending
不同语言因接触而产生相互借用、吸收、排挤、代替等的现象。

12.192　语言联盟　language union
没有亲属关系的语言,由于长期共处于一个地区而在语言结构上产生共同区域特征的现象。

12.05　语言规划与语言教育

12.193　语言规划　language planning
政府或社会团体对语言文字及其使用进行的有组织、有目的、有计划的人工干预与管理。主要包括语言地位规划、语言本体规划等。

12.194　语言地位规划　status planning
为了使一种语言或方言的社会功能发生变化而针对其地位进行的规划。

12.195　语言本体规划　corpus planning
为了使一种语言标准化而对该语言的结构进行的规划。

12.196　语言声望规划　language prestige planning
为了提高某种语言的声望而进行的规划。

12.197　语言标准化　language standardization
制定语音、词汇、语法和正词法的标准及规则的过程。通常由政府机关实施。

12.198　标准语　standard language
具有法定标准的书面形式和口头形式的语言。

12.199　内源规范　endonormative
源自本地区的语言规范。例如英国的英语。

12.200　外来规范　exonormative
来自本地区之外的语言规范。例如香港的英语。

12.201　语言规范化　language normalization
为语言的运用确定标准,并通过国家行政命令和专家引导的力量,使语言按照这个标准发展。

12.202 语文现代化 language modernization
为适应现代化的需要而从事的语言文字建设工作。

12.203 语言选择 language choice
选择通用语、官方语言或标准语的过程。

12.204 族内语 endoglossic
一个国家使用占相当大部分人口的民族语言为官方语言的状态。例如英国用英语为官方语言。

12.205 族外语 exoglossic
一个国家使用外来语为官方语言的状态。例如美洲开曼群岛、马提尼克用法语为官方语言。

12.206 部分族外语 part-exoglossic
一个国家所用的官方语言既有外来语也有民族语言的状态。例如印度用英语和印地语为官方语言。

12.207 通用语 common language
一个国家或地区普遍使用的语言。

12.208 普通话 Putonghua
现代汉语的标准语。

12.209 官方语言 official language
国家法定的国语或通用语，即用于政府、法庭和公务上的语言。

12.210 国语 national language
一个国家的政府规定的标准语或共同语。国语通常也是官方语言。

12.211 语言状况 language situation
某时某地语言使用的总体情况。包括该地区通用哪几种语言，有多少人使用这些语言，在什么情况下使用这些语言。

12.212 语言政策 language policy
政府就语言问题所制定的政策。

12.213 语言法 language law
立法部门为规定语言文字的地位、功能或形式而制定的法律文本。

12.214 语言权 language rights
社会成员或群体拥有的学习和使用语言的权利。

12.215 群体语言权 group language rights
社会群体拥有的语言权。例如使用少数人语言的群体有权选择该群体交际使用的语言。

12.216 个体语言权 individual language rights
社会成员拥有的语言权。例如学习、使用本族语的权利。

12.217 语言歧视 language discrimination
因所使用的语言与主流社会不一致而在社会生活中受到不公正对待的现象。

12.218 语言认同 language identity
通过语言显示或识别使用人的群体归属。

12.219 语言复兴 language revival
复兴濒临灭绝的语言。

12.220 语言活力 language vitality
语言交际功能的大小。包括语言的使用范围、表达能力等。

12.221 语言技能 language skills
个人使用语言的技能。主要指听、说、读、写的能力。

12.222 第一语言 first language
人在幼儿时期自然习得的第一语言。通常是母语。

12.223 第二语言 second language
与第一语言并用的非本族语。也指双语人使用除母语外的第二种语言。

12.224 外国语 foreign language
本国以外其他国家的语言。

12.225 目的语 target language
个人正在学习的其他国家或民族的语言。

12.226 工具型动机 instrumental motivation
从某种语言的实用价值出发而学习该语言的动机。

12.227 融合型动机 integrative motivation
又称"整合动机""归附动机"。为更多地了解某个社会的文化,有的甚至希望成为该社会的成员,而学习某种语言的动机。

12.228 附加性双语现象 additive bilingualism
又称"增益性双语现象"。第二语言的学习和使用不会替代第一语言的双语现象。

12.229 缩减性双语现象 substractive bilingualism
又称"消减性双语现象"。第二语言的学习和使用有可能取代第一语言的双语现象。

12.230 生产性双语现象 productive bilingualism
在获得目的语的过程中,母语和目的语的掌握、母语文化与目的语文化的理解相得益彰的现象。

12.231 语言产业 language industry
以语言为商品而从事的生产和经销活动。例如制作和发行各类语言教科书、录音带、录像带,举办语言培训班等。

12.232 语言服务 language service
从事以语言为服务内容的有偿劳动。例如提供翻译。

12.233 语言市场 language market
利用语言资源获取利益的社会空间。语言的市场价值主要由使用该语言的言语共同体的经济实力和供求关系决定。

12.234 语言冲突 language conflict
由语言问题而引发的社会、政治冲突。

12.235 语言态度 language attitude
又称"语言观念"。人们对某种语言或方言的评价,包括对其地位、功能以及发展前途的评价。

13. 民族语言学

13.01 总 论

13.001 民族语言学 minority linguistics
民族语言学有两个不同的含义:一是指语言学和民族学相结合的交叉学科,英文称ethnolinguistics;二是指研究少数民族语言的语言学学科。中国多使用后一概念。中国的民族语言学包括对除汉语外的少数民族语言的研究。

13.002 语系 language family
按谱系分类法(又称发生学分类法)划分出的语言群。同一语系的语言之间都有亲属关系,不同语系的语言之间没有亲属关系。如属于汉藏语系语言的汉语、藏语、羌语、普米语、景颇语等都有亲属关系。

13.003 语族 language group
同一语系下的语言按谱系分类法划分出的二级语群。如汉藏语系按传统观点下分汉语、藏缅语族、苗瑶语族、壮侗语族。

13.004 语支　language branch
同一语系下的语言按谱系分类法划分出的三级语群。如藏缅语族下分藏语支、景颇语支、彝语支、缅语支、羌语支等。

13.02　汉藏语系

13.005 汉藏语系　Sino-Tibetan family
按谱系分类法划分的一个语系。分为汉语、藏缅语族、苗瑶语族、壮侗语族。主要分布在亚洲的中国、泰国、缅甸、不丹、尼泊尔、印度、孟加拉、越南、老挝、柬埔寨等国。使用人口15亿左右,约占世界人口的1/4。语言特点,(1)语音:声调发展不平衡;有些语言声母分清浊,一部分语言还保留有复辅音声母;元音分长短、松紧;韵尾发展不平衡,存在从繁到简的趋势,个别语言和方言有复辅音韵尾。(2)词汇:除藏缅语族有些语言(如嘉戎语、景颇语等)有较多的多音节单纯词外,汉藏语系大多数语言的词主要由单音节的单纯词和多音节的复合词组成。(3)语法:以语序和虚词为表达语法意义的重要手段,语序比较固定,虚词种类较多;有语音交替、增添附加成分、重叠等形态变化,除藏缅语族外,形态均不丰富。汉语、苗瑶语族语言、壮侗语族语言是"主语+谓语+宾语"语序,藏缅语族语言是"主语+宾语+谓语"语序。名词作定语时,汉语、藏缅语族语言、苗瑶语族语言是"名词定语+名词中心语",而壮侗语族语言是"名词中心语+名词定语"。形容词作定语时,汉语是"形容词定语+名词中心语",而藏缅、壮侗、苗瑶等语族的语言一般是"名词中心语+形容词定语"。除藏缅语族有些语言(如藏语、景颇语等)量词不太发达外,一般都有丰富的量词。广泛运用各种结构助词和语气助词来表达复杂的语法意义。

13.006 汉语　Chinese language
汉族使用的语言。属汉藏语系。主要分布在中国以及新加坡、马来西亚等国,世界各地还有不少华侨使用。使用人口超过11亿,是世界上使用人口最多的语言,也是联合国工作语言之一。其标准语有普通话、国语、华语等名称。通常分为北方、吴、湘、赣、客家、闽、粤等方言,方言之间差别较大。现代汉语普通话有22个声母(含零声母),35个韵母,4个声调。语序和虚词是表达语法意义与语义关系的重要手段。动词没有屈折形态的变化,用时间助词表示时体范畴。所有的修饰语都放在被修饰语之前。

13.021　藏缅语族

13.007 藏缅语族　Tibeto-Burman group
汉藏语系的一个语族。分为藏语支、景颇语支、彝语支、缅语支、羌语支等。主要分布在中国、缅甸、不丹、尼泊尔、印度、泰国等国。大多数语言有声调,声母分清浊,单元音韵母丰富,复合元音韵母不发达,有些语言有丰富的复辅音声母,一些语言的元音分松紧。语序和虚词是表达语法意义的主要手段。语序属宾动式。名词、代词作定语时在中心语之前,数词或数量短语作定语时在中心语之前。形态变化比汉语和苗瑶语族、壮侗语族丰富。

13.0211 藏 语 支

13.008　藏语支　Tibetan branch
汉藏语系藏缅语族的一个语支。包括藏语、门巴语等。在中国,主要分布在西藏自治区和青海、四川、甘肃、云南等省;在国外,喜马拉雅山南麓的印度、尼泊尔、不丹等国也有分布。也有人主张与喜马拉雅地区的部分语言构成藏—喜马拉雅语支。声调发展不平衡,有的方言没有声调;声调与声母的清浊、元音的长短、辅音韵尾的有无等语音要素有密切的关系。动词有丰富的时、体、人称、语态等屈折形态变化;动词有方位和人称的范畴;存在动词和判断动词有类别范畴。

13.009　藏语　Tibetan language
藏族使用的语言。属汉藏语系藏缅语族藏语支。在中国,主要分布在西藏自治区和青海、四川、甘肃、云南等省;在国外,印度、尼泊尔、不丹等国也有分布。中国的藏族人口有 5 416 021 人(2000 年),分为卫藏、康和安多 3 个方言,方言之间差别较大。藏语拉萨话有 28 个声母,47 个韵母,4 个声调。动词有时态和式的语法范畴,以屈折变化和虚词表示。语序属宾动式。形容词、数词、指示代词作修饰语时在中心语之后。

13.010　门巴语　Menba language
门巴族使用的一种语言。属汉藏语系藏缅语族藏语支。门巴族使用门巴语和仓洛语 2 种语言。操门巴语的门巴族有 30 000 多人,主要分布在中国西藏自治区错那县和墨脱县。分为南部和北部 2 个方言。南部方言语法的表达形式比北部方言复杂,词形变化也比北部丰富。门巴语有 37 个单辅音声母,10 个复辅音声母,元音分长短。人称代词有变格现象。数词可以直接修饰名词。动词有体、态、式 3 种语法范畴。助词和语序是表达语法意义的主要手段。语序属宾动式。

13.011　仓洛语　Tsangluo language
门巴族使用的一种语言。属汉藏语系藏缅语族藏语支。门巴族使用门巴语和仓洛语 2 种语言。操仓洛语的门巴族约 5 000 人,主要分布在中国西藏自治区墨脱县和林芝县。方言差别不大。仓洛语有 33 个单辅音声母和 4 个复辅音声母,有 7 个单元音韵母,9 个辅音韵尾。每个音节都有固定的音高,有少量用声调区别词义和语法意义的现象。多音节词有连续变调现象。仓洛语借词多。名词可直接受数词修饰。动词有体和式的语法范畴,以屈折变化和虚词表示。语序属宾动式。

13.0212　景颇语支

13.012　景颇语支　Jingpo branch
汉藏语系藏缅语族的一个语支。包括景颇语、格曼语、达让语、独龙语、阿侬语等。在中国,主要分布在云南、西藏等省;在国外,分布在缅甸、印度等国。语言特征介于藏语支和缅语支、彝语支之间。双音节的单纯词较多,前一音节往往弱化。韵尾有-m、-n、-ŋ、-p、-t、-k 等。有形态变化,但少于藏语支,多于缅、彝语支。量词较少,名词计个体单位时一般不用量词。句尾词相当丰富,通过屈折变化综合体现谓语的式、人称、数、方向等语法意义。

13.013　景颇语　Jingpo language
景颇族中自称"景颇"支系的人使用的语言。属汉藏语系藏缅语族景颇语支。在中国,主要分布在云南省德宏傣族景颇族自治州;在国外,分布在缅甸、印度。中国的景颇族人口有132 143人(2000年)。景颇语有31个声母,88个韵母,元音分松紧,辅音韵尾有7个,有4个声调。双音节词的前一音节大多弱化。以虚词和语序为表达语法意义的主要手段。有一些形态变化。使动范畴的语法形式有屈折式和分析式两种。句尾词相当丰富,通过屈折变化综合体现谓语的式、人称、数、方向等语法意义。

13.014　格曼语　Geman language
僜人使用的一种语言。属汉藏语系藏缅语族景颇语支。僜人使用格曼语和达让语2种语言。主要分布在中国西藏自治区察隅县。格曼语有31个单辅音声母,22个复辅音声母,91个韵母,4个声调。有34个构词词头,复合词中有并列、修饰、表述、支配等关系。量词不丰富。动词有人称、数、时态、体、式、方向等语法范畴,用屈折形态、加附加成分等方式表达。语序属宾动式。

13.015　达让语　Darang language
僜人使用的一种语言。属汉藏语系藏缅语族景颇语支。僜人使用格曼语和达让语2种语言。主要分布在中国西藏自治区察隅县。达让语有34个单辅音声母,15个复辅音声母,44个韵母,4个声调。附加法和复合法都是构词的重要手段。加词头、词尾的派生词约占词汇的1/3以上,有30个构词词头。量词不丰富。动词有体、式、态、方向等语法范畴,用屈折形态和语尾助词等方式表达。语序属宾动式。

13.016　独龙语　Dulong language
独龙族使用的语言。属汉藏语系藏缅语族景颇语支,也有人认为语支未定。在中国,分布在云南省怒江傈僳族自治州贡山独龙族怒族自治县;在国外,分布在缅甸喀钦邦北部恩梅开江流域,称日旺(Rawang)或怒(Nong)。中国的独龙族人口有7 426人(2000年)。分为独龙江和怒江2个方言。有51个声母,有腭化辅音、唇化辅音和复辅音;有132个韵母,带辅音韵尾的116个;有3个声调。以语序、助词和形态为表达语法意义的主要手段。语序属宾动式。量词较丰富。动词有人称、数、体、态、式、方向等语法范畴,分别用屈折变化、加词头或词尾表示。一个动词词干可以连续加5个附加成分。助词有结构、定指、语气3类。结构助词包括施动、受动、工具、处所、从由、比较等。

13.017　阿侬语　Anong language
怒族使用的一种语言。属汉藏语系藏缅语族景颇语支。操阿侬语的怒族人主要居住在中国云南省福贡县,有7 000多人。阿侬语有47个单辅音声母,23个复辅音声母,120个韵母,5个声调。单音节词、多音节单纯词少,有派生式、复合式、四音联绵式等多种构词方式。量词比较丰富。动词有人称、数、体、态、式、方向等语法范畴,用加附加成分、屈折形态等方式表达。语序属宾动式。

13.0213　彝　语　支

13.018　彝语支　Yi branch
汉藏语系藏缅语族的一个语支。包括彝语、哈尼语、傈僳语、拉祜语、纳西语、基诺语、喀卓语、桑孔语、毕苏语、怒苏语、柔若语等。在中国,主要分布在云南、四川、贵州、广西4省区;在国外,分布在缅甸、泰国、老挝、越南等国。多数语言声母分清浊,元音分松紧,复元音少,没有塞辅音韵尾,有3—5个声调。以虚词和语序为表达语法意义的主要手段。语序属宾动式。名词、动词、人称代词作名词的修饰语时在中心语之前,形容词、数量词作修饰语时在中心语之后。量词丰富。有的语言有标志各种句子成分(包括主语、宾语)的助词。单音节的词和词根占优势。

13.019　彝语　Yi language

又称"罗罗语"。彝族使用的语言。属汉藏语系藏缅语族彝语支。在中国,主要分布在云南、四川、贵州、广西4省区;在国外,分布在缅甸、泰国、越南等国。中国的彝族人口有7 762 272人(2000年)。分为北部、东部、南部、东南部、西部、中部6个方言。除少数方言外,元音一般分松紧,韵母一般由单元音构成,有3—5个声调,调型简单。以虚词和语序为表达语法意义的主要手段。语序属宾动式。名词、动词、人称代词作名词的修饰语时在中心语之前,形容词、数量词作修饰语时在中心语之后。量词丰富。有结构助词。动词的使动范畴有形态变化。

13.020　哈尼语　Hani language

哈尼族使用的语言。属汉藏语系藏缅语族彝语支。在中国,主要分布在云南省红河哈尼族彝族自治州、普洱市等地;在国外,泰国、缅甸也有分布。中国的哈尼族人口有1 439 673人(2000年)。分为哈雅、碧卡、豪白3个方言,方言间通话有困难。声母分清浊,元音分松紧,有4个声调。语序属宾动式。以虚词和语序为表达的主要手段。名词、动词、人称代词作名词的修饰语时在中心语之前,形容词、数量词作修饰语时在中心语之后。

13.021　傈僳语　Lisu language

傈僳族使用的语言。属汉藏语系藏缅语族彝语支。在中国,主要分布在云南怒江傈僳族自治州;在国外,缅甸、泰国北部也有分布。中国的傈僳族人口有634 912人(2000年)。语言内部差别不大,能互相通话。有28个声母,韵母以单元音为主,有6个声调。以虚词和语序为表达语法意义的主要手段。

语序属宾动式。名词、动词、人称代词作名词的修饰语时在中心语之前,形容词、数量词作修饰语时在中心语之后。

13.022　拉祜语　Lahu language

拉祜族使用的语言。属汉藏语系藏缅语族彝语支。在中国,主要分布在云南省的普洱市、临沧地区和西双版纳傣族自治州;在国外,缅甸、泰国和老挝也有分布。中国的拉祜族人口有453 705人(2000年)。分为拉祜纳和拉祜熙2个方言。韵母以单元音为主,复元音韵母主要出现于借词中。语序属宾动式。形容词修饰名词时放在名词之后,形容词加助词可放在名词前。数量词在名词中心语之后,动量词在动词中心语之前。

13.023　纳西语　Naxi language

纳西族使用的语言。属汉藏语系藏缅语族彝语支。主要分布在中国云南省丽江、香格里拉、永胜、宁蒗、兰坪、维西和四川省盐源、盐边、木里等地。纳西族人口有308 839人(2000年)。分为西部和东部2个方言。辅音44个,元音12个。语序属宾动式。形容词作修饰语时在被修饰语后面,如果加上助词就可移到名词之前。

13.024　基诺语　Jinuo language

基诺族使用的语言。属汉藏语系藏缅语族彝语支。主要分布在中国云南省西双版纳傣族自治州景洪市基诺山和补远山地区。基诺族人口有20 899人(2000年)。分为攸乐和补远2个方言。韵母以单元音为主,有8个声调。语序和助词是表达语法意义的主要手段。语序属宾动式。名词作修饰语时在被修饰名词之前,数量词、形容词作修饰语时在被修饰名词之后。

13.025　喀卓语　Kazhuo language

云南蒙古族使用的语言。属汉藏语系藏缅语族彝语支。主要分布在中国云南省通海县兴蒙乡的中村、白阁、下村、交椅湾、桃家嘴5个村子。使用人口约5 400人。有24个声母,17个韵母,8个声调。动词有态的范畴。语序属宾动式。形容词作定语时在中心语之后。

13.026 桑孔语 Sangkong language

自称"桑孔"的哈尼族使用的语言。属汉藏语系藏缅语族彝语支。操桑孔语的哈尼人有1 000多人,主要分布在中国云南省景洪市小街乡一带。有31个声母,包括一套鼻音后带同部位浊塞音的声母,有紧元音韵母、塞音韵尾和鼻音韵尾,有3个声调。词缺乏形态变化。动词有体、式、人称等语法范畴,主要用助词表达。第一人称代词主语句有动词人称助词。语序属宾动式。

13.027 毕苏语 Bisu language

毕苏人使用的语言。属汉藏语系藏缅语族彝语支。在中国,主要分布在云南省澜沧县、勐海县、西盟县和孟连县;在国外,泰国、缅甸、老挝等国也有分布。毕苏人将近10 000人,其中中国境内有5 000多人。分为澜勐、淮帕和达考3个方言。有30个声母,44个韵母,3个声调。语序和虚词是表达语法意义的主要手段。语序属宾动式。形容词性修饰语在中心语之后。

13.028 怒苏语 Nusu language

怒族中自称"怒苏"(nu^{35} su^{35})的人使用的语言。属汉藏语系藏缅语族彝语支。在中国,主要分布在云南省福贡县和泸水县;在国外,缅甸也有分布。怒苏人约9 000人(1995年)。分为南部、中部和北部3个方言,方言之间差别较大。有60个声母,38个韵母,4个声调。动词有体、数、态、式等语法范畴。语序和虚词是表达语法意义的主要手段。语序属宾动式。形容词性修饰语在中心语之后。

13.029 柔若语 Rouruo language

怒族中自称"柔若"(zɑu^{55} zou^{33})的人使用的语言。属汉藏语系藏缅语族彝语支。主要分布在中国云南省怒江傈僳族自治州兰坪白族普米族自治县和泸水县。柔若人约2 100人(1995年)。分为果力和江末2个土语。塞音、塞擦音分送气与不送气,元音有松紧对立,有5—6个声调。名词有人称领属和数的语法范畴。动词有体、态、式等语法范畴。语序和虚词是表达语法意义的主要手段。语序属宾动式。

13.0214 缅 语 支

13.030 缅语支 Burmese branch

汉藏语系藏缅语族的一个语支。包括缅语、载瓦语、阿昌语等。主要分布在缅甸和中国云南省。有复合元音和带辅音尾的韵母。动词有使动范畴形态变化。

13.031 载瓦语 Zaiwa language

景颇族载瓦支系使用的语言。属汉藏语系藏缅语族缅语支。在中国,主要分布在云南省德宏傣族景颇族自治州的潞西、陇川、瑞丽、盈江等地;在国外,缅甸也有分布。中国境内的使用人口约10万。语言内部比较一致。人称代词有形态变化。动词使动态的语法形式有屈折式和分析式2种。量词比较丰富,名词和动词计量时必须用量词。有谓语助词,体现谓语的式、体、数、人称等语法范畴。

13.032 阿昌语 Achang language

阿昌族使用的语言。属汉藏语系藏缅语族缅语支。在中国,主要分布在云南省德宏族景颇族自治州以及保山专区的龙陵等县;在国外,缅甸也有分布。中国的阿昌族人口33 936人(2000年)。分为陇川、潞西、梁河

3个方言。方言之间差别较大,不能通话。以虚词和语序为表达语法意义的主要手段。形态变化少。动词使动范畴的语法形式有屈折式和分析式两种。量词比较丰富,名词和动词计量都必须用量词。

13.033　浪速语　Langsu language
景颇族浪速支系使用的一种语言。属汉藏语系藏缅语族缅语支。在中国,主要分布在云南省德宏傣族景颇族自治州,使用人口约3 500人;在国外,主要分布在缅甸北部。语言内部有一些差别,但相互能通话。塞音、塞擦音有清无浊,元音分松紧,声调有3个。动词有态、式、体、人称、数等语法范畴,用语音交替、重叠、加附加成分和加助词等语法手段表示。助词较丰富。语序属宾动式。形容词作定语时在中心语之后,加结构助词后可在中心语之前。

13.034　勒期语　Leqi language
景颇族中自称"勒期"的支系使用的一种语言。属汉藏语系藏缅语族缅语支。主要分布在中国云南省德宏傣族景颇族自治州。塞音、塞擦音有清无浊,元音分松紧、长短,有带辅音尾的韵母。动词有使动范畴的形态变化。语序属宾动式。形容词作定语时在中心语之后,加助词后可在中心语之前。

13.035　波拉语　Bola language
景颇族中自称"波拉"的支系使用的一种语言。属汉藏语系藏缅语族缅语支。在中国,主要分布在云南省德宏傣族景颇族自治州;在国外,缅甸北部也有分布。塞音、塞擦音有清无浊,元音分松紧,有4个声调。动词有使动范畴的形态变化。语序属宾动式。形容词作定语时在中心语之后。

13.036　仙岛语　Xiandao language
阿昌族仙岛人使用的语言。属汉藏语系藏缅语族缅语支。分布在中国云南省德宏傣族景颇族自治州盈江县。使用人口约100人。塞音、塞擦音有清无浊,有清化鼻音、边音,卷舌化声母较多,有4个声调。动词有自动态和使动态的区别。助词丰富。语序属宾动式。形容词作定语时在中心语之后,数量词作修饰成分时在中心语之后。目前处于濒危状态。

13.0215　羌　语　支

13.037　羌语支　Qiang branch
汉藏语系藏缅语族的一个语支。包括羌语、嘉戎语、普米语、尔龚语、拉坞戎语、却域语、扎坝语、木雅语、尔苏语、史兴语、贵琼语、纳木依语、西夏语等。主要分布在中国云南、四川、西藏等省区。有复辅音,辅音韵尾已消失,多数有声调。有丰富的前缀,属"前缀型语言",叠音词或双声词较多。语法范畴丰富,语法形式主要有前后缀、词根屈折变化、重叠词根等,多数语言有人称、数、时态等语法范畴。动词有趋向、互动、类别等范畴。人称代词有格的变化。有丰富的结构助词。语序属宾动式。

13.038　羌语　Qiang language
羌族使用的语言。属汉藏语系藏缅语族羌语支。分布在中国四川省阿坝藏族自治州茂汶羌族自治县及汶川、理县、黑水、松潘等县。羌族人口有306 072人(2000年)。分为南、北2个方言。形态、助词和语序为表达语法意义的主要手段。语序属宾动式。量词很丰富。动词有人称、数、时间、体、态、式、趋向等语法范畴。结构助词有表示限制、施动、受动、工具、处所等意义的区别。名词、代词作名词的修饰语时在中心语之前,形容词、数量短语作修饰语时在中心语之后,指示代词作定语时前后均可。

13.039 嘉戎语　rGyarong language

中国自称"格鲁"的藏族使用的语言。属汉藏语系藏缅语族羌语支。主要分布在中国四川省阿坝藏族自治州以及甘孜藏族自治州。使用人口有10多万人。嘉戎语(以卓克基话为例)有32个单辅音声母,201个复辅音声母,有7个单元音韵母,6个复元音韵母。语序属宾动式。形容词作名词的修饰语时在中心语之后,代词和名词作修饰语时在中心语之前。动词有人称、方位、时态、命令、使动、反身等范畴,以前缀或后缀表示。

13.040 普米语　Pumi language

普米族使用的语言。属汉藏语系藏缅语族羌语支。主要分布在中国云南省兰坪、宁蒗、丽江、维西等县。使用人口约33 600人(2000年)。分为南部和北部2个方言。方言间差别较大,互相不能通话。有复辅音声母,韵母无辅音韵尾。词形变化和添加助词为表达语法意义的主要手段。语序属宾动式。名词和代词作名词的修饰语时在中心语之前,形容词和数词或数量词作修饰语时在中心语之后。动词的人称、时间、趋向等语法范畴用前后加成分表示。

13.041 尔龚语　Ergong language

又称"道孚语"。中国四川省甘孜藏族自治州和阿坝藏族自治州部分藏族使用的一种语言。属汉藏语系藏缅语族羌语支。有人认为是嘉戎语的西部方言,有人认为是早期藏语方言。使用人口约45 000人。分为道孚、革什扎、观音桥3个方言。语序属宾动式。形容词作定语时在中心语之后。有丰富的复辅音声母,每个词有习惯音高,但无声调对立区别词义。动词分自动态、使动态,有人称、数、体、式等范畴。形容词有级范畴。

13.042 却域语　Queyu language

中国四川省甘孜藏族自治州新龙、雅江、理塘三县交界地区的藏族使用的一种语言。属汉藏语系藏缅语族羌语支。使用人口约7 000人。语序属宾动式。形容词作定语时一般在中心语之后。有复辅音声母,有3个声调。动词有人称、数、体、式、趋向等范畴。有格助词。

13.043 扎坝语　Zhaba language

中国四川省甘孜藏族自治州部分藏族使用的一种语言。属汉藏语系藏缅语族羌语支。使用人口有7 700多人。语序属宾动式。形容词作定语时在中心语之后。有124个声母,39个韵母,3个声调。动词有趋向、人称、体、语气、式、态、自主和不自主等范畴,用屈折和分析两种语法手段表达。形容词有级范畴。有格助词。

13.044 木雅语　Muya language

中国四川省西南部贡嘎山周围藏族使用的一种语言。属汉藏语系藏缅语族羌语支。分布在四川省甘孜藏族自治州。使用人口约10 000人。语序属宾动式。形容词作定语时在中心语之后。有49个声母,43个韵母,5个声调。有大量的藏语借词。动词有方向、人称、数、体、语气、式、态、及物与不及物、自主与不自主等范畴。形容词有级范畴。

13.045 尔苏语　Ersu language

尔苏人使用的语言。属汉藏语系藏缅语族羌语支。分布在中国四川省甘孜藏族自治州和凉山彝族自治州。使用人口约20 000人。语序属宾动式。形容词、数量词作定语时在中心语之后。有58个声母,38个韵母,4个声调。以虚词和语序为主要语法手段。动词有趋向、体、语气、语态、式等语法范畴。形容词有级范畴。有格助词。

13.046　史兴语　Shixing language

中国四川省凉山彝族自治州木里藏族自治县部分藏族使用的一种语言。属汉藏语系藏缅语族羌语支。使用者约1 800人。有49个声母,38个韵母,4个声调。动词有趋向、式、体、态、语气等范畴。名词没有数范畴。有格助词。语序属宾动式。形容词作定语时在中心语之后,指示代词作定语时在中心语前、后重复一次。

13.047　贵琼语　Guiqiong language

又称"鱼通话"。贵琼人使用的语言。属汉藏语系藏缅语族羌语支。主要分布在中国四川省甘孜藏族自治州康定县和泸定县。使用人口约6 000人。有单辅音声母37个,复辅音声母17个;有单元音韵母22个,复元音韵母21个;有23个辅音韵尾;有4个声调。语序、虚词和形态都是表达语法意义的重要手段。语序属动宾式。一般是名词(或人称代词)+被修饰语+形容词+数词(或指代词)+量词。单纯词大多数是单音节词,少数是双音节词,多音节的很少;合成词大多由单音节的单纯词复合构成。以汉语借词居多,藏语借词次之,其他语言的借词较少。

13.048　纳木依语　Namuyi language

纳木依人使用的语言。属汉藏语系藏缅语族羌语支。分布在中国四川省甘孜藏族自治州和凉山彝族自治州。使用人口约5 000人。有65个声母,38个韵母,4个声调。以语序、虚词和附加成分为主要语法手段。动词有趋向、体、态、式等语法范畴。有格助词。语序属宾动式。形容词作定语时在中心语之后。

13.0216　语支未定

13.049　白语　Bai language

白族使用的语言。属汉藏语系藏缅语族,语支未定,有人认为属彝语支。主要分布在中国云南省大理白族自治州。白族人口1 858 063人(2000年)。分为南、中、北3个方言。有4个声调。北部方言的韵母以单元音为主,各分松紧;中部和北部方言有一套鼻化元音。语序和虚词是表达语法意义的主要手段。语序属动宾式。宾语后加助词可提到谓语或主语之前,名词、形容词修饰名词时位于中心语之前,表示性别的名词、量词或数量短语修饰名词时位于中心语之后。汉语借词较多。

13.050　土家语　Tujia language

土家族使用的语言。属汉藏语系藏缅语族,语支未定。分布在中国湖南、湖北和重庆等省市。土家族人口8 028 133人(2000年),土家语的使用人口只占总人口的5%。分为北部和南部2个方言。语序属宾动式。名词有领属格,人称代词有单、复数和领属格,动词有主动态和被动态,有丰富的情貌范畴。领属性修饰语在名词之前,描写性修饰语在名词之后,动词、形容词的修饰语在中心语之前。

13.051　苏龙语　Sulong language

珞巴族苏龙人使用的语言。属汉藏语系藏缅语族,语支未定。使用人口3 000—4 500人。在中国,主要分布在西藏自治区喜马拉雅山东段隆子县;在国外,印度也有分布。有33个声母,9个韵母,4个声调。语序和虚词是表达语法意义的主要手段。语序属宾动式。有丰富的构词前缀。词汇以双音节为主。

13.022 苗瑶语族

13.052 苗瑶语族 Miao-Yao group
汉藏语系的一个语族。分为苗语支、瑶语支、畲语支3个语支。大多都有鼻音韵尾，元音不分松紧，有与汉语相同的调类系统。语序属动宾式。形容词作修饰语时居中心语之后，代词、数量词作修饰语时居中心语之前。

13.0221 苗语支

13.053 苗语支 Miao(Hmong) branch
汉藏语系苗瑶语族的一个语支。包括苗语和一部分瑶族说的布努语、巴哼语、炯奈语等。主要分布在中国贵州、云南、湖南、广西等省区。大多没有塞音韵尾，元音不分长短。语序属动宾式。名词、指示词作限制性修饰语时居后。

13.054 苗语 Miao(Hmong) language
苗族使用的语言。属汉藏语系苗瑶语族苗语支。分布在中国贵州、云南、湖南、广西、四川等省区；在国外，越南、老挝、泰国等国也有分布。中国的苗族人口有8 940 116人(2000年)。分为湘西、黔东、川黔滇3个方言。川黔滇方言内部比较复杂，又分黔滇、滇东北、贵阳、惠水、麻山、罗泊河、重安江7个次方言，有的方言或次方言还分土语。国外的苗语与中国苗语的川黔滇方言相同。除黔东方言外，有带鼻冠音的塞音、塞擦音声母，只有1个鼻音韵尾，有4个声调。语序属动宾式。名词作领属性修饰语时居前。

13.055 布努语 Bunu language
中国自称"布努"的瑶族使用的语言。属汉藏语系苗瑶语族苗语支。分布在中国广西都安、巴马、凌云、南丹、田东、平果、东兰、凤山等部分山区。瑶族人口有2 637 421人(2000年)。分为布瑙、巴哼、唔奈、炯奈、优诺5个方言。方言间不能通话。有带鼻冠音的复辅音声母，送气声母只出现在单数调的音节里，有8个声调。语序属动宾式。名词、形容词、状词、指示代词作修饰语时居中心语之前。

13.056 巴哼语 Baheng language
中国自称"巴哼"的瑶族使用的语言。属汉藏语系苗瑶语族苗语支。分布在中国湖南、贵州、广西接壤的地区。使用人口有48 000人(2000年)。分为巴哼和唔奈2个方言。语音上，有鼻音、边音清浊对立，没有腭化和唇化韵尾，韵母不分长短、松紧，有8个调类，7个调值。词汇分单纯词和合成词。语序属动宾式。

13.057 炯奈语 Jiongnai language
中国自称"炯奈"、他称"花蓝瑶"的瑶族使用的语言。属汉藏语系苗瑶语族苗语支。分布在中国广西金秀瑶族自治县的六巷、长垌、罗香3个乡镇。使用人口有1 000多人。声母复杂，有边擦复辅音和鼻冠闭塞音；韵母相对简单，韵尾有前、后鼻音的对立，入声调的韵母带有轻微的喉塞音。虚词和语序是表达语法意义的主要手段。代词和量词短语作修饰语时在中心语之前，名词、指示词、形容词作修饰语则在中心语之后。语序属动宾式。词汇以单音节词居多。构词法以词根的组合为主，名词带前缀的较少。

13.0222 瑶 语 支

13.058 瑶语支 Yao branch
汉藏语系苗瑶语族的一个语支。中国境内自称"勉"的瑶族语言和海南省自称"金门"的苗族语言,以及越南、老挝、泰国、缅甸的瑶族使用的语言。在中国,主要分布在广西、湖南、云南、广东、贵州和江西等省区。声母分清浊,送气音声母基本上出现在汉语借词中;元音分长短,有鼻音和塞音韵尾;声调有8个。语序属动宾式。名词、代词、状词和数量短语作修饰语时居中心语之前,形容词作修饰语时居中心语之后。

13.059 勉语 Mian language
中国自称"勉"的瑶族使用的语言。属汉藏语系苗瑶语族瑶语支。分布在中国广西、湖南、云南、广东、贵州、江西等省区。中国的瑶族人口有2 637 421人(2000年)。海南省自称"金门"的瑶族使用的语言跟勉语基本相同。分为勉—金、标—交、藻敏3个方言,方言间不能通话。声母清浊对立;韵母的主要元音多数分长短,有鼻音和塞音韵尾;声调有8个。语序属动宾式。名词、代词、状词和数量短语作修饰语时居中心语之前,形容词作修饰语时居中心语之后。

13.0223 畲 语 支

13.060 畲语支 She branch
汉藏语系苗瑶语族的一个语支。分布在中国福建、浙江、广东、江西、安徽等省部分地区。有带鼻冠音的复辅音声母,带塞音韵尾的词基本上借自汉语的客家方言,有8个声调。语序属动宾式。名词、代词、形容词和数量短语作修饰语时,一般居中心语之前。

13.061 畲语 She language
畲族使用的语言。属汉藏语系苗瑶语族畲语支。分布在中国福建、浙江、广东、江西、安徽等省部分地区。畲族人口有709 592人(2000年),大多数已转用汉语客家方言,广东的增城、博罗等县的10多个山村的部分畲族还使用畲语,有1 000多人。分为莲花和罗浮2个方言,方言间可以通话。有带鼻冠音的复辅音声母,带塞音韵尾的词基本上借自汉语客家方言,有8个声调。语序属动宾式。名词、代词、形容词和数量短语作修饰语时,一般居中心语之前。属濒危语言。

13.023 壮侗语族

13.062 壮侗语族 Zhuang-Dong group
汉藏语系的一个语族。分为壮傣语支、侗水语支、黎语支、仡央语支4个语支。在中国,分布在广西、云南、贵州、广东、海南和湖南南部;在国外,泰国、老挝、缅甸、越南北方和印度东北部的阿萨姆邦也有分布。除水语和仡央语外,其他语言都是声母少、韵母多。除仡央语支、临高语外,其他各语言的元音都分长短,声调比藏缅语族语言多,比苗瑶语族语言少,一般是6个。语序都属动宾式。数量词作定语时居中心语之前,名词、代词、指示词、形容词、动词作定语时居中心语之后。

13.0231 壮傣语支

13.063 壮傣语支 Zhuang-Dai branch
又称"台语支"。汉藏语系壮侗语族的一个语支。分为西南、中部、北部3个语组。北部组没有送气清塞音。3个语组在词汇上区别明显。语序属动宾式。数量短语作定语时居中心语之前,名词、代词、指示词、形容词、动词作定语时居中心语之后。

13.064 壮语 Zhuang language
壮族使用的语言。属汉藏语系壮侗语族壮傣语支。在中国,主要分布在广西和云南省文山壮族苗族自治州;在国外,越南也有分布。中国的壮族人口有16 178 811人(2000年)。分为北部和南部2个方言,方言之间不能通话。有单纯声母和腭化、唇化声母(南部方言有送气声母);有6个舒声调和2个促声调。语序属动宾式。数量短语作定语时居中心语之前,名词、代词、指示词、形容词、动词作定语时居中心语之后。

13.065 布依语 Bouyei language
布依族使用的语言。属汉藏语系壮侗语族壮傣语支。分布在中国贵州省南部。中国的布依族人口有2 971 460人(2000年)。声母有单纯的、腭化的和唇化的;元音有长短对立;有6个舒声调,多数地区有2个促声调。语序属动宾式。指示代词作修饰语时居中心语之后。

13.066 傣语 Dai language
傣族使用的语言。属汉藏语系壮侗语族壮傣语支。在中国,主要分布在云南省西双版纳傣族自治州、德宏傣族景颇族自治州;在国外,泰国、老挝、缅甸和越南也有分布。中国的傣族人口有1 158 989人(2000年)。分为西双版纳和德宏2个方言。声母少,韵母多,有6个舒声调和3个促声调。语序属动宾式。名词的修饰语居中心语之后。

13.067 临高语 Lingao language
临高人使用的语言。属汉藏语系壮侗语族壮傣语支。分布在中国海南省北部地区。使用人口有60多万。声母少,韵母多,没有送气塞音和塞擦音声母,有7个舒声调和6个促声调。语序属动宾式。

13.0232 侗水语支

13.068 侗水语支 Dong-Sui branch
汉藏语系壮侗语族的一个语支。分布在中国贵州、广西和湖南等省区。分为北部、中部和南部3个语组。有些元音分长短,有6—9个舒声调和4—6个促声调。语序属动宾式。数量短语作修饰语时居中心语之后。

13.069 侗语 Dong language
侗族使用的语言。属汉藏语系壮侗语族侗水语支。分布在中国贵州、湖南、广西交界的20多个县。中国的侗族人口有2 960 293人(2000年)。分为南部和北部2个方言,方言内又各分3个土语。浊塞音声母已消失,有些元音分长短,辅音韵尾有失落或合并的现象,有6—9个舒声调和4—6个促声调。语序属动宾式。名词的修饰语除数量短语在前外,一般在后,指示代词在最后。

13.070 水语 Sui language
水族使用的语言。属汉藏语系壮侗语族侗水语支。分布在中国贵州省的三都水族自治县及其邻近的榕江、荔波、独山、都匀等县。中国的水族有406 902人(2000年)。声母较复杂,清塞音分送气和不送气,有小舌音,浊塞音有2套,鼻音有3套,还有腭化声母和唇化声母;元音分长短;有6个舒声调和2个促声调。语序属动宾式。量词可单独加在名词前面，名词或量词的修饰语在名词或量词后面。

13.071　仫佬语　Mulam language
仫佬族使用的语言。属汉藏语系壮侗语族侗水语支。分布在中国广西壮族自治区的罗城仫佬族自治县及其附近的柳城、忻城、宜山等县。使用人口约207 352人。语言内部一致，不分方言。语音上清的塞音、塞擦音分送气和不送气，有的地方还有清化的鼻音、边音声母；部分元音分长短；声调有8个调类。语序属动宾式。

13.072　毛南语　Maonan language
毛南族使用的语言。属汉藏语系壮侗语族侗水语支。主要分布在中国广西环江县，广西的河池、南丹、罗城、东兴、巴马、都安和贵州的荔波、从江等县也有分布。中国的毛南族有107 166人（2000年），目前使用毛南语的约31 000人（2004年）。语言内部一致，不分方言。语音上浊塞音、鼻音和浊擦音各有2套，元音分长短，有6个舒声调和2个促声调。语序属动宾式。名词的修饰语一般在中心语之后，数量短语修饰语（"一"除外）在中心语之前。

13.073　拉珈语　Lajia language
中国自称"拉珈"的瑶族使用的语言。属汉藏语系壮侗语族侗水语支。分布在中国广西金秀瑶族自治县。使用人口有8 500人（1982年）。有腭化和唇化声母，清塞音和塞擦音分送气、不送气2套；元音分长短，有鼻化元音；有6个舒声调和4个促声调。语序属动宾式。数量词修饰名词时在名词之前，形容词修饰名词时在名词之后，指示代词修饰量词时指示代词居后。

13.074　佯僙语　Yanghuang language
中国自称"佯僙"的毛南族人使用的语言。属汉藏语系壮侗语族侗水语支。分布在中国贵州省黔南布依族苗族自治州。使用人口约30 000人。有前喉塞音声母，有鼻音韵尾和塞音韵尾，声调有6个舒声调和4个促声调。语序属动宾式。名词性修饰短语是中心成分在前，修饰成分在后。

13.075　莫语　Mo language
中国自称"ʔai³ ma:k⁸"的布依族人使用的语言。属汉藏语系壮侗语族侗水语支。分布在中国贵州的荔波、广西的南丹等县。使用人口约15 000人。有7个腭化声母，15个唇化声母，62个韵母和6个声调，没有塞擦音。词汇、语法特点与汉语接近。语序属动宾式。

13.0233　黎　语　支

13.076　黎语支　Li branch
汉藏语系壮侗语族的一个语支。主要分布在中国海南省黎族苗族自治州。除黎语外，海南省西海岸昌化江出海处沿江两岸80 000多居民使用的"村话"也列入此语支。声母简单，韵母复杂，元音分长短，声调数目少。语序都属动宾式。

13.077　黎语　Li language
黎族使用的语言。属汉藏语系壮侗语族黎语支。分布在中国海南省黎族苗族自治州各县。黎族人口有1 247 814人（2000年）。分为侾、杞、本地、美孚、加茂5个方言。除加茂方言外，其他4个方言之间差别不大，侾、杞2个方言各分3个土语，本地方言分2个土语。元音分长短，有3—6个舒声调和2—4个促声调。语序属动宾式。

13.078　村语　Cun language
自称为"村人"的人使用的语言。属汉藏语系壮侗语族黎语支。分布在中国海南省东方和昌江两个黎族自治县。使用人口有 80 000 多人(2000 年)。声母没有双唇不送气清塞音,元音的长短对立在逐渐消失,有 3 个声调。语序属动宾式。名词、代词、形容词作修饰语时一般在中心语之后,数量短语作修饰语时在中心语之前。

13.0234　仡央语支

13.079　仡央语支　Ge-Yang branch

汉藏语系壮侗语族的一个语支。包括仡佬语、拉基语、普标语等。分布在中国贵州省的遵义、安顺、毕节、黔南、黔东南、贵阳,云南省的文山和广西壮族自治区的隆林等地。有小舌音声母,有些方言有复辅音声母,辅音韵尾只有鼻音韵尾,有 4~6 个声调。语序都属动宾式。名词的修饰语除数量短语外,一般在名词之后,量词不能单独出现在名词之前。

13.080　仡佬语　Gelao language

仡佬族使用的语言。属汉藏语系壮侗语族仡央语支。分布在中国贵州省的毕节、安顺、遵义、六盘水等县市,以及广西壮族自治区的隆林和云南省的麻栗坡等县。仡佬族人口有 207 352 人(2000 年)。分为仡佬、阿欧、哈给、多罗 4 个方言,方言之间交流比较困难。语音上清的塞音、塞擦音声母分送气和不送气 2 套,有清化的鼻音、边音,有复辅音声母,有 4~6 个声调。语序属动宾式。名词、代词、形容词、指示词作修饰语时在中心语之后。

13.081　木佬语　Mulao language

木佬族中自称"嘎沃"的人使用的语言。属汉藏语系壮侗语族仡央语支。分布在中国贵州省的麻江、凯里、黄平等地。使用人口有 28 000 多人(1993 年)。名词词头丰富,有指示形容词,分近指、中指、远指。

13.082　拉基语　Laji language

自称"li^{13} pu^{33} lio^{33}"的拉基人使用的语言。属汉藏语系壮侗语族仡央语支。1996 年 8 月,中国的拉基人划归壮族。越南的拉基人是一个独立的民族,称拉基族。中国的拉基人有 2 600 多人(1995 年),主要居住在云南省马关县,使用拉基语的不过 100 人。没有方言区别。没有复辅音声母,有腭化音声母,韵母没有长短的对立,声调有 6 个。语序属动宾式。名词性修饰短语是中心语在前,修饰语在后。

13.083　布央语　Buyang language

布央人使用的语言。属汉藏语系壮侗语族仡央语支。分布在中国云南省的广南、富宁两县和广西壮族自治区的那坡县。布央人共有 2 000 多(1994 年),富宁、广南的布央人归入壮族,那坡的布央人在 20 世纪 50 年代被识别为瑶族。分为东部方言(包含那坡土语、峨马土语和郎念土语)和西部方言(巴哈话)。声母数量较少,韵母丰富。语序属动宾型。定语多在中心语后。

13.084　普标语　Pubiao language

彝族中自称"普标"的人使用的语言。属汉藏语系壮侗语族仡央语支。在中国,分布在云南省麻栗坡县的龟龙、普峰、普岔、普侬、马同等地;在国外,越南也有少量分布。中国的普标语使用人口约 50 人。语音和语法接近壮语。词汇接近仡佬语。

13.085　布干语　Bugan language

自称"布干"的人使用的语言。属汉藏语系壮侗语族仡央语支。分布在中国云南省广南县和西畴县,使用人口约 3 000 人。语言内部一致,没有方言区别。语音上声母清浊塞音对立,有较丰富的鼻冠音声母,元音松紧对立,有鼻化元音。形态音位方式是其重要的构词方式。修饰语在中心语之后。语序属动宾式。

13.03 阿尔泰语系

13.086 阿尔泰语系 Altaic family
按谱系分类法划分的一个语系。包括突厥、蒙古、满—通古斯3个语族。主要分布在中国、土耳其、蒙古、俄罗斯、伊朗、阿富汗以及东欧的一些国家。属黏着语。没有声调,但有固定重音,有元音和谐律。名词有格的语法范畴。动词有时、体、态、人称等语法范畴。有后置词。语序属宾动式。修饰语在中心语之前。附加词缀是构词和构形的主要手段。

13.031 突厥语族

13.087 突厥语族 Turkic group
阿尔泰语系的一个语族。包括维吾尔语、土耳其语、哈萨克语、乌孜别克语等。在中国,主要分布在新疆、甘肃和青海等省区;在国外,主要分布在俄罗斯、阿塞拜疆、哈萨克斯坦、吉尔吉斯斯坦、乌兹别克斯坦以及土耳其、伊朗等国。属黏着语。有元音和谐与辅音和谐,重音落在多音节词的最后一个音节上。语序属宾动式。

13.0311 东匈语支

13.088 东匈语支 Eastern Huns branch
阿尔泰语系突厥语族的一个语支。指历史上属于东匈奴部落联盟、东突厥汗国、回鹘汗国和黠嘎斯部落联盟的突厥族诸语言,包括柯尔克孜语、西部裕固语、图瓦语等。多数语言有长元音,大都有辅音交替现象。复合句的结构不发达,连词较少。语序属宾动式。修饰语在中心语之前。

13.089 柯尔克孜语 Kirgiz language
柯尔克孜族使用的语言。属阿尔泰语系突厥语族东匈语支。在中国,主要分布在新疆维吾尔自治区克孜勒苏柯尔克孜自治州;在国外,分布在吉尔吉斯斯坦等国,称吉尔吉斯语。中国的柯尔克孜族人口有160 823人(2000年)。分南、北2个方言。元音和谐严整。名词有数、格、人称等语法范畴。动词有态、式、时等语法范畴。语序属宾动式。

13.090 西部裕固语 Western Yugur language
裕固族使用的一种语言。属阿尔泰语系突厥语族东匈语支。主要分布在中国甘肃省肃南裕固族自治县。裕固族人口有13 719人(2000年)。塞音和塞擦音均是清音,分送气与不送气两套。名词的人称附加成分已退化,除第三人称附加成分外,第一、二人称附加成分极少用。动词没有人称附加成分。复合句不发达,连词较少。语序属宾动式。

13.091 图瓦语 Tuwa language
中国新疆蒙古族中自称"图瓦"的人使用的语言。属阿尔泰语系突厥语族东匈语支。主要分布在中国新疆维吾尔自治区布尔津、哈巴河、富蕴和阿勒泰等地。使用人口2 000多人。元音的舌位和谐严整,重音一般落在词的最后一个音节上。名词、代词都有人称、数的变化。动词有态、式、时、人称等语法范畴。语序属宾动式。

13.0312　西匈语支

13.092　西匈语支　Western Huns branch
阿尔泰语系突厥语族的一个语支。指古代分布在西方后来加入西匈奴和西突厥部落联盟的各部落及其后裔使用的语言。分为布尔加尔、乌古斯、克普恰克和卡尔鲁克4个语组。包括维吾尔语、哈萨克语、吉尔吉斯语、乌孜别克语等。辅音有清浊对立。复合句比较发达，连词较多。语序属宾动式。

13.093　维吾尔语　Uighur language
维吾尔族使用的语言。属阿尔泰语系突厥语族西匈语支。在中国，主要分布在新疆维吾尔自治区；在国外，哈萨克斯坦、乌兹别克斯坦等国也有分布。中国的维吾尔族人口有8 399 393人（2000年）。分为中心、和田、罗布3个方言。有元音和谐律与元音弱化现象。语序属宾动式。修饰语在中心语之前。构词和构形附加成分很丰富。

13.094　哈萨克语　Kazak language
哈萨克族使用的语言。属阿尔泰语系突厥语族西匈语支。在中国，主要分布在新疆维吾尔自治区伊犁哈萨克自治州；在国外，主要分布在哈萨克斯坦等国。中国的哈萨克族人口有1 250 458人（2000年）。中国哈萨克语分西南和东北2个方言，内部差别不大。有元音和谐与辅音同化现象。名词、代词和数词有7个格。语序属宾动式。

13.095　乌孜别克语　Uzbek language
乌孜别克族使用的语言。属阿尔泰语系突厥语族西匈语支。在中国，主要分布在新疆维吾尔自治区；在国外，主要分布在乌兹别克斯坦等国。中国的乌孜别克族人口有12 370人（2000年）。有元音和谐现象。动词有人称、数等语法范畴。语序属宾动式。修饰语在中心语之前。派生法和合成法是构词的主要方式。

13.096　撒拉语　Salar language
撒拉族使用的语言。属阿尔泰语系突厥语族西匈语支。主要分布在中国青海省的循化、甘肃省的临夏等地。撒拉族人口有53 715人（2000年）。分街子和孟达2个土语。塞音和塞擦音均是清音，分送气和不送气2套，元音和谐以舌位和谐为主。名词的人称领属附加成分不分单、复数。语序属宾动式。派生法是构词的主要方式。

13.097　塔塔尔语　Tatar language
塔塔尔族使用的语言。属阿尔泰语系突厥语族西匈语支。在中国，主要分布在新疆维吾尔自治区塔城、伊宁等地；在国外，主要分布在俄罗斯的鞑靼斯坦共和国，称为鞑靼语。中国的塔塔尔族人口有4 890人（2000年）。元音的腭音和谐较严整，唇音和谐有一定局限性。语序属宾动式。

13.032　蒙古语族

13.098　蒙古语族　Mongolian group
阿尔泰语系的一个语族。包括蒙古语、土族语、达斡尔语等9种语言。主要分布在中国、蒙古、俄罗斯等国。塞音和塞擦音均是清音，分送气和不送气2套。除蒙古语外，其他语言的元音和谐都不严整，趋于消失。名词有格、人称等语法范畴。形容词有级的语法范畴。语序属宾动式。修饰语在中心语之前。

13.099　蒙古语　Mongolian language
蒙古族使用的语言。属阿尔泰语系蒙古语族。在中国，主要分布在内蒙古自治区、辽宁省等地；在国外，主要分布在蒙古国。中国的蒙古族人口有5 813 947人（2000年）。

分为内蒙古、卫拉特、巴尔虎布里亚特3个方言。元音丰富而辅音较少,有较严格的元音和谐律。附加成分和助词是表示语法意义的主要手段。语序属宾动式。修饰语在中心语前。

13.100　东乡语　Dongxiang language
东乡族使用的语言。属阿尔泰语系蒙古语族。主要分布在中国甘肃省和新疆维吾尔自治区,以甘肃省东乡族自治县最为集中。东乡族人口有513 805人(2000年)。各地口语较一致。没有复辅音,复元音较多,元音和谐已基本消失。动词的语法范畴与同语族的其他语言相比较为简单。语序属宾动式。

13.101　土族语　Tu language
又称"蒙古尔语"。土族使用的语言。属阿尔泰语系蒙古语族。主要分布在中国青海省东部和甘肃省西部地区。土族人口有241 198人(2000年)。分为互助与民和2个方言。元音和谐只涉及一部分元音,复辅音较多,多音节词的重音落在最后一个音节上。格的附加成分形式简单,没有变体。语序属宾动式。派生法是构词的主要方式。

13.102　达斡尔语　Daur language
达斡尔族使用的语言。属阿尔泰语系蒙古语族。主要分布在中国内蒙古自治区呼伦贝尔盟、黑龙江省齐齐哈尔和新疆维吾尔自治区塔城地区。达斡尔族人口有132 394人(2000年)。分为布特哈和齐齐哈尔2个土语。没有小舌音,元音和谐不严整。复数第一人称代词有排除式和包括式的区别。名词的格范畴很丰富。语序属宾动式。

13.103　保安语　Bao'an language
保安族使用的语言。属阿尔泰语系蒙古语族。主要分布在中国甘肃省临夏回族自治州、青海省同仁县等地。保安族人口有16 505人(2000年)。分大河家和同仁2个方言。复辅音较多,大多只出现在词首或音节首,元音和谐已基本消失。人称代词的变格与名词不同。陈述式动词有确定语气和非确定语气的语法范畴。语序属宾动式。

13.104　东部裕固语　Eastern Yugur language
原称"恩格尔语"。裕固族使用的一种语言。属阿尔泰语系蒙古语族。主要分布在中国甘肃省肃南裕固族自治县。裕固族人口有13 719人(2000年)。部分元音和谐有部位和谐与唇状和谐2种。名词没有领格与宾格的区别。复数第一人称代词有排除式和包括式的区别。动词保留着不同标志的语法形式。语序属宾动式。

13.105　康家语　Kangjia language
中国部分回族使用的语言。属阿尔泰语系蒙古语族。主要分布在中国青海省黄南藏族自治州尖扎县康杨镇。使用人数不到500人。有30个元音,31个辅音,无元音和谐律,重音一般落在多音节词的最后一个音节上。属黏着语。词干加附加成分是构词和构形的主要语法手段。名词有数、概称、格和领属等语法范畴。形容词有级、格、领属和概称范畴。动词有时、体、态和式范畴。语序属宾动式。形容词定语在中心语之后,名词、代词、动词作定语时在中心语之前。反映农林牧特点的词汇较丰富。

13.033　满—通古斯语族

13.106　满—通古斯语族　Manchu-Tungusic group
又称"通古斯语族"。阿尔泰语系的一个语族。主要分布在中国、俄罗斯和蒙古等国。中国境内有满语、锡伯语、赫哲语、鄂温克语、鄂伦春语5种语言。塞音和塞擦音均是清音,分送气和不送气2套,有元音和谐律。除满语外,其他语言的重音落在第一个音节。形容词有级的语法范畴。语序属宾动式。

13.0331 满 语 支

13.107 满语支 Manchu branch
阿尔泰语系满—通古斯语族的一个语支。包括满语、锡伯语、赫哲语和现在只保留在文献中的女真语。主要分布在中国黑龙江省和新疆维吾尔自治区。元音不分长短,复元音多,有辅音和谐。动词没有人称范畴。动词的使动态和被动态在语音形式上没有区别,要靠被支配的名词、代词所接的格附加成分来区分。虚词是表达语法意义的重要手段。语序属宾动式。

13.108 满语 Manchu language
满族使用的语言。属阿尔泰语系满—通古斯语族满语支。主要分布在中国黑龙江省。满族人口有10 682 262人(2000年)。分为北满和南满2个方言。元音分阳性、阴性和中性,同性元音互相和谐,有辅音和谐。满语既有黏着语的特点,又大量使用虚词作为表达语法意义的手段。名词没有领属范畴。动词没有人称范畴。主从复句较发达。语序属宾动式。满语属濒危语言,只在黑龙江省个别地区还有少数人保留。

13.109 锡伯语 Xibo language
锡伯族使用的语言。属阿尔泰语系满—通古斯语族满语支。主要分布在中国新疆伊犁哈萨克自治州、乌鲁木齐市和伊宁市。锡伯族人口有188 824人(2000年)。有元音和谐律。名词可以接复数、格、人称领属等附加成分。动词有态、体、式等语法范畴。语序属宾动式。从属成分在中心成分前。

13.110 赫哲语 Hezhen language
赫哲族使用的语言。属阿尔泰语系满—通古斯语族满语支。主要分布在中国黑龙江省。赫哲族人口有4 640人(2000年)。分为奇勒恩话和赫真话2个土语。有不太严整的元音和谐律。名词有7个格,有领属范畴,但无复数第一人称(包括"式")的领属附加成分。动词有人称范畴。语序属宾动式。派生法和合成法都是构词的重要方式。表渔猎生产活动的词丰富。属濒危语言。

13.0332 通古斯语支

13.111 通古斯语支 Tungusic branch
阿尔泰语系满—通古斯语族的一个语支。在中国,主要分布在内蒙古自治区和黑龙江省;在国外,俄罗斯的东西伯利亚以及蒙古国的巴尔虎地区也有分布。分为埃文基和那乃2个次语支。辅音少,元音多,元音一般分长短。格的数目较多。名词有人称领属和反身领属形式。动词有人称形式。动词使动态和被动态的语音形式不同。语序属宾动式。

13.112 鄂温克语 Evenki language
鄂温克族使用的语言。属阿尔泰语系满—通古斯语族通古斯语支。在中国,主要分布在内蒙古自治区和黑龙江省;在国外,俄罗斯、蒙古等国也有分布,称为埃文基语。中国的鄂温克族人口有30 505人(2000年)。分为海拉尔、陈巴尔虎、敖鲁古雅3个方言。辅音有大量同化现象,元音分阴性和阳性,元音和谐律较严整。动词有人称形式。语序属宾动式。派生法和合成法是主要的构词手段。反映畜牧生产方式的词较多。

13.113 鄂伦春语 Oreqen language
鄂伦春族使用的语言。属阿尔泰语系满—通古斯语族通古斯语支。主要分布在中国内蒙古自治区和黑龙江省。鄂伦春族人口有8 196人(2000年)。元音分阴性和阳性,有元音和谐。名词有两对格。领属附加成分可以附在体词和副动词后。动词有人称范畴。句子成分的位置比较固定。语序属宾动式。反映狩猎生产活动的词比较丰富。

13.04 南亚语系

13.114 南亚语系 Austro-Asiatic family
按谱系分类法划分的一个语系。分为孟—高棉语族、蒙(扪)达语族、越芒语族和尼科巴语族4个语族,约150种语言。分布在南亚和东南亚以及中国的西南部。辅音系统比较整齐,塞音清浊对立,元音较丰富,大多数语言都没有声调。语序属动宾式。形容词在所修饰的名词后面。前缀和中缀较多。

13.041 孟—高棉语族

13.115 孟—高棉语族 Mon-Khmer group
南亚语系的一个语族。包括越南语、佤语、德昂语、克木语、高棉语等。主要分布在从印度东北部到柬埔寨和越南等东南亚地区。塞音清浊对立,元音有长短对立,有的语言有萌芽状态的声调。语序和虚词是表达语法意义的主要手段。语序属动宾式。形容词定语在名词中心语之后。

13.0411 佤—德昂语支

13.116 佤—德昂语支 Wa-De'angic branch
原称"佤—崩龙语支"。属南亚语系孟—高棉语族。在中国,包括佤语、布朗语和德昂语等。有清化鼻音,复辅音较多,元音有松紧和长短的对立。用语音变化表示语法意义。前加成分较多,中加、后加成分很少。人称代词分单数、双数和复数。语序属动宾式。词汇以单音节根词为主。合成词的组合形式主要有并列式、支配式和修饰式等。

13.117 佤语 Wa language
佤族使用的语言。属南亚语系孟—高棉语族佤—德昂语支。在中国,主要分布在云南省的沧源、西盟等县;在国外,缅甸也有分布。中国的佤族人口有396 619人(2000年)。分为布饶、佤、阿佤3个方言。塞音和舌面塞擦音分清浊,有复辅音,元音有松紧对立。语序是表达语法意义的重要手段。主语、谓语在不同语气的句子里位置不同。修饰语在中心语之后。

13.118 布朗语 Bulang language
布朗族使用的语言。属南亚语系孟—高棉语族佤—德昂语支。主要分布在中国云南省西双版纳傣族自治州和普洱、临沧等地。布朗族人口有91 882人(2000年)。有复辅音,有4个声调。语序和虚词为表达语法意义的主要手段。语序属动宾式。有结构助词。词汇以单音节词和双音节词为主,多音节词较少。

13.119 德昂语 De'ang language
原称"崩龙语"。德昂族使用的语言。属南亚语系孟—高棉语族佤—德昂语支。在中国,主要分布在云南省德宏傣族景颇族自治州等地；在国外，缅甸也有分布。中国的德昂族人口有 17 935 人（2000 年）。分为纳昂、布雷、若买 3 个方言。鼻音有清化和不清化 2 套，塞音、塞擦音分清浊。人称代词分单数、双数和复数。语序属动宾式。

13.120　克木语　Kemu language
克木人使用的语言。属南亚语系孟—高棉语族佤—德昂语支。在中国，主要分布在云南省西双版纳傣族自治州的勐腊县和景洪市，使用人口 2 500 人（2000 年）；在国外，老挝、泰国、越南、缅甸等国也有分布，使用人口约 40 万。带韵尾的主要元音分长短，保留颤音，没有声调，次要音节丰富。语序和虚词是表达语法意义的主要手段。语序属动宾式。名词、代词、形容词等作定语在中心语之后，状语可在中心语前，也可在中心语后。有丰富的词缀和少量词嵌。

13.121　克蔑语　Kemie language
克蔑人使用的语言。属南亚语系孟—高棉语族佤—德昂语支。主要分布在中国云南省西双版纳傣族自治州景洪市景洪镇。克蔑人约有 1 000 人（2002 年）。内部没有方言差别。有 24 个声母，99 个韵母，7 个声调，音节分主要音节和次要音节 2 类。语序和虚词是表达语法意义的主要手段。语序属动宾式。定语在中心语之后，词汇以单音节词和双音节词为主。数词主要为傣语借词。

13.122　布兴语　Buxing language
布兴人使用的语言。属南亚语系孟—高棉语族佤—德昂语支。与克木语最为接近。也有人认为布兴语是克木语的一种方言。在中国，主要分布在云南省西双版纳傣族自治州勐腊县；在国外，主要分布在老挝、泰国、柬埔寨、越南等国。中国的布兴人约有 540 人。音节分主要音节和次要音节 2 类，主要音节中的元音有长短区别，没有声调。语序属动宾式。定语在中心语之后。

13.042　越芒语族

13.123　越芒语族　Viet-Muong group
南亚语系的一个语族。包括越南语、芒语、莽语、京语、巴琉语、俅语等。主要分布在中国、越南、老挝等国。有声调，音节分主要音节和次要音节 2 类。语序和虚词是表达语法意义的主要手段。语序属动宾式。定语在中心语之后，状语在中心语之前。词汇以单音节为主。

13.124　莽语　Mang language
莽人使用的语言。属南亚语系越芒语族。在中国，主要分布在云南省金平县；在国外，越南、老挝等国也有分布。使用人口约 600 人（1999 年）。有 22 个声母，106 个韵母，4 个声调，音节分主要音节和次要音节 2 类。语序和虚词是表达语法意义的主要手段。语序属动宾式。形容词、代词、名词和动词作定语时在中心语之后，数量短语在中心语之前。除了本族固有的词语外，还有许多汉语和傣语借词。属濒危语言。

13.125　京语　Jing language
京族使用的语言。属南亚语系越芒语族。与越南语基本相同。在中国，主要分布在广西壮族自治区防城港市。中国的京族人口有 22 500 人（2000 年）。大部元音有长短对立，有 8 个声调，语音有简化的趋势。实词缺少形态变化。语序和虚词是表达语法意义的主要手段。语序属动宾式。补语在中心语之后。

13.126　俅语　Lai language
俅人使用的语言。属南亚语系越芒语族。

与京语、莽语比较接近。主要分布在中国广西壮族自治区隆林县、西林县和云南省广南县等地。俫人约有 2 400 人。有 54 个声母，清塞音、清塞擦音及腭化音、唇化音有送气和不送气的对立；67 个韵母；6 个舒声调，3 个促声调。量词可单独置于名词之前。语序属动宾式。定语在中心语之后，状语在中心语之前。词汇以单音节为主。

13.05　南岛语系

13.127　南岛语系　Austronesian family
又称"马来—波利尼西亚语系"。按谱系分类法划分的一个语系。分为印度尼西亚语族、波利尼西亚语族、美拉尼西亚语族、密克罗尼西亚语族 4 个语族。分布地区西自非洲东南的马达加斯加岛，东至智利的复活节岛，北至中国台湾省和夏威夷岛，南至新西兰岛。使用人口超过 2.5 亿人。属黏着型语言。词根附加成分和词根的重叠是构词和构形的主要手段。常用词大多为多音节。语序属谓主式。

13.051　高山族诸语言

13.128　高山族诸语言　Gaoshan languages
高山族使用的一组语言。属南岛语系印度尼西亚语族。主要分布在中国台湾省。分为泰耶尔、邹语、排湾 3 个语群。清塞音有送气与不送气的对立，无声调，重音位置各语群不一致。词大都由一个以上的音节组成。词根附加成分和词根的重叠是构词和构形的主要手段。附加成分有前加、中加和后加 3 种。有格助词。语序属谓主式。补语在中心语之后，定语、状语可前可后。

13.129　泰耶尔语　Atayal language
泰耶尔人使用的语言。属南岛语系印度尼西亚语族泰耶尔语群。分布在中国台湾省北部和台中埔里以北的山区。分为赛考利克和泽敖利 2 个方言。属多音节黏着语，重音在最后一个音节上。名词、代词有格的语法范畴。动词有体、态、式等语法范畴。语序属谓主式。

13.130　赛德克语　Sedeq language
赛德克人使用的语言。属南岛语系印度尼西亚语族泰耶尔语群。分布在中国台湾省南投县和花莲县等地。使用人口约 14 000 人。分为雾社、春阳、太鲁阁 3 个方言。词汇多数为多音节，少数为单音节。名词没有格标志。动词分及物和不及物，有态、式、时等语法范畴。语序属谓主式。

13.131　邹语　Tsou language
邹人使用的语言。属南岛语系印度尼西亚语族邹语群。分布在中国台湾省嘉义县、南投县等地。分为达邦、图富雅、鲁赫都 3 个方言。属黏着语。辅音不出现在词尾，多音节词重音一般落在倒数第二个音节上。名词有格的语法范畴。动词有体、态、式等语法范畴。语序属谓主式。

13.132　沙阿鲁阿语　Saaroa language
沙阿鲁阿人使用的语言。属南岛语系印度尼西亚语族邹语群。沙阿鲁阿人是邹人的一支，分布在中国台湾省高雄县桃源乡。多音节词重音一般落在倒数第二个音节上。名词、代词有格的语法范畴。动词有体、态、式等语法范畴。语序属谓主式。词根附加成分和词根的重叠是构词与构形的主要手段。

13.133　卡那卡那富语　Kanakanavu language
卡那卡那富人使用的语言。属南岛语系印

度尼西亚语族邹语群。卡那卡那富人是邹人的一支，分布在中国台湾省高雄县三民乡。塞音、塞擦音均不送气，塞音为清塞音，多音节词重音一般落在倒数第二个音节上。名词、代词有格的语法范畴。动词有体、态、式等语法范畴。语序属谓主式。词根附加成分和词根的重叠是构词与构形的主要手段。

13.134　排湾语　Paiwan language

排湾人使用的语言。属南岛语系印度尼西亚语族排湾语群。分布在中国台湾省屏东县、台东县等地。分为丹路、古楼、太麻里、筏湾、三地门5个方言。塞音分清浊，多音节词重音大多落在倒数第二个音节上。名词、代词有格的语法范畴。动词有体、态、式等语法范畴。语序属谓主式。

13.135　阿美语　Amis language

又称"阿眉斯语"。阿美人使用的语言。属南岛语系印度尼西亚语族排湾语群。分布在中国台湾省花莲县东部和台东县东北部地区。没有复辅音和复元音，多音节词重音落在最后一个音节上。动词有体、态、式等语法范畴。语序属谓主式。词根附加成分和词根的重叠是构词与构形的主要手段。

13.136　布农语　Bunun language

布农人使用的语言。属南岛语系印度尼西亚语族排湾语群。分布在中国台湾省中部关山玉里等地区。塞音、塞擦音均不送气，属多音节黏着语，重音在倒数第二个音节上。名词、代词有格的语法范畴。动词有时、体、态、式等语法范畴。语序属谓主式。词根附加成分和词根的重叠是构词与构形的主要手段。

13.137　鲁凯语　Rukai language

鲁凯人使用的语言。属南岛语系印度尼西亚语族排湾语群。分布在中国台湾省高雄市、屏东县、台东县等地。分为雾台、大武、大南、茂林、多纳、万山6个方言。塞音分清浊，多音节词重音落在最后一个音节上。名词、代词有格的语法范畴。动词有体、态、式等语法范畴。语序属谓主式。词根附加成分和词根的重叠是构词与构形的主要手段。

13.138　赛夏语　Saisiyat language

赛夏人使用的语言。属南岛语系印度尼西亚语族排湾语群。分布在中国台湾省新竹县和苗栗县。分为大隘和东河2个方言。多音节词重音落在最后一个音节上。名词、代词有格的语法范畴。动词有体、态、式等语法范畴。语序属谓主式。词根附加成分和词根的重叠是构词与构形的主要手段。

13.139　卑南语　Puyuma language

卑南人使用的语言。属南岛语系印度尼西亚语族排湾语群。分布在中国台湾省卑南溪以南，知本溪以北的海岸地区。分南王村和七村2个方言。塞音分清浊，多音节词重音落在最后一个音节上。名词、代词有格的语法范畴。动词有时、体、态、式等语法范畴。语序属谓主式。词根附加成分和词根的重叠是构词与构形的主要手段。

13.140　雅美语　Yami language

又称"达悟语"。雅美人使用的语言。属南岛语系印度尼西亚语族排湾语群。分布在中国台湾岛东南的兰屿岛。塞音分清浊，多音节词重音落在最后一个音节上。名词、代词有格的语法范畴。动词有时、体、态、式等语法范畴。语序属谓主式。词根附加成分和词根的重叠是构词与构形的主要手段。

13.141　邵语　Thao language

邵人使用的语言。属南岛语系印度尼西亚语族排湾语群。分布在中国台湾省日月潭地区。分为卜吉和德化2个方言。塞音分清浊,多音节词重音落在倒数第二个音节上。名词、代词有格的语法范畴。动词有时、体、态、式等语法范畴。语序属谓主式。词根附加成分和词根的重叠是构词与构形的主要手段。

13.142　噶玛兰语　Kavalan language

噶玛兰人使用的语言。属南岛语系印度尼西亚语族排湾语群。原分布在中国台湾省东北部的兰阳平原,现已消失。部分噶玛兰人南迁至花莲县,至今还有少数老人使用。有13个辅音,2个半元音,4个元音,重音落在最后一个音节上。名词有格范畴。代词有人称、数、格范畴。动词有体、时、态、式等范畴。语序属动宾式。谓语在前,宾语和主语在后,前面有格助词表示。词根附加成分

和词根的重叠为构词与构形的主要手段,附加成分有前加、中加和后加成分。

13.143　巴则海语　Pazeh language

巴则海人使用的语言。属南岛语系印度尼西亚语族排湾语群。原分布在中国台湾省苗栗镇,现已消失。部分巴则海人迁至埔里镇,至今还有少数老人使用。有16个辅音,2个半元音,4个元音,重音落在最后一个音节上。名词有格范畴。代词有人称、数、格范畴。动词有体、态、式等范畴。语序属动宾式。谓语动词在前,宾语在及物动词后,主语在句尾。词根附加成分和词根的重叠是构词与构形的主要手段,附加成分有前加、中加和后加成分。

13.06　印欧语系

13.144　印欧语系　Indo-European family

按谱系分类法划分的一个语系。分为日耳曼语族、罗曼语族、凯尔特语族、希腊语族等11个语族。主要分布在欧洲、美洲、大洋洲、非洲和亚洲的部分地区。在中国,只有塔吉克语和俄罗斯语属于该语系。塞音较多,有清浊对立,擦音较少,元音系统较严密,鼻元音不普遍。名词有性、数、格等语法范畴,有自然性别。动词有人称、数、式、态等语法范畴。

13.145　塔吉克语　Tajik language

塔吉克族使用的语言。属印欧语系伊朗语族中的伊朗语支。在中国,主要分布在新疆维吾尔自治区塔什库尔干塔吉克自治县等地;在国外,塔吉克斯坦、阿富汗等国也有分布。中国的塔吉克族人口有41 028人(2000

年)。分为萨里库勒和瓦罕2个方言。辅音较多。名词有数、格的语法范畴。动词有时、体、态、人称等语法范畴。语序属宾动式。

13.146　俄语　Russian language

俄罗斯族使用的语言。属印欧语系斯拉夫语族东部语支。在中国,主要分布在新疆维吾尔自治区以及内蒙古自治区;在国外,主要分布在俄罗斯等国。分为南俄和北俄2个方言。中国的俄罗斯族人口有15 609人(2000年),使用的俄语属南俄方言。元音少,辅音多。词重音没有固定的位置。词形变化是表达语法意义的主要手段。名词大都有12个形式,单复数各有6个格。动词有一两百个形式,有体、时、态、式等语法范畴。形容词有二三十个形式,单数和复数各有6个格。

13.07　朝鲜语

13.147　朝鲜语　Korean language

朝鲜族使用的语言。系属未定。有人主张属阿尔泰语系。在中国,主要分布在吉林省延边朝鲜族自治州、辽宁省和黑龙江省等

地;在国外,分布在韩国、朝鲜等国。中国的朝鲜族人口有 1 923 842 人(2000 年)。塞音、塞擦音各分松、紧和送气音 3 套,擦音只分松紧,有元音和谐。属黏着语,主要用附加成分表示语法范畴。语序属动宾式。

13.08 文　字

13.148　八思巴文　Phags-pa script
元世祖忽必烈命国师八思巴创制的拼音文字。字母 57 个,字母表多数采用藏文字母,但自左而右按音节直行书写,并多呈方形。能拼写蒙古语,还用以译写汉语、藏语、梵语、维吾尔语等多种语言。元亡后逐渐废弃不用。文献有《蒙古字韵》等。

13.149　白文　Bai writing
白族参照汉字创制的土俗文字。始于唐代。为了与新创制的拉丁字母白文相区别,又称"方块白文"。字体结构有两种,一是音训和训读汉字,一是自造新字。现存有石刻碑文和铜器铭文,古代白文书籍如《白古通记》等已经失传。现代白族民间艺人都用白文写大本典、民歌等。

13.150　察合台文　Chagatay script
又称"老维吾尔文"。13 世纪以后形成的畏兀儿(维吾尔)等突厥部落使用的文字。后演化为现代阿拉伯字母形式的维吾尔文、哈萨克文和柯尔克孜文。共有 32 个字母,5 个阿拉伯附加符号,从右往左横写。有文学、历史等方面的大量文献传世。

13.151　东巴文　Tomba script
纳西族过去使用的图画文字及由这种文字演变而来的象形文字。东巴文在纳西语里的意思是"木石痕迹",主要用于书写宗教经书。纳西图画文字约创制于 12 世纪下半叶到 13 世纪上半叶之间。字体多变,行文一般从左向右。后来在哥巴文影响下发展为象形文字,计有 1 300 多字,基本上由表意发展到表音。传世东巴经书较多,内容丰富。

13.152　哥巴文　Geba script
纳西族使用过的一种音节文字。"哥巴"是纳西语"弟子、徒弟"的音译,取先有东巴文后有哥巴文,以东巴文为师之意。哥巴文创制年代至今未有确定说法,其字形结构、来源还不清楚。主要用于书写宗教经书。哥巴文经书比东巴文经书少得多,使用范围也小得多。

13.153　尔苏沙巴文　Ersu script
藏族尔苏支系使用过的一种图画文字。沙巴指新中国成立前尔苏从事宗教活动的人,沙巴在占卜时使用的文字即称沙巴文。文字形体和意义之间已有固定的关系,在不同地区使用的各种经文也具备约定俗成的写法和解读规则。但基本上还像图画,是刚从图画中脱胎出来的原始文字。

13.154　回鹘文　Uighur script
又称"回纥文"。维吾尔族先民回鹘人公元 8 世纪时用粟特文字母创制的拼音文字。公元 8—15 世纪主要流行于今吐鲁番盆地和中亚楚河流域,至 17 世纪时仍在使用。字母数在各个时期不尽相同,最少为 18 个,最多达 23 个。行款起初由右向左横写,后改为从左往右竖写。有大量碑铭及文献传世。蒙古文、满文从来源看皆源于回鹘文。

13.155　女真文　Jurchen script
中国金代女真人创制的文字。史载女真文有大字、小字两种,小字至今未被发现,情况不明。大字颁行于 1119 年,仿契丹字和汉字创制。一般认为最初女真文是表意字,最后发展为拼音文字,即女真小字。女真文主要用于官方文件,至15世纪中叶废弃。传世文献有《华夷译语》等。

13.156　契丹文　Qidan script；Khitan script
中国辽代为记录契丹语而参照汉字创制的文字。分大字和小字两种,大字创制于公元920年,稍晚又创制了小字。一般认为大字是一种表意方块字,小字是一种拼音文字。利用汉字笔画形体创制出300多个原字,行文自上而下竖写,自右而左换行。契丹文至1191年被"诏罢",乃渐失传。传世文献极少,主要见于出土的金石铭刻。

13.157　满文　Manchu script
满族使用过的一种拼音文字。创制于1599年,俗称"老满文"或"无圈点满文"。1632年,改革后的满文称"新满文"或"圈点满文"。新满文自左而右直写,有6个元音字母,24个辅音字母,10个专门拼写外来音的字母。文献丰富,现存满文档案数以百万计。

13.158　佉卢字　Kharosthi alphabet
古印度重要字母之一,意译为"驴唇"。公元前传入中国,公元2—4世纪通行于新疆于阗、鄯善地区。它由音节字母组成,自右而左横向书写。保留下来的文字资料有文书、契约等千余种,其中还有一部佛教经典《法句经》残卷。

13.159　焉耆—龟兹文　Tocharian script
一种民族古文字。公元3—9世纪在新疆吐鲁番、焉耆、库车等地使用。用印度的婆罗米斜体书写,所代表的语言属于印欧语系,习惯上称为"吐火罗语"。中国发现的文献多属于公元5—8世纪的资料,有佛教经典、文学作品等,内容十分丰富。

13.160　粟特文　Sogdian language
又称"窣利文"。古代粟特人使用的一种拼音文字。用于记录当时中亚和中国西北部的商业语言粟特语,这种语言属印欧语系伊朗语族伊朗语支。一般认为粟特文来源于叙利亚的阿拉米字母,借用了22个阿拉米字母中的17个。这套字母只表示辅音,不表示元音,有佛经体等3种变体。13世纪蒙古族进入中亚后废弃。

13.161　水书　Sui script
1949年以前在中国贵州三都县一带的水族使用过的文字。记录属汉藏语系壮侗语族的水语,主要用于占卜。这套符号数量不多,可分为改制汉字和自创符号两类。现存文字只有300多个,现存文献有识字本、阅览本等。

13.162　突厥文　Turkic script
又称"鄂尔浑—叶尼塞文""突厥卢尼克文"。公元7—10世纪突厥、回鹘、黠戛斯等族使用的一种音素、音节混合文字。文献以碑铭最多。各种文献所用的字母数目不一,形体多样,一般认为有38—40个,大部分源于阿拉米字母。书写方式一般是从左至右,也有从右至左的。

13.163　西夏文　Xixia script
中国古代西夏党项羌族使用的一种表意文字。创制于11世纪,明代中叶保定石幢仍有西夏文,以后消亡。文字形体方整,结构复杂,字体仿汉文楷书,但无一字与汉文相同。另有篆字、草字,共6 000余字,会意字占大多数。现保存的西夏文文献十分丰富。

13.164　托忒文　Todorkhai Mongol
中国新疆蒙古族使用过的一种文字。1648年由和硕特部高僧咱雅·班第达根据蒙古语卫拉特方言特点在回鹘式蒙古文基础上改制而成。有32个字母,7个表元音,25个表辅音。有些字母的形状和读音与现行蒙古文不同,书写方式相同。1982年新疆维吾尔自治区人民政府决定在新疆蒙古族中推行蒙古文,逐步停止使用托忒文。

13.165 布依文 Bouyei writing

布依族的拼音文字。1956 年创制。以拉丁字母为基础,以贵州望谟话为依据。20 世纪 80 年代初作了修改。

13.166 朝鲜文 Korean writing

朝鲜族的拼音文字。创制于 15 世纪中,当时称为"训民正音",有 28 个字母,书写时夹用大量汉字。1948 年取消夹用汉字。现代朝鲜文有 40 个字母,其中 19 个辅音字母,21 个元音字母。书写方式是从左至右、从上到下。

13.167 傣文 Dai writing

中国云南省傣族的拼音文字。在西双版纳等地通行的称"傣仂文",又称"西双版纳傣文";在德宏等地通行的称"傣哪文",又称"德宏傣文";在瑞丽等地使用的称"傣绷文",又称"水傣文";在金平等地使用的称"金平傣文",又称"白傣文"。4 种傣文都从婆罗米字母演化而来,字序自左而右,行序自上而下,但形体结构互有不同。有政治、历史、天文、历法等方面的文献。

13.168 侗文 Dong writing

侗族的拼音文字。1958 年创制。以拉丁字母为基础,以南部方言为基础方言,以贵州省榕江县车江语音为标准音。

13.169 俄罗斯文 Russian writing

俄罗斯族的文字。使用斯拉夫字母。10 世纪末,基里尔文字随着古斯拉夫语宗教文献传入俄国,是现今俄文字母的前身。

13.170 哈尼文 Hani writing

哈尼族的拼音文字。1957 年创制。以拉丁字母为基础,以云南省绿春县大寨话为标准音。有 26 个字母。1958 年、1983 年先后修订。已出版多种书籍、报刊等。

13.171 哈萨克文 Kazak writing

哈萨克族的拼音文字。10—12 世纪随着伊斯兰教的传播,哈萨克族先民逐渐采用阿拉伯字母来拼写自己的语言。境外哈萨克人对文字进行了改革,并于 1941 年使用以俄文字母为基础的文字。中国现行哈萨克字母共有 33 个,其中 9 个元音字母,24 个辅音字母。

13.172 景颇文 Jingpo writing

景颇族的拼音文字。创制于 19 世纪末。有 23 个字母,其中 18 个辅音字母,5 个元音字母。1 个音位由 1 个、2 个或 3 个字母表示。声调不标。出版了教科书、报纸、词典、科技读物等。

13.173 柯尔克孜文 Kirgiz writing

柯尔克孜族的拼音文字。随着伊斯兰教的传播,柯尔克孜族开始使用阿拉伯字母系统的察合台文,之后有过修改。中国的柯尔克孜族 20 世纪 30—40 年代使用的即在察合台文基础上改进的柯尔克孜文文字。有 25 个字母和 1 个附加符号。曾放弃使用,1979 年又恢复使用。

13.174 拉祜文 Lahu writing

拉祜族的拼音文字。1910 年根据拉祜纳方言语音以拉丁字母为基础创制。1954 年修订。1957 年新创制了以拉祜纳方言为基础、以云南省澜沧拉祜族县城区及近郊语音为标准语音的新拉祜文。

13.175 傈僳文 Lisu writing

傈僳族使用过的两种文字。老傈僳文是以印刷体大写的拉丁字母为基础,由正反、颠倒形式组成的拼音文字,因此又称"大写拉丁字母傈僳文",一般认为创于 1912—1914 年间,有 30 个辅音字母、10 个元音字母、6 个声调符号和 4 个标点符号。新傈僳文是拉丁字母拼音文字,1957 年创制。主要通用于云南省怒江傈僳族自治州。

13.176　黎文　Li writing

黎族的拼音文字。1957 年 2 月创制。以侾方言为基础方言,以海南省乐东县保定语音为标准音。

13.177　蒙古文　Mongolian writing

又称"老蒙古文""传统蒙古文""胡都木文"。一般认为蒙古文形成于 13 世纪初,因字母像回鹘字母,当时的蒙古字又称"回鹘式蒙古文",用 19 个字母表示 25 个音位。现行蒙古文在此基础上发展形成,是超方言拼音文字。有 29 个字母,其中 5 个元音字母,24 个辅音字母。书写以词为单位,字序从上到下,行序从左到右。

13.178　苗文　Miao writing

苗族的拼音文字。有黔东苗文、湘西苗文、川滇黔苗文、滇东北苗文 4 种。都采用 26 个拉丁字母,声调也用字母表示,音节不连写。

13.179　纳西文　Naxi writing

纳西族的拼音文字。纳西族原有图画文字、象形文字和音节文字。1957 年创制了拉丁字母的新文字,1982 年开始推行。

13.180　土文　Monguor writing

土族的拼音文字。1979 年创制。以互助方言的东沟语音为标准音参考点,即以青海省互助县东沟音为拼写依据,在可能范围里照顾其他地方,包括民和方言。

13.181　佤文　Wa writing

佤族的拉丁拼音文字。20 世纪初创制。当初很不完备,不能准确地表达佤语。1957 年新创制了拉丁字母的佤族文字方案,并用这种文字出版了词典、课本和通俗读物等。

13.182　乌孜别克文　Uzbek writing

历史上,乌孜别克族曾使用过突厥文、回鹘文、阿拉伯文、波斯文、察合台文。1927 年以前,采用以阿拉伯字母为基础的拼音文字,该文字后不在社会上通用,但有时在本民族民间文化交流和刊物上使用。新疆的乌孜别克族长期与维吾尔族杂居,大多讲维吾尔语,使用维吾尔文;其中与哈萨克族杂居的,则讲哈萨克语,使用哈萨克文。

13.183　维吾尔文　Uighur writing

维吾尔族的拼音文字。现在使用的维吾尔文是在以阿拉伯字母为基础的晚期察合台文基础上形成的。有 32 个字母,其中 8 个元音字母,24 个辅音字母。一个字母表示一个音,书写方式从右至左。正词法以语音原则为主,也参考形态和传统原则。

13.184　锡伯文　Xibo writing

锡伯族的拼音文字。1947 年在满文基础上稍加修改而成。字母表与满文的基本相同,只有个别字母形体略有不同。有 40 个字母,其中 6 个元音字母,24 个辅音字母,10 个用于拼写借词。同一字母因位置不同而变化字形。现已出版多种锡伯文图书和报刊。

13.185　瑶文　Yao writing

瑶族的拼音文字。瑶族原使用汉字,也使用一些土俗字,但都不能完全表达瑶语。1983 年根据瑶族勉语方言创制拼音文字,制定《瑶语方案》。以广西壮族自治区金秀瑶族自治县长垌乡瑶语(勉)为标准音,兼顾地方音特点,全部采用拉丁字母,其中 6 个元音字母,18 个辅音字母,7 个声调字母。

13.186　彝文　Yi writing

彝族的表意单音节文字。彝文文献古籍较多,有《千岁衢碑记》《镌字崖》等。由于彝语方言差别较大,彝文字数较少,有大量的借音表意字,造成古彝文因地而异。1980 年正式推行的规范彝文以圣乍话为基础方言,包括 819 个书写符号。主要有象形、指事、会意、形声 4 种造字法。

13.187　于阗文　Khotan script

又称"于阗塞文"。公元 5—11 世纪"塞人"

使用的一种拼音文字。因发现于中国新疆和田（古称于阗）而得名。其字母源于印度婆罗米文笈多王朝字体，有楷书、草书、行书之别。记录的语言属印欧语系伊朗语族伊朗语支。已发现的文献有佛经、旅行记等。

13.188 藏文 Tibetan writing

藏族的拼音文字。相传由图弥三菩札仿梵文系统创制于公元7世纪。有30个辅音字母，4个元音符号。辅音字母分为"基字""上加字""下加字""前加字""后加字"和"再后加字"。书写方式自左至右，音节之间用圆点隔开。音节最少由1个字母构成，最多由6个字母组成，每个音节还可以加元音符号。文献丰富，有14世纪的大藏经《甘珠尔》和《丹珠尔》等。

13.189 载瓦文 Zaiwa writing

载瓦族的拼音文字。1957年创制。以拉丁字母为基础，有26个字母。

13.190 壮文 Zhuang writing

壮族的拼音文字。壮族曾使用过一种类似汉字的方块壮字，但没有经过系统整理，各地不尽一致，从未成为正式通行的文字。1955年创制了以拉丁字母为基础的拼音文字，1981年修改后全部采用拉丁字母，1982年修订并公布推行。以北部方言为基础方言，以广西壮族自治区武鸣语音为标准音。

13.191 羌文 Qiang writing

羌族的拼音文字。20世纪90年代初创制。以拉丁字母为基础，有26个字母，以羌语北部方言为基础方言，以四川省茂县雅都土语曲谷话为标准音。

英 汉 索 引

A

abbreviate 缩略词，*简缩词 05.186
abnormity of a Chinese character 异形词 05.111
aboriginal vernacular 土话 07.041
abridged dictionary 节本词典 06.246
abrupt tone 促声 07.090
abrupt tone 促声 09.052
absolute 独立语 04.219
absolute synonym 等义词，*完全同义词 05.091
absolute universal 绝对共性，*无限制共性 01.170
abstract noun 抽象名词 04.058
abusive expression 詈词，*恶言，*恶声，*秽语，*骂言，*粗口 05.242
abusive language 詈词，*恶言，*恶声，*秽语，*骂言，*粗口 05.242
academic dictionary 学术词典，*学者词典 06.182
accessory zhu 补注 10.017
access structure 索引结构 06.117
accidence 词形变化 04.237
accidental words 偶发词 05.071
Achang language 阿昌语 13.032
acoustic filter 声滤波器 03.206
acoustic phonetics 声学语音学 03.171
acronym 简缩，*紧缩 08.186
action measure word 动量词 04.078
active articulator 主动发音器官 03.097
active dictionary 积极型词典 06.235
active rhetoric 积极修辞，*艺术修辞，*特殊修辞 08.043
actuation 起因 12.078
adaptation 叶音，*取韵，*叶句，*叶韵 09.125
add a word(s) to explain classics 增字解经，*增字为训 10.075
additive bilingualism 附加性双语现象，*增益性双语现象 12.228
adduction of historical event or story 稽古 08.248
adjacency pair 邻接对 12.126

adjectival phrase 形容词性短语，*形容词性词组，*形容词性结构 04.124
adjective 形容词 04.044
adjective-predicate sentence 形容词谓语句 04.166
Adults' dictionary 成人辞书 06.264
advanced rhetoric 提高性修辞 08.051
adverb 副词 04.051
adverbial 状语 04.207
adverb of mood 语气副词 04.091
affective word 感情色彩词 05.098
affix 词缀 04.034
affix 词缀 05.209
affricate 塞擦音 03.139
age differences 年龄差异 12.034
age-grading 年龄级差 12.072
agent 施事 04.220
agentive object 施事宾语 04.193
agentive subject 施事主语 04.182
agglutinating language 黏着语 01.177
agglutinative language 黏着语 01.177
agrammatism 语法缺失症，*语法错乱，*语法缺失 01.125
a hypothesis that initials of the third division are palatalized 三等喻化 09.199
a hypothesis that the initial categories of niang and er belong to the category of ni in old Chinese 娘日归泥 09.196
a hypothesis that there are no laminals in old Chinese 古无舌上音 09.195
a hypothesis that there are no "light" labials in old Chinese 古无轻唇音 09.194
a hypothesis that there is no departing tone category in old Chinese 古无去声 09.202
a hypothesis that the rhymes of zhi and wei in qieyun belong to two different rhyme groups in old Chinese 脂微分部 09.174

a hypothesis that the three neighbouring sets of rhymes of zhi, zhi and zhi in qieyun belong to three different rhyme groups in old Chinese   支脂之三分   09.173

a hypothesis that the yu initial at the fourth division belongs to the ding initial in old Chinese   喻四归定   09.198

a hypothesis that the yu initial at the third division belongs to the xia initial in old Chinese   喻三归匣   09.197

a hypothesis that tonal distinctions are merged in old Chinese verses   四声一贯   09.201

air stream mechanism   气流机制   03.095

alienism   外来词,＊借词   05.076

alien word   外来词,＊借词   05.076

allegory   讽喻   08.099

allegory without sarcasm   正喻   08.098

alliterated disyllables   双声   09.027

alliterated sinigrams   助纽字   09.155

alliterative or rhyming twin simple word   双声叠韵词   05.195

allograph   异体字   02.174

allophone   音位变体   03.258

allotropy   同素词   05.185

allusion   暗用,＊用典,＊用事,＊援引   08.091

allusive word   典故词   05.240

alphabetism   首字母缩略词   05.219

Altaic family   阿尔泰语系   13.086

alternation in collocation   互换   08.135

alternation in rhyme   换韵   08.183

alternation rule   选用规则   12.098

alternative dictionary   另类词典   06.270

alternative question   选择问句   04.160

alveolar   齿头音   09.069

ambiguity or suspense created and removed   设歧,＊歧疑   08.210

ambiguous structure   歧义结构,＊歧义格式   11.055

a menfa principle relating duan and zhi initial groups   类隔   09.122

a menfa principle relating jing and zhao initial groups   精照互用   09.118

a menfa principle relating light and heavy labials   轻重交互   09.119

a menfa principle relating the ri initial   日寄凭切   09.120

a menfa principle relating the zhao initial group   寄韵凭切   09.121

a menfa principle relating zhi initial group   寙切   09.116

Amis language   阿美语,＊阿眉斯语   13.135

amplitude   振幅   03.184

anadiplosis   顶真,＊顶针,＊连珠   08.143

anadiplosis at the level of paragraphs   连环体   08.144

analogical dictionary   类语词典   06.211

analogical simplification   类推简化   02.190

analytical definition   分析性释义   06.307

analytic rhetoric   分析修辞学,＊理解修辞学   08.012

analyzer   分析器   11.051

anaphor   照应语,＊照应词,＊照应成分,＊前指词,＊回指对象   01.146

anaphora   回指,＊回指代,＊前指,＊复指,＊照应,＊照应词,＊照应语,＊照应关系   01.147

anaphora   同字   08.221

ancient and modern graphs   古今字   02.169

ancient Chinese lexicology   古代汉语词汇学   05.041

ancient Chinese script   古汉字   02.031

ancient clerical script   古隶,＊秦隶   02.132

ancient meaning   古义   05.149

ancient script   古文字   02.026

ancient writing   古文字   02.026

annotated tree   标记树   11.050

annotation   传注   10.014

annotation based on sentences   章句   10.018

Anong language   阿侬语   13.017

A-not-A question   反复问句,＊正反问句   04.158

another pronunciation   又音   09.151

anthropological linguistics   人类学语言学,＊语言人类学   01.031

anticlimax   倒层递,＊逆层递,＊渐降,＊层退   08.131

antidictionary   另类词典   06.270

antient standard language   雅言   10.002

antiformant   反共振峰   03.191

antiphrasis   倒反   08.139

antiphrasis without satire   倒辞   08.140

anti-pronunciation   倒纽,＊到纽   09.153

antiresonance   反共振   03.190

antithesis   对偶   08.147

antonym   反义词   05.093

antonym dictionary   反义词典   06.221

antonymy   反义关系   05.127

aperiodic wave   非周期波   03.176

apex 舌尖 03.105
aphorism 警句，*警语 05.236
aphorism 格言 05.239
apical 舌头音 09.065
apical dental vowel 舌尖前元音 03.150
apical post-alveolar vowel 舌尖后元音 03.151
apical vowel 舌尖元音 03.149
apico-alveolar 舌尖—齿龈音，*舌尖前音 03.120
apico-dental 舌尖—齿音，*齿间音 03.119
apico-postalveolar 舌尖—龈后音，*舌尖后音，*翘舌音，*卷舌音 03.121
apostrophe 呼告 08.178
apostrophe by personification 比拟呼告 08.179
apparent time 显象时间 12.076
appearance element of meaning 表义素 10.072
appendix 附录 06.042
applied lexicography 应用词典学 06.009
applied linguistics 应用语言学 01.003
appositional phrase 同位短语，*同位词组，*同位结构，*复指词组，*复指短语 04.135
approach 成阻 03.085
appropriateness 得体性 12.096
approximant 近音，*通音，*无擦通音，*半元音 03.137
arbitrariness 任意性 01.104
arbitrary reference 任指 04.100
archaic word 古语词，*古词，*古词语 05.105
archaism 古旧词 06.050
arc pair grammar 弧对语法，*双弧语法 01.065
argot 黑话 12.047
argumentative rhetoric 论辩修辞学 08.011
a rhyme table with both rounded and unrounded finals 开合韵 09.088
a rhyme table with exclusively rounded or unrounded finals 独韵 09.089
Aristotelian notion of meaning 亚里士多德意义观 05.022
Aristotle's notion of meaning 亚里士多德意义观 05.022
arrangement 编排法 06.102
arrangement and consultation 排检法 06.101
arrangement and consultation by meaning 义序排检法，*义序法 06.106
arrangement and consultation by nest 聚合排检法 06.107

arrangement and consultation by phonetic alphabet 音序排检法，*音序法 06.104
arrangement and consultation by written form 形序排检法，*词(字)形排检法，*形序法 06.105
arrangement and consultation in alphabetic order 字母顺序排检法 06.108
arrangement and consultation in chronological sequence 时序排检法 06.114
arrangement and consultation in classified order 分类排检法 06.112
arrangement and consultation in coded strokes 笔形代码排检法 06.111
arrangement and consultation in radicals 部首排检法 06.109
arrangement and consultation in strokes 笔画排检法 06.110
arrangement and consultation in thematic order 主题排检法 06.113
arrangement and consultation in topographic(al) order 地序排检法 06.115
article 条目 06.062
article structure 条目结构 06.037
articulation 调音 03.084
articulation 呼 09.084
articulation when neither［i］［u］or［y］is used as medial or main vowel 开口呼 09.090
articulation with［i］as medial or main vowel 齐齿呼 09.092
articulation with［u］as medial or main vowel 合口呼 09.091
articulation with［y］as medial or main vowel 撮口呼 09.093
articulatory overlap 发音叠接 03.093
articulatory phonetics 发音语音学 03.082
artification 艺术化 08.062
artificial intelligence 人工智能 11.010
artistic language 艺术语言 08.280
artistic speech 艺术言语，*文艺作品言语 08.279
artistic speech rhetoric 艺术言语修辞学 08.027
artistic style 艺术语体，*文艺语体 08.274
ascertain paronym 推源，*推因 10.065
aspect 体 04.244
aspectual particle 动态助词 04.093

aspirate 送气 03.221
aspirated 送气 03.066
aspirated voiceless initials 次清 09.015
aspiration 送气 03.221
assembly explanation 集解 10.016
assimilation 类化 02.053
assimilation 同化 03.059
association 连接 03.266
association line 连接线 03.267
associative character 会意字 02.076
associative meaning 联想义 05.153
associative method 会意 02.075
a system of tone-letters 五度标调法 03.081
a table in earlier rhyme tables 转 09.079
Atayal language 泰耶尔语 13.129
ATN 扩充转移网络 11.189
attribute grammar 属性语法 11.179
attributive 定语 04.204
a two-part allegorical saying 歇后语 05.237
auditory phonetics 听觉语音学 03.223
augmented transition network 扩充转移网络 11.189

Austro-Asiatic family 南亚语系 13.114
Austronesian family 南岛语系,＊马来—波利尼西亚语系 13.127
automatic abstraction 自动文摘 11.219
automatic classifying 自动分类 11.216
automatic indexing 自动索引 11.218
automatic indexing 自动标引 11.231
automatic lexical analysis 自动形态分析,＊自动词法分析 11.047
automatic morphological analysis 自动形态分析,＊自动词法分析 11.047
automatic retrieval 自动检索 11.217
automatic segmentation of Chinese word 汉语自动分词,＊汉语分词,＊汉语切词,＊汉语自动切词 11.024
automatic text summarization 自动文摘 11.219
automaton 自动机 11.207
autonomous syntax 自主句法 01.131
autosegment 自主音段 03.265
autosegmental phonology 自主音段音系学 03.242
avoidance of taboo 避讳,＊讳饰 08.126

B

baby talk 幼儿话语 12.044
back matter 后置页 06.041
backtrack 回溯 11.126
Backus-Naur form 巴克斯—诺尔范式 11.070
back vowel 后元音 03.160
backward algorithm 向后算法 11.161
backward maximum matching method 反向最大匹配分词方法,＊逆向最大匹配法 11.032
Ba-construction 把字句 04.172
Baheng language 巴哼语 13.056
Bai language 白语 13.049
Bai writing 白文 13.149
balanced corpus 平衡语料库 11.273
bambooslip and silk script 简帛文字 02.115
Bao'an language 保安语 13.103
barrier 语障,＊语阻,＊障碍 01.145
base NP 基本名词短语 11.057
basic character 字原,＊字根 02.052
basic dialect 基础方言 07.009

basic form 本音 07.068
basic meaning 基本义,＊基本意义 05.131
basic meaning 本义 05.144
basic principles of the interconnection method 正例 09.157
basic rhetoric 基本性修辞 08.050
basic sense 基本义项 06.285
basic tone 本调 07.073
basic vocabulary 基本词汇 05.062
basic vocabulary dictionary 基本词词典 06.184
basic word 基本词 05.068
Bayes decision rule 贝叶斯决策规则 11.143
behaviourism 行为主义 01.182
Bei-construction 被字句 04.173
Beijing Mandarin 北京官话 07.047
Bernoulli effect 伯努利效应 03.165
bidialectalism 双方言现象 12.141
bi-dimensional etymology 二维度词源学 05.051
bidirectional dictionary 双向词典 06.198

big vs. small aperture　洪细　09.095
bilabial　双唇音　03.117
bilabial　重唇音　09.062
bilingual　双语人　12.138
bilingual alignment　文本对齐，*双语对齐　11.286
bilingual corpus　双语语料库　11.274
bilingual dictionary　双语词典　06.192
bilingualism　双语现象　12.136
bilingualized dictionary　双解词典　06.196
bilingual lexicography　双语词典学　06.011
bilingual studies　双语学　12.006
biliterate　双语读写能力　12.143
binary tree　二叉树　11.076
binding theory　约束理论　04.012
biolinguistics　生物语言学　01.037
biological linguistics　生物语言学　01.037
bird and insect script　鸟虫书　02.111
Bisu language　毕苏语　13.027
bi-syllabic form　两字组，*双字组　07.077
bivalent verb　二价动词　04.096
bixing　比兴　08.124
blocking effect　阻断效应，*阻塞效应　01.139
BNF　巴克斯—诺尔范式　11.070
Bola language　波拉语　13.035
Boolean operator　布尔运算符　11.069
borrowed character　假借字　02.090
borrowed graph　通假字，*借字　02.092
borrowing method　假借　02.088

borrowing of graphic form　形借　02.089
both rounded and unrounded articulation　开合　09.085
bottom-up parsing　自底向上句法分析　11.120
boundary tone　边界调　03.292
bound form　黏着形式　05.206
bound morpheme　附加词素，*附加成分，*黏着词素　05.208
bound root　黏着词根　05.200
Bouyei language　布依语　13.065
Bouyei writing　布依文　13.165
bracketing　括号表示法，*加括法，*加括号法，*括号标注　01.083
breadth-first strategy　宽度优先策略　11.124
breathy voice　气嗓音　03.144
bridge dictionary　纽带词典　06.202
broad transcription　宽式标音，*音位标音法　07.020
bronze clan inscription　族名金文，*氏族文字，*族徽符号　02.110
bronze inscription　金文，*青铜器铭文，*钟鼎文，*吉金文字，*彝器款识　02.109
Bugan language　布干语　13.085
Bulang language　布朗语　13.118
Bunu language　布努语　13.055
Bunun language　布农语　13.136
Burmese branch　缅语支　13.030
Buxing language　布兴语　13.122
Buyang language　布央语　13.083

C

calque　仿译词　05.081
cant　行业语，*行业词，*行话　05.233
carapace and bone script　甲骨文　02.108
cardinal　基数词　04.075
cardinal vowels　正则元音，*定位元音，*标准元音，*基本元音，*标杆元音　03.009
Cartesian linguistics　笛卡尔语言学　01.053
case　格，*格位　04.240
Case　格，*格位　04.240
case grammar　格语法　04.015
case marking system　格标记系统　01.150
case system　格系统　01.155

casual style　非正式语体，*随便语体　12.037
catching-up amendment　补正　08.127
categorical meaning　范畴义　05.143
categorical rule　绝对规则　12.070
categorization　范畴化　04.022
category　词性　04.036
centralization　央化　03.063
central vowel　央元音，*中性元音，*混元音　03.159
Chagatay script　察合台文，*老维吾尔文　13.150
changed form　变音　07.069
changed tone　变调　07.075
change from above　意识变化　12.053

· 229 ·

change from below 未意识变化 12.052
change in progress 进行中变化 12.054
change meaning by change pronunciation 破读，＊读破，＊破字 10.059
character entry 字条 06.060
character order 字序 02.203
character popular among people 社会用字 02.197
character source 字源，＊形源 10.050
character type 字种 02.200
chart 线图 11.132
chart parsing 线图句法分析 11.133
chiasmus 回环 08.184
child 子结点，＊子节点 11.081
children's dictionary 儿童辞书 06.265
Chinese character 汉字 02.027
Chinese character application 汉字应用 02.191
Chinese character coded set 汉字编码字符集 11.020
Chinese character code for information interchange 汉字交换码 11.017
Chinese character coding 汉字编码 11.016
Chinese character embedded for emphasis 镶字 08.229
Chinese character encoding 汉字编码 11.016
Chinese character font code 汉字字形码 11.019
Chinese character information processing 汉字信息处理 11.013
Chinese character input 汉字输入 11.022
Chinese character internal code 汉字内码 11.018
Chinese character output 汉字输出 11.023
Chinese character recognition 汉字识别 11.021
Chinese character referencing method 汉字检字法 02.204
Chinese character reform 汉字改革 02.176
Chinese characters or words embedded for another implication 嵌字 08.230
Chinese character systematization 汉字整理 02.183
Chinese Character Table for Dialectal Investigation 《方言调查字表》 07.014
Chinese dialect 汉语方言 07.003
Chinese graphology 汉字学，＊汉语文字学 02.004
Chinese language 汉语 13.006
Chinese lexical linearology 汉语词族学 05.050
Chinese national standard code by section-position 国标区位码 11.015
Chinese national standard code for information interchange 国标交换码 11.014
Chinese script 汉字 02.027
Chinese transcription of the old Tibetan words 藏汉对音 09.208
Chinese transcription of the Sanskrit words 梵汉对音 09.207
Chinese word segmentation 汉语自动分词，＊汉语分词，＊汉语切词，＊汉语自动切词 11.024
Chinese word segmentation system 汉语分词系统 11.026
Chinese word tokenization 汉语自动分词，＊汉语分词，＊汉语切词，＊汉语自动切词 11.024
chitou 齿头音 09.069
Chomskian hierarchy 乔姆斯基层级 11.170
chongyun 重韵 09.141
chunking 组块分析，＊基本短语分析 11.058
chunk parsing 组块分析，＊基本短语分析 11.058
circular cross-reference 循环参见 06.129
circular definition 循环释义 06.321
citation 引例，＊书证 06.080
citation database 引例数据库 06.326
citation tone 单字调，＊本调 03.079
cited example 引例，＊书证 06.080
classical Chinese graphology 传统汉字学 02.009
classical Chinese semantics 训诂学 10.006
classical Chinese semantics in modern times 现代训诂学 10.008
classical Chinese word 文言词 05.106
classical generative phonology 经典生成音系学 03.240
classical rhetoric 古典修辞学 08.030
classifier 量词，＊单位词 04.047
class meaning 类型义 05.139
class word 同类词 05.074
clausal-predicate sentence 主谓谓语句 04.167
clause 分句 04.142
clause 小句 04.143
clerical change 隶变 02.134
clerically transcribed ancient script 隶定古文 02.128
clerical script 隶书，＊佐书 02.131
clerical transcription 隶定 02.135
climax 层递，＊渐层 08.129
climax 顺层递 08.130

closedness of dictionary 闭环性 06.077
closed syllable 闭音节 03.021
closed vowel 闭元音，*高元音 03.157
closing 成阻 03.085
closure 持阻 03.086
cluster center 聚类中心 11.145
clustering 聚类 11.144
coarticulation 协同发音 03.094
Cocke-Younger-Kasami algorithm CYK 算法 11.134
coda 音节尾 03.026
code-mixing 语码混合 12.105
code-switching 语码转换 12.102
cognate graph 同源字 02.050
cognate word 同源词 10.052
cognitive grammar 认知语法 04.014
cognitive linguistics 认知语言学 01.036
coherence 连贯 04.265
coined word 新词语 05.120
coin inscription 货币文字 02.122
collection of paronym 系源 10.064
collective measure word 集体量词，*集合量词 04.081
collective noun 集合名词 04.057
colloquialism 口语词汇 05.067
colloquial layer 白读层 07.099
colloquial pronunciation 白读音 07.098
colloquial reading 白读 07.097
colloquial style 谈话语体，*口头语体 08.265
colloquial style in written form 书面谈话语体 08.267
combination 搭配 04.260
combination ambiguous segmentation 组合型歧义切分字段，*多义型歧义切分字段 11.035
commendation after derogation or vice versa 抑扬 08.242
comment 评述，*说明 04.228
common language 通语 09.008
common language 通用语 12.207
common vocabulary 一般词汇 05.063
common words dictionary 常用词词典 06.185
communicative competence 交际能力 12.114
community expression 社区词 05.103
community language 社区语言，*社团语言 12.158
compact dictionary 缩印本词典 06.251
comparative cross motivation 比较互证 10.067

comparative dictionary 比较词典 06.190
comparative grammar 比较语法，*比较语文学 04.004
comparative grammatology 比较文字学 02.013
comparative graphology 比较文字学 02.013
comparative lexicography 比较词典学 06.005
comparative linguistics 比较语言学 01.006
comparative philology 比较语文学 01.015
comparative rhetoric 比较修辞学 08.018
competence 语言能力 01.133
compilation 纂集 10.004
compiler 编纂者 06.144
complement 补语 04.208
complementary distribution 互补分布 03.255
complementary principles of the interconnection method 变例 09.158
complex features 复杂特征 11.087
complex form 繁体 02.043
complexity 繁化 02.042
complex sentence 复句，*复合句 04.141
complex sound 复合音 03.196
complex wave 复合波 03.195
complimentary word 褒义词 05.099
component analysis 偏旁分析法 02.206
componential analysis 语义成分分析法，*义素分析法 05.029
componential analysis 成分分析法 06.288
componential analysis theory 成分分析理论 05.028
component part 部件 02.060
composite character 合体字 02.056
composite definition 复合释义 06.295
compositional definition 组合释义 06.299
compound 复句，*复合句 04.141
compound-element character 合体字 02.056
compound final 复合韵母 03.074
compound graph 合文 02.041
compound graph mark 合文符号 02.152
compounding semantic morpheme 合成词素 05.202
compound measure word 复合量词 04.082
compound vowel 复合元音，*复元音 03.014
compound word 合成词 04.030
compound word 复合词 04.031
compound word 合成词 05.182
compound word 复合词 05.183

compound words in Chinese 联绵词，*联绵字，*谜语 10.058
comprehensive dictionary 综合性词典 06.160
compressive complex sentence 紧缩句，*紧缩复句 04.147
computational lexicography 计算词典学，*电子词典学 06.006
computational lexicology 计算词汇学 11.002
computational linguistics 计算语言学 11.001
computational pragmatics 计算语用学 01.027
computational semantics 计算语义学 11.003
computer-aided dictionary 电子词典 06.257
computer-assisted dictionary compilation 计算机辅助词典编纂 06.330
concept description 概念描述，*概念描写 11.089
concept graph 概念图 11.090
conception word 概念词 05.097
conceptual dependency theory 概念依存理论 11.186
conceptual dictionary 概念词典 06.217
conceptualism 概念主义 01.186
conceptual meaning 概念义，*客观义，*核心义，*指称义，*理性义 05.136
conceptual meaning 概念意义 06.300
conceptual network 概念网络 11.091
concept word 概念词 05.097
concise dictionary 简明词典 06.247
concordance 词汇索引 06.335
concrete lexicology 专语词汇学，*特殊词汇学，*具体词汇学，*个别语言词汇学，*具体语言词汇学 05.037
concrete meaning 具体义 05.138
condensed metaphor with its vehicle modified by tenor 缩喻，*修饰喻，*反客为主式比喻 08.108
conditioned variant 条件变体 03.260
configurational language 构型语言，*结构型语言 01.119
congruent situation 协调情景 12.095
conjunction 连词 04.053
conjunction 合取 11.137
connectionism 连通论，*连通主义，*连接主义，*连接机制 01.188
consonant 辅音 03.004
consonant cluster 辅音丛，*复辅音 03.005

consonant cluster as an initial 复辅音声母，*复声母 09.023
consonant harmony 辅音和谐 03.249
constituent analysis 成分分析，*直接（组成）成分分析法，*层次分析法，*IC分析法，*成分分析法 01.127
constituent replacement 同形替代法 05.033
constituent substitution 同形替代法 05.033
constraint 制约因素 12.079
constriction 收紧，*收缩 03.088
constriction point 收紧点，*收缩点 03.089
constructed example 自撰例 06.081
construction 句式 04.151
constructive rhetoric 建构修辞学 08.015
constructivism 建构论，*构建说 01.189
consultaion 查检法 06.103
consultative style 商议语体，*咨询语体 12.038
contact language 接触语 12.170
contemporary Chinese character 现代汉字 02.033
content semantic morpheme 实词素 05.203
content word 实词 04.038
content word 词汇词，*实词 05.056
context-free grammar 上下文无关文法，*上下文无关语法，*上下文自由文法，*2型文法 11.173
context-free language 上下文无关语言，*语境自由语言，*语境无关语言 01.137
context-sensitive grammar 上下文有关文法，*上下文有关语法，*上下文敏感文法，*1型文法 11.172
context sensitive language 上下文相关语言，*语境制约语言，*语境相关语言 01.138
context theory 语境理论 05.026
contextual definition 语境释义法 06.315
contextual inference 辞例推勘法 02.207
contextualization cue 语境化暗示，*语境线索 12.106
contextual style 场合语体，*场景语体 12.041
contextual variation 语流音变 03.055
contextual word 言语词 05.070
continuous spectrum 连续谱 03.210
contraction 简缩，*紧缩 08.186
contrary ideas expressed in double parallelism 反对 08.149
contrast 对立 03.256
contrast 对照，*对比，*映衬 08.156
contrastive linguistics 对比语言学 01.086

contrastive rhetoric　对比修辞学　08.019
contrastive stress　对比重音,＊逻辑重音　03.043
control rhetoric　控制修辞学　08.022
convenient character　简体字,＊简字,＊手头字　02.189
conversation　会话　12.118
conversational analysis　会话分析　12.123
conversational implicature　会话隐含　12.120
conversational involvement　会话投入,＊会话卷入　12.134
conversational style　会话风格　12.133
conversation analysis　会话分析学　12.010
conversion：change in the units or form of a number or expression　换算,＊运算,＊析数　08.181
co-occurrence rule　同现规则　12.097
cooperative principle　合作原则　12.119
coordinate complex sentence　联合复句　04.144
coordinate construction　联合短语,＊联合词组,＊联合结构　04.125
coordinate indexing　组配标引　11.233
copular verb　判断动词,＊判断词　04.064
copy principle　临摹性原则　04.021
co-referent　系事　04.224
co-referentiality　同指关系　05.128
co-referential relation　同指关系　05.128
corpus　语料库　11.272
corpus lexicography　语料库词典学　06.015
corpus linguistics　语料库语言学　11.005
corpus-oriented lexicography　语料库词典学　06.015
corpus planning　语言本体规划　12.195
correlative word　关联词语　04.179
corruption　讹变　02.046

counterexample　反语证　06.083
coverage of headword selection　收词范围　06.049
covert prestige　隐性声望　12.065
creaky voice　嘎裂声,＊紧喉嗓音,＊吱嘎声　03.145
creation in rhetoric　修辞创新　08.085
creation of a figure　设格　08.083
creole　克里奥尔语,＊民族混合语　12.172
criterial-constructive semantics　判据和构造语义学　05.018
cross-category word　兼类词　04.037
cross entropy　互熵　11.141
cross-language information retrieval　跨语言信息检索　11.228
cross-linguistic research　跨语言研究,＊对比研究　01.087
crossover pattern　超越模式　12.071
cross-reference　参见　06.128
cross-reference entry　参见条　06.072
cross-reference mark　参见符号　06.130
cross-reference structure　参见结构　06.034
cultural connotation　文化义　05.150
cultural meaning　文化义　05.150
cultural semantics　文化语义学　05.009
cultural word　文化词　05.104
cumulative graph　累增字　02.044
Cun language　村语　13.078
current character　通用字　02.193
current meaning　现存义　05.148
curse　詈词,＊恶言,＊恶声,＊秽语,＊骂言,＊粗口　05.242
cursive script　草书　02.137

D

Dai language　傣语　13.066
Dai writing　傣文　13.167
damping　阻尼　03.192
Darang language　达让语　13.015
data-capture　语料搜集　06.331
data collection　语料搜集　06.331
data-driven　数据驱动　11.167
data smoothing　数据平滑　11.157
data sparseness　数据稀疏　11.158

dative case　与格　04.248
Daur language　达斡尔语　13.102
dB　分贝　03.229
D changed final　D变韵　07.083
dead character　废弃字,＊死字　02.196
De'ang language　德昂语,＊崩龙语　13.119
decibel　分贝　03.229
decision tree　决策树　11.085
declarative sentence　陈述句　04.155

· 233 ·

decoding 解码 01.191
decoding dictionary 解码词典 06.236
decorative mark 饰笔 02.151
de-dialectalization 非方言化 12.163
deep meaning 深层义 05.130
deep structure ＊深层结构 03.271
deep structure 深层结构,＊底层结构,＊基础结构, ＊深远结构,＊起始结构 04.113
deficit hypothesis 语言缺陷论 12.085
definiendum 释义对象,＊被释义词,＊被释义字 06.279
definiens 释文 06.278
defining by sense relations 系统关系释义 06.312
defining vocabulary 定义词汇 05.116
defining vocabulary 释义词汇 06.280
definite 有定 04.098
definite clause grammar 定子句语法 11.176
definition 义界 10.030
definition principle 释义原则 06.277
definition with antonym 反义对释 06.291
definition with sentence 自然语句释义 06.310
definition with synonym 同义对释 06.290
definition with synonym or antonym 对释式释义,＊对释法 06.289
degree adverb 程度副词 04.087
degree complement 程度补语 04.212
degree of stricture 收紧度,＊收缩度 03.090
deictic method 指事 02.072
deictic symbol 指事符号 02.074
deictograph 指事字 02.073
deletion 减音,＊删音,＊脱落 03.057
demonstrative pronoun 指示代词 04.085
denotational theory 指称论 05.023
denotative meaning 引申义,＊派生义 05.146
denotative meaning series 义列,＊引申系列 05.167
density of communication 交际密度 12.058
dental 齿音 09.068
dental proper 正齿音 09.070
departing or going tone 去声,＊去 09.047
De-phrase 的字短语,＊的字词组,＊的字结构 04.133
depth-first strategy 深度优先策略 11.125
deranged cursive script 狂草 02.140

derivation 推导 03.273
derivation 孳乳 10.047
derivation 推导 11.105
derivational morphology 派生形态学,＊派生词法学 01.020
derivative 派生词 04.032
derivative 派生词 05.180
derivative dictionary 派生词典 06.250
derivative tree 推导树 11.106
derived meaning 引申义 10.043
derived word 派生词 10.051
derogatory word 贬义词 05.100
derogatory words in commendatory use or vice versa 易色 08.241
description 摹状词 05.114
description 譬况,＊比况 09.190
description of similar or opposite things as background for contrast 衬托 08.251
descriptive adequacy 描写充分性 01.129
descriptive attributive 描写性定语 04.205
descriptive dictionary 描写性词典 06.230
descriptive lexicology 描写词汇学,＊静态词汇学 05.038
descriptive linguistics 描写语言学,＊描写性语言学 01.009
descriptive rhetoric 描写修辞学 08.031
designational meaning 命名义 05.135
design of heading 条头设计,＊条头标引 06.064
desk dictionary 案头词典 06.244
detailed dictionary 详尽词典 06.168
deterministic algorithm 确定性算法 11.127
devoicing 清化 03.061
diachronic dictionary 历时性词典 06.223
diachronic grammar 历时语法 04.003
diachronic linguistics 历时语言学 01.007
diachronic variation 历时变异 12.074
diachrony 历时 01.103
diacritic 附加符 03.054
dialect 方言,＊土语,＊地方话 07.002
dialectal belongings 方言系属 07.030
dialectal character 方言字,＊土字 07.103
dialectal characteristics 方言特征 07.007
dialectal classification 方言分类 07.032

dialectal dictionary　方言词典　07.027
dialectal distance　方言亲疏　07.010
dialectal division　方言分区　07.029
dialectal grammar　方言语法　07.028
dialectalization　方言化　12.162
dialectal lexicon　方言词汇　07.026
dialectal phonology　方言音系　07.024
dialectal rhyme book　方言韵书　07.114
dialectal romanization system　方言拼音方案　07.016
dialectal stratification　方言层级　07.031
dialectal word　方言词　07.109
dialect atlas　方言地图集　07.005
dialect-borrowing　方言借用，*内部借用　12.165
dialect boundary　方言边界　07.012
dialect chorography　方言志　07.018
dialect cluster　方言片，*次方言区　07.034
dialect dictionary　方言词典　06.214
dialect geography　方言地理学　07.004
dialect group　方言区，*方言大区，*大方言区　07.033
dialect island　方言岛　07.037
dialectology　方言学　07.001
dialect spot　方言点　07.036
dialect sub-cluster　方言小片　07.035
dialect word　方言词　05.108
dichotomy of semanteme　义素二分法　10.073
diction　择语　08.081
dictionarese　辞书用语　06.121
dictionary　词典　06.151
dictionary　辞典　06.152
dictionary archaeology　词典考古学　06.014
dictionary bibliography　辞书参考书目　06.143
dictionary compilation　辞书编纂　06.019
dictionary configuration　词典结构　11.280
dictionary coverage　辞书覆盖面　06.141
dictionary criticism　辞书评论　06.016
dictionary definition　辞书释义　06.274
dictionary for special purpose　专门用途词典，*专门词典　06.163
dictionary history　辞书史　06.017
dictionary index　辞书索引　06.116
dictionary information　词典信息　11.281
dictionary making　辞书编纂　06.019

dictionary of abbreviations　缩略语词典，*缩写词典　06.187
dictionary of Chinese characters　字典　06.153
dictionary of colloquialisms　口语词典　06.212
dictionary of common sayings　俗语词典　06.206
dictionary of difficulties　难词词典，*难解词词典　06.186
dictionary of hard words　难词词典，*难解词词典　06.186
dictionary of idiomatic phrases　熟语词典　06.205
dictionary of idioms　成语词典　06.204
dictionary of linguistic differences　语差词典　06.201
dictionary of loan words　外来语词典，*外来词词典　06.216
dictionary of names　专名词典　06.156
dictionary of phrases　短语词典　06.208
dictionary of rhyme　韵律词典，*音韵词典，*韵脚词典　06.177
dictionary of spoken language　口语词典　06.212
dictionary of theoretical inspiration　理论应用型词典，*理论提示型词典　06.243
dictionary of usage　惯用法词典，*用法词典　06.209
dictionary of written language　书面语词典　06.213
dictionary project　辞书编纂方案，*辞书编纂计划　06.020
dictionary review　辞书评论　06.016
dictionary style　辞书风格　06.140
dictionary title　辞书名称　06.150
dictionary type　辞书种类　06.149
dictionary typology　词典分类学，*词典类型学　06.013
dictionary with ready reference　速查词典　06.255
didactic dictionary　教学词典　06.239
difference of semantic feature　义值差　10.032
differentiated graph　分化字　02.049
differentiation　分化　02.048
diglossia　双言制，*双言现象，*双语体　12.144
diminutive　小称　07.079
diminutive　爱称　08.073
diminutive final　小称变韵　07.080
diminutive tone　小称变调　07.081
diphthong　二合元音　03.015
diphthongal final　复合元音韵母　03.075
directed graph　有向图　11.075

directional complement 趋向补语 04.210
directional verb 趋向动词 04.066
direct object 直接宾语，*远宾语 04.202
disambiguation 歧义消解，*排歧 11.056
disassembly of Chinese character 析字，*拆字，*字喻法 08.227
discourse 话语，*语篇，*篇章，*言谈 01.159
discourse analysis 话语分析，*篇章分析，*语篇分析 01.160
discourse representation structure 话语表现结构，*话语表述结构，*篇章表述结构，*语篇表述结构 01.161
discourse representation theory 话语表现理论，*话语表述理论，*话语表征理论，*篇章表述理论，*语篇表述理论 01.097
discourse rhetoric 话语修辞学 08.016
discrete distribution 离散分布 11.096
discrete spectrum 离散谱 03.209
discrimination in phone and explanation of meaning 音义 10.019
disjunction 析取 11.138
dissimilation 异化 03.060
distinctive feature 区别特征 03.261
distinctive feature 辨义成分，*区别性特征 06.284
distinctive mark 区别符号 02.154
distinctive word 特征词 07.110
distinguisher 辨义成分，*区别性特征 06.284
distribution 分布 04.254
distributional analysis 分布分析法 01.070
distributional universal 分布共性 01.169
distribution of word length 词长分布 11.045
distribution structure 分布结构 06.076
disyllabic and polysyllabic word 复音词 05.191
disyllabic reduplicative words 重言词，*重言形况字 10.057
division 等 09.098
division of the unified whole by questions 疑离 08.240
dixun 递训，*迭训 10.028
domain 场域，*语言应用领域 12.099

domestic-oriented bilingual dictionary 内向型词典 06.200
dominant sense 常用义项 06.286
Dong language 侗语 13.069
Dong-Sui branch 侗水语支 13.068
Dong writing 侗文 13.168
Dongxiang language 东乡语 13.100
dorsal vowel 舌面元音 03.148
dorso-postpalatal 舌面—腭后音，*舌面中音 03.124
dorso-prepalatal 舌面—腭前音，*舌面前音 03.123
dorso-velar 舌面—软腭音，*舌面后音，*舌根音 03.125
dorsum 舌面 03.107
double-object construction 双宾句 04.176
double objects 双宾语 04.201
double parallelism 双排句 08.071
double parallelism 对偶 08.147
double parallelism in inverse word-order 倒对，*倒装对 08.152
double parallelism with complementary ideas 互对，*互文对 08.154
double parallelism with homophones 借对，*假对，*假借对 08.153
double parallelism within a sentence 自对，*当句对，*句中对，*四柱对 08.151
D-structure D结构 01.140
duizhuan 对转 09.176
duizhuan between rhymes with nasal and stop endings 阳入对转 09.179
duizhuan between rhymes with nasal and vowel endings 阴阳对转 09.177
duizhuan between rhymes with vowel and stop endings 阴入对转 09.178
Dulong language 独龙语 13.016
duration 音长 03.234
duyun 独韵 09.089
dynamic attribute list 动态属性表 11.054

E

ear 耳 03.225
Earley algorithm 厄尔利算法 11.130

early Mandarin 近代音 09.006
early Mandarin 近古音 09.007

Eastern Huns branch 东匈语支 13.088
Eastern Yugur language 东部裕固语，*恩格尔语 13.104
eaves tile inscription 瓦当文字 02.123
EBMT 基于实例的机器翻译 11.257
echo 呼应 08.259
economy principle 经济原则，*简练原则，*省力原则 01.112
eight script-styles in Qin 秦书八体 02.144
E-language 外化语言，*外在化语言，*E语言 01.122
electrokymography 电子气流测量术 03.167
electromyography 肌电测量术 03.169
electronic dictionary 电子词典 06.257
ellipsis 省略，*节缩，*缩略 04.259
ellipsis sentence 省略句 04.178
elliptical expression 藏词 08.128
embed 嵌套，*嵌入 04.258
embedding 镶嵌 08.228
embedding 嵌入 12.081
emergent grammar 呈现语法，*浮现语法 01.095
EMG 肌电测量术 03.169
emotive word 感情色彩词 05.098
empathy 移情 08.238
emphasis on the positive by exclusion of the negative 撒语，*排除，*撤除 08.206
emphatic stress 强调重音 03.044
empiricism 经验主义，*可验性 01.184
enclitics 词尾 05.217
encoding 编码 01.190
encoding dictionary 编码词典 06.237
encyclopedia 百科全书 06.154
encyclopedic appendix 百科附录 06.145
encyclopedic corpus 百科语料库 06.328
encyclopedic definition 百科性释义 06.276
encyclopedic dictionary 百科词典 06.155
encyclopedic entry 百科条目 06.057
encyclopedic lexicography 百科词典学 06.007
endangered language 濒危语言 12.189
endocentric construction 向心结构，*向心构式 04.115
endoglossic 族内语 12.204
endonormative 内源规范 12.199
entailment 蕴涵 01.158
entering tone 入声，*入 09.048

entry 词条 06.043
entry 条目 06.062
entry structure 条目结构 06.037
entry-word 词头，*词目词 06.059
epanodos 回环 08.184
epenthesis 增音 03.056
epigram 警句，*警语 05.236
epigram 精警，*警策，*警句 08.188
epigraphy 金石学 02.008
epiphora 同字 08.221
epizeuxis 连续反复 08.159
equational sentence 判断句 04.170
equivalent 对等词 06.084
er diminutive 儿化 03.077
er diminutive 儿化 07.071
er diminutive final 儿化韵 03.078
er diminutive final 儿化韵 07.072
ergative case 作格，*兼格 04.249
ergativity 作格现象 01.151
Ergong language 尔龚语，*道孚语 13.041
error rate 误识率 11.244
Ersu language 尔苏语 13.045
Ersu script 尔苏沙巴文 13.153
Esperanto 世界语 12.181
EST 扩展标准理论，*扩充标准理论 01.075
ethnography of communication 交际民族志学 12.008
ethnography of speaking 言语人种学，*言语民族学，*言谈民族学，*言语人类文化学， 01.034
ethno-lexeme 民族色彩词 05.102
ethnolinguistics 人类文化语言学，*人种语言学 01.032
ethnopoetics 人类文化诗学，*人种诗学，*民族诗学 01.030
ethnosemantics 人类文化语义学，*人种语义学，*民俗语义学 01.033
etymological character 本字 07.105
etymological character analysis 考本字 07.106
etymological dictionary 词源词典 06.224
etymology 语源学 05.048
etymology 词源学，*义源学 05.049
etymon 语源 05.117
etymon 原生词 05.118
etymon 词源 10.049

euphemism 委婉语 05.234
euphemism in an implicit expression 婉言，*婉辞 08.223
euphemism in an implicit expression or in periphrasis 婉曲，*委婉，*婉转，*隐曲，*迂说法 08.222
euphemism in periphrasis 曲语，*折绕，*周折 08.224
evaluation 评价 12.082
evaluation function 评价函数 11.151
even and uneven tonal categories 平仄 09.053
Evenki language 鄂温克语 13.112
event-driven 事件驱动 11.169
everyday character 常用字 02.192
everyday expression 常用词 05.069
example 例证，*用例，*词例 06.078
example-based machine translation 基于实例的机器翻译 11.257
exceptional reading character 例外字 07.107
exclamation 感叹，*咏叹法 08.175
exclamatory sentence 感叹句 04.161
exclusive rhyme 独用 09.140
exegesis on antient Chinese language 训诂 10.001
exertion in choice of sentence patterns 炼句 08.089
exertion in choice of words 炼字，*炼词 08.088
existential object 存现宾语 04.198
existential sentence 存现句 04.171
exocentric construction 离心结构，*离心构式 04.116
exoglossic 族外语 12.205
exonomative 外来规范 12.200
expansion 扩展 04.261
expectation 期望 11.155
experiencer 感事，*感事格 04.222
experimental phonetics 实验语音学 03.002
expert system 专家系统 11.210
explain in general terms 对文则异，散文则通，*统言，析言，*浑言，析言 10.056

explaining through character form 形训 10.023
explanation 训释 10.021
explanation compiled 专书训释 10.034
explanation in the context 随文释义，*随文立训，*隶属之训诂 10.033
explanation of contextual meaning 文意训释 10.036
explanation of lexical meaning 词义训释 10.035
explanatory adequacy 解释充分性 01.130
explanatory and combinatorial dictionary 详解组配词典 06.183
explanatory definition 解释性释义 06.306
explanatory dictionary 解释性词典 06.233
explanatory equivalent 解释性对等词 06.086
explicit quotation mentioning its author or origin 明引，*正引 08.244
explicit symbolism 明征 08.234
expressing rhetoric 表达修辞学 08.008
expression in detailed and exact data 精细 08.189
expression in dialectal or loan words 异语 08.076
expression in pictography 字象 08.258
expression in terms of respect or self-depreciation 敬谦 08.190
expression with words complementary to each other 互文，*互文见义，*互义，*参互 08.180
extended simile or metaphor 扩喻，*类比 08.103
extended standard theory 扩展标准理论，*扩充标准理论 01.075
extensible markup language 可扩展置标语言 11.065
extensional definition 外延释义 06.304
extensional meaning 引申义，*派生义 05.146
extensional meaning series 义列，*引申系列 05.167
external access 外索引 06.118
externalized language 外化语言，*外在化语言，*E语言 01.122
extraposition grammar 外位语法 11.192

F

false fourth division 假四等 09.105
false second division 假二等 09.104
falsetto 假声，*假嗓音 03.146
fanqie 反切，*反，*翻，*切 09.147
fanxun 反训，*反相训，*相反为训，*正反同辞 10.037

father 父结点，*父节点 11.082
feature extraction 特征抽取 11.152
feature function 特征函数 11.153
feature structure 特征结构 11.088
feature vector 特征向量 11.154

female accent 女国音 12.031
female script 女书 12.032
fidelity 忠实度 11.267
field study 田野调查,*实地调查 01.071
field theory 场论,*语义场理论 05.027
field work *田野工作 01.071
figurative meaning 比喻义 05.156
figurative sense 假借义 10.045
figurative word 比喻词语,*比喻词,*比喻型词语 05.110
figure of speech 修辞格,*辞格,*修辞格式,*辞式 08.090
fill 乱纹 03.219
filled pause 填声停顿 03.048
filler 填充项 11.095
final 韵基 03.024
final 韵母 03.072
final 韵母 09.030
finding the meaning out of the context 据文证义 10.068
finite-state language 有限状态语言,*单向线性语法,*正则语法,*3 类语法 01.136
finite state transition network 有限状态转移网络 11.187
first division 一等韵 09.099
first language 第一语言 12.222
first sinigram in a fanqie 反切上字,*切上字 09.149
five initial categories 五音 09.058
flap 拍音,*闪音,*弹音 03.133
flashback 倒叙 08.261
F-measure F 值 11.238
focus 焦点 04.231
folk definition 通俗释义 06.322
folk dictionary 民俗词典 06.158
folk etymon 俗词源,*民间词源,*流俗词源,*俚俗词源 05.119
folksay 俗语词 05.243
foot 音步 03.284
foreignism 外来词,*借词 05.076
foreign language 外国语 12.224
foreign-oriented bilingual dictionary 外向型词典,*外向型双语词典 06.199
foreign word 外来词,*借词 05.076
form 形式 01.107
form 形式 04.262

form, sound and meaning prove each other 形音义互求 10.061
formal grammar 形式语法 04.017
formalism 形式主义 01.060
formalization 形式化 01.135
formal linguistics 形式语言学 01.066
formal meaning 形式意义 01.153
formal style 正式语体 12.036
formal style in spoken form 口头书卷语体 08.269
form-altered graph 变体字 02.096
form-altered phonogram 变体表音字 02.098
formal universal 形式共性,*形式共相 01.173
formant 共振峰 03.189
formant pattern 共振峰模式 03.217
format guideline 体例 06.029
formulaic expression 惯用语 05.230
forward algorithm 向前算法 11.163
forward maximum matching method 正向最大匹配分词方法,*顺向最大匹配法 11.031
Fourier analysis 傅立叶分析 03.197
fourth division 四等韵 09.102
four tonal categories 四声 09.042
frame 框架 11.092
frame 解读框架 12.135
frame representation 框架表示法 11.094
frame semantics 框架语义学 11.183
frame structure 框架结构 06.031
free form 自由形式 05.205
free root 自由词根 05.199
free variant 自由变体 03.259
frequency 频率 03.185
frequency count 词频统计 06.333
frequency dictionary 频率词典 06.254
frequency of character 字频 02.201
frequent and intermittent repetition of a word 频词 08.207
fricative 擦音,*摩擦音 03.134
front matter 前置页 06.039
front vowel 前元音 03.158
frozen style 固定语体,*礼仪语体 12.040
FSTN 有限状态转移网络 11.187
full affirmation with partial negation or full negation with partial affirmation 舛互 08.133

function 功能 04.263
functional definition 功能释义，*语法性释义 06.311
functional grammar 功能语法 04.013
functionalism 功能主义 01.061
functional meaning 功能义 05.140
functional rhetoric 功能修辞学 08.014
functional sentence perspective 功能句子观 01.096
functional style 语体，*功能风格 08.263
functional unification grammar 功能合一语法 11.181
function word 虚词 04.039
fundamental 基音，*主音 03.200
fundamental frequency 基频 03.201
further annotation on classics and on preceding annotation 义疏 10.015
fusion 合音 07.070
fusional word 合音词 07.112
fuzzy clustering 模糊聚类 11.147
fuzzy language 模糊语言 08.070
fuzzy rhetoric 模糊修辞 08.055
fuzzy set 模糊集 11.098

G

game-theoretic semantics 博弈论语义学，*对策论语义学 05.016
Gan dialect 赣方言，*赣语 07.061
Gaoshan languages 高山族诸语言 13.128
garbled expression for rhetorical effects 断取 08.145
Geba script 哥巴文 13.152
Gelao language 仡佬语 13.080
Geman language 格曼语 13.014
gender 性 04.238
gender differences 性别差异 12.030
general dictionary 普通词典，*通用词典，*一般词典 06.161
general graphology 普通文字学 02.002
generalized meaning 概括义，*抽象义 05.137
general lexicography 普通词典学 06.003
general lexicology 普通词汇学，*一般词汇学，*理论词汇学 05.036
general linguistics 普通语言学，*一般语言学 01.004
generally-used meaning 常用义 05.151
general-purpose dictionary 普通词典，*通用词典，*一般词典 06.161
general rhetoric 普通修辞学 08.002
general semantics 普通语义学 05.004
general style 总体风格 06.025
general survey of dialects 方言普查 07.013
General Table of Simplified Characters 简化字总表 02.187
general vocabulary 通用词汇 05.064
generate 生成，*衍生 01.193
generation differences 代别，*代差 12.033
generative grammar 生成语法 04.009
generative linguistics 生成语言学派，*转换生成学派 01.049
generative phonology 生成音系学 03.239
generative semantics 生成语义学派 01.051
generative semantics 生成语义学 05.007
generic word 类属词，*上下位词 11.046
genetic rhetoric 发生修辞学 08.009
genitive case 属格，*所有格 04.250
genre 文体风格 08.277
germination 连续反复 08.159
gesture language 手势语，*手语 01.116
Ge-Yang branch 仡央语支 13.079
gloss 注释 06.073
glossary 词汇表 06.273
glossematics 语符学 01.011
gloss for additional meaning 附加意义标注 06.323
glossogenetics 语言发生学，*语词发生学 01.043
glottal 喉音，*声门音 03.128
glottal wave 声门波 03.173
glottis 声门 03.114
glottochronology 语言年代学 01.088
glottography 声门测量术 03.170
goal-driven 目标驱动 11.168
government 管辖，*支配 01.144
government-binding theory 管辖与约束理论，*GB 理论 04.010
government theory 管辖理论 04.011
GP 生成音系学 03.239
grade 等 09.098

GR Alphabetic System 国语罗马字 02.179
grammar 语法学 04.001
grammar dictionary 语法词典 06.171
grammar-driven 文法驱动 11.166
grammatical category 语法范畴 04.109
grammatical characteristic 语法性质 04.112
grammatical code 语法代码,＊句法代码 06.123
grammatical dictionary 语法词典 06.171
grammatical form 语法形式 04.107
grammatical function 语法功能 04.108
grammatical hierarchies 语法层级,＊语法等级,＊语法等级体系 01.124
grammatical information 语法信息 06.124
grammaticality 合语法性 01.132
grammaticalization 语法化 04.019
grammatical label 语法标签 06.135
grammatical meaning 语法意义 04.106
grammatical rhetoric 语法修辞学 08.028
grammatical rule 语法规则 04.110
grammatical semantic morpheme 虚词素 05.204
grammatical stress 语法重音 03.042
grammatical system 语法系统 04.111
grammatical tagging 语法标注 11.284
grammatical unit 语法单位 04.105
grammatology 文字学 02.001
graphic component 偏旁 02.061
graphic etymology of Chinese script 汉字字源学 02.010
graphic form 字形 02.028
graphic loan from Japanese 形译词,＊日语借形词 05.082
graphic picture 文字画 02.015
graphic symbol 字符 02.063
graphology 文字学 02.001
graphology of bone inscriptions 甲骨文字学 02.007
grave-tablet inscription 墓志文字 02.119
group language rights 群体语言权 12.215
group of rhymes 韵 09.029
group word 同类词 05.074
guide word 引导词 06.126
guiding principles for understanding rhyme tables 门法 09.115
Guiqiong language 贵琼语,＊鱼通话 13.047
guttural 喉音 09.076
guwen script 古文 02.124

H

Hakka dialect 客家方言,＊客家话 07.064
half-closed vowel 半闭元音,＊半高元音 03.156
half-open vowel 半开元音,＊半低元音 03.155
Han clerical script 汉隶,＊八分 02.133
hand-held electronic dictionary 掌上电子词典,＊袖珍电子词典 06.260
handwritten form 手写体 02.150
Hani language 哈尼语 13.020
Hani writing 哈尼文 13.170
Hanzi 汉字 02.027
hard palate 硬腭 03.110
harmonic 谐波 03.202
head 调头 03.033
head 中心语 04.217
head character 字头 06.061
heading of an article 条头 06.063
headword 词头 05.216
headword 词头,＊词目词 06.059

heavy labial 重唇音 09.062
hekou 合口 09.087
Hertz 赫兹 03.186
heteronymic character 多音多义字 02.159
heterophonic character 异读字 02.160
heuristic rule 启发式规则 11.101
heuristic search 启发式搜索 11.150
Hezhen language 赫哲语 13.110
hidden Markov model 隐马尔可夫模型 11.201
hierarchical network model 层次网络模型 01.154
high frequent word 常用词汇 05.065
high variety 高变体 12.146
historical Chinese lexicology 汉语历史词汇学 05.042
historical comparative lexicology 历史比较词汇学 05.040
historical dictionary 历史词典 06.225
historical lexicology 历史词汇学 05.039
historical linguistics 历史语言学 01.005

·241·

historical linguistics 历时语言学 01.007
historical meaning 历史义 05.147
historical phonological categories 音韵地位 07.084
historical phonology 音韵学,*声韵学 09.001
historical word 历史词语 05.107
historism 历史词语 05.107
hold 持阻 03.086
homograph 同形字 02.155
homograph 同形词 05.189
homophone 同音词 05.188
homophone 直音 09.193
homophonic pun 谐音双关 08.215
homophonic substitution 同音代替 02.040
homophonous character 同音字 02.161
homophony 谐音 08.086
homophony and humour 谐趣 08.235
honorific 敬语 12.035
HTML 超文本置标语言 11.064

Hui dialect 徽方言,*徽语 07.066
human-aided machine translation 人助机译 11.260
humorous definition 幽默释义 06.317
huyong 精照互用 09.118
hybrid 混合词 05.083
hybridization 语言混合 12.168
hybrid word 混合词 05.083
hyperbole 夸张,*夸饰,*铺张,*扬厉,*壮辞,*增语 08.192
hyperbole in cooperation with other figures 间接夸张,*融合夸张 08.194
hyperbole in regard to temporal sequence 超前夸张,*窜前夸张 08.197
hypernym 上位词 05.095
hypertext markup language 超文本置标语言 11.064
hyphenated linguistics 带连字符语言学 01.023
hyponym 下位词 05.096
Hz 赫兹 03.186

I

IC 直接成分 04.253
ideational grammar 概念语法 04.018
ideational meaning 概念义,*客观义,*核心义,*指称义,*理性义 05.136
identical application 同用 09.139
ideography 表意文字 02.021
ideophone 拟声词,*象声词 04.050
idiom 成语 05.228
idiomatic phrase 熟语 05.227
idioms dictionary 成语词典 06.204
I-language 内化语言,*内在化语言,*I语言 01.123
illustrated dictionary 插图词典 06.266
illustrative example 例证,*用例,*词例 06.078
imitation of colour 摹色,*绘色 08.199
imitation of smell 摹味 08.201
imitation of state or condition 摹状,*摹形 08.202
immediate constituent 直接成分 04.253
immediate constituent analysis 直接成分分析法 01.069
immediate constituent analysis 直接成分分析,*层次分析 04.234
immediate different forms of address 连续异称 08.075
immediate or continued repetition 连续反复 08.159

imperative sentence 祈使句 04.162
implicational universal 蕴涵共性 01.171
implicit quotation without mentioning its author or origin 暗引 08.245
implicit symbolism 暗征 08.233
inclusion of articles 收条 06.054
inclusion of head characters 收字 06.055
inclusion of headword 收词 06.047
in-component synonym 同素同义词 05.090
indefinite 无定 04.099
indefinite reference 虚指 04.101
independent tone 单字调 07.074
index 索引 06.340
indexing 标引 11.230
index of fusion 融合度 01.165
index of synthesis 合成度 01.164
indication of variation in season or time by describing natural or biological phenomena 物候 08.225
indicative character 指事字 02.073
indicative item 指示项 06.127
indicative method 指事 02.072
indicator 显现变项 12.049

indigenization 本土化 12.177
indigenous language 土著语言,*原住民语 12.157
indirect object 间接宾语,*近宾语 04.203
indirect speech act 间接言语行为 12.117
individual classifier 个体量词 04.080
individual language rights 个体语言权 12.216
Indo-European family 印欧语系 13.144
inductive calque 归纳仿造 06.090
infix 中缀,*中附语,*中加成分 05.211
inflected language 屈折语 01.176
inflecting language 屈折语 01.176
inflectional form 屈折形式 05.207
inflectional language 屈折语 01.176
inflectional morphology 屈折形态学 01.019
inflectional suffix 词尾 05.217
informal linguistics 非形式语言学,*非形式化语言理论 01.067
informal style 非正式语体,*随便语体 12.037
informal style in spoken form 口头谈话语体 08.266
informant 发音人,*发音合作人 07.022
informational rhetoric 信息修辞学 08.021
information extraction 信息提取,*信息抽取 11.211
information filtering 信息过滤 11.214
information retrieval 信息检索,*情报检索 11.226
information theory 信息论 11.011
ingenious continuation of expression after intentional misinterpretation of words or things 巧缀,*曲说 08.208
inherited word 传承词 05.109
initial 音节首 03.023
initial 声母 03.068
initial 声母 09.022
initial category 声 09.020
initial category 声类 09.162
initialism 首字母缩略词 05.219
initial (of a Chinese syllable) 声,*纽 09.020
initial (of a Chinese syllable) 纽,*声纽 09.021
initials generated 变声 09.168
36 initial sinigrams 三十六字母 09.057
initials proper 正声 09.167
initial types of [k](unaspirated),[t'](aspirated),[f](frica-tive),[l](lateral) and [r](nasal and semi-vowel) 戛透轹揉 09.019
inlaying 镶嵌 08.228

innateness hypothesis 天赋说 01.056
inner access 内索引 06.119
inner rhyme tables 内转 09.080
inner vs. outer 内外 09.117
insert 插页 06.137
inserted expansion 扩展法,*插入法 05.032
insertion 增音 03.056
inside algorithm 向内算法 11.162
instrumental motivation 工具型动机 12.226
instrumental object 工具宾语 04.199
instrumental subject 工具主语 04.187
integrative motivation 融合型动机,*整合动机,*归附动机 12.227
intelligibility 可懂度 11.268
intensional definition 内涵释义 06.303
intensional logic 内涵逻辑 11.206
intensity 音强 03.187
intentional digression from the topic 旁逸 08.205
intentional misinterpretation 曲解 08.209
interactional sociolinguistics 互动社会语言学 12.002
interactive dictionary 互动词典 06.259
interchangeable word for cognate 同源通用 10.046
interchange for near-meaning components 义近形旁通用 02.047
interconnection method of fanqie 反切系联法 09.156
interjection 叹词 04.049
interlanguage 中介语,*语际语言 01.115
interlingua 中间语言,*中介语 11.265
interlingua approach 中间语言法 11.266
intermediate language 中间语言,*中介语 11.265
intermittent or discontinued repetition 间隔反复 08.160
internal access 内索引 06.119
internal form 内部形式 05.132
internalized language 内化语言,*内在化语言,*I 语言 01.123
internal lexicon 心理词库,*心理词典,*内部词典 06.341
international language 国际语言 12.180
International Phonetic Alphabet 国际音标 03.053
Internet dictionary 网络词典,*在线词典 06.262
interpretation for a rhetorical comparison 喻解 08.119
interpretative reading 训读 07.093
interpretive semantics 解释语义学派 01.050

interpretive semantics　解释语义学，*释义语义学　05.006
interrogative pronoun　疑问代词　04.084
interrogative sentence　疑问句　04.156
interrogative word　疑问代词　04.084
intersectional definition　交叉释义　06.318
intimate style　亲切语体　12.039
intonation　语调　03.030
intonational phrase　语调短语　03.287
intransitive verb　不及物动词　04.063
intra-oral pressure　口内压力　03.163
inversional sentence　倒装句　04.177
inversion of the order of morphemes or words　序换，*颠倒　08.236
IPA　国际音标　03.053
IPA transcription　国际音标标音　07.019
ironic and humorous expression　谐辞　08.072
irony　倒反　08.139
irony　反语，*反话　08.141
isa relation　isa 关系　11.067
isolating language　孤立语，*分析语　01.175

J

Japanese transcription of the borrowed Chinese words　日汉对音　09.209
jargon　行业语，*行业词，*行话　05.233
Jianghuai Mandarin　江淮官话，*下江官话　07.055
jianyin vs. tuanyin　尖团音，*尖圆音　09.094
jiaohu　轻重交互　09.119
Jiaoliao Mandarin　胶辽官话　07.050
Jilu Mandarin　冀鲁官话，*北方官话　07.051
Jin dialect　晋方言，*晋语　07.065
Jing language　京语　13.125
Jingpo branch　景颇语支　13.012
Jingpo language　景颇语　13.013
Jingpo writing　景颇文　13.172
Jinuo language　基诺语　13.024
Jiongnai language　炯奈语　13.057
jiyun　寄韵凭切　09.121
joint narration　合说，*合叙，*综说，*并提　08.176
joint narration or statement　合叙　08.177
judgment verb　判断动词，*判断词　04.064
judou　句读　10.060
Jurchen script　女真文　13.155
juxtaposed definition　并列释义　06.296
juxtaposition of the two opposite aspects for contrast　对衬　08.253
juxtaposition of the two opposite aspects of one thing for contrast　反映，*反衬　08.254
juxtaposition of the two opposite or corresponding things or ideas for contrast　衬托　08.251
juxtaposition of the two opposite or corresponding things or ideas for contrast　映衬，*衬托　08.252

K

kaihe　开合　09.085
kaihe　开合韵　09.088
kaikou　开口　09.086
Kanakanavu language　卡那卡那富语　13.133
Kangjia language　康家语　13.105
Kavalan language　噶玛兰语　13.142
Kazak language　哈萨克语　13.094
Kazak writing　哈萨克文　13.171
Kazhuo language　喀卓语　13.025
Kemie language　克蔑语　13.121
Kemu language　克木语　13.120
keqie　窠切　09.116
key to entries　凡例，*例言，*发凡　06.030
Kharosthi alphabet　佉卢字　13.158
Khitan script　契丹文　13.156
Khotan script　于阗文，*于阗塞文　13.187
kinesics　体态语言学，*势态语言学，*肢体语言学，*身势语言学　01.038
Kirgiz language　柯尔克孜语　13.089
Kirgiz writing　柯尔克孜文　13.173
knowledge acquisition　知识获取　11.247
knowledge engineering　知识工程　11.246
knowledge model　知识模型　11.205
knowledge representation　知识表示　11.117

knowledge representation system　知识表示系统　11.118
Korean language　朝鲜语　13.147
Korean transcription of the borrowed Chinese words　朝汉对音　09.210
Korean writing　朝鲜文　13.166
KR　知识表示　11.117
kymograph　记纹器　03.204

L

label　标签　06.131
labeled precision　精确率　11.241
labeled recall　召回率，*标记召回率　11.245
labeled tree　标记树　11.050
labial　唇音　09.061
labio-dental　唇齿音　03.118
labiodental　轻唇音　09.063
LAD　语言获得机制，*语言习得机制　01.121
Lahu language　拉祜语　13.022
Lahu writing　拉祜文　13.174
Lai language　倈语　13.126
Lajia language　拉珈语　13.073
Laji language　拉基语　13.082
lamina　舌叶　03.106
laminal　舌上音　09.066
lamino-alveolar　舌叶—齿龈音，*舌叶音　03.122
Langsu language　浪速语　13.033
language acquisition device　语言获得机制，*语言习得机制　01.121
language attitude　语言态度，*语言观念　12.235
language blending　语言融合　12.191
language branch　语支　13.004
language change　语言演变　12.077
language choice　语言选择　12.203
language community　语言共同体，*语言社区　12.182
language competence　语言能力　01.133
language conflict　语言冲突　12.234
language contact　语言接触　12.164
language death　语言消亡　12.190
language dictionary　语文词典，*语言词典　06.170
language discrimination　语言歧视　12.217
language divergence　语言分化　12.083
language dominance　语言优势　12.152
language engineering　语言工程　11.009
language family　语系　13.002

language for special purposes dictionary　专门用途语言词典，*专用语词典　06.164
language group　语族　13.003
language identity　语言认同　12.218
language industry　语言产业　12.231
language knowledge base　语言知识库　11.271
language law　语言法　12.213
language loss　语言丧失　12.186
language loyalty　语言忠诚　12.185
language maintenance　语言保持，*语言维护　12.183
language market　语言市场　12.233
language modernization　语文现代化　12.202
language normalization　语言规范化　12.201
language pair　语言对　11.262
language planning　语言规划　12.193
language policy　语言政策　12.212
language prestige planning　语言声望规划　12.196
language reduction　语言归约　11.129
language redundancy　语言羡余　11.108
language revival　语言复兴　12.219
language rhetoric　语言修辞学　08.025
language rights　语言权　12.214
language service　语言服务　12.232
language shift　语言转用，*语言替换　12.184
language situation　语言状况　12.211
language skills　语言技能　12.221
language standardization　语言标准化　12.197
language typology　语言类型学　01.029
language union　语言联盟　12.192
language universal　语言共性，*语言共相，*语言普遍现象，*语言普世性　01.168
language variable　语言变项，*语言变量　12.016
language variety　语言变体　12.019
language vitality　语言活力　12.220
langue　语言　01.099
langue meaning　贮存义　05.158

Lanyin Mandarin　兰银官话　07.049
laryngeal　喉音，*声门音　03.128
larynx　喉　03.115
lateral　边音　03.135
lateral approximant　边近音　03.138
lateral fricative　边擦音　03.136
later graph　后起字　02.171
Latinizational New Writing System　拉丁化新文字，*北方话拉丁化新文字，*北拉　02.177
law of rhetoric　修辞规律　08.056
lax tone　舒声　07.089
learner's dictionary　学习词典　06.240
learning by analogy　类比学习　11.250
left most derivation　最左派生　11.123
leige　类隔　09.122
lemma　词目　06.058
Leqi language　勒期语　13.034
lettered morpheme　字母词素　05.218
5-letter tone system　五度标调法　03.081
level or even tone　平声，*平　09.043
level tone with a voiced consonant　平声阳　09.045
level tone with a voiceless consonant　平声阴　09.044
lexemic stratum　词汇层　05.055
lexical cluster　类义词　05.094
lexical collocation　词汇搭配　06.075
lexical colorology　词彩学　05.045
lexical constituent analysis　词义构成分析法　05.031
lexical definition　词汇释义　06.275
lexical disyllabification　双音词化　05.226
lexical entry　词条　06.043
lexical entry　语词条目　06.056
lexical hierarchy　词汇层　05.055
lexicalism　词汇学派　01.052
lexicalist hypothesis　词汇主义假说　01.081
lexical mapping theory　词汇映射理论　01.080
lexical meaning　词义　05.122
lexical meaning system　词义系统　05.125
lexical meaning type　词汇意义类型　05.124
lexical morphology　构词法　05.178
lexical motivation　词的理据　05.134
lexical pragmatics　词汇语用学　01.022
lexical semantics　词汇语义学　05.019
lexical semantics　词义学　05.044

lexical system　词汇系统　05.059
lexical type　词汇类型　05.058
lexical unit　词汇单位　05.057
lexical word　词汇词，*实词　05.056
lexico-disyllabication　双音词化　05.226
lexicographese　辞书用语　06.121
lexicographic(al) archaeology　词典考古学　06.014
lexicographic(al) corpus　词典语料库　06.327
lex-icographic(al) coverage　辞书覆盖面　06.141
lexicographic(al) database　词典数据库　06.325
lex-icographic(al) definition　辞书释义　06.274
lexicographic(al) evidence　辞书语证　06.079
lexicographic(al) style　辞书风格　06.140
lexicographical symbol　辞书编纂符号　06.122
lexicographic(al) works　辞书　06.147
lexicography　词典学　06.002
lexicology　词汇学　05.035
lexicology　词义学　05.044
lexicon　词库　05.072
lexicon　词汇表　06.273
lexicon-driven　词汇驱动　11.165
lexicostatistics　词汇统计法　05.034
lexis studies　语汇学　05.046
Li branch　黎语支　13.076
light labial　轻唇音　09.063
light verb　轻动词　01.149
light vs. heavy　轻重　09.097
Li language　黎语　13.077
line spectrum　*线状谱　03.209
Lingao language　临高语　13.067
lingua franca　族际通用语，*交际媒介语　12.179
lingual　舌音　09.064
linguistic assimilation　语言同化　12.187
linguistic code　语码，*语言代码　12.101
linguistic competence　语言能力　01.133
linguistic determinism　语言决定论　01.054
linguistic dictionary　语文词典，*语言词典　06.170
linguistic intuition　语言直觉，*语感　01.111
linguistic item　语言项目，*语项　12.015
linguistic model　语言模型　01.110
linguistic performance　语言运用，*语言行为，*语言表现　01.134
linguistic philosophy　语言哲学　01.012

linguistic relativity 语言相对论 12.084
linguistics 语言学 01.001
linguistic semantics 语义学 05.001
linguistic string theory 语言串理论 11.196
linguistic style 语言风格 08.278
linguistic typology 语言类型学 01.029
linguistic unit 语言单位 01.109
linguistic unit of high frequency 工程词 05.113
linguistic universal 语言共性，*语言共相，*语言普遍现象，*语言普世性 01.168
linguistic variety 语言变体 12.019
link grammar 链语法 11.190
linking 连接 03.266
lip 唇 03.101
Lisu language 傈僳语 13.021
Lisu writing 傈僳文 13.175
literal interpretation 望文生训，*望形生训，*望文生义 10.074
literary layer 文读层 07.096
literary pronunciation 文读音 07.095
literary reading 文读 07.094
literary versus colloquial distinction 文白异读 07.100
living language 活语言 12.188
Li writing 黎文 13.176
LMT 词汇映射理论 01.080
loanblend 混合词 05.083
loan blend 半借词 12.166

loangraph 假借字 02.090
loan shift 借词音变 12.167
loan translation 仿译词 05.081
loan word 外来词，*借词 05.076
local dialect 地方话 12.160
locate 归字 09.113
locative complement 处所补语 04.215
locative noun 方位词 04.061
locative object 处所宾语 04.197
locative phrase 方位短语，*方位词组，*方位结构 04.130
locative subject 处所主语 04.185
locus 音轨 03.215
logical and mathematical semantics 数理逻辑语义学 11.184
logical connectives 逻辑联结词 11.136
logical definition 逻辑释义，*定义式释义 06.302
logical semantics 逻辑语义学 05.011
logic grammar 逻辑语法 11.191
logic object 逻辑宾语 04.226
logic subject 逻辑主语 04.225
long vowel 长元音 03.011
loudness 响度，*音响 03.230
low variety 低变体 12.147
LSP dictionary 专门用途语言词典，*专用语词典 06.164

M

machine-aided human translation 机助人译 11.259
machine dictionary 机器词典 11.277
machine learning 机器学习 11.248
machine-readable dictionary 机器词典，*机读词典 06.258
machine translation 机器翻译 11.255
macro-rhetoric 宏观修辞 08.048
macro-sociolinguistics 宏观社会语言学 12.003
macrostructure 宏观结构 06.032
main entry 主词条，*主条，*正条 06.068
main vowel 韵腹 09.032
major explaining word 主训词 10.031
majority language 多数人语言 12.150

Manchu branch 满语支 13.107
Manchu language 满语 13.108
Manchu script 满文 13.157
Manchu-Tungusic group 满—通古斯语族，*通古斯语族 13.106
Mandarin dialect 官话方言，*官话 07.044
Mandarin Phonetic Alphabet 注音字母 02.178
Man dialect 蛮话 07.040
Mang language 莽语 13.124
man-machine interface 人机界面，*人机接口 11.208
manner of articulation 发音方式 03.129
Maonan language 毛南语 13.072
markedness 标记性，*标记 01.126

marker　标记变项，﹡标志变项　12.050
mark of word segmentation　分词标记　11.027
Markov-chain model　马尔可夫链模型　11.200
matched-guise technique　配对变语测试法　12.068
matching　匹配　11.148
mathematical linguistics　数理语言学　01.025
mathematical linguistics　数理语言学　11.004
matrigraph　源字　02.051
maxim　格言　05.239
maximum-likelihood estimator　最大似然估计量　11.119
maximum matching segmentation method　最大匹配分词方法　11.030
meaning　意义，﹡语义　01.108
meaning class　义类　05.164
meaning connection　义通　05.174
meaning domain　义域　05.168
meaning eclipse　义蚀　05.173
meaning ensemble label　义象　05.163
meaning family　义族　05.165
meaning formed through simile or metaphor　比喻义　05.156
meaning-indicative phonetic transcription　音义兼译词　05.079
meaning item　义项　05.162
meaning longtitude　义象　05.163
meaning or semantic association　义通　05.174
meaning sector　义区　05.171
meaning set　义系　05.172
meaning trialism　意义三元论，﹡语义三角理论　05.024
meaning with special flavour　色彩义　05.155
measure word　量词，﹡单位词　04.047
mechanical segmentation method　机械分词方法　11.029
medial　韵头，﹡介音　09.031
mediostructure　中观结构　06.033
megastructure　框架结构　06.031
mel　美　03.228
membership　隶属度　11.142
Menba language　门巴语　13.010
menfa　门法　09.115
mentalism　心智主义，﹡心灵主义，﹡心理主义　01.059
mental lexicon　心理词库，﹡心理词典，﹡内部词典　06.341

meta-grammar　元语法　11.203
meta-knowledge　元知识　11.116
metalanguage　元语言，﹡纯理语言，﹡第二级语言　05.115
metalinguistics　元语言学，﹡纯理语言学　01.044
metaphorical code-switching　喻意型语码转换　12.104
metaphor implied in word　潜喻　08.106
metaphor implied in word　比拟，﹡拟态　08.121
metaphor implied in word　拟物，﹡潜喻　08.123
metaphor in the pattern "tenor is/becomes etc. vehicle"　暗喻，﹡隐喻，﹡隐比　08.093
metaphor in the pattern "tenor is more than vehicle"　强喻　08.113
metaphor in the pattern "tenor is suspected to be vehicle"　疑喻　08.110
metaphor particle　比况助词　04.094
metaphor to start a poem or a stanza of a poem　比兴　08.124
metaphor with its tenor and vehicle in double parallelism　对喻　08.097
metaphor with its tenor and vehicle in parallelism　引喻　08.111
metaphor with its vehicle instead of tenor　借喻　08.102
metaphor with something in detailed description as its vehicle　物喻　08.109
meta-rule　元规则　11.115
meta-theory　元理论　11.202
method of fanqie　切韵法　09.107
metonymy　借代，﹡代称，﹡换名　08.114
metonymy　旁借，﹡旁代，﹡随代　08.116
metre　韵律　08.078
metrical grid　节律栅　03.290
metrical phonology　节律音系学　03.243
metrical tree　节律树　03.289
Mian language　勉语　13.059
Miao(Hmong)branch　苗语支　13.053
Miao(Hmong)language　苗语　13.054
Miao writing　苗文　13.178
Miao-Yao group　苗瑶语族　13.052
micro-dictionary　微型词典　06.248
micro-rhetoric　微观修辞　08.049
micro-sociolinguistics　微观社会语言学　12.004
microstructure　微观结构　06.035

microstructure design 微观结构设计 06.036
middle Chinese phonology 今音学 09.135
middle Chinese sounds 中古音 09.005
middle Chinese sounds 今音 09.136
middle matter 中置页 06.040
military dialect 军话 07.038
mimesis 飞白，*非别，*拟误 08.164
mimesis of errors in pronunciation or speech sounds 语音飞白 08.165
mimesis of grammatical mistakes 语法飞白 08.168
mimesis of misinterpretation of words or phrases 语义飞白 08.167
mimesis of misreading or miswriting of similar Chinese characters 字形飞白 08.166
Min dialect 闽方言，*闽语 07.063
minimalist program 最简方案 01.079
minimal pair 最小对立体 03.253
minimal pair test 最小对测试 12.063
minority language 少数民族语言 12.149
minority linguistics 民族语言学 13.001
minor language 少数族裔语言 12.151
mixed language 混合语 12.169
mixed rhyming 合韵 09.128
mixed rhyming in old Chinese 古合韵 09.166
mixed things and terms of different times 移时 08.239
modal verb 能愿动词，*助动词 04.065
modal voice 常态嗓音 03.143
model-theoretic semantics 模型论式语义学 05.013
model theory 模型论式语义学 05.013
modern Chinese character 近代汉字 02.032
modern Chinese lexicology 现代汉语词汇学 05.043
modern cursive script 今草 02.139
modern rhetoric 现代修辞学 08.006
modern semantics 现代语义学 05.003
modified speech 雅化语体 12.042
modifier 修饰语 04.218
Mo language 莫语 13.075
Mongolian group 蒙古语族 13.098
Mongolian language 蒙古语 13.099
Mongolian writing 蒙古文，*老蒙古文，*传统蒙古文，*胡都木文 13.177
Monguor writing 土文 13.180
Mon-Khmer group 孟—高棉语族 13.115

monodirectional dictionary 单向词典 06.197
monofunctional dictionary 单功能词典 06.188
monogenesis 单一母语说 01.089
monoglot dictionary 单语词典 06.191
monolingual 单语人 12.140
monolingual dictionary 单语词典 06.191
monolingual lexicography 单语词典学 06.010
monophonic character 单音字 02.157
monophthong 单元音，*纯元音 03.013
monoseme 单义词 05.084
monosemic character 单义字 02.162
monosyllabic word 单音词 05.190
monovalent verb 一价动词，*单价动词 04.095
Montague grammar 蒙太格语法，*蒙塔古语法，*蒙太古语法，*孟德鸠语法 01.084
Montague semantics 蒙太格语义学，*蒙塔古语义学，*蒙太古语义学，*孟德鸠语义学 01.085
mood particle 语气词 04.055
mora 莫拉 03.283
morpheme 语素 04.027
morphemics 语素学，*词素学 01.017
morphemic script 语素文字，*词素文字 02.022
morphological calque 形态仿造 06.093
morphological dictionary 形态词典 06.173
morphological word formation 词法造词法 05.221
morphology 形态学，*词法学 01.018
morphology 词法 04.025
morphology 词法学，*形态学 04.026
morpho-semantic calque 形义仿造 06.094
morpho-semantic definition 形态—语义释义 06.313
mother tongue 母方言 07.008
mother tongue 母语 12.178
motivated word 有理据词 01.166
motivation of word 词的理据 05.134
motive in speaking or writing 题旨 08.282
motto 格言 05.239
move 移位，*重新排位，*换位 04.257
movement 移位，*重新排位，*换位 04.257
MT 机器翻译 11.255
Mulam language 仫佬语 13.071
Mulao language 木佬语 13.081
multidialectalism 多方言现象 12.142
multi-dimensional definition 多维释义 06.293

multi-dimensional definition components 多维释义成分 06.294
multifunctional dictionary 多功能词典 06.189
multilingual 多语人 12.139
multilingual dictionary 多语词典 06.194
multilingualism 多语现象 12.137
multilingual lexicography 多语词典学 06.012
multimedia dictionary 多媒体词典 06.261
multiple complex sentence 多重复句 04.146

multiple parallelism 排比，*排迭，*排叠，*排句，*排语 08.204
multi-word entry 多字条目 06.066
musical sound 乐音 03.177
mutual application 互用 09.160
mutual explanation 互训 10.027
mutual information 互信息 11.140
Muya language 木雅语 13.044

N

nalogization 类化 02.053
named entity 命名实体 11.212
named entity recognition 命名实体识别 11.213
Namuyi language 纳木依语 13.048
narration by way of parenthesis 插叙，*补叙 08.260
narrow-band spectrogram 窄带语图 03.213
narrow transcription 严式标音，*音素标音法 07.021
narrow vs. wide aperture 弇侈 09.096
nasal 鼻音 03.131
nasal ending 鼻音韵尾 09.035
nasal final 鼻韵母 03.076
nasalization 鼻化 03.064
national language 国语 12.210
national pronunciation 国音 09.012
National Romanization 国语罗马字 02.179
national vocabulary 全民性词汇 05.060
native speaker 本地人 07.023
native word 本语词 05.075
nativism 天赋论 01.187
natural language generation 自然语言生成 11.008
natural language processing 自然语言处理 11.006
natural language understanding 自然语言理解 11.007
Naxi language 纳西语 13.023
Naxi writing 纳西文 13.179
near-by pangzhuan 近旁转 09.183
near homograph 形似字 02.156
near synonym 近义词，*相对同义词 05.092
negation adverb 否定副词 04.090
negative face 消极面子 12.112
negative hyperbole 缩小夸张 08.196
negative politeness strategy 消极礼貌策略 12.110

nei vs. wai 内外 09.117
neizhuan 内转 09.080
neo-clerical script 新隶体 02.136
neo-emerging character 新增字 02.173
Neo-Firthian 新弗斯学派 01.045
Neogrammarians 新语法学派 01.046
neologism 新词语 05.120
neo-rhetoric 新修辞学 08.032
network density 网络密度 12.056
network strength 网络力度 12.057
neural net 神经网络 11.197
neural network recognition method 神经元网络识别法 11.102
neurocognitive linguistics 神经认知语言学 01.041
neurolinguistics 神经语言学 01.040
neurological linguistics 神经语言学 01.040
neutralization 中和 03.250
neutral linguistic devices without rhetorical flavour 中态手段 08.079
neutral tone 轻声 03.080
neutral vowel 央元音，*中性元音，*混元音 03.159
neutral word 中性词 05.101
new creation by partial morpheme substitution 仿造词 05.225
new interpretation of a word or phrase in context 释语，*释词 08.213
new printed form 新字形 02.148
new variation 新派 07.101
n-gram model n元模型，*n元语法 11.199
nine initial categories 九音 09.060
node 结点，*节点 11.078

noise 噪声 03.178
NOM case 主格 04.246
nominalization 名物化 04.102
nominal phrase 名词性短语，*名词性词组，*名词性结构 04.122
nominal predicate 体词性谓语 04.189
nominal-predicate sentence 名词谓语句 04.164
nominative case 主格 04.246
non-abrupt tone 舒声 09.051
nonce 偶发词 05.071
nonce formation 偶发词 05.071
nonce word 偶发词 05.071
nonce-word 临时词，*偶发词 12.130
non-configurational language 非构型语言，*非结构型语言，*非固定结构语言，*无固定结构的语言 01.120
nondeterministic algorithm 非确定性算法 11.128
non-implicational universal 非蕴涵共性 01.172
non-linear phonology 非线性音系学 03.241
non-national vocabulary 非全民性词汇 05.061
non-predicative adjective 区别词，*非谓形容词 04.045
nonprestige dialect 弱势方言 12.156
nonprestige language 弱势语言 12.154
non-recursive noun phrase 基本名词短语 11.057
nonstandard variety 非标准变体 12.028
non-subject-predicate sentence 非主谓句 04.168
non-sustained verb 非持续性动词 04.070
non-terminal symbol 非终极符 11.079
non-tonal language 无声调语言 01.118
nonverbal communication 非言语交际 12.132
non-volitional verb 非自主动词 04.068
normal pronunciation 正纽 09.154
normative character 规范汉字 02.184
normative dictionary 规范性词典 06.228
North Chinese phonology 北音学 09.010
North Chinese sounds 北音 09.009
Northeastern Mandarin 东北官话 07.048
Northern Mandarin 北方方言，*北方话 07.045
Northern Wu dialect 北部吴语 07.058
Northern Yue Vernacular Cluster 粤北土话 07.042
notative character 转注字 02.087
notative method 转注 02.086
noun 名词 04.042
nucleus 音节核 03.025
nucleus 调核 03.034
nucleus element of meaning 核义素，*源义素 10.070
number 数 04.239
number of character forms 字形数 02.199
numeral 数词 04.046
numeral-classifier phrase 数量短语，*数量词组，*数量结构 04.131
Nusu language 怒苏语 13.028

O

object 宾语 04.191
objective case 宾格，*受格 04.247
observational adequacy 观察充分性 01.128
observer's paradox 观察者悖论 12.059
obsolete character 废弃字，*死字 02.196
obsolete old word 旧词语 05.121
obsolete word 废弃词 06.051
obstruent 阻音 03.017
octave 倍频程 03.226
odd script 奇字 02.126
officialese style 事务语体，*公文语体，*公文事务体 08.271
official language 官方语言 12.209
old Chinese phonology 古音学 09.163
old Chinese sounds 上古音 09.004
old Chinese sounds 古音 09.164
old printed form 旧字形 02.149
old rhyme generated 支韵 09.170
old rhyme proper 正韵 09.169
old sound proper 古本音 09.165
old variation 老派 07.102
one-word sentence 独词句 04.169
online dictionary 网络词典，*在线词典 06.262
onomasiological dictionary 概念词典 06.217
onomastic dictionary 专名词典 06.156
onomatopoeia 拟声词，*象声词 04.050
onomatopoeia 摹绘，*摹拟 08.198
onomatopoeia 摹声，*拟声，*声喻法 08.200

onomatopoeic word 拟声词，*象声词 04.050
onset 音节首 03.023
ontology 本体知识体系 11.012
open ending or vowel ending 开韵尾 09.034
opening degree 开口度 03.153
open syllable 开音节 03.020
open vowel 开元音，*低元音 03.154
operational definition 操作性释义 06.320
operator grammar 算子语法 11.185
opposition 对立 03.256
optimality theory 优选论 03.245
optional definition 选择释义 06.297
oracle bone inscription 甲骨文 02.108
ordered heterogeneity 异质有序 12.048
ordering device 编排技巧 06.100
ordinal 序数词 04.076
Oreqen language 鄂伦春语 13.113
original meaning 本义 05.144
original meaning 本义，*造意，*实义 10.039
original word 原形词 05.179

orthoepic dictionary 正音词典，*正音法词典 06.179
orthograph 本字 02.093
orthographic dictionary 正字词典，*正形词典 06.180
orthography 正字法 02.182
ostensive definition 指物释义 06.309
other-initiated script 他源文字 02.025
outer access 外索引 06.118
outer rhyme tables 外转 09.081
outline of a dialect 方言记略 07.015
outside algorithm 向外算法 11.164
outside matter 外部材料 06.038
overall-descriptive dictionary 全描写词典 06.231
overall design 总体设计 06.021
overall layout 总体布局 06.024
overall structure 总体结构 06.022
overlapping ambiguous segmentation 交集型歧义切分字段 11.034
overtone 泛音，*陪音 03.203
overt prestige 显性声望 12.064
oxymoron 对顶 08.146

P

Paiwan language 排湾语 13.134
palaeographology 古文字学 02.003
palaeography 古文字学 02.003
palate 腭，*上腭 03.109
palatography 腭位测量术 03.168
palindrome 回文 08.185
pangzhuan 旁转 09.182
paper dictionary 印刷版词典，*纸质词典 06.256
paradigmatic relations 聚合关系，*联想关系 04.117
paradox 对顶 08.146
paralanguage 副语言，*超语言，*伴随语言现象 01.101
paralinguistic feature 伴随语言特征，*副语言特征 12.129
parallel sentence or phrase with part of it in reverse word-order 错举，*交错语序 08.136
parameter learning 参量学习 11.249
parody 仿拟 08.163
parole 言语 01.100
parol meaning 言语义 05.159

paronomasia 谐音双关 08.215
paronymy graph 同源字 02.050
parser 句法分析器 11.052
parsing tree 剖析树 11.049
part-exoglossic 部分族外语 12.206
partial 分音 03.199
partial equivalence 部分对等 06.087
partial equivalent 部分对等词 06.088
partial parsing 部分句法分析 11.059
participant 参与者 12.089
participant observation 参与观察法，*参与性观察 12.061
particle 助词 04.054
part-of relation part-of 关系，*部件—整体关系 11.068
part-of-speech tagging 词类赋码，*语法码 06.332
part of speech tagging 词性标注 11.285
parts of speech 词类 04.035
passive articulator 被动发音器官 03.098
passive dictionary 消极型词典，*接受型词典，*理解型词典 06.234

passive rhetoric 消极修辞，*规范修辞，*平实修辞 08.044
passive rhetoric 论理性修辞 08.045
patient 受事，*目标，*接受者 04.221
patient object 受事宾语 04.194
patient subject 受事主语 04.183
pattern 模式 11.099
pattern matching 模式匹配 11.149
pattern recognition 模式识别 11.240
pause 停顿 03.047
Pazeh language 巴则海语 13.143
pedagogical dictionary 教学词典 06.239
performance 语言运用，*语言行为，*语言表现 01.134
performative hypothesis 施为句假说，*言行句假说，*表述句式假说 01.098
period 周期 03.183
periodic wave 周期波 03.175
periphrastic definition 迂回释义 06.292
person 人称 04.242
personal pronoun 人称代词 04.083
personification 比拟，*拟态 08.121
personification 拟人 08.122
persuasive definition 劝说式释义 06.316
pet name 爱称 08.073
Phags-pa script 八思巴文 13.148
pharyngeal 咽音 03.127
phatic communion 寒暄交谈 12.128
philology 语文学 01.014
philology 小学 10.010
philosophical linguistics 哲理语言学，*哲学语言学 01.013
philosophical semantics 哲学语义学，*意元学 05.010
philosophy of language 语言哲学 01.012
philosophy of semantics 语义哲学 05.014
phonation 发声 03.141
phonation type 发声类型 03.142
phoneme 音位 03.251
phoneme 音素 03.257
phoneme system 音位系统 03.252
phonemic loan 音译词 05.078
phonemic representation 音位表达式 03.269
phonemics 音位学 03.237

phonemic script 音素文字，*音位文字 02.019
phonemic transcription 音位标音，*宽式标音 03.051
phonetic alphabet transcription 字母注音法 06.099
phonetic component 声旁，*声符，*音符 02.083
phonetic fusion graph 合音字 02.099
phonetic implementation 语音实现 03.275
phonetic implementation rule 语音实现规则 03.276
phoneticization 声化 02.045
phonetic loan meaning 假借义 05.142
phonetic representation 语音表达式 03.268
phonetic rhetoric 语音修辞 08.039
phonetics 语音学 03.001
phonetic script 表音文字 02.018
phonetic similarity 语音相似性 03.254
phonetic symbol 音符 02.066
phonetic symbol abbreviation 省声 02.081
phonetic symbol series 谐声系列 09.188
phonetic symbol system 谐声系统 09.189
phonetic symbol transcription 音标注音法 06.098
phonetic transcription 语音标音，*严式标音 03.052
phonetic transcription 注音 06.097
phonetic transcription 音标注音法 06.098
phonetic transcription 记音 07.017
phonetic word formation 语音造词法，*语音构词 05.223
phonogram 表音字 02.097
phonological borrowing 通假，*假借，*通借，*同音通假 02.091
phonological change 音系变化 03.247
phonological correspondence 语音对应，*语音对应规律 07.091
phonological phrase 音系短语 03.286
phonological representation 音系表达式 03.270
phonological rule 音系规则 03.274
phonological system of mono-syllable 单字音系 07.025
phonological word 音系词 03.285
phonology 音系学 03.238
phonology 音系 03.246
phonology 音韵，*声韵 09.002
phonology of rhyme tables 等韵 09.109
phono-morphological calque 音形仿造 06.095
phono-semantic calque 音义仿造 06.096
phrasal dictionary 短语词典 06.208

253

phrasal entry 短语条目 06.067
phrase 短语，*词组 04.121
phrase-marker 短语标记 04.256
phraseological dictionary 习语词典，*语典 06.203
phraseological unit 熟语 05.227
phraseology 熟语学 05.047
phraseology of explanation 训释用语 10.038
phrase-structure grammar 短语结构语法，*词组结构语法 04.007
phrase structure grammar 短语结构语法 11.177
pictograph 象形字 02.071
pictographic method 象形 02.070
pictographic script 象形文字 02.017
pictographic symbol 义符 02.065
picto-phonetic character 形声字 02.079
picto-phonetic method 形声 02.078
pictorial dictionary 图解词典 06.267
pictorial illustration 插图 06.136
picture dictionary 图解词典 06.267
pidgin 皮钦语 12.171
ping fen yin yang 平分阴阳 09.204
Pinghua dialect 平话方言，*平话 07.067
Pingshui rhyming system 平水韵 09.131
pitch 音高 03.235
pitch accent 音高重调 03.291
pitch range 音高范围，*音域 03.232
pivotal construction 兼语式，*兼语词组，*兼语结构，*递系结构，*递系式 04.138
pivotal construction 兼语句 04.175
place noun 处所名词，*处所词 04.060
place of articulation 发音部位 03.116
planning of dictionary project 编纂计划 06.026
Platonic notion of meaning 柏拉图意义观 05.021
Plato's notion of meaning 柏拉图意义观 05.021
ploce 换义 08.182
plosive 爆发音，*塞音，*闭塞音，*破裂音 03.130
PM 短语标记 04.256
pocket dictionary 袖珍词典 06.249
politeness strategy 礼貌策略 12.109
political essayist style 政论语体 08.273
polyfunctional dictionary 多功能词典 06.189
polygenesis 多母语说 01.090
polyglossia 多言制，*多言现象 12.145

polyglot dictionary 多语词典 06.194
polyphonic character 多音字 02.158
polyphonic word 多音词 05.193
polyseme 多义词 05.085
polysemic character 多义字 02.163
polytechnic dictionary 综合技术词典 06.165
popular word 俗语词 05.243
positive face 积极面子 12.113
positive hyperbole 扩大夸张 08.195
positive politeness strategy 积极礼貌策略 12.111
positivism 实证主义 01.183
post-creole continuum 克里奥尔语演化连续体 12.173
postprocessing 后处理 11.254
potential complement 可能补语 04.211
pottery inscription 陶文 02.116
pottery symbol 陶符 02.035
power 权势关系，*强势关系 12.092
practical dictionary 实用词典 06.181
practical lexicography 应用词典学 06.009
practical rhetoric 实践修辞学 08.010
practical writing style 应用文体 08.272
pragmatic rhetoric 语用修辞学 08.036
pragmatics 语用学 01.021
pragmatism 实证主义 01.183
Prague School 布拉格学派 01.048
precision 精确率 11.241
predicate 谓语 04.188
predicate logic representation 谓词逻辑表示法 11.107
predicate-object verb 谓宾动词 04.072
predicative 谓词 04.041
predicative 述语 04.190
predicative object 谓词性宾语 04.192
prefabricated language 惯用语 05.230
preference semantics 优选语义学 11.194
prefix 前缀，*词头，*前附语，*前加成分 05.210
prefix 词头 05.216
prehead 调冠 03.032
preposition 介词 04.052
prepositional phrase 介词短语，*介词词组，*介词结构 04.132
preprocessing 预处理 11.253
prescriptive dictionary 规定性词典 06.229
prescriptivism 规定主义 01.057

prestige dialect 强势方言 12.155
prestige language 强势语言,*优势语言 12.153
presupposition 预设 01.157
presupposition 预设 04.232
primary articulation 主要发音（动作） 03.091
primary duizhuan 正对转 09.180
primary meaning 原始义,*原义,*初义 05.145
primary stress 主重音 03.039
primitive actions 基元动作 11.111
primitive acts 基元动作 11.111
primitive sense 原始义项 06.287
principles and parameters 原则和参数 04.024
principles of headword selection 收词原则 06.048
print dictionary 印刷版词典,*纸质词典 06.256
printed form 印刷体 02.147
prior probability 先验概率 11.156
probabilistic context free grammar 概率上下文无关文法,*随机上下文无关文法 11.178
probabilistic grammar 概率语法 11.180
proclitics 词头 05.216
production language 产生式语言 11.073
production rule representation 产生式规则表示法 11.072
productive bilingualism 生产性双语现象 12.230
productive dictionary 能产型词典,*表达词典 06.238
productivity 能产性 01.105
prominence 突显 03.231
pronoun 代词 04.048
pronunciation dictionary 发音词典,*语音词典 06.175
pronunciation of a script 字音 02.029
proper character 正体字,*正字,*正体 02.166
proper noun 专有名词 04.056
proper order dictionary 顺序词典,*正序词典 06.252
property adjective 性质形容词 04.073
proposition calculus 命题演算 11.097
prosodic domain 韵律域 03.281

prosodic feature 韵律特征 03.280
prosodic hierarchy 韵律层级 03.282
prosodic phonology 韵律音系学 03.244
prosodic utterance 韵律语句 03.288
prosody 韵律 03.278
proto dialect 原始方言,*祖方言 07.006
protoform 初文 02.170
proto-lexeme 原生词 05.118
prototype 原型 04.020
prototype 原型 11.204
prototype semantics 原型语义学 01.094
prototype theory 原型理论 01.093
prototypical definition 原型释义 06.308
prototypical lexeme 首词 05.073
proverb 谚语 05.238
prove the pronunciation by using meaning 以义证音 10.066
proxemics 空间关系学 01.035
PSG 短语结构语法,*词组结构语法 04.007
psycholinguistics 心理语言学 01.039
psychological rhetoric 心理修辞学 08.004
Pubiao language 普标语 13.084
Pumi language 普米语 13.040
pun 双关,*多义关联 08.214
punctuations as rhetorical devices 标点修辞 08.041
pun on polysemy 借义双关,*语义双关,*彼此双关,*表里双关,*对象双关,*意义双关 08.216
pure hyperbole 直接夸张,*普通夸张,*一般夸张 08.193
pure third division 纯三等韵 09.103
pure tone 纯音,*单音 03.194
purpose of dictionary-making 编纂宗旨 06.027
Putonghua 普通话 12.208
puxue 朴学,*汉学 10.011
Puyuma language 卑南语 13.139

Q

Q & A dictionary 问答词典 06.269
Qiang branch 羌语支 13.037
Qiang language 羌语 13.038
Qiang writing 羌文 13.191

Qidan script 契丹文 13.156
qiejiao word 切脚词 07.113
qing vs. zhong 轻重 09.097
Qin system script 秦系文字 02.113

quadrisyllabic word 四字格 05.229
quantification in stylistic study 语体量化研究 08.037
quantitative linguistics 计量语言学 01.024
quantitive complement 数量补语 04.214
quantitive object 数量宾语 04.200
quasi-affix 类词缀,＊准词缀 05.213
quasi-bilingual dictionary 准双语词典 06.193
quasi-prefix 类前缀,＊准前缀 05.214
quasi-suffix 类后缀,＊准后缀 05.215
query 查询 11.229

question answering system 问答系统 11.209
Queyu language 却域语 13.042
quick pronunciation 急声,＊急读 09.191
quotation 引用,＊引语,＊引话,＊援 08.243
quotation 征引 10.020
quotation in new interpretation 出新 08.249
quotation in the contrary meaning 反用 08.250
quotation of dictum, epigram or proverb 引经 08.247
quotation of meaning 意引 08.246

R

radiation 辐射 03.181
radical 部首 02.062
radical 舌根 03.108
rapid and anonymous observation 快速隐匿观察法 12.060
rarely used character 罕用字 02.195
rarely-used meaning 僻义 05.152
rationalism 理性主义 01.185
RBMT 基于规则的机器翻译 11.256
realism 现实主义 01.058
real time 真实时间 12.075
recall 召回率,＊标记召回率 11.245
receiver 受话人 12.122
recent Chinese sounds 近代音 09.006
recipient 与事 04.223
recipient subject 与事主语 04.184
reciprocal dictionary 交互式词典 06.263
recognition rate 识别率 11.242
re-collocation of words or morphemes 拼字 08.231
reconstruction of ancient pronunciation 古音构拟,＊古音重建 09.003
recursive definition 递归定义 11.074
recursive transition network 递归转移网络 11.188
redundant syllable 重出小韵 09.143
redundant syllable in rhyme tables 重纽,＊重出唇牙喉音 09.144
reduplication word 叠音词,＊重叠词 05.192
reference book 工具书,＊参考工具书 06.148
reference to one thing to introduce another thing 起兴,＊兴起 08.087

reference work 工具书,＊参考工具书 06.148
referential calque 指称仿造 06.091
referentialism 指称论 05.023
referential meaning 指称意义 05.133
referential theory 指称论 05.023
reflexive pronoun 反身代词 04.086
regional common language 地方普通话 07.011
regional dictionary 地方语词典 06.215
regional variation 区域性变异 12.014
regional variety 地域变体 12.020
register 语域 12.045
regular grammar 正则文法,＊3型文法 11.174
regularity of rhetoric 修辞律,＊辞律 08.046
regularization of cursive form into standard script 草书楷化 02.039
regular language 正则语言 11.175
rejection rate 拒识率 11.243
related ideas expressed in double parallelism 串对,＊流水对,＊走马对 08.150
relational definition 关系释义法 06.314
relation between different phonological categories 通转 09.175
relation between type and token 词型和词例关系,＊类型和类例关系 11.282
relative synonym 近义词,＊相对同义词 05.092
release 除阻 03.087
repeated definition 重叠释义 06.298
repeating mark 重文符号 02.153
repetition 反复,＊重复,＊重言,＊复沓,＊重章 08.158

· 256 ·

repetition of different words, phrases or sentences in the same meaning 重说 08.132
repetition of synonyms or near-synonyms 同义反复 08.219
repetition of the same Chinese character in the same sense 叠字 08.173
repetition of the same Chinese character or word 复叠 08.170
repetition of the same Chinese character or word in different senses or grammatical functions 复辞 08.171
repetition of the same Chinese character or word in the same sense 叠音 08.172
repetition of the same word at the corresponding grammatical position in the corresponding or opposite meaning 迭映 08.142
repetition of the same word in the same sense 叠词 08.174
repetition rate of word type 词型复现率 11.041
repetition symbol 代字号 06.125
repetition with extension 呼应 08.259
representation by Chinese characters 字代 08.256
resonance 共振，*共鸣 03.188
resonant cavity 共鸣腔，*声腔 03.100
restricted dictionary 有限词典 06.169
restricted language 受限语言 11.103
restrictive attributive 限制性定语 04.206
resultive complement 结果补语 04.209
resultive object 结果宾语 04.195
retrieval system 检索系统 11.227
reverse dictionary 倒序词典，*逆序词典 06.253
revised and enlarged edition 增订版 06.272
revised edition 修订版 06.271
rewriting rules 重写规则，*产生式 11.071
rGyarong language 嘉戎语 13.039
rheme 述题，*述位 04.230
rhetoric 修辞学 08.001
rhetorical activities 修辞活动 08.058
rhetorical aesthetics 修辞美学 08.033
rhetorical comparison 比喻，*譬喻，*譬，*比，*打比方 08.092
rhetorical comparison in periphrasis 回喻，*迂喻 08.101
rhetorical comparison with selected vehicles 择喻 08.112

rhetorical comparison with vehicle preceding tenor 倒喻，*逆喻 08.096
rhetorical dissociation 修辞分化 08.068
rhetorical lexicology 修辞词汇学 08.023
rhetorical marker 修辞标记 08.067
rhetorical meaning 修辞色彩，*修辞意义 08.064
rhetorical mentality 修辞心理 08.060
rhetorical method 修辞方法 08.080
rhetorical paradigm 修辞聚合 08.063
rhetorical process 修辞过程 08.057
rhetorical psychology 修辞心理学 08.034
rhetorical question with a negative answer implied 反问，*反诘，*诘问，*激问 08.161
rhetorical question with a positive answer implied 正问 08.162
rhetorical question with or without an answer 设问，*设疑 08.211
rhetorical resources 修辞资源 08.065
rhetorical structure 修辞结构 08.069
rhetorical syntax 修辞句法学，*句法修辞学 08.024
rhetorical value 修辞价值 08.059
rhetorical varieties 修辞变体 08.066
rhetoric by lexical devices 词汇修辞，*语汇修辞 08.040
rhetoric in spoken language 口语修辞 08.052
rhetoric in written language 书面语修辞 08.053
rhetoric (rhetorical activities or regularities) 修辞 08.038
rhetoric synonym 修辞同义词，*言语同义词 05.089
rhotacized 儿化 03.077
rhotacized 儿化 07.071
rhotacized final 儿化韵 03.078
rhotacized final 儿化韵 07.072
rhyme 韵基 03.024
rhyme 韵 09.029
rhyme 押韵，*协韵，*叶韵，*压韵 09.124
rhyme 合辙，*押韵 09.129
rhyme categories with generated initials 支韵，*变韵 09.170
rhyme categories with proper initials 正韵 09.169
rhyme category 韵类 09.161
rhymed disyllables 叠韵 09.028
rhyme dictionary 韵书 09.137

· 257 ·

rhymed sinigram 韵脚 09.126
rhymed word formation 衍声造词法 05.224
rhyme generated 变韵 09.171
rhyme group 韵部，*部 09.172
rhyme groups 摄 09.082
16 rhyme groups 十六摄 09.083
rhyme heading 韵目 09.138
rhyme scheme 韵律 08.078
rhyme set 韵系 09.145
rhyme shifting additional 变声 09.168
rhyme shifting proper 正声 09.167
rhymes with common features but under different headings 重韵 09.141
rhyme tables 切韵图，*韵图 09.110
rhyme tables 等韵图，*韵图 09.111
rhyme with a labial ending 闭口韵 09.040
rhyme with a nasal ending 阳声韵，*阳声 09.038
rhyme with an open ending 阴声韵，*阴声 09.037
rhyme with a stop ending 入声韵 09.039
rhyme with stop ending 促声 09.052
rhyme with vowel or nasal ending 舒声 09.051
rhyming dictionary 韵律词典，*音韵词典，*韵脚词典 06.177
rhyming pattern 韵例，*韵式 09.127
rhyming reference work 韵书 06.178
rhyming system for regular poetry 诗韵 09.130
rhyming system of the Book of Songs 诗韵 09.130
rhyming system of the Ci poetry 词韵 09.132
rhyming system of the Qu poetry 曲韵 09.133
rhythm 节奏 03.046
right most derivation 最右派生 11.122

riji 日寄凭切 09.120
rime 韵基 03.024
rising tone 上声，*上 09.046
rising tone of the sinigrams with voiced initials become departing tone 浊上变去 09.203
role instruction 角色指令 12.094
role relationship 角色关系 12.091
root 词根 04.033
root 词根 05.198
root dictionary 词根词典 06.226
root morpheme 词根词 05.196
root-oriented dictionary 同根词典，*同源词典 06.227
root word 根词，*语根 10.053
rounded 圆唇 03.102
rounded articulation 合口 09.087
rounded vowel 圆唇元音 03.161
round initial 团音 07.087
Rouruo language 柔若语 13.029
routine 惯用语 05.230
RTN 递归转移网络 11.188
Rukai language 鲁凯语 13.137
rule-based approach 基于规则的方法 11.061
rule-based machine translation 基于规则的机器翻译 11.256
rules of dictionary-making 编纂条例 06.028
running script 行书 02.141
run-on entry 内词条 06.070
ru pai san sheng 入派三声 09.205
Russian language 俄语 13.146
Russian writing 俄罗斯文 13.169

S

Saaroa language 沙阿鲁阿语 13.132
Saisiyat language 赛夏语 13.138
Salar language 撒拉语 13.096
same or similar or complementary ideas expressed in double parallelism 正对 08.148
sample size 样本量 11.290
sampling 抽样，*采样 11.289
Sangkong language 桑孔语 13.026
Sapir-Whorf hypothesis 萨丕尔—沃尔夫假说 01.055

Scheme for Simplifying Chinese Characters 汉字简化方案 02.185
Scheme for the Chinese Phonetic Alphabet 汉语拼音方案 02.180
school dictionary 学习词典 06.240
schwa 央元音，*中性元音，*混元音 03.159
science and technology dictionary 科技词典 06.167
science of lexicographic(al) works 辞书学 06.001
scientific popular style 科学通俗语体 08.276

scientific style　科学语体，*科技语体　08.275
scope　辖域　04.264
scope adverb　范围副词　04.088
scratch-mark symbol　刻画符号　02.016
script　文字　02.014
script arrangement　行款　02.146
script figure　形体　02.106
script format　行款　02.146
script order　字序　02.203
script quantity　字量　02.198
script reform　文字改革　02.034
script style　字体　02.107
sealing-clay inscription　封泥文字　02.121
seal inscription　玺印文字　02.117
search　检索　06.336
search area　查询区　06.044
search area　检索区域　06.338
search engine　搜索引擎　11.215
search for the word meaning by the form of written character　以形索义　10.062
search key　检索词，*检索关键词　06.337
search path　检索途径　06.339
search word　检索词，*检索关键词　06.337
secondary articulation　次要发音(动作)　03.092
secondary duizhuan　次对转　09.181
secondary lemma　副词条，*副条　06.071
secondary onomatopoeia　摹绘，*摹拟　08.198
secondary pangzhuan　次旁转　09.184
secondary stress　次重音　03.040
second division　二等韵　09.100
second language　第二语言　12.223
second sinigram in a fanqie　韵　09.029
second sinigram in a fanqie　反切下字，*切下字　09.150
secret dialect　隐语　12.046
Sedeq language　赛德克语　13.130
seek meaning through sounds　因声求义　10.063
segment　音段　03.277
segregatory word　离合词　05.187
selection of entries (articles)　选条　06.052
selection of head characters　选字　06.053
selection of headword　选词　06.046
selection of lemma　立目　06.045

selection of verbs for more dynamic or vivid description of an action　增动　08.257
self-evaluation test　自我评价测验　12.067
self-initiated script　自源文字　02.024
semanteme　语义　05.160
semanteme　义素　10.069
semantic calque　语义仿造　06.089
semantic category　义类　05.164
semantic component　形旁，*形符，*义符　02.082
semantic component　义素　05.170
semantic dictionary　语义词典　11.278
semantic differential scales　语义区分量表，*语义鉴别量表　12.066
semantic discrimination　语义辨析，*同义辨析　06.324
semantic domain　义域　05.168
semantic extension　引申　10.042
semantic feature　语义特征　04.023
semantic field　语义场　05.161
semantic field synonym　意念同义词，*表意同义词　05.087
semantic field theory　场论，*语义场理论　05.027
semantic gloss　义训　10.024
semantic grammar　语义语法　11.195
semantic interpretation　语义解释　11.112
semanticism　语义主义　01.082
semantic loan　意译词　05.080
semantic marker　语义标记，*语义特征，*语义成分　11.109
semantic meaning of a script　字义　02.030
semantic morpheme　词素　05.201
semantic network representation　语义网络表示法　11.114
semantic network theory　语义网络理论　05.025
semantic pattern　语义模式　11.113
semantic philosophy　语义哲学　05.014
semantic point　义点　06.281
semantic primitive　语义基元　11.110
semantics　语义学　05.001
semantic script　表意文字　02.021
semantic space　义区　05.171
semantic symbol　意符　02.064
semantogram　表意字　02.095
semanto-phonetic inclusion　亦声　02.077
semanto-phonetic script　意音文字，*意符音符文字　02.023

· 259 ·

sememe　义位　05.169
semi-cursive script　行书　02.141
semi-dental　半齿音　09.073
semi-grammaticalized prefix　类前缀，*准前缀　05.214
semi-grammaticalized suffix　类后缀，*准后缀　05.215
semi-lingual　半舌音　09.067
semi-lingual and semi-dental　半舌半齿音　09.074
semiotactic analysis　语义结构分析法　05.030
semiotics　符号学　01.010
semiotic triangle　语义三角　01.156
semiotic triangle of meaning　意义三元论，*语义三角理论　05.024
semi-prefix　类前缀，*准前缀　05.214
semi-sign graph　半记号字　02.101
semi-suffix　类后缀，*准后缀　05.215
semitone　半音　03.227
sender　发话人　12.121
sense　义项　06.282
sense discrimination　义项划分　06.283
sense distinction　义项划分　06.283
senseitem　义项　05.162
sentence　句子　04.139
sentence constituent analysis　句子成分分析，*中心词分析　04.235
sentence dictionary　句典　06.210
sentence group　句群　04.148
sentence mode type　句类　04.152
sentence pattern　句型　04.150
sentences in parallelism　偶句　08.155
sentence stress　句重音　03.041
separate narration　分叙　08.262
separate statement　分说，*分述　08.169
sequential application　递用　09.159
serial verb construction　连动式，*连动词组，*连动结构　04.137
serial verb construction　连谓句　04.174
serial verb phrase　连谓短语，*连谓词组，*连谓结构　04.136
set phrase　成语　05.228
setting　场所　12.090
seven initial categories　七音　09.059
SGML　标准通用置标语言　11.063
shallow parsing　浅层分析　11.060

Shangjiang Mandarin　上江官话　07.054
shared rhyme　同用　09.139
sharp and round initial distinction　分尖团　07.085
sharp initial　尖音　07.086
she　摄　09.082
She branch　畲语支　13.060
She language　畲语　13.061
sheshang　舌上音　09.066
shetou　舌头音　09.065
Shixing language　史兴语　13.046
short vowel　短元音　03.012
Shouwen's system of initial sinigrams　守温字母　09.056
sibling　兄弟结点，*兄弟节点　11.083
siddham　悉昙　09.114
side component　偏旁　02.061
sign　记号　02.067
sign dictionary　符号词典　06.268
sign graph　记号字　02.100
signific component　形旁，*形符，*义符　02.082
signific symbol abbreviation　省形　02.080
sign language　手势语，*手语　01.116
silent pause　无声停顿　03.049
simile　明喻，*直喻，*显比　08.104
simile or metaphor with one vehicle for several tenors　约喻　08.095
simile or metaphor with tenor and vehicle in exchange for each other　互喻　08.100
simple clustering　简单聚类　11.146
simple final　单韵母　03.073
simple sentence　单句　04.140
simple word　单纯词　04.029
simple word　单纯词　05.181
simplication tendency of high frequency character　高频趋简律　02.202
simplification　简化　02.036
simplified Chinese character　简化字　02.186
simplified form　简体　02.037
sine wave　正弦波　03.193
single-element character　独体字　02.055
single-word entry　单字条目　06.065
sinigrams based on the same phonetic symbol　谐声系列　09.188
sinigrams used as initials　字母　09.055

sinigrams with shared phonetic symbol 谐声 09.185
sinigram to be spelt 被切字 09.148
sinigram used as the phonetic symbol 主谐字 09.186
sinigram using zhuxiezi as the phonetic symbol 被谐字 09.187
sinigraphic spelling 反切，*反，*翻，*切 09.147
sinogram 汉字 02.027
Sino-Tibetan family 汉藏语系 13.005
situated meaning 语境意义 12.107
situation 情景 12.087
situational code-switching 情景型语码转换 12.103
situational context 情境 08.281
six categories of character construction 六书 02.069
Six Scripts 六书 02.069
six script-styles in early Han 汉初六体 02.145
Six States script 六国文字 02.114
size of dictionary 辞书规模 06.142
skeletal tier 骨架音层，*主干音层 03.264
slang 俚语词 05.241
slang 俗语词 05.243
slang dictionary 俚语词典 06.207
slang word 俚语词 05.241
slot 列围 09.112
slots 槽 11.093
slow pronunciation 慢声 09.192
small seal script 小篆 02.130
SMT 统计机器翻译 11.258
social context 社会语境 12.086
social dialect 社会习惯语，*社会方言词语，*习惯语 05.231
social dialect 社会方言 12.025
social differentiator 社会差别标志 12.024
social distribution 社会分布 12.018
social idiom 社会习惯语，*社会方言词语，*习惯语 05.231
social network 社会网络 12.055
social psychology of language 语言社会心理学 12.009
social variable 社会变项 12.017
social variation 社会变异 12.013
sociolect 社会方言 12.025
sociolinguistic marker 社会语言标记 12.023
sociolinguistics 社会语言学 12.001
sociology of language 语言社会学 12.007

sociopsychological rhetoric 社会心理修辞学 08.035
soft palate 软腭 03.111
Sogdian language 粟特文，*窣利文 13.160
solidarity 同等关系，*一致关系 12.093
sonagram 语图 03.211
sonagraph *语图仪 03.205
sonorant 响音 03.018
sort element of meaning 类义素 10.071
sound gloss 声训 10.022
sound spectral analysis 声谱分析 03.198
sound spectrogram 语图 03.211
sound spectrograph 声谱仪 03.205
sound spectrum 声谱 03.207
sound symbolism 语音象征 08.077
source 声源 03.180
source language analysis 源语分析 11.263
source word 源词 10.054
South Chinese sounds 南音 09.011
Southern Wu dialect 南部吴语 07.059
Southern Xiang Vernacular Cluster 湘南土话 07.043
Southwestern Mandarin 西南官话，*上江官话 07.053
SOV language 主—宾—动语序语言，*主宾动型语言 01.179
speaking rate 语速 03.233
specialized character 专用字 02.194
specialized dictionary 专科词典 06.162
specialized lexicography 专科词典学 06.004
specialized lexicology 专语词汇学，*特殊词汇学，*具体词汇学，*个别语言词汇学，*具体语言词汇学 05.037
special reading character 特字 07.108
specification of word segmentation 分词规范 11.025
specific question 特指问句 04.159
specimen entry 样条 06.139
specimen section 样稿 06.138
spectral envelope 谱包络，*频谱包络 03.208
speech 口语 01.113
speech accommodation theory 言语顺应理论，*交际调适理论 12.115
speech act 言语行为 12.116
speech community 言语共同体，*言语社区，*言语社群，*言语社团 12.021
speech event 言语事件 12.127

speech group　言语群体　12.022
speech island　言语岛　12.159
speech-language pathology　语言病理学，*言语病理学　01.042
speech perception　言语知觉，*言语感知　03.224
speech production　言语产生　03.083
speech reaction test　言语反应测验　12.062
speech rhetoric　言语修辞学　08.026
speech sound　语音　03.003
speech-text transfer　语音—文本转换　11.225
speech wave　言语波，*语音波　03.172
spelling dictionary　拼写词典　06.176
spike　冲直条　03.220
split language　并合语　12.174
split word　分音词　07.111
S-structure　S结构　01.141
standard-descriptive dictionary　标准描写词典　06.232
standard form　正体字，*正字，*正体　02.166
standard generalized markup language　标准通用置标语言　11.063
standardization of contemporary Chinese character　现代汉字规范化　02.181
standard language　标准语　12.198
standard script　楷书　02.142
standard theory　标准理论　01.074
standard variety　标准变体　12.027
state adjective　状态形容词，*状态词　04.074
state complement　状态补语　04.213
static attribute list　静态属性表　11.053
station dialect　站话　07.039
statistical approach　基于统计的方法　11.062
statistical linguistics　统计语言学　01.026
statistical machine translation　统计机器翻译　11.258
statistical recognition method　统计识别方法　11.104
statistical rhetoric　统计修辞学　08.020
statistic-based approach　基于统计的方法　11.062
status planning　语言地位规划　12.194
stem　词根词　05.196
stem　词干　05.197
stereotype　成见变项　12.051
stereotyped expression　熟语　05.227
stipulative definition　规定性释义　06.305
stochastic model of language　语言的随机模型　11.198

stone inscription　石刻文字　02.118
stop ending　塞音韵尾　09.036
stop words　停用词　11.239
story tree　故事树　11.086
stratification　分层，*层化　12.029
stratificational grammar　层次语法　04.006
stratificational linguistics　层次语言学　01.063
stress　重音　03.037
stressed　重读　03.036
stroke　笔画　02.057
stroke form　笔形　02.058
stroke index　笔画索引　06.120
stroke loan　借笔　02.038
stroke order　笔顺　02.059
structuralism　结构主义　01.068
structuralist grammar　结构主义语法，*结构语法　04.005
structuralist linguistics　结构语言学派，*结构主义语言学　01.047
structural linguistics　结构语言学派，*结构主义语言学　01.047
structural meaning　结构义　05.141
structural particle　结构助词　04.092
structural relations　结构关系　04.119
structural rhetoric　结构修辞学　08.029
structural semantics　结构语义学　05.008
structural typology　结构类型学　01.028
structure　结构　04.120
structure category　结构类型　02.068
structure of Chinese character　汉字结构　02.054
student's dictionary　学生词典　06.241
study of ancient Chinese script　中国古文字学　02.005
study of bone inscriptions　甲骨学　02.006
study of character model　字样学　02.205
study of Chinese script　汉字学，*汉语文字学　02.004
study of Chinese script culture　汉字文化学　02.011
study of contemporary Chinese character　现代汉字学　02.012
study of rhyme tables　切韵学　09.106
study of rhyme tables　等韵学　09.108
style　文体　08.264
style label　文体标签　06.132
stylistic label　文体标签　06.132

stylistics 文体学 08.003
stylistics 风格学 08.013
stylistic synonym 语体同义词，*风格同义词 05.088
sub-entry 次词条 06.069
subglottal pressure 喉下压力，*声门下压力 03.164
subject 主语 04.180
subject dictionary 专科词典 06.162
subject indexing 主题标引 11.232
subject label 学科标签 06.133
subject-predicate phrase 主谓短语，*主谓词组，*主谓结构 04.127
subject-predicate sentence 主谓句 04.163
subject reference work 类书 06.159
subject retrieval 主题检索 11.237
subject term 主题词，*叙词 11.235
subordinate complex sentence 偏正复句，*主从复句 04.145
subordinate phrase 偏正短语，*偏正词组，*偏正结构 04.126
subordination compound word 偏义复合词，*偏义复词 05.184
subpattern 子模式 11.100
subset meaning group 义群 05.166
subsidiary 附录 06.042
substance measure word 物量词，*名量词 04.077
substandard Mandarin 蓝青官话 07.046
substandard variety 非标准变体 12.028
substantial definition 实质性释义 06.301
substantive 体词 04.040
substantive-object verb 体宾动词 04.071
substantive universal 实质共性，*实体共相 01.174
substitution 替换，*替代，*替换法 04.255
substractive bilingualism 缩减性双语现象，*消减性双语现象 12.229
substratum 底层语言 12.175
subtree 子树 11.084
suffix 后缀，*后附语，*后加成分 05.212
Sui language 水语 13.070
Sui script 水书 13.161
Sulong language 苏龙语 13.051
Suo-phrase 所字短语，*所字词组，*所字结构 04.134
superposed variety 超方言变体 12.148

superposition 重叠 04.251
superstratum 表层语言 12.176
super term 上位词 05.095
supervised learning 有指导学习 11.251
supplement 补编 06.146
supplementary remark after a pause 顿迭 08.157
suprasegmental 超音段，*跨音段，*非音段 03.279
surface form *表层形式 03.272
surface meaning 表层义 05.129
surface representation 表层表达式 03.272
surface structure *表层结构 03.272
surface structure 表层结构 04.114
sustained simile or metaphor 博喻，*复喻，*联[贯]比，*莎士比亚式比喻 08.094
sustained verb 持续性动词 04.069
SVO language 主—动—宾语序语言，*主动宾型语言 01.180
swear word 詈词，*恶言，*恶声，*秽语，*骂言，*粗口 05.242
syllabic ending 韵尾 09.033
syllabic script 音节文字 02.020
syllable 音节 03.019
syllable 纽 09.021
syllable in a rhyme dictionary 小韵，*纽 09.142
syllable structure 音节结构 03.022
symbolic rhetoric 符号修辞 08.042
symbolism 象征 08.232
symbolized font 笔势 10.041
synaesthesia 通感，*移觉，*联觉 08.217
synaloepha 元音融合 03.058
synchronic dictionary 共时性词典 06.222
synchronic grammar 共时语法 04.002
synchronic linguistics 共时语言学，*静态语言学 01.008
synchronic variation 共时变异 12.073
synchrony 共时 01.102
synecdoche 借代，*代称，*换名 08.114
synecdoche 对代，*类名 08.115
synesthesia 通感，*移觉，*联觉 08.217
synonym 同义词 05.086
synonym dictionary 同义词典 06.220
synonymic character 同义字 02.164
synonymic interchange 同义换读，*异音同用 02.165

synonymy 同义关系 05.126
syntactical rhetoric 修辞句法学,*句法修辞学 08.024
syntactic ambiguity 句法歧义 04.153
syntactic analysis 句法分析 04.233
syntactic calque 句法仿造 06.092
syntactic code 语法代码,*句法代码 06.123
syntactic constituent 句法成分 04.149
syntactics 句法学,*句法组配学 04.104
syntactic semantics 句法语义学 05.020
syntactic tree 句法树 11.048
syntactic word formation 句法造词法 05.222
syntagmatic relations 组合关系,*句段关系,*结合关系 04.118
syntax 句法学 01.016
syntax 句法 04.103
syntax 句法学,*句法组配学 04.104
synthetic language 综合语 01.178
synthetic rhetoric 综合修辞学,*组合修辞学 08.007
syssemantograph 会意 02.076
syssemantographic and picto-phonetic character 会意兼形声字 02.085
syssemantographic method 会意 02.075
system 系统 01.106
system of semantic extension 引申义列 10.044

T

taboo 禁忌语,*讳饰语 05.235
taboo character 避讳字 02.175
tagged corpus 标注语料库 06.329
tagmeme 法位,*语位 01.152
tagmemics 法位学,*序位学,*语位学,*语位学派 01.064
tail 调尾 03.035
Tajik language 塔吉克语 13.145
tap 拍音,*闪音,*弹音 03.133
target language 目的语 12.225
target language generation 目标语生成 11.264
Tatar language 塔塔尔语 13.097
temporal complement 时间补语 04.216
temporal measure word 时量词 04.079
temporal noun 时间名词 04.059
temporal object 时间宾语 04.196
temporal subject 时间主语 04.186
temporary meaning 临时义 05.154
temporary transfer of parts of speech 转类,*转品 08.255
tenor 本体 08.117
tense 时 04.243
term 术语 05.232
terminal symbol 终极符 11.080
terminological dictionary 术语词典 06.166
terminologicalization 术语化 08.061
terminology 术语 05.232
terminology bank 术语库,*术语数据库 11.275
term of endearment 爱称 08.073
test set 测试集 11.287
text 文本 01.192
text 文本 11.066
text alignment 文本对齐,*双语对齐 11.286
text categorization 文本分类,*文本自动分类 11.221
text classification 文本分类,*文本自动分类 11.221
text mining 文本挖掘 11.222
text proofreading 文本校对 11.223
text retrieval 文本检索 11.220
text rhetoric 篇章修辞学 08.017
text to speech 文本—语音转换 11.224
textual criticism by evidences 考证,*考据 10.005
textualization 谋篇 08.084
TG 转换生成语法,*生成语言学 01.073
TG 转换语法 04.008
Thao language 邵语 13.141
the enlarging of meaning 词义扩大 05.175
the fanqie for the other pronunciation 又切 09.152
the materials of exegesis on antient Chinese language 训诂材料 10.003
thematic dictionary 分类词典 06.218
thematic theory θ理论,*题元理论,*论旨理论 01.078
theme 主题,*主位,*题元 04.229
the narrowing of meaning 词义缩小 05.176
theoretical definition 理论性释义 06.319
theoretical dictionary 理论研究型词典 06.242

theoretical lexicography　理论词典学　06.008
theoretical linguistics　理论语言学　01.002
theoretic semantics　普通语义学　05.004
θ-theory　θ理论，*题元理论，*论旨理论　01.078
theory of four-principle and two-use for Six Scripts　四体二用说　02.104
theory of Six Scripts　六书说　02.102
theory of the right-side graphic element　右文说　02.084
theory of three pairs for Six Scripts　六书三耦说　02.105
theory of Three Scripts　三书说　02.103
the process of voiced obstruents becoming voiceless　浊音清化　09.200
the same word as subject and its complement　同语　08.220
thesaurus　类义词典，*义类词典　06.219
thesaurus　主题词表　11.236
the study of Confucian classics　经学　10.009
the study of *Shuowenjiezi*　《说文》学，*许学　10.013
theta role　题元角色，*θ角色，*西塔角色　01.148
theta-theory　θ理论，*题元理论，*论旨理论　01.078
the transferring of meaning　词义转移　05.177
third division　三等韵　09.101
Tibetan branch　藏语支　13.008
Tibetan language　藏语　13.009
Tibetan writing　藏文　13.188
Tibeto-Burman group　藏缅语族　13.007
tier　音层　03.262
tier chart　音层图　03.263
tilde　代字号　06.125
timbre　音色，*音质　03.236
time adverb　时间副词　04.089
tmesis　析词，*拆词　08.226
Tocharian script　焉耆—龟兹文　13.159
to combine an initial and a final to form a syllable　纽　09.021
Todorkhai Mongol　托忒文　13.164
token　例，*个例，*实例，*标形，*标记，*数　01.163
Tomba script　东巴文　13.151
Tomita algorithm　富田胜算法，*广义LR分析算法　11.131
tonal category　调类　03.028
tonal language　声调语言　01.117

tonal relation within a rhyme set　四声相承　09.146
tonal value　调值　03.029
tone　声调　03.027
tone　声　09.020
tone　声调　09.041
tone group　调群　03.031
tone language　声调语言　01.117
tone sandhi　连读变调　03.065
tone sandhi　连读变调　07.076
tone with a voiced initial　阳调　09.049
tone with a voiceless initial　阴调　09.050
tongue　舌　03.104
tongue blade　舌叶　03.106
tongue position　舌位　03.152
tongue root　舌根　03.108
tongue tip　舌尖　03.105
tongxun　同训　10.029
tongzhuan　通转　09.175
top-down parsing　自顶向下句法分析　11.121
topic　话题　04.227
topic　话题　12.088
topographic(al) dictionary　地名词典　06.157
tortuous rhetorical comparison　曲喻　08.107
total harmony　音和　09.123
total size　总体规模　06.023
trace　语迹，*虚迹，*踪迹　01.142
trace theory　语迹理论　01.077
traditional Chinese character　繁体字　02.188
traditional classical Chinese semantics　传统训诂学　10.007
traditional grammar　传统语法　01.062
traditional rhetoric　传统修辞学　08.005
traditional semantics　传统语义学　05.002
training set　训练集　11.288
transcribed ancient script　传抄古文　02.127
transcription　标音，*记音　03.050
transcriptions between languages　对音　09.206
transfer approach　转换法　11.269
transfer dictionary　转换词典　11.270
transferred epithet as modifier　移就，*转借　08.237
transferred meaning　转义　05.157
transformation　变易　10.048
transformational analysis　变换分析　04.236

transformational-generative grammar 转换生成语法，*生成语言学 01.073
transformational grammar 转换语法 04.008
transition 过渡阶段 12.080
transition cue 过渡音征 03.218
transitive verb 及物动词 04.062
translated loan 译词 05.077
translational semantics 翻译语义学 05.017
translation dictionary 翻译词典 06.195
translation equivalent 翻译对等词 06.085
translation memory 翻译记忆 11.261
transliteration 音译词 05.078
transmissive character 传承字 02.172
transtion-probability matrix 转移概率矩阵 11.159
tree adjoining grammar 树邻接语法 11.193
tree bank 树库 11.276
trill 颤音，*滚音 03.132
triphthong 三合元音 03.016
Tri-script Stone Classics 三体石经，*正始石经，*三字石经 02.129
tri-syllabic form 三字组 07.078
trivalent verb 三价动词 04.097
trope 比喻，*譬喻，*譬，*比，*打比方 08.092
trunk-branch simile or metaphor 联喻，*贯喻 08.105
truth-conditional semantics 真值条件语义学 05.012

truth-theoretic semantics 真理论语义学 05.015
Tsangluo language 仓洛语 13.011
Tsou language 邹语 13.131
TTS 文本—语音转换 11.224
Tujia language 土家语 13.050
Tu language 土族语，*蒙古尔语 13.101
Tungusic branch 通古斯语支 13.111
tuning 调音 08.082
Turkic group 突厥语族 13.087
Turkic script 突厥文，*鄂尔浑—叶尼塞文，*突厥卢尼克文 13.162
turn 话轮 12.124
turn-taking 话轮转换 12.125
Tuwa language 图瓦语 13.091
twin simple word 联绵词 05.194
two-alliterated words 联绵词，*联绵字，*诔语 10.058
two-dimensional etymology 二维度词源学 05.051
two or more words with the same as well as different characters 同异 08.218
two-way dictionary 双向词典 06.198
type 型 01.162
type-token ratio 型—例比 11.042
typical example 典型例证 06.082

U

Uighur language 维吾尔语 13.093
Uighur script 回鹘文，*回纥文 13.154
Uighur writing 维吾尔文 13.183
unabridged dictionary 足本词典 06.245
unaspirated 不送气 03.067
unaspirated voiceless initials 全清 09.014
underlying form *底层形式 03.271
underlying representation 底层表达式 03.271
underlying structure *底层结构 03.271
uneven tones 仄声 09.054
unidirectional dictionary 单向词典 06.197
unification 合一算法 11.135
unification algorithm 合一算法 11.135
unification-based grammar 基于合一的语法 11.182
unilateral explanation 单训 10.026

unit of word segmentation 分词单位 11.028
universal grammar 普遍语法 01.072
universal semantics 普遍语义学 05.005
universals of politeness 普遍礼貌特征 12.108
unknown word 未登录词 11.033
unlisted word 未登录词 11.033
unmotivated word 无理据词 01.167
unregistered word 未登录词 11.033
unrestricted grammar 非限制文法，*无限制语法，*0型文法 11.171
unrounded 不圆唇 03.103
unrounded articulation 开口 09.086
unrounded vowel 不圆唇元音 03.162
unstressed 轻读，*弱读 03.045
unsupervised learning 无指导学习 11.252

unvoiced consonant　清辅音　03.006
unvoiced initial with voiced release　清音浊流　07.088
urban dialectology　城市方言学　12.005
urbanism　城市语特征　12.026
usage dictionary　用法词典　06.174
usage dictionary　惯用法词典，*用法词典　06.209
usage label　用法标签　06.134
usage note　用法说明　06.074
use of big words in ordinary speech　降用　08.187
use of synonyms or near synonyms to avoid repetition　避复　08.125
user needs analysis　用户需求分析　06.018
user specific dictionary　用户词典　11.279
uvula　小舌　03.112
uvular　小舌音　03.126
Uzbek language　乌孜别克语　13.095
Uzbek writing　乌孜别克文　13.182

V

vague reference　虚指　04.101
valence theory　配价理论　01.092
valency　价，*配价　04.241
valency dictionary　配价词典　06.172
valency grammar　配价语法　04.016
variable rule　变项规则　12.069
variance　方差　11.139
variant　变异形式，*变异体，*变素　12.012
variant character　异体字　02.174
variant forms of a Chinese character　异体词　05.112
variant reading　异读　07.092
variation　变异　12.011
variation in clause length　参差　08.137
variation in collocation, word-order, clause-length or pattern　错综，*拗语，*避复　08.134
variation in sentence patterns　换型　08.138
varied forms of address　异称　08.074
vehicle in metonymy or synecdoche　代体，*借体　08.120
vehicle in simile or metaphor　喻体　08.118
velar　牙音　09.075
velum　软腭　03.111
verb　动词　04.043
verbal communication　言语交际　12.131
verbal phrase　动词性短语，*动词性词组，*动词性结构　04.123
verbal repertoire　语库，*言语能力库　12.100
verbal subject　谓词性主语　04.181
verb-object phrase　述宾短语，*述宾词组，*动宾结构　04.128
verb or adjective complement phrase　述补短语，*述补词组，*中补短语　04.129
verb-predicate sentence　动词谓语句　04.165
vernacular　本地话，*土话　12.161
13 vernacular rhyming groups　十三辙　09.134
vertex　顶点　11.077
Viet-Muong group　越芒语族　13.123
Vietnamese transcription of the borrowed Chinese words　越汉对音，*汉越语　09.211
vision　示现，*现实法，*现写法，*想见格　08.212
Viterbi algorithm　维特比算法　11.160
vocabulary　词汇　05.053
vocabulary concentration　词汇集中度　11.044
vocabulary diversity　词汇差异度　11.043
vocabulary of spoken language　口语词汇　05.067
vocabulary of written language　书面语词汇，*书卷词汇，*书语词汇　05.066
vocabulary of written words　书面语词汇，*书卷词汇，*书语词汇　05.066
vocal cords　声带　03.113
vocal folds　声带　03.113
vocal organs　发音器官　03.096
vocal tract　声道　03.099
voice　嗓音　03.140
voice　态，*语态　04.245
voice bar　嗓音横杠，*浊音杠　03.214
voiced　浊　09.016
voiced consonant　浊辅音　03.007
voiced initial　浊声母　03.070
voiced initial　浊声母　09.026
voiced obstruent (stop, affricate and fricative)　全浊　09.017
voiced sonorant　次浊　09.018

voiceless 清 09.013
voiceless consonant 清辅音 03.006
voiceless initial 清声母 03.069
voiceless initial 清声母 09.025
voice onset time 嗓音起始时间,＊浊音起始时间 03.216
voicing 浊化 03.062
volitional verb 自主动词 04.067
VOT 嗓音起始时间,＊浊音起始时间 03.216
vowel 元音 03.008
vowel chart 元音图 03.010
vowel chart 声学元音图 03.222
vowel harmony 元音和谐 03.248
VSO language 动—主—宾语序语言,＊动主宾型语言 01.181
vulgar character 俗字 07.104
vulgar form 俗体字,＊俗字,＊俗体 02.167
vulgar form of stele inscription 碑别字 02.120
vulgarism 俗体字,＊俗字,＊俗体 02.167
vulgarism 粗俗词语 12.043

W

Wa-De'angic branch 佤—德昂语支,＊佤—崩龙语支 13.116
waizhuan 外转 09.081
Wa language 佤语 13.117
Warring States script 战国文字 02.112
waveform 波形 03.174
wavelength 波长 03.182
wave theory 波浪理论,＊波形理论,＊波浪说 01.091
Wa writing 佤文 13.181
weighted indexing 加权标引 11.234
Wei stele style 魏碑体 02.143
Western Huns branch 西匈语支 13.092
Western Yugur language 西部裕固语 13.090
whisper 耳语声 03.147
white noise 白噪声 03.179
Wh-word 疑问代词 04.084
wide-band spectrogram 宽带语图 03.212
wit and wise lie 谲辞 08.191
wonderful effect achieved through meaning, sound or form of words 辞趣 08.047
word 词 04.028
word 词 05.052
word class tagging 词类赋码,＊语法码 06.332
word count 词频统计 06.333
word disassembly ＊拆词 08.226
word family 词族 10.055
word form 词形 05.123
word formation 词法 04.025
word formation 造词法 05.220
word-formation embodiment 笔意 10.040
word frequency 词频 11.036
word frequency index 词频索引 11.037
word order 语序,＊词序 04.154
word sense tagging 词义自动标注,＊语义自动排歧 11.283
word stock 语汇 05.054
word stress 词重音 03.038
word token 词频标记 06.334
word token 词例 11.039
word type 词型 11.040
writing 文字 02.014
writing reform 文字改革 02.034
written language 书面语 01.114
written style 书卷语体 08.268
written style in written form 书面书卷语体 08.270
wrong and inappropriate character 错别字 02.168
Wu dialect 吴方言,＊吴语 07.057

X

X bar theory X 杠理论,＊X 阶理论 01.076
X-bar theory X 杠理论,＊X 阶理论 01.076
Xiajiang Mandarin 下江官话 07.056
Xiandao language 仙岛语 13.036
Xiang dialect 湘方言,＊湘语 07.060
Xibo language 锡伯语 13.109

Xibo writing 锡伯文 13.184
Xixia script 西夏文 13.163
XML 可扩展置标语言 11.065

X-radiography X 射线照相术 03.166
X' theory X 杠理论,＊X 阶理论 01.076

Y

Yami language 雅美语,＊达悟语 13.140
Yanghuang language 佯僙语 13.074
Yao branch 瑶语支 13.058
Yao writing 瑶文 13.185
yaxue 雅学 10.012
yes-no question 是非问句 04.157
Yi branch 彝语支 13.018
Yi language 彝语,＊罗罗语 13.019

yinhe 音和 09.123
Yi writing 彝文 13.186
younger graph 后起字 02.171
younger orthograph 后起本字 02.094
youwen theory 右文说 02.084
Yu at the fourth division 喻四 09.078
Yu at the third division 喻三 09.077
Yue dialect 粤方言,＊粤语 07.062

Z

Zaiwa language 载瓦语 13.031
Zaiwa writing 载瓦文 13.189
zero form 零形式 01.143
zero form 零形式 04.252
zero initial 零声母 03.071
zero initial 零声母 09.024
zero rhetoric 零度修辞 08.054
zeugma with one logical and the other illogical collocations 拈连,＊关联,＊连物 08.203
Zhaba language 扎坝语 13.043
zhangcao script 章草 02.138
Zhang group 照三组,＊照三 09.072
Zhao group at the second division 照二组,＊照二 09.071

Zhao group at the third division 照三组,＊照三 09.072
zhengchi 正齿音 09.070
zhixun 直训 10.025
Zhongyuan Mandarin 中原官话 07.052
zhouwen script 籀文 02.125
zhuan 转 09.079
Zhuang-Dai branch 壮傣语支,＊台语支 13.063
Zhuang-Dong group 壮侗语族 13.062
Zhuang group 照二组,＊照二 09.071
Zhuang language 壮语 13.064
Zhuang writing 壮文 13.190
zhuxiezi 主谐字 09.186
zi changed final 子变韵母,＊Z 变韵 07.082
Zipf's law 齐普夫定律 11.038

汉 英 索 引

A

阿昌语　Achang language　13.032
阿尔泰语系　Altaic family　13.086
*阿眉斯语　Amis language　13.135
阿美语　Amis language　13.135
阿侬语　Anong language　13.017
爱称　term of endearment;pet name;diminutive　08.073
案头词典　desk dictionary　06.244
暗引　implicit quotation without mentioning its author or origin　08.245
暗用　allusion　08.091
暗喻　metaphor in the pattern "tenor is/becomes etc. vehicle"　08.093
暗征　implicit symbolism　08.233
*拗语　variation in collocation, word-order, clause-length or pattern　08.134

B

*八分　Han clerical script　02.133
八思巴文　Phags-pa script　13.148
巴哼语　Baheng language　13.056
巴克斯—诺尔范式　Backus-Naur form;BNF　11.070
巴则海语　Pazeh language　13.143
把字句　Ba-construction　04.172
白读　colloquial reading　07.097
白读层　colloquial layer　07.099
白读音　colloquial pronunciation　07.098
白文　Bai writing　13.149
白语　Bai language　13.049
白噪声　white noise　03.179
百科词典　encyclopedic dictionary　06.155
百科词典学　encyclopedic lexicog-raphy　06.007
百科附录　encyclopedic appendix　06.145
百科全书　encyclopedia　06.154
百科条目　encyclopedic entry　06.057
百科性释义　encyclopedic definition　06.276
百科语料库　encyclopedic corpus　06.328
半闭元音　half-closed vowel　03.156
半齿音　semi-dental　09.073
*半低元音　half-open vowel　03.155
*半高元音　half-closed vowel　03.156
半记号字　semi-sign graph　02.101
半借词　loan blend　12.166
半开元音　half-open vowel　03.155
半舌半齿音　semi-lingual and semi-dental　09.074
半舌音　semi-lingual　09.067
半音　semitone　03.227
*半元音　approximant　03.137
伴随语言特征　paralinguistic feature　12.129
*伴随语言现象　paralanguage　01.101
褒义词　complimentary word　05.099
保安语　Bao'an language　13.103
爆发音　plosive　03.130
卑南语　Puyuma language　13.139
碑别字　vulgar form of stele inscription　02.120
北部吴语　Northern Wu dialect　07.058
北方方言　Northern Mandarin　07.045
*北方官话　Jilu Mandarin　07.051
*北方话　Northern Mandarin　07.045
*北方话拉丁化新文字　Latinizational New Writing System　02.177
北京官话　Beijing Mandarin　07.047
*北拉　Latinizational New Writing System　02.177
北音　North Chinese sounds　09.009
北音学　North Chinese phonology　09.010
贝叶斯决策规则　Bayes decision rule　11.143

倍频程 octave 03.226
被动发音器官 passive articulator 03.098
被切字 sinigram to be spelt 09.148
*被释义词 definiendum 06.279
*被释义字 definiendum 06.279
被谐字 beixiezi;sinigram using zhuxiezi as the phonetic symbol 09.187
被字句 Bei-construction 04.173
本地话 vernacular 12.161
本地人 native speaker 07.023
本调 basic tone 07.073
*本调 citation tone 03.079
本体 tenor 08.117
本体知识体系 ontology 11.012
本土化 indigenization 12.177
本义 original meaning 10.039
本义 original meaning;basic meaning 05.144
本音 basic form 07.068
本语词 native word 05.075
本字 orthograph 02.093
本字 etymological character 07.105
*崩龙语 De'ang language 13.119
鼻化 nasalization 03.064
鼻音 nasal 03.131
鼻音韵尾 nasal ending 09.035
鼻韵母 nasal final 03.076
*比 trope;rhetorical comparison 08.092
比较词典 comparative dictionary 06.190
比较词典学 comparative lexicography 06.005
比较互证 comparative cross motivation 10.067
比较文字学 comparative graphology;comparative grammatology 02.013
比较修辞学 comparative rhetoric 08.018
比较语法 comparative grammar 04.004
比较语文学 comparative philology 01.015
*比较语文学 comparative grammar 04.004
比较语言学 comparative linguistics 01.006
*比况 description 09.190
比况助词 metaphor particle 04.094
比拟 personification;metaphor implied in word 08.121
比拟呼告 apostrophe by personification 08.179
比兴 bixing;metaphor to start a poem or a stanza of a poem 08.124

比喻 trope;rhetorical comparison 08.092
*比喻词 figurative word 05.110
比喻词语 figurative word 05.110
*比喻型词语 figurative word 05.110
比喻义 figurative meaning;meaning formed through simile or metaphor 05.156
*彼此双关 pun on polysemy 08.216
笔画 stroke 02.057
笔画排检法 arrangement and consultation in strokes 06.110
笔画索引 stroke index 06.120
笔势 symbolized font 10.041
笔顺 stroke order 02.059
笔形 stroke form 02.058
笔形代码排检法 arrangement and consultation in coded strokes 06.111
笔意 word-formation embodiment 10.040
毕苏语 Bisu language 13.027
闭环性 closedness of dictionary 06.077
闭口韵 rhyme with a labial ending 09.040
*闭塞音 plosive 03.130
闭音节 closed syllable 03.021
闭元音 closed vowel 03.157
避复 use of synonyms or near synonyms to avoid repetition 08.125
*避复 variation in collocation,word-order,clause-length or pattern 08.134
避讳 avoidance of taboo 08.126
避讳字 taboo character 02.175
边擦音 lateral fricative 03.136
边界调 boundary tone 03.292
边近音 lateral approximant 03.138
边音 lateral 03.135
编码 encoding 01.190
编码词典 encoding dictionary 06.237
编排法 arrangement 06.102
编排技巧 ordering device 06.100
编纂计划 planning of dictionary project 06.026
编纂条例 rules of dictionary-making 06.028
编纂者 compiler 06.144
编纂宗旨 purpose of dictionary-making 06.027
贬义词 derogatory word 05.100
变调 changed tone 07.075

变换分析　transformational analysis　04.236
变例　complementary principles of the interconnection method　09.158
变声　①rhyme shifting additional；②initials generated　09.168
*变素　variant　12.012
变体表音字　form-altered phonogram　02.098
变体字　form-altered graph　02.096
变项规则　variable rule　12.069
变异　variation　12.011
*变异体　variant　12.012
变异形式　variant　12.012
变易　transformation　10.048
变音　changed form　07.069
*Z变韵　zi changed final　07.082
D变韵　D changed final　07.083
变韵　rhyme generated　09.171
辨义成分　distinguisher；distinctive feature　06.284
标点修辞　punctuations as rhetorical devices　08.041
*标杆元音　cardinal vowels　03.009
*标记　markedness　01.126
*标记　token　01.163
标记变项　marker　12.050
标记树　annotated tree；labeled tree　11.050
标记性　markedness　01.126
*标记召回率　recall；labeled recall　11.245
标签　label　06.131
*标形　token　01.163
标音　transcription　03.050
标引　indexing　11.230
*标志变项　marker　12.050
标注语料库　tagged corpus　06.329
标准变体　standard variety　12.027
标准理论　standard theory　01.074
标准描写词典　standard-descriptive dictionary　06.232
标准通用置标语言　standard generalized markup language；SGML　11.063
标准语　standard language　12.198
*标准元音　cardinal vowels　03.009
表层表达式　surface representation　03.272
*表层结构　surface structure　03.272
表层结构　surface structure　04.114
*表层形式　surface form　03.272

表层义　surface meaning　05.129
表层语言　superstratum　12.176
*表达词典　productive dictionary　06.238
表达修辞学　expressing rhetoric　08.008
*表里双关　pun on polysemy　08.216
*表述句式假说　performative hypothesis　01.098
表义素　appearance element of meaning　10.072
*表意同义词　semantic field synonym　05.087
表意文字　semantic script；ideography　02.021
表意字　semantogram　02.095
表音文字　phonetic script　02.018
表音字　phonogram　02.097
宾格　objective case　04.247
宾语　object　04.191
濒危语言　endangered language　12.189
并合语　split language　12.174
并列释义　juxtaposed definition　06.296
*并提　joint narration　08.176
波长　wavelength　03.182
波拉语　Bola language　13.035
波浪理论　wave theory　01.091
*波浪说　wave theory　01.091
波形　waveform　03.174
*波形理论　wave theory　01.091
伯努利效应　Bernoulli effect　03.165
柏拉图意义观　Plato's notion of meaning；Platonic notion of meaning　05.021
博弈论语义学　game-theoretic semantics　05.016
博喻　sustained simile or metaphor　08.094
补编　supplement　06.146
*补叙　narration by way of parenthesis　08.260
补语　complement　04.208
补正　catching-up amendment　08.127
补注　accessory zhu　10.017
不及物动词　intransitive verb　04.063
不送气　unaspirated　03.067
不圆唇　unrounded　03.103
不圆唇元音　unrounded vowel　03.162
布尔运算符　Boolean operator　11.069
布干语　Bugan language　13.085
布拉格学派　Prague School　01.048
布朗语　Bulang language　13.118
布农语　Bunun language　13.136

布努语　Bunu language　13.055
布兴语　Buxing language　13.122
布央语　Buyang language　13.083
布依文　Bouyei writing　13.165
布依语　Bouyei language　13.065
*部　rhyme group　09.172
部分对等　partial equivalence　06.087
部分对等词　partial equivalent　06.088
部分句法分析　partial parsing　11.059
部分族外语　part-exoglossic　12.206
部件　component part　02.060
*部件—整体关系　part-of relation　11.068
部首　radical　02.062
部首排检法　arrangement and consultation in radicals　06.109

C

擦音　fricative　03.134
*采样　sampling　11.289
*参互　expression with words complementary to each other　08.180
参见　cross-reference　06.128
参见符号　cross-reference mark　06.130
参见结构　cross-reference structure　06.034
参见条　cross-reference entry　06.072
*参考工具书　reference work; reference book　06.148
参量学习　parameter learning　11.249
参与观察法　participant observation　12.061
*参与性观察　participant observation　12.061
参与者　participant　12.089
仓洛语　Tsangluo language　13.011
藏词　elliptical expression　08.128
操作性释义　operational definition　06.320
槽　slots　11.093
草书　cursive script　02.137
草书楷化　regularization of cursive form into standard script　02.039
测试集　test set　11.287
参差　variation in clause length　08.137
*层次分析　immediate constituent analysis　04.234
*层次分析法　constituent analysis　01.127
层次网络模型　hierarchical network model　01.154
层次语法　stratificational grammar　04.006
层次语言学　stratificational linguistics　01.063
层递　climax　08.129
*层化　stratification　12.029
*层退　anticlimax　08.131
*插入法　inserted expansion　05.032
插图　pictorial illustration　06.136

插图词典　illustrated dictionary　06.266
插叙　narration by way of parenthesis　08.260
插页　insert　06.137
查检法　consultaion　06.103
查询　query　11.229
查询区　search area　06.044
察合台文　Chagatay script　13.150
*拆词　word disassembly　08.226
*拆字　disassembly of Chinese character　08.227
*产生式　rewriting rules　11.071
产生式规则表示法　production rule representation　11.072
产生式语言　production language　11.073
颤音　trill　03.132
长元音　long vowel　03.011
常态嗓音　modal voice　03.143
常用词　everyday expression　05.069
常用词词典　common words dictionary　06.185
常用词汇　high frequent word　05.065
常用义　generally-used meaning　05.151
常用义项　dominant sense　06.286
常用字　everyday character　02.192
场合语体　contextual style　12.041
*场景语体　contextual style　12.041
场论　field theory; semantic field theory　05.027
场所　setting　12.090
场域　domain　12.099
超方言变体　superposed variety　12.148
超前夸张　hyperbole in regard to temporal sequence　08.197
超文本置标语言　hypertext markup language; HTML　11.064

· 273 ·

超音段   suprasegmental   03.279
*超语言   paralanguage   01.101
超越模式   crossover pattern   12.071
朝汉对音   Korean transcription of the borrowed Chinese words   09.210
朝鲜文   Korean writing   13.166
朝鲜语   Korean language   13.147
陈述句   declarative sentence   04.155
衬托   description of similar or opposite things as background for contrast; juxtaposition of the two opposite or corresponding things or ideas for contrast   08.251
*衬托   juxtaposition of the two opposite or corresponding things or ideas for contrast   08.252
成分分析   constituent analysis   01.127
*成分分析法   constituent analysis   01.127
成分分析法   componential analysis   06.288
成分分析理论   componential analysis theory   05.028
成见变项   stereotype   12.051
成人辞书   adults' dictionary   06.264
成语   idiom; set phrase   05.228
成语词典   dictionary of idioms; idioms dictionary   06.204
成阻   approach; closing   03.085
呈现语法   emergent grammar   01.095
城市方言学   urban dialectology   12.005
城市语特征   urbanism   12.026
程度补语   degree complement   04.212
程度副词   degree adverb   04.087
持续性动词   sustained verb   04.069
持阻   hold; closure   03.086
*齿间音   apico-dental   03.119
齿头音   chitou; alveolar   09.069
齿音   dental   09.068
冲直条   spike   03.220
*重出唇牙喉音   redundant syllable in rhyme tables   09.144
重出小韵   redundant syllable   09.143
重叠   superposition   04.251
*重叠词   reduplication word   05.192
重叠释义   repeated definition   06.298
*重复   repetition   08.158
重纽   redundant syllable in rhyme tables   09.144
重说   repetition of different words, phrases or sentences in the same meaning   08.132

重文符号   repeating mark   02.153
重写规则   rewriting rules   11.071
*重新排位   movement; move   04.257
*重言   repetition   08.158
重言词   disyllabic reduplicative words   10.057
*重言形况字   disyllabic reduplicative words   10.057
重韵   chongyun; rhymes with common features but under different headings   09.141
*重章   repetition   08.158
抽象名词   abstract noun   04.058
*抽象义   generalized meaning   05.137
抽样   sampling   11.289
出新   quotation in new interpretation   08.249
初文   protoform   02.170
*初义   primary meaning   05.145
除阻   release   03.087
处所宾语   locative object   04.197
处所补语   locative complement   04.215
*处所词   place noun   04.060
处所名词   place noun   04.060
处所主语   locative subject   04.185
传抄古文   transcribed ancient script   02.127
传承词   inherited word   05.109
传承字   transmissive character   02.172
传统汉字学   classical Chinese graphology   02.009
*传统蒙古文   Mongolian writing   13.177
传统修辞学   traditional rhetoric   08.005
传统训诂学   traditional classical Chinese semantics   10.007
传统语法   traditional grammar   01.062
传统语义学   traditional semantics   05.002
舛互   full affirmation with partial negation or full negation with partial affirmation   08.133
串对   related ideas expressed in double parallelism   08.150
*纯理语言   metalanguage   05.115
*纯理语言学   metalinguistics   01.044
纯三等韵   pure third division   09.103
纯音   pure tone   03.194
*纯元音   monophthong   03.013
唇   lip   03.101
唇齿音   labio-dental   03.118
唇音   labial   09.061

词 word 04.028
词 word 05.052
词彩学 lexical colorology 05.045
词长分布 distribution of word length 11.045
词的理据 lexical motivation;motivation of word 05.134
词典 dictionary 06.151
词典分类学 dictionary typology 06.013
词典结构 dictionary configuration 11.280
词典考古学 dictionary archaeology;lexicographic(al) archaeology 06.014
*词典类型学 dictionary typology 06.013
词典数据库 lexicographic(al) database 06.325
词典信息 dictionary information 11.281
词典学 lexicography 06.002
词典语料库 lexicographic(al) corpus 06.327
词法 morphology;word formation 04.025
*词法学 morphology 01.018
词法学 morphology 04.026
词法造词法 morphological word formation 05.221
词干 stem 05.197
词根 root 04.033
词根 root 05.198
词根词 stem;root morpheme 05.196
词根词典 root dictionary 06.226
词汇 vocabulary 05.053
词汇表 glossary;lexicon 06.273
词汇层 lexemic stratum;lexical hierarchy 05.055
词汇差异度 vocabulary diversity 11.043
词汇词 lexical word;content word 05.056
词汇搭配 lexical collocation 06.075
词汇单位 lexical unit 05.057
词汇集中度 vocabulary concentration 11.044
词汇类型 lexical type 05.058
词汇驱动 lexicon-driven 11.165
词汇释义 lexical definition 06.275
词汇索引 concordance 06.335
词汇统计法 lexicostatistics 05.034
词汇系统 lexical system 05.059
词汇修辞 rhetoric by lexical devices 08.040
词汇学 lexicology 05.035
词汇学派 lexicalism 01.052
词汇意义类型 lexical meaning type 05.124
词汇映射理论 lexical mapping theory;LMT 01.080

词汇语义学 lexical semantics 05.019
词汇语用学 lexical pragmatics 01.022
词汇主义假说 lexicalist hypothesis 01.081
词库 lexicon 05.072
词类 parts of speech 04.035
词类赋码 part-of-speech tagging;word class tagging 06.332
*词例 example;illustrative example 06.078
词例 word token 11.039
词目 lemma 06.058
*词目词 entry-word;headword 06.059
词频 word frequency 11.036
词频标记 word token 06.334
词频索引 word frequency index 11.037
词频统计 word count;frequency count 06.333
词素 semantic morpheme 05.201
*词素文字 morphemic script 02.022
*词素学 morphemics 01.017
词条 entry;lexical entry 06.043
*词头 prefix 05.210
词头 proclitics;prefix;headword 05.216
词头 entry-word;headword 06.059
词尾 enclitics;inflectional suffix 05.217
词形 word form 05.123
词形变化 accidence 04.237
词型 word type 11.040
词型复现率 repetition rate of word type 11.041
词型和词例关系 relation between type and token 11.282
词性 category 04.036
词性标注 part of speech tagging 11.285
*词序 word order 04.154
词义 lexical meaning 05.122
词义构成分析法 lexical constituent analysis 05.031
词义扩大 the enlarging of meaning 05.175
词义缩小 the narrowing of meaning 05.176
词义系统 lexical meaning system 05.125
词义学 lexicology;lexical semantics 05.044
词义训释 explanation of lexical meaning 10.035
词义转移 the transferring of meaning 05.177
词义自动标注 word sense tagging 11.283
词源 etymon 10.049
词源词典 etymological dictionary 06.224

词源学　etymology　05.049
词韵　rhyming system of the Ci poetry　09.132
词重音　word stress　03.038
词缀　affix　04.034
词缀　affix　05.209
*词(字)形排检法　arrangement and consultation by written form　06.105
词族　word family　10.055
*词组　phrase　04.121
*词组结构语法　phrase-structure grammar;PSG　04.007
辞典　dictionary　06.152
*辞格　figure of speech　08.090
辞例推勘法　contextual inference　02.207
*辞律　regularity of rhetoric　08.046
辞趣　wonderful effect achieved through meaning, sound or form of words　08.047
*辞式　figure of speech　08.090
辞书　lexicographic(al) works　06.147
辞书编纂　dictionary making;dictionary compilation　06.019
辞书编纂方案　dictionary project　06.020
辞书编纂符号　lexicographical symbol　06.122
*辞书编纂计划　dictionary project　06.020
辞书参考书目　dictionary bibliography　06.143
辞书风格　dictionary style;lexicographic(al) style　06.140
辞书覆盖面　dictionary coverage;lex-icographic(al) coverage　06.141
辞书规模　size of dictionary　06.142
辞书名称　dictionary title　06.150
辞书评论　dictionary review;dictionary criticism　06.016
辞书史　dictionary history　06.017

辞书释义　dictionary definition;lex-icographic(al) definition　06.274
辞书索引　dictionary index　06.116
辞书学　science of lexicographic(al) works　06.001
辞书用语　dictionarese;lexicographese　06.121
辞书语证　lexicographic(al) evidence　06.079
辞书种类　dictionary type　06.149
次词条　sub-entry　06.069
次对转　secondary duizhuan　09.181
*次方言区　dialect cluster　07.034
次旁转　secondary pangzhuan　09.184
次清　aspirated voiceless initials　09.015
次要发音(动作)　secondary articulation　03.092
次重音　secondary stress　03.040
次浊　voiced sonorant　09.018
*粗口　abusive expression;swear word;curse;abusive language　05.242
粗俗词语　vulgarism　12.043
促声　abrupt tone　07.090
促声　①abrupt tone;②rhyme with stop ending　09.052
*窜前夸张　hyperbole in regard to temporal sequence　08.197
村语　Cun language　13.078
存现宾语　existential object　04.198
存现句　existential sentence　04.171
撮口呼　articulation with [y] as medial or main vowel　09.093
错别字　wrong and inappropriate character　02.168
错举　parallel sentence or phrase with part of it in reverse word-order　08.136
错综　variation in collocation, word-order, clause-length or pattern　08.134

D

搭配　combination　04.260
达让语　Darang language　13.015
达斡尔语　Daur language　13.102
*达悟语　Yami language　13.140
*打比方　trope;rhetorical comparison　08.092
*大方言区　dialect group　07.033
傣文　Dai writing　13.167
傣语　Dai language　13.066

代别　generation differences　12.033
*代差　generation differences　12.033
*代称　metonymy;synecdoche　08.114
代词　pronoun　04.048
代体　vehicle in metonymy or synec-doche　08.120
代字号　tilde;repetition symbol　06.125
带连字符语言学　hyphenated linguistics　01.023
单纯词　simple word　04.029

单纯词　simple word　05.181

单功能词典　monofunctional dictionary　06.188

*单价动词　monovalent verb　04.095

单句　simple sentence　04.140

*单位词　measure word；classifier　04.047

单向词典　monodirectional dictionary；unidirectional dictionary　06.197

*单向线性语法　finite-state language　01.136

单训　unilateral explanation　10.026

单一母语说　monogenesis　01.089

单义词　monoseme　05.084

单义字　monosemic character　02.162

*单音　pure tone　03.194

单音词　monosyllabic word　05.190

单音字　monophonic character　02.157

单语词典　monolingual dictionary；monoglot dictionary　06.191

单语词典学　monolingual lexicography　06.010

单语人　monolingual　12.140

单元音　monophthong　03.013

单韵母　simple final　03.073

单字调　citation tone　03.079

单字调　independent tone　07.074

单字条目　single-word entry　06.065

单字音系　phonological system of mono-syllable　07.025

*当句对　double parallelism within a sentence　08.151

*到纽　anti-pronunciation　09.153

倒层递　anticlimax　08.131

倒辞　antiphrasis without satire　08.140

倒对　double parallelism in inverse word-order　08.152

倒反　antiphrasis；irony　08.139

倒纽　anti-pronunciation　09.153

倒序词典　reverse dictionary　06.253

倒叙　flashback　08.261

倒喻　rhetorical comparison with vehicle preceding tenor　08.096

*倒装对　double parallelism in inverse word-order　08.152

倒装句　inversional sentence　04.177

*道孚语　Ergong language　13.041

得体性　appropriateness　12.096

德昂语　De'ang language　13.119

*的字词组　De-phrase　04.133

的字短语　De-phrase　04.133

*的字结构　De-phrase　04.133

等　division；grade　09.098

等义词　absolute synonym　05.091

等韵　phonology of rhyme tables　09.109

等韵图　rhyme tables　09.111

等韵学　study of rhyme tables　09.108

低变体　low variety　12.147

*低元音　open vowel　03.154

笛卡尔语言学　Cartesian linguistics　01.053

底层表达式　underlying representation　03.271

*底层结构　underlying structure　03.271

*底层结构　deep structure　04.113

*底层形式　underlying form　03.271

底层语言　substratum　12.175

*地方话　dialect　07.002

地方话　local dialect　12.160

地方普通话　regional common language　07.011

地方语词典　regional dictionary　06.215

地名词典　topographic(al) dictionary　06.157

地序排检法　arrangement and consultation in topographic(al) order　06.115

地域变体　regional variety　12.020

递归定义　recursive definition　11.074

递归转移网络　recursive transition network；RTN　11.188

*递系结构　pivotal construction　04.138

*递系式　pivotal construction　04.138

递训　dixun　10.028

递用　sequential application　09.159

*第二级语言　metalanguage　05.115

第二语言　second language　12.223

第一语言　first language　12.222

*颠倒　inversion of the order of morphemes or words　08.236

典故词　allusive word　05.240

典型例证　typical example　06.082

电子词典　electronic dictionary；computer-aided dictionary　06.257

*电子词典学　computational lexicog-raphy　06.006

电子气流测量术　electrokymography　03.167

调冠　prehead　03.032

调核　nucleus　03.034
调类　tonal category　03.028
调群　tone group　03.031
调头　head　03.033
调尾　tail　03.035
调值　tonal value　03.029
*迭训　dixun　10.028
迭映　repetition of the same word at the corresponding grammatical position in the corresponding or opposite meaning　08.142
叠词　repetition of the same word in the same sense　08.174
叠音　repetition of the same Chinese character or word in the same sense　08.172
叠音词　reduplication word　05.192
叠韵　rhymed disyllables　09.028
叠字　repetition of the same Chinese character in the same sense　08.173
顶点　vertex　11.077
*顶针　anadiplosis　08.143
顶真　anadiplosis　08.143
*定位元音　cardinal vowels　03.009
定义词汇　defining vocabulary　05.116
*定义式释义　logical definition　06.302
定语　attributive　04.204
定子句语法　definite clause grammar　11.176
东巴文　Tomba script　13.151
东北官话　Northeastern Mandarin　07.048
东部裕固语　Eastern Yugur language　13.104
东乡语　Dongxiang language　13.100
东匈语支　Eastern Huns branch　13.088
*动宾结构　verb-object phrase　04.128
动词　verb　04.043
动词谓语句　verb-predicate sentence　04.165
*动词性词组　verbal phrase　04.123
动词性短语　verbal phrase　04.123
*动词性结构　verbal phrase　04.123
动量词　action measure word　04.078
动态属性表　dynamic attribute list　11.054
动态助词　aspectual particle　04.093
*动主宾型语言　VSO language　01.181
动—主—宾语序语言　VSO language　01.181
侗水语支　Dong-Sui branch　13.068

侗文　Dong writing　13.168
侗语　Dong language　13.069
独词句　one-word sentence　04.169
独立语　absolute　04.219
独龙语　Dulong language　13.016
独体字　single-element character　02.055
独用　exclusive rhyme　09.140
独韵　duyun; a rhyme table with exclusively rounded or unrounded finals　09.089
*读破　change meaning by change pronunciation　10.059
短语　phrase　04.121
短语标记　phrase-marker; PM　04.256
短语词典　phrasal dictionary; dictionary of phrases　06.208
短语结构语法　phrase-structure grammar; PSG　04.007
短语结构语法　phrase structure grammar　11.177
短语条目　phrasal entry　06.067
短元音　short vowel　03.012
断取　garbled expression for rhetorical effects　08.145
*对比　contrast　08.156
对比修辞学　contrastive rhetoric　08.019
*对比研究　cross-linguistic research　01.087
对比语言学　contrastive linguistics　01.086
对比重音　contrastive stress　03.043
*对策论语义学　game-theoretic semantics　05.016
对衬　juxtaposition of the two opposite aspects for contrast　08.253
对代　synecdoche　08.115
对等词　equivalent　06.084
对顶　oxymoron; paradox　08.146
对立　opposition; contrast　03.256
对偶　antithesis; double parallelism　08.147
*对释法　definition with synonym or antonym　06.289
对释式释义　definition with synonym or antonym　06.289
对文则异,散文则通　explain in general terms　10.056
*对象双关　pun on polysemy　08.216
对音　transcriptions between languages　09.206
对喻　metaphor with its tenor and vehicle in double parallelism　08.097
对照　contrast　08.156
对转　duizhuan　09.176
顿迭　supplementary remark after a pause　08.157

· 278 ·

多重复句　multiple complex sentence　04.146
多方言现象　multidialectalism　12.142
多功能词典　multifunctional dictionary；polyfunctional dictionary　06.189
多媒体词典　multimedia dictionary　06.261
多母语说　polygenesis　01.090
多数人语言　majority language　12.150
多维释义　multi-dimensional defin-ition　06.293
多维释义成分　multi-dimensional definition components　06.294
*多言现象　polyglossia　12.145
多言制　polyglossia　12.145
多义词　polyseme　05.085
*多义关联　pun　08.214
*多义型歧义切分字段　combination ambiguous segmentation　11.035
多义字　polysemic character　02.163
多音词　polyphonic word　05.193
多音多义字　heteronymic character　02.159
多音字　polyphonic character　02.158
多语词典　multilingual dictionary；polyglot dictionary　06.194
多语词典学　multilingual lexicography　06.012
多语人　multilingual　12.139
多语现象　multilingualism　12.137
多字条目　multi-word entry　06.066

E

讹变　corruption　02.046
俄罗斯文　Russian writing　13.169
俄语　Russian language　13.146
厄尔利算法　Earley algorithm　11.130
*恶声　abusive expression；swear word；curse；abusive language　05.242
*恶言　abusive expression；swear word；curse；abusive language　05.242
*鄂尔浑—叶尼塞文　Turkic script　13.162
鄂伦春语　Oreqen language　13.113
鄂温克语　Evenki language　13.112
腭　palate　03.109
腭位测量术　palatography　03.168
*恩格尔语　Eastern Yugur language　13.104
儿化　rhotacized；er diminutive　03.077

儿化　er diminutive；rhotacized　07.071
儿化韵　rhotacized final；er diminutive final　03.078
儿化韵　er diminutive final；rhotacized final　07.072
儿童辞书　children's dictionary　06.265
尔龚语　Ergong language　13.041
尔苏沙巴文　Ersu script　13.153
尔苏语　Ersu language　13.045
耳　ear　03.225
耳语声　whisper　03.147
二叉树　binary tree　11.076
二等韵　second division　09.100
二合元音　diphthong　03.015
二价动词　bivalent verb　04.096
二维度词源学　two-dimensional etymology；bi-dimensional etymology　05.051

F

*发凡　key to entries　06.030
发话人　sender　12.121
发生修辞学　genetic rhetoric　08.009
发声　phonation　03.141
发声类型　phonation type　03.142
发音部位　place of articulation　03.116
发音词典　pronunciation dictionary　06.175
发音叠接　articulatory overlap　03.093
发音方式　manner of articulation　03.129
*发音合作人　informant　07.022

发音器官　vocal organs　03.096
发音人　informant　07.022
发音语音学　articulatory phonetics　03.082
法位　tagmeme　01.152
法位学　tagmemics　01.064
*翻　fanqie；sinigraphic spelling　09.147
翻译词典　translation dictionary　06.195
翻译对等词　translation equivalent　06.085
翻译记忆　translation memory　11.261

翻译语义学　translational semantics　05.017
凡例　key to entries　06.030
繁化　complexity　02.042
繁体　complex form　02.043
繁体字　traditional Chinese character　02.188
*反　fanqie；sinigraphic spelling　09.147
*反衬　juxtaposition of the two opposite aspects of one thing for contrast　08.254
反对　contrary ideas expressed in double parallelism　08.149
反复　repetition　08.158
反复问句　A-not-A question　04.158
反共振　antiresonance　03.190
反共振峰　antiformant　03.191
*反话　irony　08.141
*反诘　rhetorical question with a negative answer implied　08.161
*反客为主式比喻　condensed metaphor with its vehicle modified by tenor　08.108
反切　fanqie；sinigraphic spelling　09.147
反切上字　first sinigram in a fanqie　09.149
反切系联法　interconnection method of fanqie　09.156
反切下字　second sinigram in a fanqie　09.150
反身代词　reflexive pronoun　04.086
反问　rhetorical question with a negative answer implied　08.161
反向最大匹配分词方法　backward maximum matching method　11.032
*反相训　fanxun　10.037
反训　fanxun　10.037
反义词　antonym　05.093
反义词典　antonym dictionary　06.221
反义对释　definition with antonym　06.291
反义关系　antonymy　05.127
反映　juxtaposition of the two opposite aspects of one thing for contrast　08.254
反用　quotation in the contrary meaning　08.250
反语　irony　08.141
反语证　counterexample　06.083
泛音　overtone　03.203
范畴化　categorization　04.022
范畴义　categorical meaning　05.143
范围副词　scope adverb　04.088

梵汉对音　Chinese transcription of the Sanskrit words　09.207
方差　variance　11.139
方位词　locative noun　04.061
*方位词组　locative phrase　04.130
方位短语　locative phrase　04.130
*方位结构　locative phrase　04.130
方言　dialect　07.002
方言边界　dialect boundary　07.012
方言层级　dialectal stratification　07.031
方言词　dialect word　05.108
方言词　dialectal word　07.109
方言词典　dialect dictionary　06.214
方言词典　dialectal dictionary　07.027
方言词汇　dialectal lexicon　07.026
*方言大区　dialect group　07.033
方言岛　dialect island　07.037
方言地理学　dialect geography　07.004
方言地图集　dialect atlas　07.005
方言点　dialect spot　07.036
《方言调查字表》　*Chinese Character Table for Dialectal Investigation*　07.014
方言分类　dialectal classification　07.032
方言分区　dialectal division　07.029
方言化　dialectalization　12.162
方言记略　outline of a dialect　07.015
方言借用　dialect-borrowing　12.165
方言片　dialect cluster　07.034
方言拼音方案　dialectal romanization system　07.016
方言普查　general survey of dialects　07.013
方言亲疏　dialectal distance　07.010
方言区　dialect group　07.033
方言特征　dialectal characteristics　07.007
方言系属　dialectal belongings　07.030
方言小片　dialect sub-cluster　07.035
方言学　dialectology　07.001
方言音系　dialectal phonology　07.024
方言语法　dialectal grammar　07.028
方言韵书　dialectal rhyme book　07.114
方言志　dialect chorography　07.018
方言字　dialectal character　07.103
仿拟　parody　08.163
仿译词　loan translation；calque　05.081

仿造词　new creation by partial morpheme substitution　05.225
飞白　mimesis　08.164
非标准变体　nonstandard variety; substandard variety　12.028
*非别　mimesis　08.164
非持续性动词　non-sustained verb　04.070
非方言化　de-dialectalization　12.163
非构型语言　non-configurational language　01.120
*非固定结构语言　non-configurational language　01.120
*非结构型语言　non-configurational language　01.120
非全民性词汇　non-national vocabulary　05.061
非确定性算法　nondeterministic algorithm　11.128
*非谓形容词　non-predicative adjective　04.045
非限制文法　unrestricted grammar　11.171
非线性音系学　non-linear phonology　03.241
*非形式化语言理论　informal linguistics　01.067
非形式语言学　informal linguistics　01.067
非言语交际　nonverbal communication　12.132
*非音段　suprasegmental　03.279
非蕴涵共性　non-implicational universal　01.172
非正式语体　informal style; casual style　12.037
非终极符　non-terminal symbol　11.079
非周期波　aperiodic wave　03.176
非主谓句　non-subject-predicate sentence　04.168
非自主动词　non-volitional verb　04.068
废弃词　obsolete word　06.051
废弃字　obsolete character; dead character　02.196
分贝　decibel; dB　03.229
分布　distribution　04.254
分布分析法　distributional analysis　01.070
分布共性　distributional universal　01.169
分布结构　distribution structure　06.076
分层　stratification　12.029
分词标记　mark of word segmentation　11.027
分词单位　unit of word segmentation　11.028
分词规范　specification of word segmentation　11.025
分化　differentiation　02.048
分化字　differentiated graph　02.049
分尖团　sharp and round initial distinction　07.085
分句　clause　04.142
分类词典　thematic dictionary　06.218

分类排检法　arrangement and consultation in classified order　06.112
*分述　separate statement　08.169
分说　separate statement　08.169
*IC分析法　constituent analysis　01.127
分析器　analyzer　11.051
分析性释义　analytical definition　06.307
分析修辞学　analytic rhetoric　08.012
*分析语　isolating language　01.175
分叙　separate narration　08.262
分音　partial　03.199
分音词　split word　07.111
*风格同义词　stylistic synonym　05.088
风格学　stylistics　08.013
封泥文字　sealing-clay inscription　02.121
讽喻　allegory　08.099
否定副词　negation adverb　04.090
*浮现语法　emergent grammar　01.095
符号词典　sign dictionary　06.268
符号修辞　symbolic rhetoric　08.042
符号学　semiotics　01.010
辐射　radiation　03.181
辅音　consonant　03.004
辅音丛　consonant cluster　03.005
辅音和谐　consonant harmony　03.249
*父节点　father　11.082
父结点　father　11.082
*附加成分　bound morpheme　05.208
附加词素　bound morpheme　05.208
附加符　diacritic　03.054
附加性双语现象　additive bilingualism　12.228
附加意义标注　gloss for additional meaning　06.323
附录　appendix; subsidiary　06.042
复辞　repetition of the same Chinese character or word in different senses or grammatical functions　08.171
复叠　repetition of the same Chinese character or word　08.170
*复辅音　consonant cluster　03.005
复辅音声母　consonant cluster as an initial　09.023
复合波　complex wave　03.195
复合词　compound word　04.031
复合词　compound word　05.183
*复合句　compound; complex sentence　04.141

281

复合量词　compound measure word　04.082
复合释义　composite definition　06.295
复合音　complex sound　03.196
复合元音　compound vowel　03.014
复合元音韵母　diphthongal final　03.075
复合韵母　compound final　03.074
复句　compound;complex sentence　04.141
*复声母　consonant cluster as an initial　09.023
*复沓　repetition　08.158
复音词　disyllabic and polysyllabic word　05.191
*复喻　sustained simile or metaphor　08.094
*复元音　compound vowel　03.014

复杂特征　complex features　11.087
*复指　anaphora　01.147
*复指词组　appositional phrase　04.135
*复指短语　appositional phrase　04.135
副词　adverb　04.051
副词条　secondary lemma　06.071
*副条　secondary lemma　06.071
副语言　paralanguage　01.101
*副语言特征　paralinguistic feature　12.129
傅立叶分析　Fourier analysis　03.197
富田胜算法　Tomita algorithm　11.131

G

嘎裂声　creaky voice　03.145
噶玛兰语　Kavalan language　13.142
概括义　generalized meaning　05.137
概率上下文无关文法　probabilistic context free grammar　11.178
概率语法　probabilistic grammar　11.180
概念词　concept word;conception word　05.097
概念词典　conceptual dictionary;onomasiological dictionary　06.217
概念描述　concept description　11.089
*概念描写　concept description　11.089
概念图　concept graph　11.090
概念网络　conceptual network　11.091
概念依存理论　conceptual dependency theory　11.186
概念义　ideational meaning;conceptual meaning　05.136
概念意义　conceptual meaning　06.300
概念语法　ideational grammar　04.018
概念主义　conceptualism　01.186
感情色彩词　emotive word;affective word　05.098
感事　experiencer　04.222
*感事格　experiencer　04.222
感叹　exclamation　08.175
感叹句　exclamatory sentence　04.161
赣方言　Gan dialect　07.061
*赣语　Gan dialect　07.061
X杠理论　X bar theory;X-bar theory;X' theory　01.076
高变体　high variety　12.146
高频趋简律　simplication tendency of high frequency character　02.202

高山族诸语言　Gaoshan languages　13.128
*高元音　closed vowel　03.157
仡佬语　Gelao language　13.080
仡央语支　Ge-Yang branch　13.079
哥巴文　Geba script　13.152
格　case;Case　04.240
格标记系统　case marking system　01.150
格曼语　Geman language　13.014
*格位　case;Case　04.240
格系统　case system　01.155
格言　maxim;motto;aphorism　05.239
格语法　case grammar　04.015
*个别语言词汇学　specialized lexicology;concrete lexicology　05.037
*个例　token　01.163
个体量词　individual classifier　04.080
个体语言权　individual language rights　12.216
根词　root word　10.053
工程词　linguistic unit of high frequency　05.113
工具宾语　instrumental object　04.199
工具书　reference work;reference book　06.148
工具型动机　instrumental motivation　12.226
工具主语　instrumental subject　04.187
*公文事务语体　officialese style　08.271
*公文语体　officialese style　08.271
功能　function　04.263
*功能风格　functional style　08.263
功能合一语法　functional unification grammar　11.181

功能句子观　functional sentence perspective　01.096
功能释义　functional definition　06.311
功能修辞学　functional rhetoric　08.014
功能义　functional meaning　05.140
功能语法　functional grammar　04.013
功能主义　functionalism　01.061
*共鸣　resonance　03.188
共鸣腔　resonant cavity　03.100
共时　synchrony　01.102
共时变异　synchronic variation　12.073
共时性词典　synchronic dictionary　06.222
共时语法　synchronic grammar　04.002
共时语言学　synchronic linguistics　01.008
共振　resonance　03.188
共振峰　formant　03.189
共振峰模式　formant pattern　03.217
构词法　lexical morphology　05.178
*构建说　constructivism　01.189
构型语言　configurational language　01.119
孤立语　isolating language　01.175
古本音　old sound proper　09.165
*古词　archaic word　05.105
*古词语　archaic word　05.105
古代汉语词汇学　ancient Chinese lexicology　05.041
古典修辞学　classical rhetoric　08.030
古汉字　ancient Chinese script　02.031
古合韵　mixed rhyming in old Chinese　09.166
古今字　ancient and modern graphs　02.169
古旧词　archaism　06.050
古隶　ancient clerical script　02.132
古文　guwen script　02.124
古文字　ancient script; ancient writing　02.026
古文字学　palaeographology; palaeography　02.003
古无轻唇音　a hypothesis that there are no "light" labials in old Chinese　09.194
古无去声　a hypothesis that there is no departing tone category in old Chinese　09.202
古无舌上音　a hypothesis that there are no laminals in old Chinese　09.195
古义　ancient meaning　05.149
古音　old Chinese sounds　09.164
*古音重建　reconstruction of ancient pronunciation　09.003
古音构拟　reconstruction of ancient pronunciation　09.003

古音学　old Chinese phonology　09.163
古语词　archaic word　05.105
骨架音层　skeletal tier　03.264
固定语体　frozen style　12.040
故事树　story tree　11.086
*关联　zeugma with one logical and the other illogical collocations　08.203
关联词语　correlative word　04.179
isa 关系　isa relation　11.067
part-of 关系　part-of relation　11.068
关系释义法　relational definition　06.314
观察充分性　observational adequacy　01.128
观察者悖论　observer's paradox　12.059
官方语言　official language　12.209
*官话　Mandarin dialect　07.044
官话方言　Mandarin dialect　07.044
管辖　government　01.144
管辖理论　government theory　04.011
管辖与约束理论　government-binding theory　04.010
*贯喻　trunk-branch simile or metaphor　08.105
惯用法词典　usage dictionary; dictionary of usage　06.209
惯用语　formulaic expression; routine; prefabricated language　05.230
*广义 LR 分析算法　Tomita algorithm　11.131
*归附动机　integrative motivation　12.227
归纳仿造　inductive calque　06.090
归字　locate　09.113
规定性词典　prescriptive dictionary　06.229
规定性释义　stipulative definition　06.305
规定主义　prescriptivism　01.057
规范汉字　normative character　02.184
规范性词典　normative dictionary　06.228
*规范修辞　passive rhetoric　08.044
贵琼语　Guiqiong language　13.047
*滚音　trill　03.132
国标交换码　Chinese national standard code for information interchange　11.014
国标区位码　Chinese national standard code by section-position　11.015
国际音标　International Phonetic Alphabet; IPA　03.053
国际音标标音　IPA transcription　07.019
国际语言　international language　12.180
国音　national pronunciation　09.012

国语　national language　12.210
国语罗马字　National Romanization;GR Alphabetic System　02.179

过渡阶段　transition　12.080
过渡音征　transition cue　03.218

H

哈尼文　Hani writing　13.170
哈尼语　Hani language　13.020
哈萨克文　Kazak writing　13.171
哈萨克语　Kazak language　13.094
寒暄交谈　phatic communion　12.128
罕用字　rarely used character　02.195
汉初六体　six script-styles in early Han　02.145
汉隶　Han clerical script　02.133
*汉学　puxue　10.011
汉语　Chinese language　13.006
汉语词族学　Chinese lexical linearology　05.050
汉语方言　Chinese dialect　07.003
*汉语分词　Chinese word segmentation;Chinese word tokenization;automatic segmentation of Chinese word　11.024
汉语分词系统　Chinese word segmentation system　11.026
汉语历史词汇学　historical Chinese lexicology　05.042
汉语拼音方案　Scheme for the Chinese Phonetic Alphabet　02.180
*汉语切词　Chinese word segmentation;Chinese word tokenization;automatic segmentation of Chinese word　11.024
*汉语文字学　Chinese graphology;study of Chinese script　02.004
汉语自动分词　Chinese word segmentation;Chinese word tokenization;automatic segmentation of Chinese word　11.024
*汉语自动切词　Chinese word segmentation;Chinese word tokenization;automatic segmentation of Chinese word　11.024
*汉越语　Vietnamese transcription of the borrowed Chinese words　09.211
汉藏语系　Sino-Tibetan family　13.005
汉字　Hanzi;Chinese character;Chinese script;sinogram　02.027
汉字编码　Chinese character encoding;Chinese character coding　11.016
汉字编码字符集　Chinese character coded set　11.020

汉字改革　Chinese character reform　02.176
汉字检字法　Chinese character referencing method　02.204
汉字简化方案　Scheme for Simplifying Chinese Characters　02.185
汉字交换码　Chinese character code for information interchange　11.017
汉字结构　structure of Chinese character　02.054
汉字内码　Chinese character internal code　11.018
汉字识别　Chinese character recognition　11.021
汉字输出　Chinese character output　11.023
汉字输入　Chinese character input　11.022
汉字文化学　study of Chinese script culture　02.011
汉字信息处理　Chinese character information processing　11.013
汉字学　Chinese graphology;study of Chinese script　02.004
汉字应用　Chinese character application　02.191
汉字整理　Chinese character system-atization　02.183
汉字字形码　Chinese character font code　11.019
汉字字源学　graphic etymology of Chinese script　02.010
*行话　jargon;cant　05.233
行款　script arrangement;script format　02.146
*行业词　jargon;cant　05.233
行业语　jargon;cant　05.233
合成词　compound word　04.030
合成词　compound word　05.182
合成词素　compounding semantic morpheme　05.202
合成度　index of synthesis　01.164
合口　hekou;rounded articulation　09.087
合口呼　articulation with [u] as medial or main vowel　09.091
合取　conjunction　11.137
合说　joint narration　08.176
合体字　composite character;compound-element character　02.056
合文　compound graph　02.041
合文符号　compound graph mark　02.152

*合叙　joint narration　08.176
合叙　joint narration or statement　08.177
合一算法　unification algorithm；unification　11.135
合音　fusion　07.070
合音词　fusional word　07.112
合音字　phonetic fusion graph　02.099
合语法性　grammaticality　01.132
合韵　mixed rhyming　09.128
合辙　rhyme　09.129
合作原则　cooperative principle　12.119
*核心义　ideational meaning；conceptual meaning　05.136
核义素　nucleus element of meaning　10.070
赫哲语　Hezhen language　13.110
赫兹　Hertz；Hz　03.186
黑话　argot　12.047
宏观结构　macrostructure　06.032
宏观社会语言学　macro-sociolinguistics　12.003
宏观修辞　macro-rhetoric　08.048
洪细　big vs. small aperture　09.095
喉　larynx　03.115
喉下压力　subglottal pressure　03.164
喉音　laryngeal；glottal　03.128
喉音　guttural　09.076
后处理　postprocessing　11.254
*后附语　suffix　05.212
*后加成分　suffix　05.212
后起本字　younger orthograph　02.094
后起字　younger graph；later graph　02.171
后元音　back vowel　03.160
后置页　back matter　06.041
后缀　suffix　05.212
呼　articulation　09.084
呼告　apostrophe　08.178
呼应　repetition with extension；echo　08.259
弧对语法　arc pair grammar　01.065
*胡都木文　Mongolian writing　13.177
互补分布　complementary distribution　03.255
互动词典　interactive dictionary　06.259
互动社会语言学　interactional sociolinguistics　12.002
互对　double parallelism with complementary ideas　08.154
互换　alternation in collocation　08.135
互熵　cross entropy　11.141

互文　expression with words complementary to each other　08.180
*互文对　double parallelism with complementary ideas　08.154
*互文见义　expression with words complementary to each other　08.180
互信息　mutual information　11.140
互训　mutual explanation　10.027
*互义　expression with words complementary to each other　08.180
互用　mutual application　09.160
互喻　simile or metaphor with tenor and vehicle in exchange for each other　08.100
话轮　turn　12.124
话轮转换　turn-taking　12.125
话题　topic　04.227
话题　topic　12.088
话语　discourse　01.159
*话语表述结构　discourse representation structure　01.161
*话语表述理论　discourse representation theory　01.097
话语表现结构　discourse representation structure　01.161
话语表现理论　discourse representation theory　01.097
*话语表征理论　discourse representation theory　01.097
话语分析　discourse analysis　01.160
话语修辞学　discourse rhetoric　08.016
*换名　metonymy；synecdoche　08.114
换算　conversion：change in the units or form of a number or expression　08.181
*换位　movement；move　04.257
换型　variation in sentence patterns　08.138
换义　ploce　08.182
换韵　alternation in rhyme　08.183
徽方言　Hui dialect　07.066
*徽语　Hui dialect　07.066
*回纥文　Uighur script　13.154
回鹘文　Uighur script　13.154
回环　chiasmus；epanodos　08.184
回溯　backtrack　11.126
回文　palindrome　08.185
回喻　rhetorical comparison in periphrasis　08.101

回指 anaphora 01.147
*回指代 anaphora 01.147
*回指对象 anaphor 01.146
会话 conversation 12.118
会话分析 conversational analysis 12.123
会话分析学 conversation analysis 12.010
会话风格 conversational style 12.133
*会话卷入 conversational involvement 12.134
会话投入 conversational involvement 12.134
会话隐含 conversational implicature 12.120
会意 syssemantographic method;associative method 02.075
会意兼形声字 syssemantographic and picto-phonetic character 02.085
会意字 syssemantograph;associative character 02.076
*讳饰 avoidance of taboo 08.126
*讳饰语 taboo 05.235
*绘色 imitation of colour 08.199
*秽语 abusive expression;swear word;curse;abusive language 05.242
*浑言,析言 explain in general terms 10.056
混合词 hybrid;hybrid word;loanblend 05.083
混合语 mixed language 12.169
*混元音 central vowel;neutral vowel;schwa 03.159
活语言 living language 12.188
货币文字 coin inscription 02.122

J

基诺语 Jinuo language 13.024
基频 fundamental frequency 03.201
基数词 cardinal 04.075
基音 fundamental 03.200
基于规则的方法 rule-based approach 11.061
基于规则的机器翻译 rule-based machine translation;RBMT 11.256
基于合一的语法 unification-based grammar 11.182
基于实例的机器翻译 example-based machine translation;EBMT 11.257
基于统计的方法 statistic-based approach;statistical approach 11.062
基元动作 primitive acts;primitive actions 11.111
稽古 adduction of historical event or story 08.248
*激问 rhetorical question with a negative answer implied 08.161
及物动词 transitive verb 04.062
*吉金文字 bronze inscription 02.109
*急读 quick pronunciation 09.191
急声 quick pronunciation 09.191
*集合量词 collective measure word 04.081
集合名词 collective noun 04.057
集解 assembly explanation 10.016
集体量词 collective measure word 04.081
计量语言学 quantitative linguistics 01.024
计算词典学 computational lexicography 06.006

*机读词典 machine-readable dictionary 06.258
机器词典 machine-readable dictionary 06.258
机器词典 machine dictionary 11.277
机器翻译 machine translation;MT 11.255
机器学习 machine learning 11.248
机械分词方法 mechanical segmentation method 11.029
机助人译 machine-aided human translation 11.259
肌电测量术 electromyography;EMG 03.169
积极礼貌策略 positive politeness strategy 12.111
积极面子 positive face 12.113
积极型词典 active dictionary 06.235
积极修辞 active rhetoric 08.043
基本词 basic word 05.068
基本词词典 basic vocabulary dictionary 06.184
基本词汇 basic vocabulary 05.062
*基本短语分析 chunk parsing;chunking 11.058
基本名词短语 base NP;non-recursive noun phrase 11.057
基本性修辞 basic rhetoric 08.050
基本义 basic meaning 05.131
基本义项 basic sense 06.285
*基本意义 basic meaning 05.131
*基本元音 cardinal vowels 03.009
基础方言 basic dialect 07.009
*基础结构 deep structure 04.113

计算词汇学 computational lexicology 11.002
计算机辅助词典编纂 computer-assisted dictionary compilation 06.330
计算语言学 computational linguistics 11.001
计算语义学 computational semantics 11.003
计算语用学 computational pragmatics 01.027
记号 sign 02.067
记号字 sign graph 02.100
记纹器 kymograph 03.204
*记音 transcription 03.050
记音 phonetic transcription 07.017
寄韵凭切 jiyun; a menfa principle relating the zhao initial group 09.121
冀鲁官话 Jilu Mandarin 07.051
*加括法 bracketing 01.083
*加括号法 bracketing 01.083
加权标引 weighted indexing 11.234
嘉戎语 rGyarong language 13.039
戛透轹揉 initial types of ［k］(unaspirated), ［t'］(aspirated), ［f］(fricative), ［l］(lateral) and ［r］(nasal and semi-vowel) 09.019
甲骨文 oracle bone inscription; carapace and bone script 02.108
甲骨文字学 graphology of bone inscriptions 02.007
甲骨学 study of bone inscriptions 02.006
*假对 double parallelism with homophones 08.153
假二等 false second division 09.104
假借 borrowing method 02.088
*假借 phonological borrowing 02.091
*假借对 double parallelism with homophones 08.153
假借义 phonetic loan meaning 05.142
假借义 figurative sense 10.045
假借字 loangraph; borrowed character 02.090
*假嗓音 falsetto 03.146
假声 falsetto 03.146
假四等 false fourth division 09.105
价 valency 04.241
尖团音 jianyin vs. tuanyin 09.094
尖音 sharp initial 07.086
*尖圆音 jianyin vs. tuanyin 09.094
*兼格 ergative case 04.249
兼类词 cross-category word 04.037
*兼语词组 pivotal construction 04.138

兼语结构 pivotal construction 04.138
兼语句 pivotal construction 04.175
兼语式 pivotal construction 04.138
检索 search 06.336
检索词 search word; search key 06.337
*检索关键词 search word; search key 06.337
检索区域 search area 06.338
检索途径 search path 06.339
检索系统 retrieval system 11.227
减音 deletion 03.057
简帛文字 bambooslip and silk script 02.115
简单聚类 simple clustering 11.146
简化 simplification 02.036
简化字 simplified Chinese character 02.186
简化字总表 General Table of Simplified Characters 02.187
*简练原则 economy principle 01.112
简明词典 concise dictionary 06.247
简缩 acronym; contraction 08.186
*简缩词 abbreviate 05.186
简体 simplified form 02.037
简体字 convenient character 02.189
*简字 convenient character 02.189
间隔反复 intermittent or discontinued repetition 08.160
间接宾语 indirect object 04.203
间接夸张 hyperbole in cooperation with other figures 08.194
间接言语行为 indirect speech act 12.117
建构论 constructivism 01.189
建构修辞学 constructive rhetoric 08.015
*渐层 climax 08.129
*渐降 anticlimax 08.131
江淮官话 Jianghuai Mandarin 07.055
降用 use of big words in ordinary speech 08.187
交叉释义 intersectional definition 06.318
*交错语序 parallel sentence or phrase with part of it in reverse word-order 08.136
交互式词典 reciprocal dictionary 06.263
交集型歧义切分字段 overlapping ambiguous segmentation 11.034
*交际媒介语 lingua franca 12.179
交际密度 density of communication 12.058
交际民族志学 ethnography of communication 12.008

交际能力　communicative competence　12.114
*交际调适理论　speech accommodation theory　12.115
胶辽官话　Jiaoliao Mandarin　07.050
焦点　focus　04.231
教学词典　pedagogical dictionary; didactic dictionary　06.239
*X阶理论　X bar theory; X-bar theory; X' theory　01.076
接触语　contact language　12.170
*接受型词典　passive dictionary　06.234
*接受者　patient　04.221
节本词典　abridged dictionary　06.246
*节点　node　11.078
节律树　metrical tree　03.289
节律音系学　metrical phonology　03.243
节律栅　metrical grid　03.290
*节缩　ellipsis　04.259
节奏　rhythm　03.046
*诘问　rhetorical question with a negative answer implied　08.161
结点　node　11.078
D结构　D-structure　01.140
S结构　S-structure　01.141
结构　structure　04.120
结构关系　structural relations　04.119
结构类型　structure category　02.068
结构类型学　structural typology　01.028
*结构型语言　configurational language　01.119
结构修辞学　structural rhetoric　08.029
结构义　structural meaning　05.141
*结构语法　structuralist grammar　04.005
结构语言学派　structural linguistics; structuralist linguistics　01.047
结构语义学　structural semantics　05.008
结构主义　structuralism　01.068
结构主义语法　structuralist grammar　04.005
*结构主义语言学　structural linguistics; structuralist linguistics　01.047
结构助词　structural particle　04.092
结果宾语　resultive object　04.195
结果补语　resultive complement　04.209
*结合关系　syntagmatic relations　04.118

解读框架　frame　12.135
解码　decoding　01.191
解码词典　decoding dictionary　06.236
解释充分性　explanatory adequacy　01.130
解释性词典　explanatory dictionary　06.233
解释性对等词　explanatory equivalent　06.086
解释性释义　explanatory definition　06.306
解释语义学　interpretive semantics　05.006
解释语义学派　interpretive semantics　01.050
介词　preposition　04.052
*介词词组　prepositional phrase　04.132
介词短语　prepositional phrase　04.132
*介词结构　prepositional phrase　04.132
*介音　medial　09.031
借笔　stroke loan　02.038
*借词　loan word; foreign word; alienism; alien word; foreignism　05.076
借词音变　loan shift　12.167
借代　metonymy; synecdoche　08.114
借对　double parallelism with homophones　08.153
*借体　vehicle in metonymy or synec-doche　08.120
借义双关　pun on polysemy　08.216
借喻　metaphor with its vehicle instead of tenor　08.102
*借字　borrowed graph　02.092
今草　modern cursive script　02.139
今音　middle Chinese sounds　09.136
今音学　middle Chinese phonology　09.135
金石学　epigraphy　02.008
金文　bronze inscription　02.109
*紧喉噪音　creaky voice　03.145
*紧缩　acronym; contraction　08.186
*紧缩复句　compressive complex sentence　04.147
紧缩句　compressive complex sentence　04.147
进行中变化　change in progress　12.054
*近宾语　indirect object　04.203
近代汉字　modern Chinese character　02.032
近代音　recent Chinese sounds; early Mandarin　09.006
近古音　early Mandarin　09.007
近旁转　near-by pangzhuan　09.183
近义词　relative synonym; near synonym　05.092
近音　approximant　03.137
晋方言　Jin dialect　07.065
*晋语　Jin dialect　07.065

禁忌语　taboo　05.235
京语　Jing language　13.125
经典生成音系学　classical generative phonology　03.240
经济原则　economy principle　01.112
经学　the study of Confucian classics　10.009
经验主义　empiricism　01.184
精警　epigram　08.188
精确率　precision; labeled precision　11.241
精细　expression in detailed and exact data　08.189
精照互用　huyong; a menfa principle relating jing and zhao initial groups　09.118
景颇文　Jingpo writing　13.172
景颇语　Jingpo language　13.013
景颇语支　Jingpo branch　13.012
*警策　epigram　08.188
警句　epigram; aphorism　05.236
*警句　epigram　08.188
*警语　epigram; aphorism　05.236
敬谦　expression in terms of respect or self-depreciation　08.190
敬语　honorific　12.035
*静态词汇学　descriptive lexicology　05.038
静态属性表　static attribute list　11.053
*静态语言学　synchronic linguistics　01.008
炯奈语　Jiongnai language　13.057
九音　nine initial categories　09.060
旧词语　obsolete old word　05.121
旧字形　old printed form　02.149
句典　sentence dictionary　06.210
句读　judou　10.060
*句段关系　syntagmatic relations　04.118
句法　syntax　04.103
句法成分　syntactic constituent　04.149
*句法代码　grammatical code; syntactic code　06.123
句法仿造　syntactic calque　06.092
句法分析　syntactic analysis　04.233
句法分析器　parser　11.052

句法歧义　syntactic ambiguity　04.153
句法树　syntactic tree　11.048
*句法修辞学　syntactical rhetoric; rhetorical syntax　08.024
句法学　syntax　01.016
句法学　syntax; syntactics　04.104
句法语义学　syntactic semantics　05.020
句法造词法　syntactic word formation　05.222
*句法组配学　syntax; syntactics　04.104
句类　sentence mode type　04.152
句群　sentence group　04.148
句式　construction　04.151
句型　sentence pattern　04.150
*句中对　double parallelism within a sentence　08.151
句重音　sentence stress　03.041
句子　sentence　04.139
句子成分分析　sentence constituent analysis　04.235
拒识率　rejection rate　11.243
*具体词汇学　specialized lexicology; concrete lexicology　05.037
具体义　concrete meaning　05.138
*具体语言词汇学　specialized lexicology; concrete lexicology　05.037
据文证义　finding the meaning out of the context　10.068
聚合关系　paradigmatic relations　04.117
聚合排检法　arrangement and consultation by nest　06.107
聚类　clustering　11.144
聚类中心　cluster center　11.145
*卷舌音　apico-postalveolar　03.121
决策树　decision tree　11.085
*θ角色　theta role　01.148
角色关系　role relationship　12.091
角色指令　role instruction　12.094
绝对共性　absolute universal　01.170
绝对规则　categorical rule　12.070
谲辞　wit and wise lie　08.191
军话　military dialect　07.038

K

喀卓语　Kazhuo language　13.025
卡那卡那富语　Kanakanavu language　13.133

开合　kaihe; both rounded and unrounded articulation　09.085

开合韵　kaihe; a rhyme table with both rounded and unrounded finals　09.088
开口　kaikou; unrounded articulation　09.086
开口度　opening degree　03.153
开口呼　articulation when neither [i][u] or [y] is used as medial or main vowel　09.090
开音节　open syllable　03.020
开元音　open vowel　03.154
开韵尾　open ending or vowel ending　09.034
楷书　standard script　02.142
康家语　Kangjia language　13.105
考本字　etymological character analysis　07.106
*考据　textual criticism by evidences　10.005
考证　textual criticism by evidences　10.005
柯尔克孜文　Kirgiz writing　13.173
柯尔克孜语　Kirgiz language　13.089
科技词典　science and technology dictionary　06.167
*科技语体　scientific style　08.275
科学通俗语体　scientific popular style　08.276
科学语体　scientific style　08.275
窠切　keqie; a menfa principle relating zhi initial group　09.116
可懂度　intelligibility　11.268
可扩展置标语言　extensible markup language; XML　11.065
可能补语　potential complement　04.211
*可验性　empiricism　01.184
克里奥语　creole　12.172
克里奥语演化连续体　post-creole continuum　12.173
克蔑语　Kemie language　13.121
克木语　Kemu language　13.120
刻画符号　scratch-mark symbol　02.016
*客观义　ideational meaning; conceptual meaning　05.136
客家方言　Hakka dialect　07.064
*客家话　Hakka dialect　07.064
空间关系学　proxemics　01.035
控制修辞学　control rhetoric　08.022

口内压力　intra-oral pressure　03.163
口头书卷语体　formal style in spoken form　08.269
口头谈话语体　informal style in spoken form　08.266
*口头语体　colloquial style　08.265
口语　speech　01.113
口语词典　dictionary of spoken language; dictionary of colloquialisms　06.212
口语词汇　colloquialism; vocabulary of spoken language　05.067
口语修辞　rhetoric in spoken language　08.052
*夸饰　hyperbole　08.192
夸张　hyperbole　08.192
*跨音段　suprasegmental　03.279
跨语言信息检索　cross-language information retrieval　11.228
跨语言研究　cross-linguistic research　01.087
快速隐匿观察法　rapid and anonymous observation　12.060
宽带语图　wide-band spectrogram　03.212
宽度优先策略　breadth-first strategy　11.124
*宽式标音　phonemic transcription　03.051
宽式标音　broad transcription　07.020
狂草　deranged cursive script　02.140
框架　frame　11.092
框架表示法　frame representation　11.094
框架结构　frame structure; megastructure　06.031
框架语义学　frame semantics　11.183
*扩充标准理论　extended standard theory; EST　01.075
扩充转移网络　augmented transition network; ATN　11.189
扩大夸张　positive hyperbole　08.195
扩喻　extended simile or metaphor　08.103
扩展　expansion　04.261
扩展标准理论　extended standard theory; EST　01.075
扩展法　inserted expansion　05.032
*括号标注　bracketing　01.083
括号表示法　bracketing　01.083

L

拉丁化新文字　Latinizational New Writing System　02.177

拉祜文　Lahu writing　13.174
拉祜语　Lahu language　13.022

拉基语　Laji language　13.082

拉珈语　Lajia language　13.073

俫语　Lai language　13.126

兰银官话　Lanyin Mandarin　07.049

蓝青官话　substandard Mandarin　07.046

浪速语　Langsu language　13.033

*老蒙古文　Mongolian writing　13.177

老派　old variation　07.102

*老维吾尔文　Chagatay script　13.150

勒期语　Leqi language　13.034

累增字　cumulative graph　02.044

*类比　extended simile or metaphor　08.103

类比学习　learning by analogy　11.250

类词缀　quasi-affix　05.213

类隔　leige; a menfa principle relating duan and zhi initial groups　09.122

类后缀　semi-grammaticalized suffix; semi-suffix; quasi-suffix　05.215

类化　nalogization; assimilation　02.053

*类名　synecdoche　08.115

类前缀　semi-grammaticalized prefix; semi-prefix; quasi-prefix　05.214

类书　subject reference work　06.159

类属词　generic word　11.046

类推简化　analogical simplification　02.190

*类型和类例关系　relation between type and token　11.282

类型义　class meaning　05.139

类义词　lexical cluster　05.094

类义词典　thesaurus　06.219

类义素　sort element of meaning　10.071

类语词典　analogical dictionary　06.211

*3 类语法　finite-state language　01.136

离合词　segregatory word　05.187

离散分布　discrete distribution　11.096

离散谱　discrete spectrum　03.209

*离心构式　exocentric construction　04.116

离心结构　exocentric construction　04.116

黎文　Li writing　13.176

黎语　Li language　13.077

黎语支　Li branch　13.076

礼貌策略　politeness strategy　12.109

*礼仪语体　frozen style　12.040

*俚俗词源　folk etymon　05.119

俚语词　slang; slang word　05.241

俚语词典　slang dictionary　06.207

*理解型词典　passive dictionary　06.234

*理解修辞学　analytic rhetoric　08.012

θ理论　theta-theory; thematic theory; θ-theory　01.078

*GB 理论　government-binding theory　04.010

理论词典学　theoretical lexicography　06.008

*理论词汇学　general lexicology　05.036

*理论提示型词典　dictionary of theoretical inspiration　06.243

理论性释义　theoretical definition　06.319

理论研究型词典　theoretical dictionary　06.242

理论应用型词典　dictionary of theoretical inspiration　06.243

理论语言学　theoretical linguistics　01.002

*理性义　ideational meaning; conceptual meaning　05.136

理性主义　rationalism　01.185

历时　diachrony　01.103

历时变异　diachronic variation　12.074

历时性词典　diachronic dictionary　06.223

历时语法　diachronic grammar　04.003

历时语言学　diachronic linguistics; historical linguistics　01.007

历史比较词汇学　historical comparative lexicology　05.040

历史词典　historical dictionary　06.225

历史词汇学　historical lexicology　05.039

历史词语　historism; historical word　05.107

历史义　historical meaning　05.147

历史语言学　historical linguistics　01.005

立目　selection of lemma　06.045

例　token　01.163

例外字　exceptional reading character　07.107

*例言　key to entries　06.030

例证　example; illustrative example　06.078

隶变　clerical change　02.134

隶定　clerical transcription　02.135

隶定古文　clerically transcribed ancient script　02.128

隶书　clerical script　02.131

隶属度　membership　11.142

*隶属之训诂　explanation in the context　10.033

詈词　abusive expression; swear word; curse; abusive language　05.242
傈僳文　Lisu writing　13.175
傈僳语　Lisu language　13.021
连词　conjunction　04.053
*连动词组　serial verb construction　04.137
*连动结构　serial verb construction　04.137
连动式　serial verb construction　04.137
连读变调　tone sandhi　03.065
连读变调　tone sandhi　07.076
连贯　coherence　04.265
连环体　anadiplosis at the level of paragraphs　08.144
连接　association; linking　03.266
*连接机制　connectionism　01.188
连接线　association line　03.267
*连接主义　connectionism　01.188
连通论　connectionism　01.188
*连通主义　connectionism　01.188
*连谓词组　serial verb phrase　04.136
连谓短语　serial verb phrase　04.136
*连谓结构　serial verb phrase　04.136
连谓句　serial verb construction　04.174
*连物　zeugma with one logical and the other illogical collocations　08.203
连续反复　germination; epizeuxis; immediate or continued repetition　08.159
连续谱　continuous spectrum　03.210
连续异称　immediate different forms of address　08.075
*连珠　anadiplosis　08.143
*联[贯]比　sustained simile or metaphor　08.094
*联合词组　coordinate construction　04.125
联合短语　coordinate construction　04.125
联合复句　coordinate complex sentence　04.144
*联合结构　coordinate construction　04.125
*联觉　synaesthesia; synesthesia　08.217
联绵词　twin simple word　05.194
联绵词　two-alliterated words; compound words in Chinese　10.058
*联绵字　two-alliterated words; compound words in Chinese　10.058
*联想关系　paradigmatic relations　04.117
联想义　associative meaning　05.153
联喻　trunk-branch simile or metaphor　08.105

*涟语　two-alliterated words; compound words in Chinese　10.058
*炼词　exertion in choice of words　08.088
炼句　exertion in choice of sentence patterns　08.089
炼字　exertion in choice of words　08.088
链语法　link grammar　11.190
两字组　bi-syllabic form　07.077
量词　measure word; classifier　04.047
列围　slot　09.112
邻接对　adjacency pair　12.126
临高语　Lingao language　13.067
临摹性原则　copy principle　04.021
临时词　nonce-word　12.130
临时义　temporary meaning　05.154
零度修辞　zero rhetoric　08.054
零声母　zero initial　03.071
零声母　zero initial　09.024
零形式　zero form　01.143
零形式　zero form　04.252
另类词典　antidictionary; alternative dictionary　06.270
*流水对　related ideas expressed in double parallelism　08.150
*流俗词源　folk etymon　05.119
六国文字　Six States script　02.114
六书　Six Scripts; six categories of character construction　02.069
六书三耦说　theory of three pairs for Six Scripts　02.105
六书说　theory of Six Scripts　02.102
鲁凯语　Rukai language　13.137
乱纹　fill　03.219
论辩修辞学　argumentative rhetoric　08.011
论理性修辞　passive rhetoric　08.045
*论旨理论　theta-theory; thematic theory; θ-theory　01.078
*罗罗语　Yi language　13.019
逻辑宾语　logic object　04.226
逻辑联结词　logical connectives　11.136
逻辑释义　logical definition　06.302
逻辑语法　logic grammar　11.191
逻辑语义学　logical semantics　05.011
*逻辑重音　contrastive stress　03.043
逻辑主语　logic subject　04.225

M

马尔可夫链模型　Markov-chain model　11.200
*马来—波利尼西亚语系　Austronesian family　13.127
*骂言　abusive expression; swear word; curse; abusive language　05.242
蛮话　Man dialect　07.040
满—通古斯语族　Manchu-Tungusic group　13.106
满文　Manchu script　13.157
满语　Manchu language　13.108
满语支　Manchu branch　13.107
慢声　slow pronunciation　09.192
莽语　Mang language　13.124
毛南语　Maonan language　13.072
美　mel　03.228
门巴语　Menba language　13.010
门法　menfa; guiding principles for understanding rhyme tables　09.115
*蒙古尔语　Tu language　13.101
蒙古文　Mongolian writing　13.177
蒙古语　Mongolian language　13.099
蒙古语族　Mongolian group　13.098
*蒙塔古语法　Montague grammar　01.084
*蒙塔古语义学　Montague semantics　01.085
蒙太格语法　Montague grammar　01.084
蒙太格语义学　Montague semantics　01.085
*蒙太古语法　Montague grammar　01.084
*蒙太古语义学　Montague semantics　01.085
*孟德鸠语法　Montague grammar　01.084
*孟德鸠语义学　Montague semantics　01.085
孟—高棉语族　Mon-Khmer group　13.115
勉语　Mian language　13.059
缅语支　Burmese branch　13.030
苗文　Miao writing　13.178
苗瑶语族　Miao-Yao group　13.052
苗语　Miao(Hmong) language　13.054
苗语支　Miao(Hmong) branch　13.053
描写充分性　descriptive adequacy　01.129
描写词汇学　descriptive lexicology　05.038
描写性词典　descriptive dictionary　06.230
描写性定语　descriptive attributive　04.205
*描写性语言学　descriptive linguistics　01.009

描写修辞学　descriptive rhetoric　08.031
描写语言学　descriptive linguistics　01.009
*民间词源　folk etymon　05.119
民俗词典　folk dictionary　06.158
*民俗语义学　ethnosemantics　01.033
*民族混合语　creole　12.172
民族色彩词　ethno-lexeme　05.102
*民族诗学　ethnopoetics　01.030
民族语言学　minority linguistics　13.001
闽方言　Min dialect　07.063
*闽语　Min dialect　07.063
名词　noun　04.042
名词谓语句　nominal-predicate sentence　04.164
*名词性词组　nominal phrase　04.122
名词性短语　nominal phrase　04.122
*名词性结构　nominal phrase　04.122
*名量词　substance measure word　04.077
名物化　nominalization　04.102
明引　explicit quotation mentioning its author or origin　08.244
明喻　simile　08.104
明征　explicit symbolism　08.234
命名实体　named entity　11.212
命名实体识别　named entity recognition　11.213
命名义　designational meaning　05.135
命题演算　proposition calculus　11.097
摹绘　onomatopoeia; secondary onomatopoeia　08.198
*摹拟　onomatopoeia; secondary onomatopoeia　08.198
摹色　imitation of colour　08.199
摹声　onomatopoeia　08.200
摹味　imitation of smell　08.201
*摹形　imitation of state or condition　08.202
摹状　imitation of state or condition　08.202
摹状词　description　05.114
模糊集　fuzzy set　11.098
模糊聚类　fuzzy clustering　11.147
模糊修辞　fuzzy rhetoric　08.055
模糊语言　fuzzy language　08.070
模式　pattern　11.099
模式匹配　pattern matching　11.149

293

模式识别　pattern recognition　11.240
模型论式语义学　model theory;model-theoretic semantics　05.013
*摩擦音　fricative　03.134
莫拉　mora　03.283
莫语　Mo language　13.075
谋篇　textualization　08.084
母方言　mother tongue　07.008
母语　mother tongue　12.178

木佬语　Mulao language　13.081
木雅语　Muya language　13.044
*目标　patient　04.221
目标驱动　goal-driven　11.168
目标语生成　target language generation　11.264
目的语　target language　12.225
仫佬语　Mulam language　13.071
墓志文字　grave-tablet inscription　02.119

N

纳木依语　Namuyi language　13.048
纳西文　Naxi writing　13.179
纳西语　Naxi language　13.023
南部吴语　Southern Wu dialect　07.059
南岛语系　Austronesian family　13.127
南亚语系　Austro-Asiatic family　13.114
南音　South Chinese sounds　09.011
难词词典　dictionary of difficulties;dictionary of hard words　06.186
*难解词典　dictionary of difficulties;dictionary of hard words　06.186
*内部词典　mental lexicon;internal lexicon　06.341
*内部借用　dialect-borrowing　12.165
内部形式　internal form　05.132
内词条　run-on entry　06.070
内涵逻辑　intensional logic　11.206
内涵释义　intensional definition　06.303
内化语言　internalized language;I-language　01.123
内索引　internal access;inner access　06.119
内外　nei vs. wai;inner vs. outer　09.117
内向型词典　domestic-oriented bilingual dictionary　06.200
内源规范　endonormative　12.199
*内在化语言　internalized language;I-language　01.123
内转　neizhuan;inner rhyme tables　09.080
能产型词典　productive dictionary　06.238
能产性　productivity　01.105
能愿动词　modal verb　04.065
拟人　personification　08.122
*拟声　onomatopoeia　08.200

拟声词　onomatopoeic word;onomatopoeia;ideophone　04.050
*拟态　personification;metaphor implied in word　08.121
拟物　metaphor implied in word　08.123
*拟误　mimesis　08.164
*逆层递　anticlimax　08.131
逆向最大匹配法　backward maximum matching method　11.032
*逆序词典　reverse dictionary　06.253
*逆喻　rhetorical comparison with vehicle preceding tenor　08.096
拈连　zeugma with one logical and the other illogical collocations　08.203
年龄差异　age differences　12.034
年龄级差　age-grading　12.072
黏着词根　bound root　05.200
*黏着词素　bound morpheme　05.208
黏着形式　bound form　05.206
黏着语　agglutinative language;agglutinating language　01.177
娘日归泥　a hypothesis that the initial categories of niang and er belong to the category of ni in old Chinese　09.196
鸟虫书　bird and insect script　02.111
*纽　initial (of a Chinese syllable)　09.020
纽　①initial (of a Chinese syllable);②to combine an initial and a final to form a syllable;③syllable　09.021
*纽　syllable in a rhyme dictionary　09.142
纽带词典　bridge dictionary　06.202
怒苏语　Nusu language　13.028

女国音　female accent　12.031
女书　female script　12.032
女真文　Jurchen script　13.155

O

偶发词　nonce word;nonce formation;nonce;accidental words　05.071
*偶发词　nonce-word　12.130
偶句　sentences in parallelism　08.155

P

拍音　tap;flap　03.133
排比　multiple parallelism　08.204
*排除　emphasis on the positive by exclusion of the negative　08.206
*排迭　multiple parallelism　08.204
*排叠　multiple parallelism　08.204
排检法　arrangement and consultation　06.101
*排句　multiple parallelism　08.204
*排歧　disambiguation　11.056
排湾语　Paiwan language　13.134
*排语　multiple parallelism　08.204
派生词　derivative　04.032
派生词　derivative　05.180
派生词　derived word　10.051
派生词典　derivative dictionary　06.250
*派生词法学　derivational morphology　01.020
派生形态学　derivational morphology　01.020
*派生义　extensional meaning;denotative meaning　05.146
*判断词　judgment verb;copular verb　04.064
判断动词　judgment verb;copular verb　04.064
判断句　equational sentence　04.170
判据和构造语义学　criterial-constructive semantics　05.018
*旁代　metonymy　08.116
旁借　metonymy　08.116
旁逸　intentional digression from the topic　08.205
旁转　pangzhuan　09.182
*陪音　overtone　03.203
配对变语测试法　matched-guise technique　12.068
*配价　valency　04.241
配价词典　valency dictionary　06.172
配价理论　valence theory　01.092
配价语法　valency grammar　04.016

皮钦语　pidgin　12.171
匹配　matching　11.148
僻义　rarely-used meaning　05.152
*譬　trope;rhetorical comparison　08.092
譬况　description　09.190
*譬喻　trope;rhetorical comparison　08.092
偏旁　graphic component;side component　02.061
偏旁分析法　component analysis　02.206
*偏义复词　subordination compound word　05.184
偏义复合词　subordination compound word　05.184
*偏正词组　subordinate phrase　04.126
偏正短语　subordinate phrase　04.126
偏正复句　subordinate complex sentence　04.145
*偏正结构　subordinate phrase　04.126
*篇章　discourse　01.159
*篇章表述结构　discourse representation structure　01.161
*篇章表述理论　discourse representation theory　01.097
*篇章分析　discourse analysis　01.160
篇章修辞学　text rhetoric　08.017
*撇除　emphasis on the positive by exclusion of the negative　08.206
撇语　emphasis on the positive by exclusion of the negative　08.206
拼写词典　spelling dictionary　06.176
拼字　re-collocation of words or morphemes　08.231
频词　frequent and intermittent repetition of a word　08.207
频率　frequency　03.185
频率词典　frequency dictionary　06.254
*频谱包络　spectral envelope　03.208
*平　level or even tone　09.043
平分阴阳　ping fen yin yang　09.204
平衡语料库　balanced corpus　11.273

*平话　Pinghua dialect　07.067
平话方言　Pinghua dialect　07.067
平声　level or even tone　09.043
平声阳　level tone with a voiced consonant　09.045
平声阴　level tone with a voiceless consonant　09.044
*平实修辞　passive rhetoric　08.044
平水韵　Pingshui rhyming system　09.131
平仄　even and uneven tonal categories　09.053
评价　evaluation　12.082
评价函数　evaluation function　11.151
评述　comment　04.228
破读　change meaning by change pronunciation　10.059
*破裂音　plosive　03.130
*破字　change meaning by change pronunciation　10.059
剖析树　parsing tree　11.049
*铺张　hyperbole　08.192

朴学　puxue　10.011
普遍礼貌特征　universals of politeness　12.108
普遍语法　universal grammar　01.072
普遍语义学　universal semantics　05.005
普标语　Pubiao language　13.084
普米语　Pumi language　13.040
普通词典　general dictionary; general-purpose dictionary　06.161
普通词典学　general lexicography　06.003
普通词汇学　general lexicology　05.036
普通话　Putonghua　12.208
*普通夸张　pure hyperbole　08.193
普通文字学　general graphology　02.002
普通修辞学　general rhetoric　08.002
普通语言学　general linguistics　01.004
普通语义学　general semantics; theoretic semantics　05.004
谱包络　spectral envelope　03.208

Q

七音　seven initial categories　09.059
期望　expectation　11.155
齐齿呼　articulation with [i] as medial or main vowel　09.092
齐普夫定律　Zipf's law　11.038
奇字　odd script　02.126
*歧疑　ambiguity or suspense created and removed　08.210
*歧义格式　ambiguous structure　11.055
歧义结构　ambiguous structure　11.055
歧义消解　disambiguation　11.056
祈使句　imperative sentence　04.162
启发式规则　heuristic rule　11.101
启发式搜索　heuristic search　11.150
*起始结构　deep structure　04.113
起兴　reference to one thing to introduce another thing　08.087
起因　actuation　12.078
气流机制　air stream mechanism　03.095
气嗓音　breathy voice　03.144
契丹文　Qidan script; Khitan script　13.156
*前附语　prefix　05.210
*前加成分　prefix　05.210

前元音　front vowel　03.158
*前指　anaphora　01.147
*前指词　anaphor　01.146
前置页　front matter　06.039
前缀　prefix　05.210
潜喻　metaphor implied in word　08.106
*潜喻　metaphor implied in word　08.123
浅层分析　shallow parsing　11.060
*嵌入　embed　04.258
嵌入　embedding　12.081
嵌套　embed　04.258
嵌字　Chinese characters or words embedded for another implication　08.230
羌文　Qiang writing　13.191
羌语　Qiang language　13.038
羌语支　Qiang branch　13.037
强调重音　emphatic stress　03.044
强势方言　prestige dialect　12.155
*强势关系　power　12.092
强势语言　prestige language　12.153
强喻　metaphor in the pattern "tenor is more than vehicle"　08.113
乔姆斯基层级　Chomskian hierarchy　11.170

巧缀　ingenious continuation of expression after intentional misinterpretation of words or things　08.208
*翘舌音　apico-postalveolar　03.121
*切　fanqie;sinigraphic spelling　09.147
切脚词　qiejiao word　07.113
*切上字　first sinigram in a fanqie　09.149
*切下字　second sinigram in a fanqie　09.150
切韵法　method of fanqie　09.107
切韵图　rhyme tables　09.110
切韵学　study of rhyme tables　09.106
亲切语体　intimate style　12.039
*秦隶　ancient clerical script　02.132
秦书八体　eight script-styles in Qin　02.144
秦系文字　Qin system script　02.113
*青铜器铭文　bronze inscription　02.109
轻唇音　light labial;labiodental　09.063
轻动词　light verb　01.149
轻读　unstressed　03.045
轻声　neutral tone　03.080
轻重　qing vs. zhong;light vs. heavy　09.097
轻重交互　jiaohu; a menfa principle relating light and heavy labials　09.119
清　voiceless　09.013
清辅音　voiceless consonant;unvoiced consonant　03.006
清化　devoicing　03.061
清声母　voiceless initial　03.069
清声母　voiceless initial　09.025
清音浊流　unvoiced initial with voiced release　07.088
*情报检索　information retrieval　11.226
情景　situation　12.087
情景型语码转换　situational code-switching　12.103
情境　situational context　08.281

区别词　non-predicative adjective　04.045
区别符号　distinctive mark　02.154
区别特征　distinctive feature　03.261
*区别性特征　distinguisher;distinctive feature　06.284
区域性变异　regional variation　12.014
曲解　intentional misinterpretation　08.209
*曲说　ingenious continuation of expression after intentional misinterpretation of words or things　08.208
曲语　euphemism in periphrasis　08.224
曲喻　tortuous rhetorical comparison　08.107
佉卢字　Kharosthi alphabet　13.158
屈折形式　inflectional form　05.207
屈折形态学　inflectional morphology　01.019
屈折语　inflecting language;inflectional language;inflected language　01.176
趋向补语　directional complement　04.210
趋向动词　directional verb　04.066
曲韵　rhyming system of the Qu poetry　09.133
*取韵　adaptation　09.125
*去　departing or going tone　09.047
去声　departing or going tone　09.047
权势关系　power　12.092
全描写词典　overall-descriptive dictionary　06.231
全民性词汇　national vocabulary　05.060
全清　unaspirated voiceless initials　09.014
全浊　voiced obstruent (stop, affricate and fricative)　09.017
劝说式释义　persuasive definition　06.316
却域语　Queyu language　13.042
确定性算法　deterministic algorithm　11.127
群体语言权　group language rights　12.215

R

人称　person　04.242
人称代词　personal pronoun　04.083
人工智能　artificial intelligence　11.010
*人机接口　man-machine interface　11.208
人机界面　man-machine interface　11.208
人类文化诗学　ethnopoetics　01.030
人类文化语言学　ethnolinguistics　01.032
人类文化语义学　ethnosemantics　01.033

人类学语言学　anthropological linguistics　01.031
*人种诗学　ethnopoetics　01.030
*人种语言学　ethnolinguistics　01.032
*人种语义学　ethnosemantics　01.033
人助机译　human-aided machine translation　11.260
认知语法　cognitive grammar　04.014
认知语言学　cognitive linguistics　01.036
任意性　arbitrariness　01.104

任指 arbitrary reference 04.100
日汉对音 Japanese transcription of the borrowed Chinese words 09.209
日寄凭切 riji; a menfa principle relating the ri initial 09.120
*日语借形词 graphic loan from Japanese 05.082
融合度 index of fusion 01.165
*融合夸张 hyperbole in cooperation with other figures 08.194
融合型动机 integrative motivation 12.227

柔若语 Rouruo language 13.029
*入 entering tone 09.048
入派三声 ru pai san sheng 09.205
入声 entering tone 09.048
入声韵 rhyme with a stop ending 09.039
软腭 soft palate; velum 03.111
*弱读 unstressed 03.045
弱势方言 nonprestige dialect 12.156
弱势语言 nonprestige language 12.154

S

撒拉语 Salar language 13.096
萨丕尔—沃尔夫假说 Sapir-Whorf hypothesis 01.055
赛德克语 Sedeq language 13.130
赛夏语 Saisiyat language 13.138
三等喻化 a hypothesis that initials of the third division are palatalized 09.199
三等韵 third division 09.101
三合元音 triphthong 03.016
三价动词 trivalent verb 04.097
三十六字母 36 initial sinigrams 09.057
三书说 theory of Three Scripts 02.103
三体石经 Tri-script Stone Classics 02.129
*三字石经 Tri-script Stone Classics 02.129
三字组 tri-syllabic form 07.078
桑孔语 Sangkong language 13.026
嗓音 voice 03.140
嗓音横杠 voice bar 03.214
嗓音起始时间 voice onset time; VOT 03.216
色彩义 meaning with special flavour 05.155
塞擦音 affricate 03.139
*塞音 plosive 03.130
塞音韵尾 stop ending 09.036
沙阿鲁阿语 Saaroa language 13.132
*莎士比亚式比喻 sustained simile or metaphor 08.094
*删音 deletion 03.057
*闪音 tap; flap 03.133
商议语体 consultative style 12.038
上声 rising tone 09.046
*上 rising tone 09.046

*上腭 palate 03.109
上古音 old Chinese sounds 09.004
*上江官话 Southwestern Mandarin 07.053
上江官话 Shangjiang Mandarin 07.054
上位词 hypernym; super term 05.095
*上下位词 generic word 11.046
*上下文敏感文法 context-sensitive grammar 11.172
上下文无关文法 context-free grammar 11.173
*上下文无关语法 context-free grammar 11.173
上下文无关语言 context-free language 01.137
上下文相关语言 context sensitive language 01.138
上下文有关文法 context-sensitive grammar 11.172
*上下文有关语法 context-sensitive grammar 11.172
*上下文自由文法 context-free grammar 11.173
少数民族语言 minority language 12.149
少数族裔语言 minor language 12.151
邵语 Thao language 13.141
畲语 She language 13.061
畲语支 She branch 13.060
舌 tongue 03.104
舌根 tongue root; radical 03.108
*舌根音 dorso-velar 03.125
舌尖 tongue tip; apex 03.105
舌尖—齿音 apico-dental 03.119
舌尖—齿龈音 apico-alveolar 03.120
*舌尖后音 apico-postalveolar 03.121
舌尖后元音 apical post-alveolar vowel 03.151
*舌尖前音 apico-alveolar 03.120
舌尖前元音 apical dental vowel 03.150
舌尖—龈后音 apico-postalveolar 03.121

舌尖元音　apical vowel　03.149
舌面　dorsum　03.107
舌面—腭后音　dorso-postpalatal　03.124
舌面—腭前音　dorso-prepalatal　03.123
*舌面后音　dorso-velar　03.125
*舌面前音　dorso-prepalatal　03.123
舌面—软腭音　dorso-velar　03.125
舌面元音　dorsal vowel　03.148
*舌面中音　dorso-postpalatal　03.124
舌上音　sheshang;laminal　09.066
舌头音　shetou;apical　09.065
舌位　tongue position　03.152
舌叶　tongue blade;lamina　03.106
舌叶—齿龈音　lamino-alveolar　03.122
*舌叶音　lamino-alveolar　03.122
舌音　lingual　09.064
设格　creation of a figure　08.083
设歧　ambiguity or suspense created and removed　08.210
设问　rhetorical question with or without an answer　08.211
*设疑　rhetorical question with or without an answer　08.211
社会变项　social variable　12.017
社会变异　social variation　12.013
社会差别标志　social differentiator　12.024
社会方言　social dialect;sociolect　12.025
*社会方言词语　social idiom;social dialect　05.231
社会分布　social distribution　12.018
社会网络　social network　12.055
社会习惯语　social idiom;social dialect　05.231
社会心理修辞学　sociopsychological rhetoric　08.035
社会用字　character popular among people　02.197
社会语境　social context　12.086
社会语言标记　sociolinguistic marker　12.023
社会语言学　sociolinguistics　12.001
社区词　community expression　05.103
社区语言　community language　12.158
*社团语言　community language　12.158
X射线照相术　X-radiography　03.166
摄　she;rhyme groups　09.082
*身势语言学　kinesics　01.038
*深层结构　deep structure　03.271
深层结构　deep structure　04.113

深层义　deep meaning　05.130
深度优先策略　depth-first strategy　11.125
*深远结构　deep structure　04.113
神经认知语言学　neurocognitive linguistics　01.041
神经网络　neural net　11.197
神经语言学　neurolinguistics;neurological linguistics　01.040
神经元网络识别法　neural network recognition method　11.102
生产性双语现象　productive bilingualism　12.230
生成　generate　01.193
生成音系学　generative phonology;GP　03.239
生成语法　generative grammar　04.009
*生成语言学　transformational-generative grammar;TG　01.073
生成语言学派　generative linguistics　01.049
生成语义学　generative semantics　05.007
生成语义学派　generative semantics　01.051
生物语言学　biolinguistics;biological linguistics　01.037
声　①initial (of a Chinese syllable);②initial category;③tone　09.020
声带　vocal folds;vocal cords　03.113
声道　vocal tract　03.099
声调　tone　03.027
声调　tone　09.041
声调语言　tonal language;tone language　01.117
*声符　phonetic component　02.083
声化　phoneticization　02.045
声类　initial category　09.162
声滤波器　acoustic filter　03.206
声门　glottis　03.114
声门波　glottal wave　03.173
声门测量术　glottography　03.170
*声门下压力　subglottal pressure　03.164
*声门音　laryngeal;glottal　03.128
声母　initial　03.068
声母　initial　09.022
*声纽　initial (of a Chinese syllable)　09.021
声旁　phonetic component　02.083
声谱　sound spectrum　03.207
声谱分析　sound spectral analysis　03.198
声谱仪　sound spectrograph　03.205
*声腔　resonant cavity　03.100

声学语音学　acoustic phonetics　03.171
声学元音图　vowel chart　03.222
声训　sound gloss　10.022
*声喻法　onomatopoeia　08.200
声源　source　03.180
*声韵　phonology　09.002
*声韵学　historical phonology　09.001
*省力原则　economy principle　01.112
省略　ellipsis　04.259
省略句　ellipsis sentence　04.178
省声　phonetic symbol abbreviation　02.081
省形　signific symbol abbreviation　02.080
诗韵　①rhyming system for regular poetry；②rhyming system of the Book of Songs　09.130
施事　agent　04.220
施事宾语　agentive object　04.193
施事主语　agentive subject　04.182
施为句假说　performative hypothesis　01.098
十六摄　16 rhyme groups　09.083
十三辙　13 vernacular rhyming groups　09.134
石刻文字　stone inscription　02.118
时　tense　04.243
时间宾语　temporal object　04.196
时间补语　temporal complement　04.216
时间副词　time adverb　04.089
时间名词　temporal noun　04.059
时间主语　temporal subject　04.186
时量词　temporal measure word　04.079
时序排检法　arrangement and consultation in chronological sequence　06.114
识别率　recognition rate　11.242
实词　content word　04.038
*实词　lexical word；content word　05.056
实词素　content semantic morpheme　05.203
*实地调查　field study　01.071
实践修辞学　practical rhetoric　08.010
*实例　token　01.163
*实体共相　substantive universal　01.174
实验语音学　experimental phonetics　03.002
*实义　original meaning　10.039
实用词典　practical dictionary　06.181
实证主义　positivism；pragmatism　01.183
实质共性　substantive universal　01.174

实质性释义　substantial definition　06.301
史兴语　Shixing language　13.046
*氏族文字　bronze clan inscription　02.110
示现　vision　08.212
世界语　Esperanto　12.181
*势态语言学　kinesics　01.038
事件驱动　event-driven　11.169
事务语体　officialese style　08.271
饰笔　decorative mark　02.151
是非问句　yes-no question　04.157
*释词　new interpretation of a word or phrase in context　08.213
释文　definiens　06.278
释义词汇　defining vocabulary　06.280
释义对象　definiendum　06.279
*释义语义学　interpretive semantics　05.006
释义原则　definition principle　06.277
释语　new interpretation of a word or phrase in context　08.213
收词　inclusion of headword　06.047
收词范围　coverage of headword selection　06.049
收词原则　principles of headword selection　06.048
收紧　constriction　03.088
收紧点　constriction point　03.089
收紧度　degree of stricture　03.090
*收缩　constriction　03.088
*收缩点　constriction point　03.089
*收缩度　degree of stricture　03.090
收条　inclusion of articles　06.054
收字　inclusion of head characters　06.055
手势语　sign language；gesture language　01.116
*手头字　convenient character　02.189
手写体　handwritten form　02.150
*手语　sign language；gesture language　01.116
守温字母　Shouwen's system of initial sinigrams　09.056
首词　prototypical lexeme　05.073
首字母缩略词　initialism；alphabetism　05.219
*受格　objective case　04.247
受话人　receiver　12.122
受事　patient　04.221
受事宾语　patient object　04.194
受事主语　patient subject　04.183
受限语言　restricted language　11.103

· 300 ·

*书卷词汇　vocabulary of written language; vocabulary of written words　05.066
书卷语体　written style　08.268
书面书卷语体　written style in written form　08.270
书面谈话语体　colloquial style in written form　08.267
书面语　written language　01.114
书面语词典　dictionary of written language　06.213
书面语词汇　vocabulary of written language; vocabulary of written words　05.066
书面语修辞　rhetoric in written language　08.053
*书语词汇　vocabulary of written language; vocabulary of written words　05.066
*书证　cited example; citation　06.080
舒声　lax tone　07.089
舒声　①non-abrupt tone;②rhyme with vowel or nasal ending　09.051
熟语　phraseological unit; stereotyped expression; idiomatic phrase　05.227
熟语词典　dictionary of idiomatic phrases　06.205
熟语学　phraseology　05.047
属格　genitive case　04.250
属性语法　attribute grammar　11.179
术语　term; terminology　05.232
术语词典　terminological dictionary　06.166
术语化　terminologicalization　08.061
术语库　terminology bank　11.275
*术语数据库　terminology bank　11.275
*述宾词组　verb-object phrase　04.128
述宾短语　verb-object phrase　04.128
*述补词组　verb or adjective complement phrase　04.129
述补短语　verb or adjective complement phrase　04.129
*述补结构　verb or adjective complement phrase　04.129
述题　rheme　04.230
*述位　rheme　04.230
述语　predicative　04.190
树库　tree bank　11.276
树邻接语法　tree adjoining grammar　11.193
*数　token　01.163
数　number　04.239
数词　numeral　04.046
数据平滑　data smoothing　11.157
数据驱动　data-driven　11.167
数据稀疏　data sparseness　11.158

数理逻辑语义学　logical and mathematical semantics　11.184
数理语言学　mathematical linguistics　01.025
数理语言学　mathematical linguistics　11.004
数量宾语　quantitive object　04.200
数量补语　quantitive complement　04.214
*数量词组　numeral-classifier phrase　04.131
数量短语　numeral-classifier phrase　04.131
*数量结构　numeral-classifier phrase　04.131
双宾句　double-object construction　04.176
双宾语　double objects　04.201
双唇音　bilabial　03.117
双方言现象　bidialectalism　12.141
双关　pun　08.214
*双弧语法　arc pair grammar　01.065
双解词典　bilingualized dictionary　06.196
双排句　double parallelism　08.071
双声　alliterated disyllables　09.027
双声叠韵词　alliterative or rhyming twin simple word　05.195
双向词典　bidirectional dictionary; two-way dictionary　06.198
*双言现象　diglossia　12.144
双言制　diglossia　12.144
双音词化　lexical disyllabification; lexico-disyllabication　05.226
双语词典　bilingual dictionary　06.192
双语词典学　bilingual lexicography　06.011
双语读写能力　biliterate　12.143
*双语对齐　text alignment; bilingual alignment　11.286
双语人　bilingual　12.138
*双语体　diglossia　12.144
双语现象　bilingualism　12.136
双语学　bilingual studies　12.006
双语语料库　bilingual corpus　11.274
*双字组　bi-syllabic form　07.077
水书　Sui script　13.161
水语　Sui language　13.070
顺层递　climax　08.130
*顺向最大匹配法　forward maximum matching method　11.031
顺序词典　proper order dictionary　06.252
*说明　comment　04.228

《说文》学　the study of *Shuowenjiezi*　10.013
*死字　obsolete character;dead character　02.196
四等韵　fourth division　09.102
四声　four tonal categories　09.042
四声相承　tonal relation within a rhyme set　09.146
四声一贯　a hypothesis that tonal distinctions are merged in old Chinese verses　09.201
四体二用说　theory of four-principle and two-use for Six Scripts　02.104
*四柱对　double parallelism within a sentence　08.151
四字格　quadrisyllabic word　05.229
送气　aspirated　03.066
送气　aspiration;aspirate　03.221
搜索引擎　search engine　11.215
苏龙语　Sulong language　13.051
*窣利文　Sogdian language　13.160
俗词源　folk etymon　05.119
*俗体　vulgarism;vulgar form　02.167
俗体字　vulgarism;vulgar form　02.167
俗语词　popular word;folksay;slang　05.243
俗语词典　dictionary of common sayings　06.206
*俗字　vulgarism;vulgar form　02.167
俗字　vulgar character　07.104
速查词典　dictionary with ready reference　06.255

粟特文　Sogdian language　13.160
CYK算法　Cocke-Younger-Kasami algorithm　11.134
算子语法　operator grammar　11.185
*随便语体　informal style;casual style　12.037
*随代　metonymy　08.116
*随机上下文无关文法　probabilistic context free grammar　11.178
*随文立训　explanation in the context　10.033
随文释义　explanation in the context　10.033
缩减性双语现象　substractive bilingualism　12.229
*缩略　ellipsis　04.259
缩略词　abbreviate　05.186
缩略语词典　dictionary of abbreviations　06.187
缩小夸张　negative hyperbole　08.196
*缩写词典　dictionary of abbreviations　06.187
缩印本词典　compact dictionary　06.251
缩喻　condensed metaphor with its vehicle modified by tenor　08.108
*所有格　genitive case　04.250
*所字词组　Suo-phrase　04.134
所字短语　Suo-phrase　04.134
*所字结构　Suo-phrase　04.134
索引　index　06.340
索引结构　access structure　06.117

T

他源文字　other-initiated script　02.025
塔吉克语　Tajik language　13.145
塔塔尔语　Tatar language　13.097
*台语支　Zhuang-Dai branch　13.063
态　voice　04.245
泰耶尔语　Atayal language　13.129
谈话语体　colloquial style　08.265
*弹音　tap;flap　03.133
叹词　interjection　04.049
陶符　pottery symbol　02.035
陶文　pottery inscription　02.116
*特殊词汇学　specialized lexicology;concrete lexicology　05.037
*特殊修辞　active rhetoric　08.043
特征抽取　feature extraction　11.152
特征词　distinctive word　07.110

特征函数　feature function　11.153
特征结构　feature structure　11.088
特征向量　feature vector　11.154
特指问句　specific question　04.159
特字　special reading character　07.108
提高性修辞　advanced rhetoric　08.051
*题元　theme　04.229
题元角色　theta role　01.148
*题元理论　theta-theory;thematic theory;θ-theory　01.078
题旨　motive in speaking or writing　08.282
体　aspect　04.244
体宾动词　substantive-object verb　04.071
体词　substantive　04.040
体词性谓语　nominal predicate　04.189
体例　format guideline　06.029

体态语言学　kinesics　01.038

*替代　substitution　04.255

替换　substitution　04.255

*替换法　substitution　04.255

天赋论　nativism　01.187

天赋说　innateness hypothesis　01.056

田野调查　field study　01.071

*田野工作　field work　01.071

填充项　filler　11.095

填声停顿　filled pause　03.048

调音　articulation　03.084

调音　tuning　08.082

条件变体　conditioned variant　03.260

条目　article; entry　06.062

条目结构　entry structure; article structure　06.037

条头　heading of an article　06.063

*条头标引　design of heading　06.064

条头设计　design of heading　06.064

听觉语音学　auditory phonetics　03.223

停顿　pause　03.047

停用词　stop words　11.239

通感　synaesthesia; synesthesia　08.217

通古斯语支　Tungusic branch　13.111

*通古斯语族　Manchu-Tungusic group　13.106

通假　phonological borrowing　02.091

通假字　borrowed graph　02.092

*通借　phonological borrowing　02.091

通俗释义　folk definition　06.322

*通音　approximant　03.137

*通用词典　general dictionary; general-purpose dictionary　06.161

通用词汇　general vocabulary　05.064

通用语　common language　12.207

通用字　current character　02.193

通语　common language　09.008

通转　tongzhuan; relation between different phonological categories　09.175

同等关系　solidarity　12.093

同根词典　root-oriented dictionary　06.227

同化　assimilation　03.059

同类词　class word; group word　05.074

同素词　allotropy　05.185

同素同义词　in-component synonym　05.090

*同位词组　appositional phrase　04.135

同位短语　appositional phrase　04.135

*同位结构　appositional phrase　04.135

同现规则　co-occurrence rule　12.097

同形词　homograph　05.189

同形替代法　constituent substitution; constituent replacement　05.033

同形字　homograph　02.155

同训　tongxun　10.029

*同义辨析　semantic discrimination　06.324

同义词　synonym　05.086

同义词典　synonym dictionary　06.220

同义对释　definition with synonym　06.290

同义反复　repetition of synonyms or near-synonyms　08.219

同义关系　synonymy　05.126

同义换读　synonymic interchange　02.165

同义字　synonymic character　02.164

同异　two or more words with the same as well as different characters　08.218

同音词　homophone　05.188

同音代替　homophonic substitution　02.040

*同音通假　phonological borrowing　02.091

同音字　homophonous character　02.161

同用　①shared rhyme; ②identical application　09.139

同语　the same word as subject and its complement　08.220

同源词　cognate word　10.052

*同源词典　root-oriented dictionary　06.227

同源通用　interchangeable word for cognate　10.046

同源字　cognate graph; paronymy graph　02.050

同指关系　co-referentiality; co-referential relation　05.128

同字　anaphora; epiphora　08.221

统计机器翻译　statistical machine translation; SMT　11.258

统计识别方法　statistical recognition method　11.104

统计修辞学　statistical rhetoric　08.020

统计语言学　statistical linguistics　01.026

*统言,析言　explain in general terms　10.056

*突厥卢尼克文　Turkic script　13.162

突厥文　Turkic script　13.162

突厥语族　Turkic group　13.087

突显　prominence　03.231

图解词典　pictorial dictionary; picture dictionary　06.267

图瓦语　Tuwa language　13.091
土话　aboriginal vernacular　07.041
*土话　vernacular　12.161
土家语　Tujia language　13.050
土文　Monguor writing　13.180
*土语　dialect　07.002
土著语言　indigenous language　12.157
*土字　dialectal character　07.103
土族语　Tu language　13.101

团音　round initial　07.087
推导　derivation　03.273
推导　derivation　11.105
推导树　derivative tree　11.106
*推因　ascertain paronym　10.065
推源　ascertain paronym　10.065
托忒文　Todorkhai Mongol　13.164
*脱落　deletion　03.057

W

瓦当文字　eaves tile inscription　02.123
*佤—崩龙语支　Wa-De'angic branch　13.116
佤—德昂语支　Wa-De'angic branch　13.116
佤文　Wa writing　13.181
佤语　Wa language　13.117
外部材料　outside matter　06.038
外国语　foreign language　12.224
外化语言　externalized language;E-language　01.122
外来词　loan word;foreign word;alienism;alien word;foreignism　05.076
*外来词词典　dictionary of loan words　06.216
外来规范　exonomative　12.200
外来语词典　dictionary of loan words　06.216
外索引　external access;outer access　06.118
外位语法　extraposition grammar　11.192
外向型词典　foreign-oriented bilingual dictionary　06.199
*外向型双语词典　foreign-oriented bilingual dictionary　06.199
外延释义　extensional definition　06.304
*外在化语言　externalized language;E-language　01.122
外转　waizhuan;outer rhyme tables　09.081
*完全同义词　absolute synonym　05.091
*婉辞　euphemism in an implicit expression　08.223
婉曲　euphemism in an implicit expression or in periphrasis　08.222
婉言　euphemism in an implicit expression　08.223
*婉转　euphemism in an implicit expression or in periphrasis　08.222
网络词典　online dictionary;Internet dictionary　06.262

网络力度　network strength　12.057
网络密度　network density　12.056
望文生训　literal interpretation　10.074
*望文生义　literal interpretation　10.074
*望形生训　literal interpretation　10.074
微观结构　microstructure　06.035
微观结构设计　microstructure design　06.036
微观社会语言学　micro-sociolinguistics　12.004
微观修辞　micro-rhetoric　08.049
微型词典　micro-dictionary　06.248
维特比算法　Viterbi algorithm　11.160
维吾尔文　Uighur writing　13.183
维吾尔语　Uighur language　13.093
*委婉　euphemism in an implicit expression or in periphrasis　08.222
委婉语　euphemism　05.234
未登录词　unregistered word;unlisted word;unknown word　11.033
未意识变化　change from below　12.052
谓宾动词　predicate-object verb　04.072
谓词　predicative　04.041
谓词逻辑表示法　predicate logic representation　11.107
谓词性宾语　predicative object　04.192
谓词性主语　verbal subject　04.181
谓语　predicate　04.188
魏碑体　Wei stele style　02.143
文白异读　literary versus colloquial distinction　07.100
文本　text　01.192
文本　text　11.066
文本对齐　text alignment;bilingual alignment　11.286
文本分类　text classification;text categorization　11.221

文本检索　text retrieval　11.220
文本校对　text proofreading　11.223
文本挖掘　text mining　11.222
文本—语音转换　text to speech；TTS　11.224
*文本自动分类　text classification；text categorization　11.221
文读　literary reading　07.094
文读层　literary layer　07.096
文读音　literary pronunciation　07.095
文法驱动　grammar-driven　11.166
文化词　cultural word　05.104
文化义　cultural connotation；cultural meaning　05.150
文化语义学　cultural semantics　05.009
文体　style　08.264
文体标签　style label；stylistic label　06.132
文体风格　genre　08.277
文体学　stylistics　08.003
文言词　classical Chinese word　05.106
*文艺语体　artistic style　08.274
*文艺作品言语　artistic speech　08.279
文意训释　explanation of contextual meaning　10.036
文字　script；writing　02.014
文字改革　script reform；writing reform　02.034
文字画　graphic picture　02.015
文字学　graphology；grammatology　02.001

问答词典　Q & A dictionary　06.269
问答系统　question answering system　11.209
乌孜别克文　Uzbek writing　13.182
乌孜别克语　Uzbek language　13.095
*无擦通音　approximant　03.137
无定　indefinite　04.099
*无固定结构的语言　non-configurational language　01.120
无理据词　unmotivated word　01.167
无声调语言　non-tonal language　01.118
无声停顿　silent pause　03.049
*无限制共性　absolute universal　01.170
*无限制语法　unrestricted grammar　01.171
无指导学习　unsupervised learning　11.252
吴方言　Wu dialect　07.057
*吴语　Wu dialect　07.057
五度标调法　5-letter tone system；a system of tone-letters　03.081
五音　five initial categories　09.058
物候　indication of variation in season or time by describing natural or biological phenomena　08.225
物量词　substance measure word　04.077
物喻　metaphor with something in detailed description as its vehicle　08.109
误识率　error rate　11.244

X

西部裕固语　Western Yugur language　13.090
西南官话　Southwestern Mandarin　07.053
*西塔角色　theta role　01.148
西夏文　Xixia script　13.163
西匈语支　Western Huns branch　13.092
析词　tmesis　08.226
析取　disjunction　11.138
*析数　conversion：change in the units or form of a number or expression　08.181
析字　disassembly of Chinese character　08.227
悉昙　siddham　09.114
锡伯文　Xibo writing　13.184
锡伯语　Xibo language　13.109
*习惯语　social idiom；social dialect　05.231
习语词典　phraseological dictionary　06.203

玺印文字　seal inscription　02.117
系事　co-referent　04.224
系统　system　01.106
系统关系释义　defining by sense relations　06.312
系源　collection of paronym　10.064
辖域　scope　04.264
*下江官话　Jianghuai Mandarin　07.055
下江官话　Xiajiang Mandarin　07.056
下位词　hyponym　05.096
仙岛语　Xiandao language　13.036
先验概率　prior probability　11.156
*显比　simile　08.104
显现变项　indicator　12.049
显象时间　apparent time　12.076
显性声望　overt prestige　12.064

现存义　current meaning　05.148
现代汉语词汇学　modern Chinese lexicology　05.043
现代汉字　contemporary Chinese character　02.033
现代汉字规范化　standardization of contemporary Chinese character　02.181
现代汉字学　study of contemporary Chinese character　02.012
现代修辞学　modern rhetoric　08.006
现代训诂学　classical Chinese semantics in modern times　10.008
现代语义学　modern semantics　05.003
*现实法　vision　08.212
现实主义　realism　01.058
*现写法　vision　08.212
限制性定语　restrictive attributive　04.206
线图　chart　11.132
线图句法分析　chart parsing　11.133
*线状谱　line spectrum　03.209
*相对同义词　relative synonym；near synonym　05.092
*相反为训　fanxun　10.037
湘方言　Xiang dialect　07.060
湘南土话　Southern Xiang Vernacular Cluster　07.043
*湘语　Xiang dialect　07.060
镶嵌　embedding；inlaying　08.228
镶字　Chinese character embedded for emphasis　08.229
详解组配词典　explanatory and combinatorial dictionary　06.183
详尽词典　detailed dictionary　06.168
响度　loudness　03.230
响音　sonorant　03.018
*想见格　vision　08.212
向后算法　backward algorithm　11.161
向内算法　inside algorithm　11.162
向前算法　forward algorithm　11.163
向外算法　outside algorithm　11.164
*向心构式　endocentric construction　04.115
向心结构　endocentric construction　04.115
*象声词　onomatopoeic word；onomatopoeia；ideophone　04.050
象形　pictographic method　02.070
象形文字　pictographic script　02.017
象形字　pictograph　02.071
象征　symbolism　08.232

消极礼貌策略　negative politeness strategy　12.110
消极面子　negative face　12.112
消极型词典　passive dictionary　06.234
消极修辞　passive rhetoric　08.044
*消减性双语现象　substractive bilingualism　12.229
小称　diminutive　07.079
小称变调　diminutive tone　07.081
小称变韵　diminutive final　07.080
小句　clause　04.143
小舌　uvula　03.112
小舌音　uvular　03.126
小学　philology　10.010
小韵　syllable in a rhyme dictionary　09.142
小篆　small seal script　02.130
歇后语　a two-part allegorical saying　05.237
*叶句　adaptation　09.125
叶音　adaptation　09.125
*叶韵　rhyme　09.124
*叶韵　adaptation　09.125
协调情景　congruent situation　12.095
协同发音　coarticulation　03.094
*协韵　rhyme　09.124
谐波　harmonic　03.202
谐辞　ironic and humorous expression　08.072
谐趣　homophony and humour　08.235
谐声　sinigrams with shared phonetic symbol　09.185
谐声系列　phonetic symbol series；sinigrams based on the same phonetic symbol　09.188
谐声系统　phonetic symbol system　09.189
谐音　homophony　08.086
谐音双关　homophonic pun；paronomasia　08.215
*心理词典　mental lexicon；internal lexicon　06.341
心理词库　mental lexicon；internal lexicon　06.341
心理修辞学　psychological rhetoric　08.004
心理语言学　psycholinguistics　01.039
*心理主义　mentalism　01.059
*心灵主义　mentalism　01.059
心智主义　mentalism　01.059
新词语　neologism；coined word　05.120
新弗斯学派　Neo-Firthian　01.045
新隶体　neo-clerical script　02.136
新派　new variation　07.101
新修辞学　neo-rhetoric　08.032

新语法学派　Neogrammarians　01.046
新增字　neo-emerging character　02.173
新字形　new printed form　02.148
*信息抽取　information extraction　11.211
信息过滤　information filtering　11.214
信息检索　information retrieval　11.226
信息论　information theory　11.011
信息提取　information extraction　11.211
信息修辞学　informational rhetoric　08.021
*兴起　reference to one thing to introduce another thing　08.087
行书　semi-cursive script; running script　02.141
行为主义　behaviourism　01.182
*形符　semantic component; signific component　02.082
形借　borrowing of graphic form　02.089
形旁　semantic component; signific component　02.082
形容词　adjective　04.044
形容词谓语句　adjective-predicate sentence　04.166
*形容词性词组　adjectival phrase　04.124
形容词性短语　adjectival phrase　04.124
*形容词性结构　adjectival phrase　04.124
形声　picto-phonetic method　02.078
形声字　picto-phonetic character　02.079
形式　form　01.107
形式　form　04.262
*形式共相　formal universal　01.173
形式共性　formal universal　01.173
形式化　formalization　01.135
形式意义　formal meaning　01.153
形式语法　formal grammar　04.017
形式语言学　formal linguistics　01.066
形式主义　formalism　01.060
形似字　near homograph　02.156
形态词典　morphological dictionary　06.173
形态仿造　morphological calque　06.093
形态学　morphology　01.018
*形态学　morphology　04.026
形态—语义释义　morpho-semantic definition　06.313
形体　script figure　02.106
*形序法　arrangement and consultation by written form　06.105
形序排检法　arrangement and consultation by written form　06.105

形训　explaining through character form　10.023
形义仿造　morpho-semantic calque　06.094
形译词　graphic loan from Japanese　05.082
形音义互求　form, sound and meaning prove each other　10.061
*形源　character source　10.050
型　type　01.162
型—例比　type-token ratio　11.042
*0 型文法　unrestricted grammar　11.171
*1 型文法　context-sensitive grammar　11.172
*2 型文法　context-free grammar　11.173
*3 型文法　regular grammar　11.174
性　gender　04.238
性别差异　gender differences　12.030
性质形容词　property adjective　04.073
*兄弟节点　sibling　11.083
兄弟结点　sibling　11.083
修辞　rhetoric (rhetorical activities or regularities)　08.038
修辞变体　rhetorical varieties　08.066
修辞标记　rhetorical marker　08.067
修辞创新　creation in rhetoric　08.085
修辞词汇学　rhetorical lexicology　08.023
修辞方法　rhetorical method　08.080
修辞分化　rhetorical dissociation　08.068
修辞格　figure of speech　08.090
*修辞格式　figure of speech　08.090
修辞规律　law of rhetoric　08.056
修辞过程　rhetorical process　08.057
修辞活动　rhetorical activities　08.058
修辞价值　rhetorical value　08.059
修辞结构　rhetorical structure　08.069
修辞句法学　syntactical rhetoric; rhetorical syntax　08.024
修辞聚合　rhetorical paradigm　08.063
修辞律　regularity of rhetoric　08.046
修辞美学　rhetorical aesthetics　08.033
修辞色彩　rhetorical meaning　08.064
修辞同义词　rhetoric synonym　05.089
修辞心理　rhetorical mentality　08.060
修辞心理学　rhetorical psychology　08.034
修辞学　rhetoric　08.001
*修辞意义　rhetorical meaning　08.064
修辞资源　rhetorical resources　08.065

307

修订版　revised edition　06.271
修饰语　modifier　04.218
*修饰喻　condensed metaphor with its vehicle modified by tenor　08.108
袖珍词典　pocket dictionary　06.249
*袖珍电子词典　hand-held electronic dictionary　06.260
虚词　function word　04.039
虚词素　grammatical semantic morpheme　05.204
*虚迹　trace　01.142
虚指　indefinite reference；vague reference　04.101
*许学　the study of *Shuowenjiezi*　10.013
序换　inversion of the order of morphemes or words　08.236
序数词　ordinal　04.076
*序位学　tagmemics　01.064
*叙词　subject term　11.235
选词　selection of headword　06.046
选条　selection of entries (articles)　06.052
选用规则　alternation rule　12.098
选择释义　optional definition　06.297
选择问句　alternative question　04.160
选字　selection of head characters　06.053
学科标签　subject label　06.133
学生词典　student's dictionary　06.241
学术词典　academic dictionary　06.182
学习词典　learner's dictionary；school dictionary　06.240
*学者词典　academic dictionary　06.182
循环参见　circular cross-reference　06.129
循环释义　circular definition　06.321
训读　interpretative reading　07.093
训诂　exegesis on antient Chinese language　10.001
训诂材料　the materials of exegesis on antient Chinese language　10.003
训诂学　classical Chinese semantics　10.006
训练集　training set　11.288
训释　explanation　10.021
训释用语　phraseology of explanation　10.038

Y

*压韵　rhyme　09.124
押韵　rhyme　09.124
*押韵　rhyme　09.129
牙音　velar　09.075
雅化语体　modified speech　12.042
雅美语　Yami language　13.140
雅学　yaxue　10.012
雅言　antient standard language　10.002
亚里士多德意义观　Aristotle's notion of meaning；Aristotelian notion of meaning　05.022
咽音　pharyngeal　03.127
焉耆—龟兹文　Tocharian script　13.159
*严式标音　phonetic transcription　03.052
严式标音　narrow transcription　07.021
*言谈　discourse　01.159
*言谈民族学　ethnography of speaking　01.034
*言行句假说　performative hypothesis　01.098
言语　parole　01.100
*言语病理学　speech-language pathology　01.042
言语波　speech wave　03.172
言语产生　speech production　03.083
言语词　contextual word　05.070
言语岛　speech island　12.159
言语反应测验　speech reaction test　12.062
*言语感知　speech perception　03.224
言语共同体　speech community　12.021
言语交际　verbal communication　12.131
*言语民族学　ethnography of speaking　01.034
言语能力库　verbal repertoire　12.100
言语群体　speech group　12.022
*言语人类文化学　ethnography of speaking　01.034
言语人种学　ethnography of speaking　01.034
*言语社区　speech community　12.021
*言语社群　speech community　12.021
*言语社团　speech community　12.021
言语事件　speech event　12.127
言语顺应理论　speech accommodation theory　12.115
*言语同义词　rhetoric synonym　05.089
言语行为　speech act　12.116
言语修辞学　speech rhetoric　08.026
言语义　parol meaning　05.159
言语知觉　speech perception　03.224
异侈　narrow vs. wide aperture　09.096

*衍生　generate　01.193
衍声造词法　rhymed word formation　05.224
谚语　proverb　05.238
央化　centralization　03.063
央元音　central vowel;neutral vowel;schwa　03.159
*扬厉　hyperbole　08.192
阳调　tone with a voiced initial　09.049
阳入对转　duizhuan between rhymes with nasal and stop endings　09.179
*阳声　rhyme with a nasal ending　09.038
阳声韵　rhyme with a nasal ending　09.038
佯僙语　Yanghuang language　13.074
样本量　sample size　11.290
样稿　specimen section　06.138
样条　specimen entry　06.139
瑶文　Yao writing　13.185
瑶语支　Yao branch　13.058
*一般词典　general dictionary;general-purpose dictionary　06.161
一般词汇　common vocabulary　05.063
*一般词汇学　general lexicology　05.036
*一般夸张　pure hyperbole　08.193
*一般语言学　general linguistics　01.004
一等韵　first division　09.099
一价动词　monovalent verb　04.095
*一致关系　solidarity　12.093
移就　transferred epithet as modifier　08.237
*移觉　synaesthesia;synesthesia　08.217
移情　empathy　08.238
移时　mixed things and terms of different times　08.239
移位　movement;move　04.257
疑离　division of the unified whole by questions　08.240
疑问代词　interrogative pronoun;interrogative word;Wh-word　04.084
疑问句　interrogative sentence　04.156
疑喻　metaphor in the pattern "tenor is suspected to be vehicle"　08.110
*彝器款识　bronze inscription　02.109
彝文　Yi writing　13.186
彝语　Yi language　13.019
彝语支　Yi branch　13.018
以形索义　search for the word meaning by the form of written character　10.062

以义证音　prove the pronunciation by using meaning　10.066
义点　semantic point　06.281
义符　pictographic symbol　02.065
*义符　semantic component;signific component　02.082
义界　definition　10.030
义近形旁通用　interchange for near-meaning components　02.047
义类　meaning class;semantic category　05.164
*义类词典　thesaurus　06.219
义列　extensional meaning series;denotative meaning series　05.167
义区　meaning sector;semantic space　05.171
义群　subset meaning group　05.166
义蚀　meaning eclipse　05.173
义疏　further annotation on classics and on preceding annotation　10.015
义素　semantic component　05.170
义素　sememantheme　10.069
义素二分法　dichotomy of sememantheme　10.073
*义素分析法　componential analysis　05.029
义通　meaning or semantic association;meaning connection　05.174
义位　sememe　05.169
义系　meaning set　05.172
义项　senseitem;meaning item　05.162
义项　sense　06.282
义项划分　sense discrimination;sense distinction　06.283
义象　meaning longtitude;meaning ensemble label　05.163
*义序法　arrangement and consultation by meaning　06.106
义序排检法　arrangement and consultation by meaning　06.106
义训　semantic gloss　10.024
义域　meaning domain;semantic domain　05.168
*义源学　etymology　05.049
义值差　difference of semantic feature　10.032
义族　meaning family　05.165
艺术化　artification　08.062
*艺术修辞　active rhetoric　08.043
艺术言语　artistic speech　08.279
艺术言语修辞学　artistic speech rhetoric　08.027
艺术语体　artistic style　08.274

艺术语言　artistic language　08.280
亦声　semanto-phonetic inclusion　02.077
异称　varied forms of address　08.074
异读　variant reading　07.092
异读字　heterophonic character　02.160
异化　dissimilation　03.060
异体词　variant forms of a Chinese character　05.112
异体字　allograph;variant character　02.174
异形词　abnormity of a Chinese character　05.111
*异音同用　synonymic interchange　02.165
异语　expression in dialectal or loan words　08.076
异质有序　ordered heterogeneity　12.048
抑扬　commendation after derogation or vice versa　08.242
译词　translated loan　05.077
易色　derogatory words in commendatory use or vice versa　08.241
意符　semantic symbol　02.064
*意符音符文字　semanto-phonetic script　02.023
意念同义词　semantic field synonym　05.087
意识变化　change from above　12.053
意义　meaning　01.108
意义三元论　meaning trialism;semiotic triangle of meaning　05.024
*意义双关　pun on polysemy　08.216
意译词　semantic loan　05.080
意音文字　semanto-phonetic script　02.023
意引　quotation of meaning　08.246
*意元学　philosophical semantics　05.010
因声求义　seek meaning through sounds　10.063
阴调　tone with a voiceless initial　09.050
阴入对转　duizhuan between rhymes with vowel and stop endings　09.178
*阴声　rhyme with an open ending　09.037
阴声韵　rhyme with an open ending　09.037
阴阳对转　duizhuan between rhymes with nasal and vowel endings　09.177
音标注音法　phonetic transcription;phonetic symbol transcription　06.098
音步　foot　03.284
音层　tier　03.262
音层图　tier chart　03.263

音长　duration　03.234
音段　segment　03.277
音符　phonetic symbol　02.066
*音符　phonetic component　02.083
音高　pitch　03.235
音高范围　pitch range　03.232
音高重调　pitch accent　03.291
音轨　locus　03.215
音和　yinhe;total harmony　09.123
音节　syllable　03.019
音节核　nucleus　03.025
音节结构　syllable structure　03.022
音节首　onset;initial　03.023
音节尾　coda　03.026
音节文字　syllabic script　02.020
音强　intensity　03.187
音色　timbre　03.236
音素　phoneme　03.257
*音素标音法　narrow transcription　07.021
音素文字　phonemic script　02.019
音位　phoneme　03.251
音位变体　allophone　03.258
音位标音　phonemic transcription　03.051
*音位标音法　broad transcription　07.020
音位表达式　phonemic representation　03.269
*音位文字　phonemic script　02.019
音位系统　phoneme system　03.252
音位学　phonemics　03.237
音系　phonology　03.246
音系变化　phonological change　03.247
音系表达式　phonological representation　03.270
音系词　phonological word　03.285
音系短语　phonological phrase　03.286
音系规则　phonological rule　03.274
音系学　phonology　03.238
*音响　loudness　03.230
音形仿造　phono-morphological calque　06.095
*音序法　arrangement and consultation by phonetic alphabet　06.104
音序排检法　arrangement and consultation by phonetic alphabet　06.104
音义　discrimination in phone and explanation of meaning　10.019

音义仿造　phono-semanic calque　06.096
音义兼译词　meaning-indicative phonetic transcription　05.079
音译词　transliteration；phonemic loan　05.078
*音域　pitch range　03.232
音韵　phonology　09.002
*音韵词典　rhyming dictionary；dictionary of rhyme　06.177
音韵地位　historical phonological categories　07.084
音韵学　historical phonology　09.001
*音质　timbre　03.236
引导词　guide word　06.126
*引话　quotation　08.243
引经　quotation of dictum，epigram or proverb　08.247
引例　cited example；citation　06.080
引例数据库　citation database　06.326
引申　semantic extension　10.042
*引申系列　extensional meaning series；denotative meaning series　05.167
引申义　extensional meaning；denotative meaning　05.146
引申义　derived meaning　10.043
引申义列　system of semantic extension　10.044
引用　quotation　08.243
*引语　quotation　08.243
引喻　metaphor with its tenor and vehicle in parallelism　08.111
*隐比　metaphor in the pattern "tenor is/becomes etc. vehicle"　08.093
隐马尔可夫模型　hidden Markov model　11.201
*隐曲　euphemism in an implicit expression or in periphrasis　08.222
隐性声望　covert prestige　12.065
隐语　secret dialect　12.046
*隐喻　metaphor in the pattern "tenor is/becomes etc. vehicle"　08.093
印欧语系　Indo-European family　13.144
印刷版词典　print dictionary；paper dictionary　06.256
印刷体　printed form　02.147
应用词典学　applied lexicography；practical lexicography　06.009
应用文体　practical writing style　08.272
应用语言学　applied linguistics　01.003
*映衬　contrast　08.156

映衬　juxtaposition of the two opposite or corresponding things or ideas for contrast　08.252
硬腭　hard palate　03.110
*咏叹法　exclamation　08.175
*用典　allusion　08.091
用法标签　usage label　06.134
用法词典　usage dictionary　06.174
*用法词典　usage dictionary；dictionary of usage　06.209
用法说明　usage note　06.074
用户词典　user specific dictionary　11.279
用户需求分析　user needs analysis　06.018
*用例　example；illustrative example　06.078
*用事　allusion　08.091
*优势语言　prestige language　12.153
优选论　optimality theory　03.245
优选语义学　preference semantics　11.194
幽默释义　humorous definition　06.317
有定　definite　04.098
有理据词　motivated word　01.166
有限词典　restricted dictionary　06.169
有限状态语言　finite-state language　01.136
有限状态转移网络　finite state transition network；FSTN　11.187
有向图　directed graph　11.075
有指导学习　supervised learning　11.251
又切　the fanqie for the other pronunciation　09.152
又音　another pronunciation　09.151
右文说　theory of the right-side graphic element；youwen theory　02.084
幼儿话语　baby talk　12.044
迂回释义　periphrastic definition　06.292
*迂说法　euphemism in an implicit expression or in periphrasis　08.222
*迂喻　rhetorical comparison in periphrasis　08.101
*于阗塞文　Khotan script　13.187
于阗文　Khotan script　13.187
*鱼通话　Guiqiong language　13.047
与格　dative case　04.248
与事　recipient　04.223
与事主语　recipient subject　04.184
语差词典　dictionary of linguistic differences　06.201
*语词发生学　glossogenetics　01.043
语词条目　lexical entry　06.056

· 311 ·

*语典　phraseological dictionary　06.203
语调　intonation　03.030
语调短语　intonational phrase　03.287
语法标签　grammatical label　06.135
语法标注　grammatical tagging　11.284
语法层级　grammatical hierarchies　01.124
语法词典　grammar dictionary; grammatical dictionary　06.171
*语法错乱　agrammatism　01.125
语法代码　grammatical code; syntactic code　06.123
语法单位　grammatical unit　04.105
*语法等级　grammatical hierarchies　01.124
*语法等级体系　grammatical hierarchies　01.124
语法范畴　grammatical category　04.109
语法飞白　mimesis of grammatical mistakes　08.168
语法功能　grammatical function　04.108
语法规则　grammatical rule　04.110
语法化　grammaticalization　04.019
*语法码　part-of-speech tagging; word class tagging　06.332
*语法缺失　agrammatism　01.125
语法缺失症　agrammatism　01.125
语法系统　grammatical system　04.111
语法信息　grammatical information　06.124
语法形式　grammatical form　04.107
*语法性释义　functional definition　06.311
语法性质　grammatical characteristic　04.112
语法修辞学　grammatical rhetoric　08.028
语法学　grammar　04.001
语法意义　grammatical meaning　04.106
语法重音　grammatical stress　03.042
语符学　glossematics　01.011
*语感　linguistic intuition　01.111
*语根　root word　10.053
语汇　word stock　05.054
*语汇修辞　rhetoric by lexical devices　08.040
语汇学　lexis studies　05.046
*语际语言　interlanguage　01.115
语迹　trace　01.142
语迹理论　trace theory　01.077
*语境化暗示　contextualization cue　12.106
语境理论　context theory　05.026
语境释义法　contextual definition　06.315

*语境无关语言　context-free language　01.137
*语境线索　contextualization cue　12.106
*语境相关语言　context sensitive language　01.138
语境意义　situated meaning　12.107
*语境制约语言　context sensitive language　01.138
*语境自由语言　context-free language　01.137
语库　verbal repertoire　12.100
语料库　corpus　11.272
语料库词典学　corpus lexicography; corpus-oriented lexicography　06.015
语料库语言学　corpus linguistics　11.005
语料搜集　data collection; data-capture　06.331
语流音变　contextual variation　03.055
语码　linguistic code　12.101
语码混合　code-mixing　12.105
语码转换　code-switching　12.102
*语篇　discourse　01.159
*语篇表述结构　discourse representation structure　01.161
*语篇表述理论　discourse representation theory　01.097
*语篇分析　discourse analysis　01.160
语气词　mood particle　04.055
语气副词　adverb of mood　04.091
语素　morpheme　04.027
语素文字　morphemic script　02.022
语素学　morphemics　01.017
语速　speaking rate　03.233
*语态　voice　04.245
语体　functional style　08.263
语体量化研究　quantification in stylistic study　08.037
语体同义词　stylistic synonym　05.088
语图　sound spectrogram; sonagram　03.211
*语图仪　sonagraph　03.205
*语位　tagmeme　01.152
*语位学　tagmemics　01.064
*语位学派　tagmemics　01.064
语文词典　language dictionary; linguistic dictionary　06.170
语文现代化　language modernization　12.202
语文学　philology　01.014
语系　language family　13.002
*语项　linguistic item　12.015
语序　word order　04.154

语言　langue　01.099
*E语言　externalized language；E-language　01.122
*I语言　internalized language；I-language　01.123
语言保持　language maintenance　12.183
语言本体规划　corpus planning　12.195
*语言变量　language variable　12.016
语言变体　language variety；linguistic variety　12.019
语言变项　language variable　12.016
语言标准化　language standardization　12.197
*语言表现　performance；linguistic performance　01.134
语言病理学　speech-language pathology　01.042
语言产业　language industry　12.231
语言冲突　language conflict　12.234
语言串理论　linguistic string theory　11.196
*语言词典　language dictionary；linguistic dictionary　06.170
*语言代码　linguistic code　12.101
语言单位　linguistic unit　01.109
语言的随机模型　stochastic model of language　11.198
语言地位规划　status planning　12.194
语言对　language pair　11.262
语言发生学　glossogenetics　01.043
语言法　language law　12.213
语言分化　language divergence　12.083
语言风格　linguistic style　08.278
语言服务　language service　12.232
语言复兴　language revival　12.219
语言工程　language engineering　11.009
语言共同体　language community　12.182
*语言共相　language universal；linguistic universal　01.168
语言共性　language universal；linguistic universal　01.168
*语言观念　language attitude　12.235
语言归约　language reduction　11.129
语言规范化　language normalization　12.201
语言规划　language planning　12.193
语言混合　hybridization　12.168
语言活力　language vitality　12.220
语言获得机制　language acquisition device；LAD　01.121
语言技能　language skills　12.221
语言接触　language contact　12.164
语言决定论　linguistic determinism　01.054

语言类型学　language typology；linguistic typology　01.029
语言联盟　language union　12.192
语言模型　linguistic model　01.110
语言能力　competence；language competence；linguistic competence　01.133
语言年代学　glottochronology　01.088
*语言普遍现象　language universal；linguistic universal　01.168
*语言普世性　language universal；linguistic universal　01.168
语言歧视　language discrimination　12.217
语言权　language rights　12.214
语言缺陷论　deficit hypothesis　12.085
*语言人类学　anthropological linguistics　01.031
语言认同　language identity　12.218
语言融合　language blending　12.191
语言丧失　language loss　12.186
语言社会心理学　social psychology of language　12.009
语言社会学　sociology of language　12.007
*语言社区　language community　12.182
语言声望规划　language prestige planning　12.196
语言市场　language market　12.233
语言态度　language attitude　12.235
*语言替换　language shift　12.184
语言同化　linguistic assimilation　12.187
*语言维护　language maintenance　12.183
*语言习得机制　language acquisition device；LAD　01.121
语言羡余　language redundancy　11.108
语言相对论　linguistic relativity　12.084
语言项目　linguistic item　12.015
语言消亡　language death　12.190
*语言行为　performance；linguistic performance　01.134
语言修辞学　language rhetoric　08.025
语言选择　language choice　12.203
语言学　linguistics　01.001
语言演变　language change　12.077
*语言应用领域　domain　12.099
语言优势　language dominance　12.152
语言运用　performance；linguistic performance　01.134
语言哲学　linguistic philosophy；philosophy of language　01.012

语言政策　language policy　12.212
语言知识库　language knowledge base　11.271
语言直觉　linguistic intuition　01.111
语言忠诚　language loyalty　12.185
语言转用　language shift　12.184
语言状况　language situation　12.211
*语义　meaning　01.108
语义　semanteme　05.160
语义辨析　semantic discrimination　06.324
语义标记　semantic marker　11.109
语义场　semantic field　05.161
*语义场理论　field theory;semantic field theory　05.027
*语义成分　semantic marker　11.109
语义成分分析法　componential analysis　05.029
语义词典　semantic dictionary　11.278
语义仿造　semantic calque　06.089
语义飞白　mimesis of misinterpretation of words or phrases　08.167
语义基元　semantic primitive　11.110
*语义鉴别量表　semantic differential scales　12.066
语义结构分析法　semiotactic analysis　05.030
语义解释　semantic interpretation　11.112
语义模式　semantic pattern　11.113
语义区分量表　semantic differential scales　12.066
语义三角　semiotic triangle　01.156
*语义三角理论　meaning trialism;semiotic triangle of meaning　05.024
*语义双关　pun on polysemy　08.216
语义特征　semantic feature　04.023
*语义特征　semantic marker　11.109
语义网络表示法　semantic network representation　11.114
语义网络理论　semantic network theory　05.025
语义学　①semantics;②linguistic semantics　05.001
语义语法　semantic grammar　11.195
语义哲学　semantic philosophy;philosophy of semantics　05.014
语义主义　semanticism　01.082
*语义自动排歧　word sense tagging　11.283
语音　speech sound　03.003
语音标音　phonetic transcription　03.052
语音表达式　phonetic representation　03.268
*语音波　speech wave　03.172

*语音词典　pronunciation dictionary　06.175
语音对应　phonological correspondence　07.091
*语音对应规律　phonological correspondence　07.091
语音飞白　mimesis of errors in pronunciation or speech sounds　08.165
*语音构词　phonetic word formation　05.223
语音实现　phonetic implementation　03.275
语音实现规则　phonetic implementation rule　03.276
语音—文本转换　speech-text transfer　11.225
语音相似性　phonetic similarity　03.254
语音象征　sound symbolism　08.077
语音修辞　phonetic rhetoric　08.039
语音学　phonetics　03.001
语音造词法　phonetic word formation　05.223
语用修辞学　pragmatic rhetoric　08.036
语用学　pragmatics　01.021
语域　register　12.045
语源　etymon　05.117
语源学　etymology　05.048
语障　barrier　01.145
语支　language branch　13.004
语族　language group　13.003
*语阻　barrier　01.145
预处理　preprocessing　11.253
预设　presupposition　01.157
预设　presupposition　04.232
喻解　interpretation for a rhetorical comparison　08.119
喻三　Yu at the third division　09.077
喻三归匣　a hypothesis that the yu initial at the third division belongs to the xia initial in old Chinese　09.197
喻四　Yu at the fourth division　09.078
喻四归定　a hypothesis that the yu initial at the fourth division belongs to the ding initial in old Chinese　09.198
喻体　vehicle in simile or metaphor　08.118
喻意型语码转换　metaphorical code-switching　12.104
元规则　meta-rule　11.115
元理论　meta-theory　11.202
n元模型　n-gram model　11.199
元音　vowel　03.008
元音和谐　vowel harmony　03.248
元音融合　synaloepha　03.058
元音图　vowel chart　03.010

· 314 ·

*n 元语法　n-gram model　11.199

元语法　meta-grammar　11.203

元语言　metalanguage　05.115

元语言学　metalinguistics　01.044

元知识　meta-knowledge　11.116

原生词　proto-lexeme;etymon　05.118

原始方言　proto dialect　07.006

原始义　primary meaning　05.145

原始义项　primitive sense　06.287

原形词　original word　05.179

原型　prototype　04.020

原型　prototype　11.204

原型理论　prototype theory　01.093

原型释义　prototypical definition　06.308

原型语义学　prototype semantics　01.094

*原义　primary meaning　05.145

原则和参数　principles and parameters　04.024

*原住民语　indigenous language　12.157

圆唇　rounded　03.102

圆唇元音　rounded vowel　03.161

*援　quotation　08.243

*援引　allusion　08.091

源词　source word　10.054

*源义素　nucleus element of meaning　10.070

源语分析　source language analysis　11.263

源字　matrigraph　02.051

*远宾语　direct object　04.202

约束理论　binding theory　04.012

约喻　simile or metaphor with one vehicle for several tenors　08.095

乐音　musical sound　03.177

越汉对音　Vietnamese transcription of the borrowed Chinese words　09.211

越芒语族　Viet-Muong group　13.123

粤北土话　Northern Yue Vernacular Cluster　07.042

粤方言　Yue dialect　07.062

*粤语　Yue dialect　07.062

*运算　conversion: change in the units or form of a number or expression　08.181

韵　①rhyme;②group of rhymes;③second sinigram in a fanqie　09.029

韵部　rhyme group　09.172

韵腹　main vowel　09.032

韵基　rime;rhyme;final　03.024

韵脚　rhymed sinigram　09.126

*韵脚词典　rhyming dictionary;dictionary of rhyme　06.177

韵类　rhyme category　09.161

韵例　rhyming pattern　09.127

韵律　prosody　03.278

韵律　metre;rhyme scheme　08.078

韵律层级　prosodic hierarchy　03.282

韵律词典　rhyming dictionary;dictionary of rhyme　06.177

韵律特征　prosodic feature　03.280

韵律音系学　prosodic phonology　03.244

韵律语句　prosodic utterance　03.288

韵律域　prosodic domain　03.281

韵母　final　03.072

韵母　final　09.030

韵目　rhyme heading　09.138

*韵式　rhyming pattern　09.127

韵书　rhyming reference work　06.178

韵书　rhyme dictionary　09.137

韵头　medial　09.031

*韵图　rhyme tables　09.110

*韵图　rhyme tables　09.111

韵尾　syllabic ending　09.033

韵系　rhyme set　09.145

蕴涵　entailment　01.158

蕴涵共性　implicational universal　01.171

Z

藏汉对音　Chinese transcription of the old Tibetan words　09.208

藏缅语族　Tibeto-Burman group　13.007

藏文　Tibetan writing　13.188

载瓦文　Zaiwa writing　13.189

载瓦语　Zaiwa language　13.031

*在线词典　online dictionary;Internet dictionary　06.262

藏语　Tibetan language　13.009
藏语支　Tibetan branch　13.008
造词法　word formation　05.220
*造意　original meaning　10.039
噪声　noise　03.178
择语　diction　08.081
择喻　rhetorical comparison with selected vehicles　08.112
仄声　uneven tones　09.054
增订版　revised and enlarged edition　06.272
增动　selection of verbs for more dynamic or vivid description of an action　08.257
*增益性双语现象　additive bilingualism　12.228
增音　epenthesis;insertion　03.056
*增语　hyperbole　08.192
增字解经　add a word(s) to explain classics　10.075
*增字为训　add a word(s) to explain classics　10.075
扎坝语　Zhaba language　13.043
窄带语图　narrow-band spectrogram　03.213
战国文字　Warring States script　02.112
站话　station dialect　07.039
章草　zhangcao script　02.138
章句　annotation based on sentences　10.018
掌上电子词典　hand-held electronic dictionary　06.260
*障碍　barrier　01.145
召回率　recall;labeled recall　11.245
*照二　Zhao group at the second division;Zhuang group　09.071
照二组　Zhao group at the second division;Zhuang group　09.071
*照三　Zhao group at the third division;Zhang group　09.072
照三组　Zhao group at the third division;Zhang group　09.072
*照应　anaphora　01.147
*照应成分　anaphor　01.146
*照应词　anaphor　01.146
*照应词　anaphora　01.147
*照应关系　anaphora　01.147
照应语　anaphor　01.146
*照应语　anaphora　01.147
*折绕　euphemism in periphrasis　08.224
哲理语言学　philosophical linguistics　01.013

*哲学语言学　philosophical linguistics　01.013
哲学语义学　philosophical semantics　05.010
真理论语义学　truth-theoretic semantics　05.015
真实时间　real time　12.075
真值条件语义学　truth-conditional semantics　05.012
振幅　amplitude　03.184
征引　quotation　10.020
*整合动机　integrative motivation　12.227
正齿音　zhengchi;dental proper　09.070
正对　same or similar or complementary ideas expressed in double parallelism　08.148
正对转　primary duizhuan　09.180
*正反同辞　fanxun　10.037
*正反问句　A-not-A question　04.158
正例　basic principles of the interconnection method　09.157
正纽　normal pronunciation　09.154
正声　①rhyme shifting proper;②initials proper　09.167
*正始石经　Tri-script Stone Classics　02.129
正式语体　formal style　12.036
*正体　standard form;proper character　02.166
正体字　standard form;proper character　02.166
*正条　main entry　06.068
正问　rhetorical question with a positive answer implied　08.162
正弦波　sine wave　03.193
正向最大匹配分词方法　forward maximum matching method　11.031
*正形词典　orthographic dictionary　06.180
*正序词典　proper order dictionary　06.252
正音词典　orthoepic dictionary　06.179
*正音法词典　orthoepic dictionary　06.179
*正引　explicit quotation mentioning its author or origin　08.244
正喻　allegory without sarcasm　08.098
正韵　①old rhyme proper;②rhyme categories with proper initials　09.169
正则文法　regular grammar　11.174
*正则语法　finite-state language　01.136
正则语言　regular language　11.175
正则元音　cardinal vowels　03.009
*正字　standard form;proper character　02.166

正字词典　orthographic dictionary　06.180
正字法　orthography　02.182
政论语体　political essayist style　08.273
*支配　government　01.144
支韵　①old rhyme generated；②rhyme categories with generated initials　09.170
支脂之三分　a hypothesis that the three neighbouring sets of rhymes of zhi, zhi and zhi in qieyun belong to three different rhyme groups in old Chinese　09.173
*吱嘎声　creaky voice　03.145
知识表示　knowledge representation；KR　11.117
知识表示系统　knowledge representation system　11.118
知识工程　knowledge engineering　11.246
知识获取　knowledge acquisition　11.247
知识模型　knowledge model　11.205
*肢体语言学　kinesics　01.038
脂微分部　a hypothesis that the rhymes of zhi and wei in qieyun belong to two different rhyme groups in old Chinese　09.174
直接宾语　direct object　04.202
直接成分　immediate constituent；IC　04.253
直接成分分析　immediate constituent analysis　04.234
直接成分分析法　immediate constituent analysis　01.069
直接夸张　pure hyperbole　08.193
*直接（组成）成分分析法　constituent analysis　01.127
直训　zhixun　10.025
直音　homophone　09.193
*直喻　simile　08.104
F值　F-measure　11.238
*纸质词典　print dictionary；paper dictionary　06.256
指称仿造　referential calque　06.091
指称论　referential theory；referentialism；denotational theory　05.023
*指称义　ideational meaning；conceptual meaning　05.136
指称意义　referential meaning　05.133
指示代词　demonstrative pronoun　04.085
指示项　indicative item　06.127
指事　deictic method；indicative method　02.072
指事符号　deictic symbol　02.074
指事字　deictograph；indicative character　02.073
指物释义　ostensive definition　06.309
制约因素　constraint　12.079
*中补短语　verb or adjective complement phrase　04.129

*中附语　infix　05.211
中古音　middle Chinese sounds　09.005
中观结构　mediostructure　06.033
中国古文字学　study of ancient Chinese script　02.005
中和　neutralization　03.250
*中加成分　infix　05.211
中间语言　interlingua；intermediate language　11.265
中间语言法　interlingua approach　11.266
中介语　interlanguage　01.115
*中介语　interlingua；intermediate language　11.265
中态手段　neutral linguistic devices without rhetorical flavour　08.079
*中心词分析　sentence constituent analysis　04.235
中心语　head　04.217
中性词　neutral word　05.101
*中性元音　central vowel；neutral vowel；schwa　03.159
中原官话　Zhongyuan Mandarin　07.052
中置页　middle matter　06.040
中缀　infix　05.211
忠实度　fidelity　11.267
终极符　terminal symbol　11.080
*钟鼎文　bronze inscription　02.109
重唇音　heavy labial；bilabial　09.062
重读　stressed　03.036
重音　stress　03.037
周期　period　03.183
周期波　periodic wave　03.175
*周折　euphemism in periphrasis　08.224
籀文　zhouwen script　02.125
*主宾动型语言　SOV language　01.179
主—宾—动语序语言　SOV language　01.179
主词条　main entry　06.068
*主从复句　subordinate complex sentence　04.145
*主动宾型语言　SVO language　01.180
主—动—宾语序语言　SVO language　01.180
主动发音器官　active articulator　03.097
*主干音层　skeletal tier　03.264
主格　nominative case；NOM case　04.246
主题　theme　04.229
主题标引　subject indexing　11.232
主题词　subject term　11.235
主题词表　thesaurus　11.236
主题检索　subject retrieval　11.237

主题排检法　arrangement and consultation in thematic order　06.113
*主条　main entry　06.068
*主位　theme　04.229
*主谓词组　subject-predicate phrase　04.127
主谓短语　subject-predicate phrase　04.127
*主谓结构　subject-predicate phrase　04.127
主谓句　subject-predicate sentence　04.163
主谓谓语句　clausal-predicate sentence　04.167
主谐字　zhuxiezi;sinigram used as the phonetic symbol　09.186
主训词　major explaining word　10.031
主要发音(动作)　primary articulation　03.091
*主音　fundamental　03.200
主语　subject　04.180
主重音　primary stress　03.039
助词　particle　04.054
*助动词　modal verb　04.065
助纽字　alliterated sinigrams　09.155
贮存义　langue meaning　05.158
注释　gloss　06.073
注音　phonetic transcription　06.097
注音字母　Mandarin Phonetic Alphabet　02.178
专家系统　expert system　11.210
专科词典　specialized dictionary;subject dictionary　06.162
专科词典学　specialized lexicography　06.004
*专门词典　dictionary for special purpose　06.163
专门用途词典　dictionary for special purpose　06.163
专门用途语言词典　language for special purposes dictionary;LSP dictionary　06.164
专名词典　onomastic dictionary;dictionary of names　06.156
专书训释　explanation compiled　10.034
*专用语词典　language for special purposes dictionary;LSP dictionary　06.164
专用字　specialized character　02.194
专有名词　proper noun　04.056
专语词汇学　specialized lexicology;concrete lexicology　05.037
转　zhuan;a table in earlier rhyme tables　09.079
转换词典　transfer dictionary　11.270
转换法　transfer approach　11.269

*转换生成学派　generative linguistics　01.049
转换生成语法　transformational-generative grammar;TG　01.073
转换语法　transformational grammar;TG　04.008
*转借　transferred epithet as modifier　08.237
转类　temporary transfer of parts of speech　08.255
*转品　temporary transfer of parts of speech　08.255
转移概率矩阵　transtion-probability matrix　11.159
转义　transferred meaning　05.157
转注　notative method　02.086
转注字　notative character　02.087
传注　annotation　10.014
*壮辞　hyperbole　08.192
壮傣语支　Zhuang-Dai branch　13.063
壮侗语族　Zhuang-Dong group　13.062
壮文　Zhuang writing　13.190
壮语　Zhuang language　13.064
状态补语　state complement　04.213
*状态词　state adjective　04.074
状态形容词　state adjective　04.074
状语　adverbial　04.207
*准词缀　quasi-affix　05.213
*准后缀　semi-grammaticalized suffix;semi-suffix;quasi-suffix　05.215
*准前缀　semi-grammaticalized prefix;semi-prefix;quasi-prefix　05.214
准双语词典　quasi-bilingual dictionary　06.193
浊　voiced　09.016
浊辅音　voiced consonant　03.007
浊化　voicing　03.062
浊上变去　rising tone of the sinigrams with voiced initials become departing tone　09.203
浊声母　voiced initial　03.070
浊声母　voiced initial　09.026
*浊音杠　voice bar　03.214
*浊音起始时间　voice onset time;VOT　03.216
浊音清化　the process of voiced obstruents becoming voiceless　09.200
*咨询语体　consultative style　12.038
孳乳　derivation　10.047
子变韵母　zi changed final　07.082
*子节点　child　11.081

子结点　child　11.081
子模式　subpattern　11.100
子树　subtree　11.084
自底向上句法分析　bottom-up parsing　11.120
自顶向下句法分析　top-down parsing　11.121
自动标引　automatic indexing　11.231
*自动词法分析　automatic morphological analysis; automatic lexical analysis　11.047
自动分类　automatic classifying　11.216
自动机　automaton　11.207
自动检索　automatic retrieval　11.217
自动索引　automatic indexing　11.218
自动文摘　automatic text summarization; automatic abstraction　11.219
自动形态分析　automatic morphological analysis; automatic lexical analysis　11.047
自对　double parallelism within a sentence　08.151
自然语句释义　definition with sentence　06.310
自然语言处理　natural language processing　11.006
自然语言理解　natural language understanding　11.007
自然语言生成　natural language generation　11.008
自我评价测验　self-evaluation test　12.067
自由变体　free variant　03.259
自由词根　free root　05.199
自由形式　free form　05.205
自源文字　self-initiated script　02.024
自主动词　volitional verb　04.067
自主句法　autonomous syntax　01.131
自主音段　autosegment　03.265
自主音段音系学　autosegmental phonology　03.242
自撰例　constructed example　06.081
字代　representation by Chinese characters　08.256
字典　dictionary of Chinese characters　06.153
字符　graphic symbol　02.063
*字根　basic character　02.052
字量　script quantity　02.198
字母　sinigrams used as initials　09.055
字母词素　lettered morpheme　05.218
字母顺序排检法　arrangement and consultation in alphabetic order　06.108
字母注音法　phonetic alphabet transcription　06.099
字频　frequency of character　02.201
字体　script style　02.107

字条　character entry　06.060
字头　head character　06.061
字象　expression in pictography　08.258
字形　graphic form　02.028
字形飞白　mimesis of misreading or miswriting of similar Chinese characters　08.166
字形数　number of character forms　02.199
字序　script order; character order　02.203
字样学　study of character model　02.205
字义　semantic meaning of a script　02.030
字音　pronunciation of a script　02.029
*字喻法　disassembly of Chinese character　08.227
字原　basic character　02.052
字源　character source　10.050
字种　character type　02.200
综合技术词典　polytechnic dictionary　06.165
综合性词典　comprehensive dictionary　06.160
综合修辞学　synthetic rhetoric　08.007
综合语　synthetic language　01.178
*综说　joint narration　08.176
*踪迹　trace　01.142
总体布局　overall layout　06.024
总体风格　general style　06.025
总体规模　total size　06.023
总体结构　overall structure　06.022
总体设计　overall design　06.021
邹语　Tsou language　13.131
*走马对　related ideas expressed in double parallelism　08.150
足本词典　unabridged dictionary　06.245
*族徽符号　bronze clan inscription　02.110
族际通用语　lingua franca　12.179
族名金文　bronze clan inscription　02.110
族内语　endoglossic　12.204
族外语　exoglossic　12.205
阻断效应　blocking effect　01.139
阻尼　damping　03.192
*阻塞效应　blocking effect　01.139
阻音　obstruent　03.017
组合关系　syntagmatic relations　04.118
组合释义　compositional definition　06.299
组合型歧义切分字段　combination ambiguous segmentation　11.035

*组合修辞学　synthetic rhetoric　08.007
组块分析　chunk parsing;chunking　11.058
组配标引　coordinate indexing　11.233
*祖方言　proto dialect　07.006
纂集　compilation　10.004
最大匹配分词方法　maximum matching segmentation method　11.030
最大似然估计量　maximum-likelihood estimator　11.119
最简方案　minimalist program　01.079
最小对测试　minimal pair test　12.063
最小对立体　minimal pair　03.253
最右派生　right most derivation　11.122
最左派生　left most derivation　11.123
*佐书　clerical script　02.131
作格　ergative case　04.249
作格现象　ergativity　01.151